U0436941
9787030268204

前　言

　　2004 年，厦门大学经济学院财政系"财政学"课程获得了国家级精品课程立项，为此，我们组织了全系讲授财政学课程的大部分教师共同编写了本书，并于 2006 年正式出版，作为与精品课程配套的教材使用。

　　至今，三四年的时间过去了。这期间，尽管诸如 1978 年和 1994 年那种根本性的经济体制和财政制度改革并没有发生，但对 1994 年确立的财税制度的修改、补充和完善在不断进行，财政经济实践在不断变化，相应的财政经济理论也在不断发展完善。与此同时，随着国家加快实施"高等学校本科教学质量与教学改革工程"，财政学课程教学改革工作在不断深入，以《财政学》编写组为主的财政学教学团队入选国家级教学团队，张馨教授被评为国家级教学名师，《财政学》入选普通高等教育"十一五"国家级规划教材，等等，所有这些都促使我们急需对第一版教材进行修订和再版。

　　为此，我们组织了原《财政学》编写组的成员，对本书作了一定的修改。这一修改是根据需要进行的，财经实践变化大的、财经理论进展较成熟的，相关章节的修改补充就比较多；反之，修改补充就比较少，甚至没有修改。同时，为方便教学和节省教师的备课时间，也为了方便学生学习，我们制作了配套的讲义、幻灯片和案例库、练习题库，放在与本书配套的教学课件光盘中。此外，我们还开发了智能题库系统和课堂讨论辅助系统，以方便教师进行教学管理。

　　本书的编写分工如下：第 1、2 章，张馨，博士、教授、博士生导师；第 3、16 章，杨志勇，博士、教授、博士生导师；第 4、15 章，刘晔，博士、副教授；第 5、14 章，陈工，博士、教授、博士生导师；第 6、12 章，林致远，博士、教授；第 7 章，魏立萍，博士、副教授；第 8 章，王艺明，博士、副教授；第 9

章，雷根强，博士、教授、博士生导师；第 10 章，胡学勤，博士、副教授；第 11 章，熊巍，博士、副教授；第 13 章，张铭洪，博士、教授、博士生导师。

　　本书在修订和出版过程中，得到了有关各方的大力支持与帮助，在此一并表示感谢。

张　馨

2009 年 10 月 8 日

目 录

第1章

导 论

作为导论，本章主要对财政学最基本的问题，即"什么是财政"作出回答。

■ 1.1 财政概念

"财政"在现代社会是一个常用词汇，人们对其并不陌生，但如果要人们解答"什么是财政"的问题，恐怕能够准确回答的就为数不多了。本节将着重解决这一问题。

1.1.1 财政现象

其实，"财政"就在我们的身旁，我们的日常生活中充斥着财政现象，譬如：

为了改善某一高校的科研条件，某省政府向该校提供了一笔若干万元的款项；

为了缓解某省医疗机构不足的问题，该省财政厅拨出一笔款项，用于某医院的扩建；

某一疫情突发，各级政府采取各种紧急措施应对之，其中包括安排庞大的财政支出；

某地一条高速公路竣工交付使用，其资金来源中包括了数亿元的政府直接拨款；

某海岛城市建成一条由树、草、花环绕而成的环岛路，其美不胜收为游人所啧啧称赞，但该市政府也为此直接拨款以亿元计；

为了提高我国高校的教育水准，政府向若干所著名高校重点投入数十亿元，其中中央政府出资若干，相关省出资若干，相关市出资若干，等等；

为了应对金融危机，政府增加支出以千亿元计，主要用于扩大基础设施投资；

每年中央政府预算安排并拨付用于国防建设的支出数额以千亿元计；

为了防止各种自然灾害，各级政府每年都安排巨额拨款；

每年政府（其中主要是地方政府）都要安排和拨付大笔钱款用于公检法部门，以维护社会治安；

……

所有这些活动，都直接表现为各级政府在安排支出。有支出就要有收入，政府采用税收和收费手段去取得收入，以满足支出的需要，譬如：

某企业到当地的国税局或地税局去缴纳一笔税款；

某单位在发放工资时，依据个人所得税有关规定代扣若干数额的钱款，用于缴纳个人所得税，转交当地税务局；

某人申办身份证，支付了若干费用；

中央政府每年发行数以百亿或千亿元计的国债，用以弥补当年的财政赤字；

……

上述事项，不管是政府的支出，还是政府的收入，都有一个共同点，即它们都是政府的分配活动。对于现代社会来说，政府是不可或缺的。离开了政府提供的各种服务，整个社会经济将无法正常运转。上述种种现象，只是现代政府极为庞杂的活动中的几个花絮而已。所有的政府活动，都或多或少需要财力支持，都伴随一定量的财力安排和使用。因此，尽管具体的形式、规模、内容、范围等有着种种不同，但日常生活中却几乎无时无刻不在发生着政府的收支活动。

现代社会的政府收支活动，已极深、极细地卷入社会经济生活中。经济规模的迅速增长、社会生活的日趋复杂，使得政府收支规模极为庞大。2007 年，我国的政府预算收入和政府预算支出分别达到 51 304.03 亿元和 49 565.4 亿元，占当年国内生产总值（GDP）20.94 万亿元[①]的 24.50％和 23.67％。换言之，该年近 1/4 的 GDP 是归政府预算支配的。应强调指出，预算收支还不是政府的全部收支，因为政府所掌握的财力并不全部列入政府预算，总会有或多或少的财力处于政府预算之外。政府收支规模庞大及其开展活动集中等特点，使得政府收支活动在整个经济和社会活动中极其重要。

政府收支活动作为一个客观范畴，始终存在于我们的周围，它所呈现出来的现象，就是财政现象。

---

① 分别见于《关于 2007 年中央和地方预算执行情况及 2008 年中央和地方预算草案的报告》和《2007 年政府工作报告》。

1.1.2　财政概念

财政具体现象是纷繁复杂、色彩斑斓、形态各异的，它们每日每时发生于我们的周围，从总体上看是稳定、持续存在并不断发生的，换言之，它们是社会经济生活中的一个客观范畴。如同世间所有事物一样，只要它存在，人们要把握它、了解它和驾驭它，就必须给这个范畴取一个名字，就必须用一个概念或名词去界定它。"财政"，就是人们用以概括各种政府分配活动的概念和名词。

然而，"财政"这一名词并不是自古就有的，更不是由某个先知、先哲预先给定的。在人类社会发展史上，政府本身是社会发展到一定阶段才产生的。相应地，"政府分配活动"也是在社会发展进程中逐步形成和发展起来的。在漫长的历史发展过程中，人们曾使用了各种各样的概念和术语去描述和概括政府分配现象，只是到现代才逐渐固定在"财政"这个词上。

我国古代曾使用过"度支"等名词去概括政府分配活动；而明清时期，政府主管收支的部门被称为"户部"，等等。至于"财政"一词，则迟至 19 世纪末才开始使用，并且是借鉴和引入日本术语的结果。1898 年，清政府的"户部"向皇帝上的奏章使用了"财政折"的名称，这应该是我国开始使用"财政"一词的标志性事件。辛亥革命后，"财政"一词逐步成为我国形容政府分配活动的专用术语。尽管 20 世纪上半期在引入西方财政理论的过程中，人们也曾使用了诸如"国计"、"公计"等术语，但这些概念都如昙花一现，很快就销声匿迹，并没在历史上和人们心目中留下很深的痕迹与印象。

至此，我们可以得出结论，所谓财政，指的就是国家或政府的分配行为。因此，财政活动的主体就是国家或政府。离开了国家或政府，就谈不上国家或政府的分配，也就无所谓财政活动；反之，如果不是国家或政府的活动，即使是分配活动，也不是财政活动。

由于政府不同于企业和私人，这决定了财政活动具有强制性和无偿性的基本特征。所谓"强制性"，指的是政府对企业和个人课征税款或收取费用，遵循的并不是自愿原则，无论纳税人或缴费者是否愿意，只要发生了应税或应费行为，他们就必须照章纳税缴费。这种强制性，是直接以法律的权威和政府的政治权力为依据而确立的。所谓"无偿性"，指的是政府分配大体表现为货币的单方面转移，而不存在货币与资源和要素的直接等价交换。

1.2　财政制度

不同的经济体制，对应不同的国家和政府制度，形成不同的政府与经济的关系，决定了不同的财政制度。不同的财政制度即为不同的财政模式或财政类型。自然经济下存在的是家计财政制度，市场经济下存在的是公共财政制度，而计划经济下存在的是国家财政制度。

1.2.1　家计财政制度

封建君主制是以自然经济为基础的。对于君主来说，国家和臣民都是自己的私人财产，这决定了此时的财政收支就是君主的私人收支。君主个人收入性质的王室私产收入和特权收入、附庸的贡纳收入等，构成了当时财政的主要收入来源；军事支出、王室费用、宗教费用等，构成了当时财政的主要支出内容。而所有的支出，都从根本上服务于君主的私人目的。因此，它被称为"家计"财政，即"私人"的财政。

自然经济的自给自足特性，决定了此时的国家及其财政基本上是不干预经济的。作为私人性质的财政，必须将支出控制在自己的收入范围内，必须追求财政年度平衡。如果出现财政赤字，往往是封建君主陷于政治危机和私人财务危机的表现与结果。此时国家及财政仍然要为社会经济提供某些具有公共性质的服务，但却是服务于封建君主实现千秋万代"家天下"目的的。因此，除了军事费用和王室费用等非经济支出之外，还有若干经济性支出，典型的如东方大一统的专制国家治理大江大河和大规模兴修水利，等等。

在自然经济条件下，财政活动主要是通过实物和力役的征调、使用来开展的。

1.2.2　公共财政制度

在自然经济向市场经济、封建社会向资本主义社会转化的过程中，财政制度逐步公共化。这些变化首先是在西欧社会完成的。

这一转变期对财政制度变迁最具典型意义的，是政府预算制度在英国的逐步形成。1215年，英国贵族和骑士以武力胁迫英王签署了《大宪章》，规定今后不经贵族和骑士组成的"大谘政会"赞同，国王不得征收某些直接税。以此为开端，在其后数百年中，英国议会逐步控制了所有财政收支的决定权，甚至连国王私人的收入和支出，也被置于议会控制之下。在这一过程中，议会为了确保对财政的控制和监督，迫使国王及其政府每年都要预先提出年度收支计划，并只有在获得议会的批准后才能执行。这种政府的年度收支计划，就是政府预算。这是一个崭新的财政范畴。

在政府预算制度下，国王及其政府的收支活动被直接置于议会和社会公众的决定、约束、规范和监督之下。政府必须依法课税，必须依据议会通过的预算支用财力。议会审议通过的政府预算具有法律效力，违背政府预算属于违法行为，如果违背，不管是谁，即使是国王也要受到法律的追究与制裁。

此时的财政活动形式也相应地发生着巨大变化。税收逐步取代其他收入形式，成为唯一的财政收入基本形式，占了整个财政收入极高的比重。于是，政府收入鲜明地表现出来自于"纳税人"的腰包的特点，即纳税人在养活政府及其官员；反之，政府支出也必须并且只能为纳税人服务。政府财力的使用集中到国防、行政、公共管理和公共工程等为市场服务的内容上来，君主私人性质的收支逐步被淘汰，财政收支鲜明地表现为公共性质的收支，从而实现了整个财政从"家计性质"向"公共性质"的转变，即从家计财政制度转向了公共财政制度。市场经济下财政最为典型的特征是"公共性"，这就是它被称为"公共财政"的根本原因。

所谓"公共财政"，是为市场提供公共服务的财政，是社会公众或者人民大众的财政，是与市场经济相适应的财政制度。它具有以下一些基本特征。

1. 弥补市场失效

市场经济下总是存在若干市场失效状态。市场失效就成为公共财政存在的经济根源，换言之，从一定意义上说公共财政就是为了弥补市场失效而存在的。弥补市场失效就成为公共财政必须遵循的活动准则。由于弥补市场失效，其受益者是所有的市场活动参与者，因而，此时的财政活动就是为市场提供公共服务，从而成为"公共"财政。

改革开放以来，我国一直存在着所谓的"缺位"和"越位"问题。该弥补的市场失效，政府和财政没有去弥补，是为"缺位"；不该干预市场的，政府和财政却插手了，是为"越位"。这些问题严重阻碍着我国改革的深化，直接危害市场经济在我国的建立、健全。要想在我国建立、健全公共财政制度，就必须严格遵循弥补市场失效准则，真正克服政府和财政的"缺位"和"越位"状态。

2. 一视同仁服务

政府和财政在为市场提供服务的过程中，必须公平对待所有的市场活动。这样，才能避免所有的市场主体或者依靠政府权力而寻租，或者遭受额外的费用和损失。政府和财政服务的"一视同仁"，为经济主体的公平竞争提供了外部条件，是与市场经济的本性相一致的。

公共财政为市场服务的"一视同仁"，具体是通过公共支出、公共收入和政府对市场的规范作用等表现出来的。

从公共支出来看，政府为市场提供服务，是通过公共支出直接形成的，为此，要确保政府服务的"一视同仁"，就必须具体落实到每项公共支出的安排和使用上。这就要求政府的支出必须着眼于所有的政府活动主体，而不是只考虑某一经济成分，或者某些阶层、集团和个人的要求与利益。这是直接以社会利益和公共需要为目的来安排公共支出的，此时政府支出并不直接干预市场的正常活动。

从公共收入来看，政府的公共收入直接从私人和企业取得，为此，政府对待一切市场主体，就必须适用同一的法律和制度，而不是所有的人和所有的企业都缴纳同样数额的税收。政府不能针对不同的社会集团、阶层和个人以及经济成分，也不能针对同样的市场行为，分别制定和适用不同的税收法律制度。否则，直接的结果就是某些人和集团承受了额外的税收负担，而另一些人和集团则无须承担应有的财政负担，那就谈不上公平竞争了。

总之，公共财政为市场提供的服务只能是"一视同仁"的，而"一视同仁"的服务就是公共服务。遵循"一视同仁"准则，对我国现实的改革也具有重大意义。尽管我国已经进行了30余年的改革，但至今仍然没能解决不同经济成分之间的"国民待遇"问题。在我国已经加入WTO的今天，如何按照"一视同仁"准则的要求全面梳理我国的财政税收制度，真正取消不同所有制成分以及取消内资和外资之间的差别待遇，已成为当务之急。

3. 非市场营利性

所谓公共财政的非市场营利性，是指政府的财政活动不是以直接追求市场收益为目标，而只能是以社会的公共利益为目标，从而决定了公共财政进行的只能是非营利性活动。

政府不能追逐市场营利的目标，对于市场经济来说具有根本意义。只有市场和资本依靠自身的力量，从根本上否定政府追逐市场营利的可能性，使得政府官员只能通过为市场提供公共服务来实现自己的存在价值，只能以社会的公共利益为标准来评判其政绩，才能避免政府对市场不应有的干预和介入。然而，时至今日，我国各级政府仍然以不同的方式，不同程度地追逐直接的市场营利。这类现象的存在，直接决定了目前的财政还不是公共财政。

4. 法治化的财政

市场经济是法治经济，相应地，财政作为政府的直接活动，在市场经济下显然也必须受法律的约束和规范，也具有法治性。

公共财政的法治化，意味着社会公众通过议会和相应的法律制度，其中具体地通过政府预算的法律权威而决定、约束、规范和监督着政府的财政行为。这种法律约束，使得财政鲜明地体现为社会公众的财政，是"公共"的财政。此时的税收是依据税法征收的，没有议会的批准授权，政府的税收法案不能成立，也就不能据以课征税款；而没有获得议会批准的政府预算或未以相关制度为依据，政府是无权随意支用钱款的。它表明，政府是代表社会公众在使用他们的"钱"。

正是通过法律形式，依靠法律手段，社会公众才得以真正决定和支配政府的收入与支出，真正约束和规范政府的活动，才能确保政府行为遵循市场和资本的根本要求，政府活动必须符合私人的根本利益。这样，法治性也成为公共财政的基本特征之一。

财政法治化在我国具有特殊意义。我国有着数千年的人治传统，要建立法治社会具有一定难度，其中将政府行为纳入法治的轨道更是如此。财政法治化意味着政府的财政或经济活动被直接置于法律的约束之下，是整个社会实现法治化的核心条件。目前政府正大力提倡依法治国，依法行政，大力强调必须严格执行各级人民代表大会通过的政府预算，我国加入 WTO 又加大了依法行政、依法理财的紧迫性。为此，在构建公共财政过程中，应当赋予财政法治化问题以更多的关注。

1.2.3　国家财政制度

我国 20 世纪 50 年代实行计划经济体制，并形成了与之相适应的"国家"财政制度。

在计划经济下，国家和政府以计划方式直接配置社会资源和要素。此时，基础性资源配置功能不是由市场机制，而是由政府计划机制来承担的，其中财政起着非常重大的作用。

1. 国家计划配置资源的基本财力手段

计划经济下，财政是政府计划配置社会资源的一种重要手段，即政府通过取得货币收入和安排货币支出，然后进行货币与产品的交换来完成资源配置。这样，财政直接从财力上服务于国家对整个社会经济生活的计划安排。当时几乎所有的社会经济活动，或者直接由财政提供财力，或者受到财政的间接制约和决定。为此，财政集中了当时几乎全部的剩余产品价值，在某些时期还集中了全部或部分的基本折旧基金，从而集中了整个社会相当份额的财力。当时整个社会扩大再生产的财力，大部分直接集中到国家预算，再以预算拨款方式提供。当时的财政鲜明地表现为生产建设性财政，仅基本建设支出就约占预算总支出的 40% 或更多一些。财政投资不仅直接决定着整个社会固定资产投资的总规模，而且直接决定和调整着整个国民经济的发展方向和比例结构状况。经济发展速度是否适中、经济结构是否正常、建设规模是否恰当、经济建设决策是否正确，往往都直接反映出财政安排基本建设支出的水平。而对经济建设失误的克服和纠正，则首要的和关键性的也只能是从对财政的基本建设支出的调整入手，通过削减财政的基本建设规模，改变其投资结构，重新达到国民经济的综合平衡。

2. 直接服务于国营经济

计划经济下，国家以国家所有制的形式直接掌握了全社会大部分的生产资料，直接拥有绝大部分的企业。此时企业是国家的行政附属物，个人是企业的行政附属物，两者都不是独立的经济实体。在这种经济基础之上，几乎全部的财政收入都直接来自国营企业，它原本就是"国家"的收入，谈不上财政收入是"掏纳税人腰包"的问题；财政支出也就是"国家"自己在用自己的钱，也谈不上必须为纳税人服务的问题，而只是为国营经济服务的问题。当时财政尽可能地将财力集中起来投入到生产领域中，直接扩大了国营经济的规模和范围。整个国营经济就是在财政年复一年的投资下不断发展壮大起来的。总之，这一时期存在的是计划经济型的财政，是"国家"以自己的财力在为自己服务，因而称之为"国家"财政制度。

1.2.4 财政制度转轨

30 余年来，我国先是否定计划经济，继而构建市场经济。与此同时，财政也在逐步否定自身的计划性，形成市场性。这是一个日益公共化的过程，它主要表现在以下几个方面。

1. 财政占 GDP 比重大幅下降

改革开放打破了原有的国家将企业所有的利润都取走的状态，同时国家大幅度从传统活动领域退出，也不再需要财政对 GDP 作那么多的集中。这就导致了国家预算收入占 GDP 比重的持续大幅度下降。到了 20 世纪 90 年代中期，这种状况才有所改变，该比重才开始止跌回升。这与政府不再统包大揽一切事务相适应，是财政向着公共性转化的基本表现。

2. 从税利并重转向税收为主

改革伊始，我国财政来自利润上交的份额开始下降。20 世纪 80 年代前期利改税之后，利润上交不再是财政收入的基本形式，在财政总收入中只占一个微不足道的份额，某些年份在弥补企业亏损之后，甚至呈现为负值。税收成为财政收入的唯一的基本形式，在预算收入中占了绝大部分的比重。它是与公共财政以税收为唯一基本收入形式相适应的，从而也是财政公共化的基本表现。

3. 从单一税制转向复合税制

计划经济时期我国进行了几次税制改革，尤其是 1973 年的税制改革之后，我国逐步形成了单一税制。这些与计划经济相适应的税制改革，导致国营企业最终只上缴一个税种，即"工商税"。改革开放以来我国税制发生巨大变化，各个税种纷纷出台，以适应市场化过程中政府对日益复杂的社会经济的间接调节的需要。这就从原来的单一税制转向了复合税制，从而与公共财政的税制结构相符合。

4. 从"建设财政"转向"吃饭财政"

"建设财政"和"吃饭财政"是我国财政工作中使用的"通俗"术语，不应仅依据其字面含义来理解。所谓"建设财政"，指的是以经济建设为基本和主要目的的财政，而不意味着它丝毫不包括"吃饭"即行政事业支出的内容在内。所谓"吃饭财政"，指的是以行政事业为主要活动内容的财政。之所以称为"吃饭财政"，是沿袭了战争年代"人吃马喂"这一通俗叫法，因为当时投资性支出很少，这个财政工作重心也只是保证战争的胜利，但并不等于财政丝毫也不安排投资性支出，因为即使是行政事业领域，也总是或多或少包含着投资性支出。

改革开放导致国家从原来承担的各种职责中大大脱身出来，财政直接承担的经济建设任务也越来越多地为各种经济主体所取代。经济建设已不再是财政活动主要的和基本的任务。这就发生了所谓的从"建设财政"向"吃饭财政"的转化，即财政的主要任务已经不是直接提供建设资金，而是保证公共需要的满足。国家直接承担经济建设任务，是计划经济的基本特征，因而市场化改革很自然地导致了这一变化。

5. 从以生产性投资为主转向以非营利性投资为主

改革开放使得国家预算的社会总投资所占比重越来越小，甚至降到了 10% 以下，从而大大减少了财政投资。投资在 20 世纪 80 年代主要集中于能源交通等重点建设领域，此后逐步集中到基础设施和基础产业等领域，投资的公共性在逐步增大。这是财政在改革中向弥补市场失效的功能转变的具体表现。

6. 财政日益直接承担社会保障职责

在计划经济时期，职工的保障费用是由单位直接承担的。当时诸如医疗和养老等保险活动，是由企业从成本或利润中直接开销的，只有少量的抚恤和救济才由财政直接支出，并且所占比重极低。市场化改革日益否定传统的"单位"保障制度，开始向"社会"保障制度转变，财政所直接承担的社会保障职责在逐步扩大，直接介入的程度日益增强。

7. 政府预算制度改革

国家预算制度在 20 世纪 90 年代初期进行了编制复式预算的改革。此后，国家预算的具体制度逐步朝着国际惯例靠拢，如在财政赤字的统计口径和弥补方式等方面。接下来是，各级人民代表大会在预算编制、审议、执行和决算中拥有越来越大的发言权。从 20 世纪 90 年代末开始，我国对国家预算制度进行了较大幅度的改革，试编了部门预算，建立了国库单一账户制度等，逐步朝着现代政府预算制度迈进。

8. 从坚持预算平衡原则转向赤字预算政策

在计划经济时期，我国一直坚持预算平衡原则，这是确保当时实现国民经济发展综合平衡的关键性条件。改革开放以来，我国几乎年年都安排了赤字预算，但政府仍然否定自己所奉行的是赤字财政政策，而一直在强调要早日实现财政平衡。然而，1998 年严重的经济衰退迫使政府采取了"积极"财政政策，正式宣布了赤字财政政策的实行，这意味着政府开始积极主动地利用赤字等财政手段去调节市场经济下的社会总供需，去刺激经济增长。这种转变，也是顺应市场化改革趋势的。

9. 恢复公债并转向市场发行

20 世纪 50 年代末，随着计划经济的确立，公债从我国消失了。改革开放伊始，我国很快就恢复了公债，先是以行政手段发行公债，而后转向以市场方式发行，并且公债制度也开始逐步市场化。1998 年实行"积极财政政策"，其内容就包括政府大规模发行公债，使得公债年发行规模和累积余额都有了很大增长。这些都意味着我国的公债制度相对于其他财政范畴，在市场化方面是走得最远的。而现代公债及其市场发行，都是经济市场化的结果。

10. 经济体制从统收统支转向"分税制"

改革开放以来，我国财政体制一直在改革，先是于 1980 年实行了"分灶吃饭"体制，而后于 1994 年实行了"分税制"体制。"分税制"体制是市场经济国家通行的财政体制模式。

总之，上述变化使得我国财政在形式、具体制度和结构上，均大幅度朝西方财政制度靠拢，它意味着我国财政制度正持续地朝着全面公共化的方向转变，具有鲜明的公共化趋势。1998 年全国财政工作会议确定了建立公共财政基本框架的改革目标，就是对于这种客观变化趋势的一种正式认可。然而，我国的市场化和公共化的改革是一个渐进的过程，受种种因素的影响，我国至今尚未建成真正的市场经济体制，这决定了真正的公共财政制度也尚未建成。经济体制的市场化和财政制度的公共化改革在我国尚有很长的路要走。

1.3 混合经济

公共财政存在于市场经济的环境之中，认识和探讨公共财政问题，只能立足于政府与市场经济关系这一基点来进行。在市场经济下，存在着公共经济和私人经济①两大部门，它们共同构成了统一的市场经济，因而市场经济又表现为"混合经济"，即两大部门的混合体。公共财政的职能问题，从根本上看，就是处理财政与混合经济的关系问题。

1.3.1 公共经济

1. 公共部门

公共部门是公共经济活动的经济主体，它包括：①政府。通常人们认为，所谓"政府"，就是"政权组织"；或者只是政权组织中的一个部分，即政权组织中的各级行政机关被视为"政府"。后者是狭义的"政府"，而前者则是广义的"政府"，除了行政机关之外，还包括立法机关和司法机关，等等。政府是公共部门最主要和最基本的组成部分。②公共企业。一般指政府拥有的，以提供公共服务为目的的企业，也包括受政府规制以提供公共服务为目的的那部分非国有企业。它们主要以销售收入作为活动的资金来源，可能获得政府的投资和补贴，但与私人企业通过市场开展平等竞争。公共企业与国有企业有着密切的联系，但并不完全等同。如果国有企业活动的目的是为社会提供公共服务，它就是公共企业；反之，如果国有企业以追求市场营利为直接的和首要的目的，它就不是公共企业。③非营利性组织。这是营利组织、政府组织之外的公益组织，是以执行公共事务而不是以追求市场营利为首要目的的组织。它包括各种基金会、慈善组织、学会、协会、研究会等。它们提供的服务包括社会福利、教育培训、医疗保健、救灾赈灾、宗教活动等。④国际组织。如联合国、世界银行、国际货币基金组织、亚洲开发银行、世界卫生组织等跨国界的组织，它们所从事的许多活动都带有公共性，但它们的活动不属于政府活动。它们的资金来源主要是各成员单位共同筹集的资金。

公共部门中的各种组织是相互补充的。政府在公共部门中起着核心和主干的作用，与各种非政府组织的公共活动发生密切的联系和作用，政府之外的组织帮助政府提供公共服务并发挥着重要作用。

---

① 在西方，与"公共经济"相对立的是"私人经济"。而在我国，迄今由于营利性国有经济的存在，似乎还难以用"私人经济"一词去概括与公共经济相对立的那部分经济。这里"私人经济"一词是泛指。

2. 公共经济活动

公共部门所开展的收入、支出和规制（regulation）等活动，就构成了公共经济活动。

公共部门所有的活动，都必须有相应的经费支持。因此，公共活动总相应伴随着公共支出的发生，这需要有相应的经费来源，于是又导致了公共收入。就政府来看，其经费通常不是由自己直接创造的，而是通过税收等手段从资本和私人那里取得的。

公共部门，其中主要是政府，也可能无须直接支付经费就可以实现自己的目标。通过法律法规的制定，政府可以对相关主体的行为进行一定的约束与规范。例如，法律对污染企业废弃物排放标准的限制，就不一定要政府直接支付经费；又如，政府对某些产品价格的定价与限价、对银行业经营行为的约束，政府的反托拉斯活动，等等，都是政府的规制行为。本书第12章将具体介绍这一问题。

1.3.2　混合经济

在市场经济下，除了"私人范畴"外，还存在着"公共范畴"。私人和企业的活动形成私人经济，政府与其他公共组织的活动则形成公共经济，从而形成私人部门和公共部门两大部门、私人经济与公共经济两大经济的对立统一状态。所谓"混合经济"（mixed economy），指的就是公共经济与私人经济的有机混合体。

1. 两种资源配置机制

混合经济将相互对立的私人经济与公共经济包含于市场经济统一体中，市场机制与计划机制都在其中发挥着作用，但又在各自的活动领域中配置着资源，其中市场机制起着基础性的作用。在混合经济中，既有市场机制这只"看不见的手"直接作用于私人部门，引导和左右着市场竞争，通过市场价格去配置资本、劳动力和土地等生产要素；又有非市场机制在起作用，即公共部门以计划方式与行政手段这只"看得见的手"，去安排和使用社会资源，并且介入到社会分配公平和宏观经济稳定等方面。总之，这是市场力量与非市场力量相互作用的经济模式。

市场机制和计划机制是两种完全不同的资源配置机制，这决定了公私两种经济是不可相互替代的。在市场机制能够有效配置资源的领域，不应当以计划机制去取代市场机制，那样将造成资源配置的严重低效和浪费；反之，在市场机制无力或难以正常配置资源的领域，则只能以计划机制去配置资源，才能克服市场失效状态。不过，政府对于市场失效的弥补，并不总是有效的。换言之，在"市场失效"的另一面，还存在着"政府失效"现象。所谓"政府失效"，指的是政府弥补市场失效的行为未能符合市场效率准则的根本要求，或未能发挥正常作用，从而对市场造成了不应有的危害。

2. 两种经济的分工协作

在市场经济下，政府和其他公共组织与私人和企业，公共经济与私人经济，都应各安其位、各司其职、分工协作、共同发展。在市场机制能够有效发挥作用的领域，政府和其他公共组织就不应当插手；反之，当市场处于失效状态，需要政府介入之时，也不应过度夸大政府干预的能力和效果，政府插手也只能是适度的。可见，公私经济在相互交融的同时，又有各自相对独立的活动领域，整个社会的资源要素和产品分布在公私两个部门，既在各自内部流动，又经过多种渠道向对方流动，共同构成一个完整的经济运行体系，完成着统一的经济进程。混合经济是现代市场经济的具体表现形态，也建立在"市场"这一基础之上。不仅私人经济直接受市场机制的支配，而且公共经济也必须遵循市场效率准则，也从根本上受到市场的决定。公私经济间的基本联系是通过市场渠道进行的。政府的征税收费解决的只是政府拥有一定量的货币收入问题，政府还必须通过市场交换活动才能最终获得自己所需的资源和要素。

3. 两种经济的相互联系

通常认为，"混合经济"产生并成长于20世纪。在此之前，尽管公共部门早就存在，但人们并没有提出混合经济的问题，原因在于当时公共部门的活动规模太小，整个市场经济的运行从总体上看处于自由放任状态，主要表现为市场力量在发挥作用。此时存在的只是"小政府"和"小财政"，市场经济很大程度上仅表现为私人经济。到了20世纪，情况发生了根本变化，西方政府对市场已从不干预转到大规模介入和干预，公共部门的活动范围与规模均大为扩张，政府收入占GDP的比重有了巨大增长，对市场不再是消极无为而是积极有为，对社会经济生活起着重要的作用。于是，市场经济逐步表现为私人经济与公共经济的统一体，这就是"混合经济论"提出的客观经济背景。

在混合经济中，公私两个部门的相互作用和联系，是通过要素和收入在两大部门之间多渠道、全方位流动实现的。政府征税收费和发行公债，引起货币流从私人部门向公共部门的转移；政府的各类转移性支出，则引起货币流从公共部门向私人部门的转移。而政府的各类购买性支出，在货币从公共部门流向私人部门的同时，引起产品和劳务从私人部门向公共部门流动；私人部门通过缴纳使用费和规费等方式，获得政府提供的服务，等等。两大部门进行各种交往和联系，在货币与要素、产品和服务的易位易形过程中，形成了统一的市场经济。双方这种错综复杂的交往，很大部分是通过公共部门在产品市场和要素市场依据等价原则的购买实现的。这些都充分表明，此时政府及其公共财政是立足于市场经济来履行职能的。

1.3.3　公共财政与公共经济的关系

在市场经济下，公共财政与公共经济之间存在着以下关系[①]：①公共经济活动并不等于政府活动。因为除了政府及其附属机构之外，公共企业、国有企业、集体企业以及其他公共组织进行的活动也都具有一定的公共性质，也程度不同地属于公共经济的范围。而公共财政的活动只限于政府进行活动。②政府活动具有强制性。政府活动是公共经济的基本内容。由于公共活动基本上是无法索取相应的市场回报的，对于大部分的公共活动人们难以自愿参加，由此而产生的"免费搭车"和"囚犯困境"等问题，只能通过政府的强制方式才能克服。因此，公共财政活动具有强制性的基本特征。政府之外的其他公共组织活动，则以人们的自愿性为基础，基本上不具有强制性。③公共财政是公共经济的中心内容。公共经济的主要活动依靠政府提供财力。这就是通过政府的投资支出，或形成政府附属机构和公共企业，或通过政府对私人企业和非营利性慈善机构等的补助或税收优惠等，来提供公共服务。换言之，通过政府收支去推动整个公共部门的活动，完成为市场提供公共服务的活动。于是，人们对于公共经济实践活动的分析、把握和考察，主要并基本是围绕政府收支活动展开的。

■ 1.4　财政学的形成与发展

财政现象早已存在，当人们对这类现象的理论认识与把握达到一定程度，迟早会升华为理论体系，成为一门科学。这就产生了财政学。财政学是市场经济的产物，财政学是以公共财政学的形式产生的，最初的财政学也就是公共财政学。此后在计划经济下，形成了与计划经济体制相适应的财政学。到了20世纪末，随着市场化改革的推进和公共财政制度的逐步形成，我国财政学正逐步公共化。

---

① "公共财政"与"公共经济"的关系，是一个复杂的问题。在西方，"public finance"与"public economy"实际上只是不同的学者对于同一事物使用的不同名词而已，似乎并没有实质性的区别。而在我国，由于"财政"一词在历史演变中逐步成为"政府分配"的代名词，这使得"公共财政"与"公共经济"在我国成为既有联系又有区别的两个词。

1.4.1　财政学的形成

1776 年，英国的亚当·斯密（Adam Smith）出版了《国富论》（即《国民财富的性质和原因的研究》）一书，其中的第五篇"论君主或国家的收入"，对财政问题作了系统、科学的阐述。它意味着作为一门科学的财政学的创立与诞生。

人类的财政活动古已有之，有关财政的观点、思想乃至理论也古已有之，中外概莫能外。古代我国与西方某些国家和地区，典型的如古希腊的雅典等，都有过丰富的财政思想。在 11 世纪与 12 世纪的西欧，工商业的复苏导致了财政问题的复兴和财政规模的扩大，使得财政问题受到越来越多的注意。此后随着社会经济的进步，在 15 世纪的意大利地区，文艺复兴与商业金融的迅速发展，使得财政活动逐步活跃起来，也推动了财政理论的发展。至 16 世纪末，西欧若干国家如法国等建立了强有力的专制君主制度。这种政治环境的变化，使得财政活动及其理论有了更为迅速的发展。人们对于财政问题的考察，已不是从单一方面，如财政收入，而是对整个财政活动，包括政府支出、政府收入和公债等进行分析，具有较为全面的特点。

然而，近现代财政思想、财政制度、财政体系及其运作模式等，也就是公共财政的理论与制度，主要是伴随着英国社会从自然经济向市场经济、从封建主义向资本主义的转变而形成的。此外，德国的财政理论也产生了重大影响。

18 世纪后半期的英国，新生的市场和资本要素经过数百年的发展，逐步冲破了旧制度的种种约束、限制与摧残，市场经济体制和公共财政制度实质性地建立起来了。实践的变化要求理论上的说明与总结，《国富论》就是在这种背景下应运而生的。它不仅对市场经济体制，而且也对公共财政制度作了全面、系统、科学的阐述和分析。该书不仅在经济学上，而且在财政学上，都意味着一个崭新纪元的诞生，是市场性质经济学和公共性质财政学的奠基性巨著。

1.4.2　财政学的发展

此后 200 余年，西方财政学有了巨大的发展，甚至给人以面目全非的感觉，但万变不离其宗，从根本上看都未能摆脱斯密所界定的基本框架与思路，即都是对市场经济和公共财政问题的探讨和论述，只不过在深度和广度上有了巨大的拓展。它们不仅没有违背市场经济和公共财政的根本要求，反而在自身的不断完善中，更好地适应于、服务于和促进着市场经济体制与公共财政制度的发展与完善。

在亚当·斯密之前，英国的托马斯·曼（Thomas Mun）和威廉·配第（William Petty）等人已对财政理论进行了一定的发展。在亚当·斯密之后，财政学的发展轨迹与历程大致如下。

1. 穆勒等人的贡献

斯密之后,首先值得提到的对财政学发展作出贡献的,是法国的让·巴蒂斯特·萨伊(Jean-Baptiste Say)和英国的大卫·李嘉图(David Ricardo)等人。萨伊的名言"最好的财政计划是尽量少花费,最好的租税是最轻的租税"一直流传至今,成为自由放任学说在财政领域的经典性表述。而李嘉图的一些观点和思想,则被后人概括为"税收邪恶论"和"李嘉图等价定理",也对后世产生了重大而深远的影响。

1848年约翰·斯图亚特·穆勒(John Stuart Mill)的《政治经济学原理——及其在社会哲学上的若干应用》一书,在经济学教科书发展史上具有里程碑意义。与斯密的《国富论》一样,该书也在第五编"论政府的影响"专门论述财政问题,即财政学也构成了该书的重要组成部分。相比于斯密,穆勒大大拓展了财政学的广度与深度,大大丰富和细化了对财政问题的分析。尤其是他立足于"政府",从探讨政府职责和任务的角度,对财政问题进行分析和论述,至今仍然是具有现实意义的。

此外,19世纪的德国财政学也有很大影响,其中诸如"瓦格纳定理"等的影响就一直持续到现在。

2. 巴斯塔布尔的突破

1892年,巴斯塔布尔(C. F. Bastable)的《公共财政学》(*Public Finance*)一书出版,意味着财政学的发展开始突破以往的两个束缚:①此前英语财政学只是经济学的组成部分,没有单独成书。巴斯塔布尔则使之独立化,而不仅仅是经济学的附属物。②此前人们一直没能找到合适的英语用词来概括财政范畴和现象。这使得财政研究和分析有些混乱,如斯密一直用"公共"去界定各种财政活动,穆勒相应的用词则主要是"政府"。巴斯塔布尔以"public finance"为书名,对政府收支范畴给出了一个贴切的术语与概念,从此被广泛接受与认可,直到数十年后"公共经济"(public economy)一词的出现,才对该词的统治地位形成很大冲击,但还是没有能够根本否定之。

3. 财政学发展的几大阶段

在此之后,各种财政学专著和教科书不断涌现。这些财政学专著和教科书系统地反映和总结了当时财政理论和财政思想的最新研究成果,既以之充实、丰富和发展了自己,又通过自身理论体系的建立、发展和完善,促进了财政研究的进一步发展和深化。巴斯塔布尔的《公共财政学》问世之后的百余年间,西方财政学经历了一个极为丰富的发展过程,它大体上可分为三个阶段:①第一阶段为

1892～1928 年，这是英美公共财政学发展的早期阶段。这一阶段的西方财政学代表性著作，除了巴斯塔布尔等人的著作外，还有 1922 年出版的道尔顿（H. Dalton）的《公共财政学原理》和庇古（A. C. Pigou，1877～1959）1928 年的《公共财政学研究》。这一时期的财政学，除了少量税收理论外，更多的是具体的税收、公共支出和公共债务活动的分析。②第二阶段为 1929～1958 年，这是英美公共财政学发展的中期。这一时期西方公共财政学发展相对缓慢，出版物的数量也相对少，在财政学说史上产生深远影响的巨著也较少。值得一提的是，意大利学者马尔科（de Marco）的《公共财政学基本原理》一书 1936 年在美国翻译出版，其中奥意财政学派的公共产品论和公共经济论等全新理论被介绍到美英学术界，对若干年后美英财政学的大发展产生了巨大而深远的影响。③第三阶段从 1959 年至今，是现代西方公共财政学发展的后期。这一阶段，马斯格雷夫（R. A. Musgrave）的《公共财政论：公共经济研究》于 1959 年出版，布坎南（J. M. Buchanan）的《公共财政学：教科书导论》于 1960 年出版，开始以公共产品论和社会抉择论等全面重构财政学的体系与内容，意味着美英财政学的一种重大转折的实现。

4. 公共经济学的形成

马尔科的《公共财政学基本原理》一书在美翻译出版，为美英财政学的理论基点从"政府收支"转到"公共经济"上来，提供了最为重要的前提条件。阿兰（E. D. Allen）和布朗里（O. H. Brownlee）1947 年出版的《公共财政经济学》（*Economics of Public Finance*），首次采用了马尔科的"财政学是'经济学'"的观点并将其贯穿于全书。此后类似的书名接连出现。

正式以"公共经济学"（public economics）为书名的，是约翰逊（L. Johansan）1965 年出版的《公共经济学》一书。此后，许多教科书都采用了与之相同或相似的书名。它们在相当程度上反映了财政学实质内容的某种转变，更反映了人们关于财政与政府关系看法的变更。

公共经济学于 20 世纪六七十年代得到迅速发展，"现代公共部门经济学是经济学的令人激动和富于挑战性的分支……"（Brown and Jackson，1988）。1972 年《公共经济学学报》（*Journal of Public Economics*）的创刊，可以视为公共经济学完全形成的重要标志。如今，公共经济学作为经济学的一个大类，被广泛地关注和研究，各国已有大量以"公共经济学"或"公共部门经济学"命名的教材著作问世。

公共经济学的形成和发展与传统财政学有着非常密切的关系。公共经济学是在传统财政学的基础上形成的，但又是传统财政学的深化与扩展。为此，许多学者认为，公共经济学仍然是财政学，二者没有什么区别，因为财政学也是要发展的。不过，公共经济学与传统财政学存在差别，则是没有什么争议的。两者之间的主要差别是：①公共经济学开始了公共支出方面的理论研究，而传统财政学主要研究税收问题，很少对公共支出进行经济分析；②公共产品论和公共选择论的发展对公共经济学的形成和发展起到重要作用，而传统财政学则基本上没有这方面的内容；③公共经济学的研究范围不仅仅包括传统的财政收支，还包括公共规制，这样，中央银行、非营利性经济组织等经济主体的活动都纳入公共经济学的研究范畴，而传统财政学也缺乏这方面的内容。

5. 财政学在中国

从斯密开始直至今日，西方财政学就是公共财政学，但在苏联和东欧国家以及我国则是与计划经济相适应的财政学，这显然不是"公共"财政学。而在我国，计划型财政学又形成了不同于苏联和东欧国家的独特理论体系。

新中国的最初阶段，我国是在苏联的直接帮助和指导下开展社会经济制度构建和工业化建设的。在社会经济制度与理论方面，我国先是全面引进，接着很快就走上了自我发展的道路。具体到财政理论方面也不例外，其典型的表现是"国家分配论"于20世纪50年代出现于我国，并最终于60年代上半期占据了主流地位，且这一主流地位一直维持至90年代中期。这一理论，是我国财政学独立于苏联财政理论体系的集中表现，它以独特的关于财政本质的分析和结论，以及诸如财政在社会再生产中的地位与作用等理论，鲜明地表现出自己的特色。

国家分配论在整整一代人的时间内，指导了我国的财政实践活动，对我国财政制度的形成起了重要作用，并最终在20世纪70年代末形成了以国家分配论为基础的我国财政学。到了90年代后半期，随着市场经济体制和公共财政制度的逐步建立，我国的财政学也开始了公共化的变革。到目前为止，我国学者自己编写的教材在体系和内容上，已经大幅度向国际通用的公共财政学教材靠拢。

1.5　财政学的研究方法

1.5.1　财政学与相关学科

财政作为政府的分配活动，涉及的是钱款的收收支支，是整个经济活动的一个组成部分，因而就传统的学科归属来看，财政学是经济学的一个分支学科。但作为政府进行的活动，财政又有着不同于一般经济活动的特点，这决定了仅从经济学角度是无法全面、准确地把握与分析财政问题的。

1. 财政学与微观经济学

在西方，财政学在传统上属于微观经济学范畴。众所周知，西方市场经济在前期经历了一个数百年的自由放任阶段。这种政府不插手干预宏观经济的状态，决定了当时经济学所研究的基本上只是微观问题，而不涉及宏观层面的分析。此时存在的只是"小政府"和"小财政"，政府课税收费和提供公共支出的活动，如同资本和私人一样，也是一种微观性质的资源配置活动，并不是从宏观层面对整个经济的调控与干预。这种背景下存在的只是微观经济学，相应地，财政学也只是微观经济学的一个组成部分。

这种状况在宏观经济学产生之后尽管受到冲击，但并没有被否定，微观经济学仍然是财政学的基础，财政学的绝大部分内容采用的仍然是微观经济分析，给出的仍然是微观性质的结论；反之，财政学也仍然是对微观经济学的拓展与深化。

2. 财政学与宏观经济学

20 世纪前期，西方政府对市场从传统的不干预转向了干预，开始运用赤字财政政策去熨平经济周期，取得了很大的成效，并相应地产生了宏观经济学。财政政策是政府宏观经济政策的支柱部分，有关财政政策的理论与分析理所当然是财政研究的组成部分。如同从传统财政学扩展到公共经济学一样，从微观经济领域扩展到宏观经济领域，也是西方财政学的一个重要发展。

3. 财政学与政治学

自亚当·斯密以来，政治学很少介入财政研究的视野中。但财政作为政府的分配手段，其每项活动都直接或间接与政府活动相联系，这决定了财政学从来就不是一门纯粹的经济学，而是经济学与政治学的交叉学科。离开了政治角度的分析与探讨，财政研究与运作总会有所缺失。反过来，现代政治学也越来越多地与财政学发生联系，公共财政问题已成为政治学的重要研究内容。财政问题的研究必须与政治学相联系，采用政治学的某些分析方法、手段，并与其结论相验证。

4. 财政学与公共管理学

市场经济下存在的是公共服务型政府，它进行的是公共管理性质的活动。公共管理学就是介于传统的行政管理学、政治学和经济学之间的交叉学科。政府预算制度是公共财政赖以存在的基本制度，它直接决定、约束、规范和监督政府的收支活动，是政府开展公共管理的基本制度之一。作为政府的基本管理制度之一，它不仅是财政学而且也是公共管理学研究的重要内容。由此可见，财政学还是经济学、政治学与公共管理学之间的一门交叉学科。研究公共财政问题，也必须辅之以公共管理学的基本手段和分析方法，也应当从公共管理的角度去分析问题。

5. 财政学与法学

市场经济是法治经济，公共财政是法治财政，其政府收支活动是在法律的约束与规范下展开的。政府必须依法课税收费，社会公众则是依法纳税缴费，议会等国家权力机关通过的政府预算具有法律效力，政府及其官员必须遵循，等等，这些都表明了现代财政学与法学的天然联系，财政问题也需要从法学的角度开展研究。近年来我国财政学界与法学界的许多学者，不约而同地开展了财政立宪问题的研究，即将公共财政与立宪国家联系起来，大大丰富了财政学和法学的研究。

总之，现代财政学是覆盖面非常广泛，涉及经济学、政治学、公共管理学与法学等多个领域的一门交叉学科。

1.5.2 财政学研习应注意的问题

为此，在财政学研究与教学过程中，应注意以下几个问题。

1. 财政学的研究方法

财政学研究可采用实证研究、规范研究、理论分析与计量研究以及案例研究等多种方法。

2. 注意目前财政学的过渡性质

时至今日，绝对否定西方财政学的现象基本上已成历史。进入 21 世纪后，我国学者自己撰写的财政学教科书普遍采用西方财政学的基本体系与理论，就充分表明了这点。但这不等于争议已不存在了，更不等于对西方财政学的抵触和否定心理的消失。随着新体系和理论的采用，我国财政学有了很大的变化，克服了语录、标语、口号和社论引文充斥以及政治说教过多等传统弊端，但也产生了新的问题和弊端，其中最为重要的问题是如何针对我国具体国情进行分析。典型的如公共选择论和"以脚投票"论等，它们的分析对象、思维逻辑、内容和结论等，都立足于西方具体制度，都与我国有着很大的不同，但我国目前在这方面还没形成与国情相吻合的理论。为此，需特别提及的是，本书的这些内容更多的是对西方理论的介绍。这样做，是为中国式公共选择论和"以脚投票"论的形成预作理论的铺垫与准备。

3. 注意学好现代经济学

西方经济学和财政学在市场经济环境中，经历了数百年的改进完善过程，因此，它们有着鲜明的市场经济特征，与市场经济有着高度的适应性与一致性。这些恰恰是我国传统经济学和财政学根本缺乏的。我国目前正在全力构建社会主义市场经济体制和公共财政制度，正因如此，掌握现代经济学和财政学的基本理论与内容，成为我国经济学界和财政学界的当务之急。为此，应当学好微观经济学，学会用微观分析的观点去观察财政现象，去考虑财政决策，而不能武断地认为财政决策即为政府的"宏观调控"活动。至于宏观经济学，自从 1998 年我国实行了积极财政政策以来，它就一直发挥着重要的基础理论作用，其基本原理也是应当很好掌握的。

4. 注意对中国国情的了解

学习西方、借鉴西方，毕竟都是为了解决中国问题。为此，在努力掌握现代经济学和财政学知识的同时，还应当注意对中国国情的了解。这包括两个方面的含义：①现有的财政学介绍与分析，必须与我国的财经现实相结合。西方的市场经济是高度完善的市场经济，与之相适应的财政学，是完善的市场经济下的财政学。而存在于我国的是很不完善的市场经济，因而西方的许多具体分析，是无法套用到我国来的。这就需要相应结合我国具体国情，创造性地构建自己的市场型财政学。②还必须了解我国以往的财政制度和财政实践。不了解过去，就难以很好地了解现在，也难以正确地把握未来。

5. 注意其他学科的有关理论与方法

现代财政学是一门交叉学科，涉及多个学科领域，因此，要真正学好财政学，仅仅有经济学知识是不够的，还需要掌握相关学科的基本理论、基础知识和分析方法。

1.5.3　本书框架

本书共 16 章。第 1 章导论，介绍财政概念、混合经济以及财政学的其他基本问题，为全书的展开作了最基本的铺垫。第 2～4 章是财政基本理论部分，首先分别介绍财政职能、公共产品论和公共选择论等问题，给出了市场经济下财政所涉及的基本理论问题和分析思路；接下来转入对财政具体活动的介绍。第 5～7 章是财政支出部分，第 5 章介绍财政支出的基本理论，第 6 章介绍财政的购买性支出问题，第 7 章则介绍财政的转移性支出问题，它们分别涉及的是市场经济下两大类财政支出问题。第 8～11 章介绍作为财政收入主要形式的税收，第 8 章介绍税收基本理论，第 9 章介绍商品税，第 10 章介绍所得税，第 11 章介绍其他税收。各章在介绍了税收的基本理论之后，分别对我国现行税收制度的主要内容作了介绍。第 12 章介绍公共企业问题，第 13 章介绍公共规制问题，涉及公共经济的两个重要内容，并结合我国的具体国情进行了分析。第 14 章介绍政府预算，在前文介绍了财政支出和财政收入之后，对整个财政活动进行归纳和整合，同时也是对公共财政另一视角的分析。第 15 章介绍财政赤字与公债问题，它们既是财政收支对比关系的一种体现和结果，又有着自己独特的内容与活动方式。最后，第 16 章政府间财政关系，介绍的是财政体制问题，分析的是政府内部各组成部分之间的财权、财力关系。

在上述框架中，值得一提的是，本书没有包含财政政策的内容，因为它是宏观经济学的主要组成部分之一，为避免重复而作了省略。但任课教师在使用本教材时，如果认为需要讲授这部分内容，可以自行增添。

小结

1. 形形色色的政府收支活动，构成了现实的财政现象。
2. "财政"是特指"国家或政府的分配活动"的专有名词，它是历史演变和选择的结果。
3. 财政的主体是政府，这决定了其活动具有强制性和无偿性的基本特征。
4. 不同的经济体制决定了不同的财政制度。自然经济决定了存在于其上的是"家计"财政，市场经济决定了存在于其上的是"公共"财政，计划经济决定了存在于其上的是"国家"财政。
5. 所谓公共财政，是为市场提供公共服务的政府分配活动，是社会公众的财政，是与市场经济相适应的财政制度。
6. 公共财政具有以下基本性质：①它是弥补市场失效的财政；②它是提供"一视同仁"服务的财政；③它是非市场营利性的财政；④它是法治化的财政。
7. 计划经济下的"国家财政"制度，是国家计划配置资源的基本手段，它以国营经济为基础，收入基本上直接来自国营经济，支出也直接服务于国营经济，表现为国家对原本就属于自己的钱进行的收支，因而是"国家"财政。
8. 30 余年来我国财政呈现出鲜明的公共化趋势，它主要表现在：①财政占 GDP 比重在改革前期的大幅下降；②财政收入从税利并重转向以税收为主；③税收制度从单一模式转向复合模式；④财政支出从"建设财政"转向"吃饭财政"；⑤财政投资从以生产性为主转向以非营利性为主；⑥财政日益直接承担社会保障职责；⑦政府预算制度改革；⑧财政从坚持预算平衡原则转向实施赤字预算政策；⑨恢复公债发行并转向市场方式发行，公债成为宏观经济政策的重要手段；⑩财政体制从统收统支到"分灶吃饭"再到"分税制"改革。
9. 公共部门是公共经济活动的经济主体，它主要由政府、公共企业、非营利组织和国际组织等组成。政府在公共部门中起着核心和主干的作用。

10. 公共部门开展的收入、支出和规制等活动构成了公共经济活动。

11. 所谓"混合经济",指的是公共经济与私人经济的有机混合体,其中计划手段与市场机制则在各自领域配置资源,它们分工协作、共同作用,构成了统一的市场经济。私人经济是混合经济的基础,而市场机制则起基础性作用。

12. 亚当·斯密于 1776 年创立了财政学,它是对公共财政的科学总结。公共经济学在传统的财政学基础之上形成,又深化与扩展了传统的财政学。目前我国财政学正处于公共化的变革中。

13. 现代财政学覆盖面非常广泛,涉及经济学、政治学、公共管理学与法学等多个领域,是一门交叉学科。

？ 思考题

1. 有人说:"财政,财政,有'财'又有'政',才是'财政'。"你认为这种说法对吗?

2. 对于财政具有"强制性"和"无偿性"的提法,学界一直存在争议,你的看法如何?

3. 政府预算制度的形成为什么会导致财政公共化的变革?

4. "财政是政府分配活动"的定义,与家计财政和公共财政的提法是否矛盾?

5. 在现实中,政府的税费并不是对所有的企业和个人都课征的,政府的支出也并不是所有的人都能直接享受到的,这是否有违"一视同仁"原则?

6. 公共财政具有非营利性,是否意味着任何政府收费都是不应该的?

7. 你认为"public finance"应当译为"财政"还是"公共财政"?

📖 参考文献

陈共. 2000. 财政学. 北京:中国人民大学出版社

储敏伟,杨君昌. 2000. 财政学. 北京:高等教育出版社

邓子基. 2001. 财政学. 北京:中国人民大学出版社

蒋洪. 2000. 财政学. 北京:高等教育出版社

吴俊培,许建国,杨灿明. 2001. 现代财政学. 北京:中国财政经济出版社

张馨. 1999. 公共财政论纲. 北京:经济科学出版社

Brown C V, Jackson P M. 1988. Public Sector Economics. Oxford:Martin Robertson

第2章

财 政 职 能

本书以市场经济为出发点，全面阐述公共财政问题。本章解决的是财政学的基本思路问题。在市场经济下，市场机制在大部分场合有效地发挥着作用，但在另一些场合，市场机制则是天然失效的。弥补市场失效就成为公共财政赖以存在和开展活动的依据，也决定了公共财政的职能。

■ 2.1 市场效率

市场效率是公共财政问题的分析起点。

2.1.1 效率

迄今为止，人类社会存在过的经济体制不外三种，即自然经济、市场经济和计划经济。但随着历史进程的推进，它们最终都归结到市场经济上来，其根本原因就在于市场经济有着比其他两种经济体制更高的资源配置效率。

那么，什么是"效率"？现代经济学所说的效率，通常指的是"帕累托效率"。帕累托效率的定义是意大利经济学家维尔弗雷德·帕累托（Vifredo Pareto）提出的。要理解经济是否达到"帕累托效率"状态，可从"帕累托最优"（Pareto optimality）和"帕累托改善"（Pareto improvement）两种不同角度去考察。所谓"帕累托最优"，指的是在既定的个人偏好、生产技术和要素投入量下，除非以他人处境的变差为代价，当一个社会对资源的任何重新配置都已不可能使某个（些）人的处境变得更好，则此时社会资源配置处于最佳效率状态中。所谓"帕累托改善"，指的是在同样的前提条件下，如果一个社会能够通过资源的重新配置，在使某个（些）人处境变好的同时，却不导致任何他人处境变差，则此时的社会资源配置效率就提高了。

2.1.2　市场效率条件

一般认为，在充分竞争条件下，市场运行的结果将能使社会资源的配置自动处于帕累托最优状态之中，即此时市场运行是有效的。但市场经济下的资源配置，并不总是时时处处都处于帕累托最优状态之中的。帕累托效率的实现，还需要满足一定的条件。

财政学的分析起点是这样一种假设，即经济处于一种纯粹的市场运行状态中，此时不存在政府和其他公共组织，也不存在公共领域，不存在计划机制和行政手段的运用，整个经济完全由私人和资本来运作，完全由市场机制来发挥作用。这一假设，是为了分析市场机制能否实现资源配置的最优化，为公共财政不应当介入市场有效运行领域获得基本的理论支撑。

接下来转入具体分析。为此，还需要以既定的生产技术水平、要素投入数量和个人偏好以及市场价格机制能够充分发挥作用等为假设前提。它实际上是以一个高度抽象的社会经济环境为对象来分析和探讨市场效率的实现需要满足什么样的条件。在这个社会中，只有两个人 A 和 B，两种产品 X 和 Y，两种生产要素即劳动 L 和资本 K。

为求得市场效率条件，可分三步分析。

1. 求出"交换效率"条件

所谓"交换效率"，指的是将既定的产品 X 和 Y 分配给 A 和 B 之后，形成了要想通过重新分配 X 和 Y 而使 A（或 B）过得更好，只能以 B（或 A）过得更坏为代价的状态。

当 $MRS_{XY}^A = MRS_{XY}^B$ 时，社会处于交换效率状态中。这里，MRS（marginal rate of substitution）为边际替代率，即消费上的边际替代率。MRS_{XY} 表示某个消费者为了获得一个新增 X，而愿意放弃的 Y 的数量，即 $MRS_{XY} = -\dfrac{\Delta Y}{\Delta X}$。$MRS_{XY}$ 也可视为最后一单位 X 和最后一单位 Y 的相对价格之比，即 $MRS_{XY} = \dfrac{P_X}{P_Y}$。

2. 求出"生产效率"条件

所谓"生产效率"，是指生产要素 L 和 K 的配置，已达到要想增加 X（或

Y）的产出，就只能以减少 Y（或 X）的产出为代价的状态。

当 $MRTS_{KL}^X = MRTS_{KL}^Y$ 时，社会处于生产效率状态之中。这里，MRTS（marginal rate of technical substitution）为边际技术替代率。$MRTS_{KL}$ 表示在既定的产出水平下，生产者为了获得一个新增 K，而愿意放弃的 L 的数量，也可以视为 K 的边际增量 MP_K 和 L 的边际增量 MP_L 之比，即 $MRTS_{KL} = \dfrac{MP_L}{MP_K}$。

在生产可能性曲线上的任何一点的斜率，称为 X 对 Y 的边际转换率 MRT（marginal rate of transformation）。MRT_{XY} 表示在 L 和 K 投入量既定的前提下，生产者为了获得新增 X，而愿意放弃 Y 的数量。它可以视为 X 的边际产量与 Y 的边际产量的价格之比，即 $\dfrac{\Delta Y}{\Delta X}$。

3. 求出"组合效率"条件

由于上述效率条件是分别从消费领域和生产领域得出的，它们各自都不能单独代表整个社会的资源最优配置的状态。这就需要将两个领域结合起来考虑，才能获得整个社会资源配置的帕累托最优条件，即组合效率条件 MRS＝MRT。

满足该条件的点有无数个，它们形成的曲线称为"总效用曲线"（grand utility possibility curve）。在埃奇沃思方盒图（Edgeworth's box）中，这些点的轨迹形成了"契约线"（contract curve）。

至此，我们已经获得了达到帕累托效率所需的条件。在充分竞争条件下，追求自身利益最大化的个人在其市场交易活动中，通过市场价格和有关产品的购买数量，能够真实地表达出自己的偏好和欲望。在价格信号的指引下，市场自身能够实现帕累托最优。

2.1.3 社会福利与效率

由于总效用曲线上的效率点是无数的，所以，仅考虑市场效率是不够的，效率还必须与社会福利联系起来，才能得出社会资源配置的最佳点。但社会福利的判断，牵涉到"公平"的标准问题。在经济学和政治学等学科中，对"公平"的内涵有着不同的理解。

1. 功利主义标准

功利主义的标准，是边沁（Jeremy Bentham）提出来的。该标准认为，整个社会福利是每个人的效用之和，而社会福利的最大化，也就是总福利的最大化和平均福利的最大化。边沁假定，社会中每个人具有相同的边际效用曲线，且边际效用是递减的。这样，富人的最后一个单位的收入所带来的效用肯定低于穷人，那么，从总福利提高的角度，富人应该把边际效用较低的收入转移给穷人，以促进社会福利的提高。边沁分析的最终结果，是具有同样边际效用曲线的个人之间的收入应该是相同的，即相应的公平含义为平均主义。

2. 罗尔斯标准

罗尔斯（John Rawls）1971 年在《正义论》一书中，提出了这一标准。他认为，一个社会的公平状况，取决于这个社会中生活处境最差的那个人。例如，两个国家 A 和 B，A 国的人均年收入达到 10 000 美元，但最低收入仅为 1000 美元，B 国人均年收入为 1200 美元，但最低收入为 1100 美元，根据罗尔斯的标准，B 国比 A 国更公平。罗尔斯标准要求政府干预并帮助社会中处境最差的人。

3. 福利经济学标准

从福利经济学的观点来看，社会资源的配置效率还必须结合公平准则来考虑。为此，在得出契约线之后，还需引入社会福利函数，构建"社会无差异曲线"。一般情况下，社会无差异曲线也是凸向原点的。因此，总效用曲线与社会无差异曲线的切点，才既符合效率条件，又最大限度地满足了社会公平准则的要求。该切点就是"极乐点"（bliss point）。

图 2-1 上的 W_1，W_2，…一组曲线，代表的是社会无差异曲线；$U_A U_B$ 是总效用曲线，或称效用可能性曲线；B 则为极乐点。

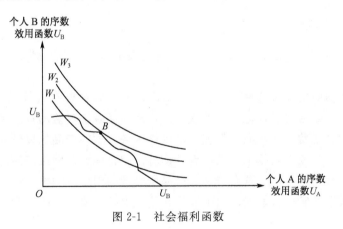

图 2-1　社会福利函数

2.2　市场失效

只要能够满足充分竞争这一条件，市场机制就能够实现资源的最佳配置。然而，市场并不是万能的，即使充分尊重市场机制的作用，即严格按照前述假设行事的前提下，仍然存在若干市场无法有效配置资源和正常发挥作用的现象。这就是"市场失效"状态，它是市场经济下天然存在的一种状态。

概括起来，市场失效现象主要有以下数种。

2.2.1 公共产品

公共产品的存在，是市场失效的首要原因，也是人们最初分析的市场失效状态。

1. 什么是公共产品

"公共产品"一词，英文为 public goods，也译为"公共物品"、"公共财富"、"公共货物"、"公共商品"、"公共品"、"共用品"等，在港台地区则多译为"公共财"。所谓"公共产品"，是"私人产品"（private goods）的对立物，指的是具有共同消费性质的服务。

与私人产品的私人的、单个的消费性质不同，公共产品具有联合的、共同的消费性质。公共产品在人们日常生活中普遍广泛存在，诸如国防、社会治安、政府管理、路灯、垃圾清理、防洪堤、道路、桥梁、下水道……都是公共产品的具体存在形态。这些现象和活动尽管千差万别、千姿百态，但它们都有一个共同点，那就是它们都具有共同消费性。

2. 公共产品的特性

共同消费性是决定其是否为公共产品的根本特征，它具体表现为以下两个特性。

（1）消费时的非排他性（non-excludability）。即只要有人提供了公共产品，不管该提供者是否愿意让他人消费该产品，在产品效应覆盖的范围和区域内，任何人都能够"消费"该产品，都能够享受该服务。这时产品的提供者要想不让某人消费该产品，或者是技术上做不到，或者是阻止他人消费该产品的成本费用过于昂贵且实际上不可能。这点与私人产品所具有的消费时的排他性，即产品只能由提供者或购买者个人消费，而可以不让他人也参与该产品的消费，形成鲜明的对比。

（2）消费时的非对抗性（non-rivalness）。只要有人提供了公共产品，则该产品效应覆盖范围和区域内的消费者人数的多或寡，与该产品的数量和成本变化无关。换言之，新增消费者引起该产品的边际成本为零。原有消费者在既定公共产品数量下所享用的消费量和效用程度，不会由于新消费者的加入而有所减少和损失。这点与私人产品具有的消费时的对抗性，即某一消费者对于某一产品的消费，其他人不能同时消费该产品，或者说新增消费者时必须增加该产品的供应量，否则就得减少原有消费者的消费量的特点，也是形成鲜明对比的。

3. 公共产品导致市场失效

共同消费性使得人们具有不付费就消费公共产品的可能性。如果这类服务由市场提供，追求自身利益最大化的理性消费者在自利动机的诱惑下，将不会自愿支付市场价格。于是，公共产品提供者付出的几乎是全部的成本，而获得的仅是总效用中极少的一部分。这种严重的成本收益失衡状态，产生了"免费搭车"、"囚犯困境"等问题，决定了公共产品大体上是无法由市场提供的。

相反，私人产品由于消费时的排他性和对抗性，只要确定了所有权，人们要想消费该产品，就必须通过市场并付出相应的价格，才能获得并消费该产品，市场价格就充分地和正常地发挥了作用。这是私人产品能够，并且也必须由市场提供的根本原因所在。

市场价格是市场机制发挥作用、引导社会资源达到最佳配置的基本信号。否定了市场收费，就意味着市场难以将资源有效地配置于公共产品存在的领域，从而出现市场失效状态。

2.2.2 外溢性

外溢性的存在，是市场失效的一个重要原因。

1. 什么是外溢性

"外溢性"一词来自英文 externalities，也译为"外部效应"、"外部经济"、"外部影响"、"外部性"、"外在性"等。与公共产品一样，它在翻译上也见仁见智，不一而足。

所谓"外溢性"，指的是人们的行为对他人产生的利益或成本影响。典型的如工厂排放的废水、废气、废料等对周围环境的污染，严重地减少了被影响的个人或企业的利益，或增大了其生产成本和生活费用。

2. 外溢性的特性

外溢性与公共产品有着很大的共性。在外溢性效应覆盖的范围和区域内，也具有共同消费性，即消费时的非排他性和非对抗性。不管外溢性的受益（害）者是否愿意，其外溢影响是无法拒绝的。因此，外溢性现象与公共产品现象密切相关，它实际上是公共产品的一种特例。对外溢性问题的分析，大体上可以归入准公共产品问题中。

但外溢性又不同于公共产品：①公共产品本身就是正产品，而外溢性则不过是私人或企业活动的副产品和伴生物，是他们提供私人产品过程中附带产生的；②公共产品的提供者以提供公共产品为目的，而外溢性产生者的活动目的，则是提供私人产品。通常，外溢性的产生是非故意的。

3. 外溢性导致市场失效

如同公共产品一样，外溢性也具有共同消费性，这决定了它的市场失效。但外溢性活动的私人消费与共同消费、个人利益与社会利益相混杂的特点，决定了其市场失效与公共产品是不同的。这样，市场机制无法将资源配置于纯公共产品上，却可以将之配置于外溢性产品上，两者之间存在市场配置无效和低效的差别。

一般来说，具有外溢性的产品本身也是私人产品，能够通过市场提供并收取价格。不过，此时市场价格评价的仅是其产品的效用，而不包括外溢给社会的成本和利益。外溢性产品的边际私人成本和边际社会成本、边际私人收益和边际社会收益的不同，导致市场价格的扭曲和不完全，从而出现市场失效的结果。

以利益外溢还是成本外溢为标志，外溢性可分为两大类。

（1）负外溢性。它指的是将成本外加给社会的那类行为与活动。人们对负外溢性是比较熟悉的，典型的是环境污染问题。工厂在获得正产品的同时，也排放了废水、废料和废气等派生物。其正产品具有私人消费性，它的所有者可以通过市场获得个人收益，但作为派生物的污染则具有共同消费性，使得污染成本由社会承担。由于资本经营的决策依据是边际私人成本和边际私人收益，而不是边际社会成本和边际社会收益，这种边际私人成本低于边际社会成本的状态，将导致生产或消费水平高于最优水平。如图 2-2（a）所示，其实际产量（消费量）Q'超过了最佳产量（消费量）Q^*。

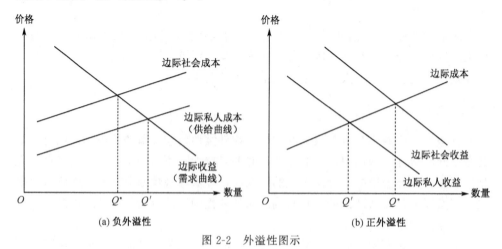

图 2-2　外溢性图示

（2）正外溢性。它指的是将利益外溢给了社会的那类行为与活动。诸如森林，它提供的私人产品是木材等，而外溢的却包括调节气候、保持水土、涵养水分、净化空气、美化环境等效用，森林的所有者能够拥有并索取市场价格的只是木材等产品，而外溢的利益如调节气候等，是无法索取市场价格的。这种边际私人收益低于边际社会收益的状态，如图 2-2（b）所示，将导致实际产量（消费量）Q' 低于最佳产量（消费量）Q^* 的结果。

就社会资源的有效配置而言，应当是最适配置，即不多不少地处于最佳点（区间）上。"不足"为不足，"过足"亦不足，都意味着资源的低效配置，都是市场失效的具体表现状态，都是需要纠正的。

2.2.3　自然垄断

1. 自然垄断的定义

规模报酬递增所导致的自然垄断，是市场失效的又一重要表现。所谓"规模报酬递增"（increasing returns to scale），指的是某一产品或行业的净收益的增长速度，超过其生产规模的扩大速度的现象或状态。

在规模报酬递增状态下，充分竞争的市场最终必将走向自然垄断。这是因为，规模报酬递增意味着愈大的生产经营规模，市场收益率将愈高，因而大企业在市场竞争中处于愈有利的地位。这将不断地迫使小企业退出该领域，或阻止其他小资本进入该领域。这样，在规模报酬递增领域，即使最初存在着无数的企业，由于市场自发竞争的结果，最终也将仅余下少数几个乃至单独一个大企业。由此形成的垄断状态就是"自然垄断"。传统上把诸如城市公用事业的自来水、煤气、电力、邮政、电信和城市公交等，视为自然垄断的典型例子。

2. 自然垄断的特性

自然垄断是天然形成的垄断，是与"人为"垄断相对立的"自然"垄断状态，两者有着不同的特点。尽管自然垄断也损害市场竞争，也可能产生垄断利润而损害社会公众利益，但作为自然形成的结果，它相对于无数企业竞争的状态，又带给社会公众以巨大的利益。如城市的供水、供气、供电等服务，如果由无数家企业提供，将导致同一区域内无数管道并列铺设的状态。对于整个社会，这显然是低效浪费的。相反，只由单一厂家供应，将避免管道铺设上的资源浪费，产生帕累托改善的结果，因此又有其符合社会公众根本利益的另一面。所以，对这种"垄断"不应绝对地、简单地否定之。

自然垄断是由于网管系统而产生的，正因如此，随着技术的变化和进步，某些行业的垄断程度可能被削弱。电信业的发展可看做是典型的例子。目前电话通信已经从有线向无线等多种技术扩展。它打破了我国电信业务独家经营的格局，现在由中国电信、中国移动、中国联通等众多企业介入与经营，使得垄断程度有所弱化。

3. 自然垄断导致市场失效

垄断是充分竞争的对立物，自然垄断也意味着市场失效。自然垄断的市场失效有其特点。如图 2-3 所示，自然垄断行业的边际成本一直低于平均成本，自然垄断企业出于自身利益最大化考虑，必然选择边际成本等于边际收益时所对应的产量，这就有了对应的市场价格 P^* 及其垄断利润（如图 2-3 中的阴影部分的面积所示）。但作为垄断利润，它却是社会的损失，因为需求曲线高于边际成本部分所对应的面积，都是定价为 P^* 的社会损失。如果企业根据平均成本定价，价格为 P_1，企业将无法获得垄断利润。如果根据边际成本定价，价格为 P_2，这是经济效率所要求的定价，但由于边际成本一直低于平均成本，企业将亏损。总之，如果纯粹由市场来决定，其结果必然带来效率损失。

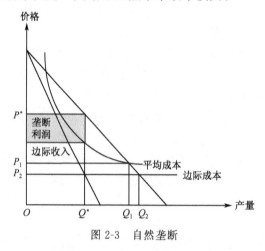

图 2-3　自然垄断

2.2.4　信息不对称（风险和不确定）状态

1. 信息不对称的特性

风险和不确定（risk and uncertainty）状态，即信息不对称状态的存在，也会导致市场失效。

如果说其他市场失效状态只存在于某些领域、部门和行业，那么，信息不对称对于市场来说是无所不在、无处不有的，差别仅是程度的大小和范围的宽狭而已。换言之，市场经济就是风险经济。

作为无数人自发参与的活动，任何一个市场参与者要想完全了解对方，显然是不可能的。因此，信息不对称问题是始终存在的。对于市场经济来说，存在的就不是风险和不确定性与否的问题，而是其程度大小及其对资源配置影响如何的问题。在市场活动中，大量的风险和不确定性的情况是很少的，往往可以忽略不计，人们所说的"风险"，大体指的是对市场活动产生较大影响的那一类。

2. 信息不对称的市场失效

市场充分竞争的实现，是以拥有充分的信息为前提的。但在现实的市场活动中，人们要拥有完全的信息是极为困难的，这就难以保证绝对的充分竞争。从这个意义看，任何市场总是或多或少地处于失效状态之中，人们所说的"充分竞争"只是相对的。当不确定性程度较大时，市场失效状态就出现了。

信息不对称所可能带来的问题主要有：

（1）逆向选择（adverse selection）问题。它是因为信息的事前不对称引起的问题，即在签订合同或从事交易之前就存在着信息不对称，使得事物或活动的某些特征被隐藏，误导了相关经济主体，作出与交易另一方的期望截然相反的选择。

（2）道德风险（moral hazard）问题。它是在合同签订之后才发生的问题。这一问题所对应的是隐藏行为，即签订合同之后的不可观察的行为。这些行为，同样是合同另一方所不愿意看到的并且本来可以避免的行为。诸如保险市场，人们的财产一旦买了保险，可能就不会那么小心保管和使用，该财产的丢失与损坏的可能性就大大增加。这种行为就是道德风险问题。

2.2.5　社会分配（收入分配）不公

所谓社会分配不公，指的是特定时期内与当时社会公认的公平准则不相符合的收入、财富和社会福利的分布状态。

即使是市场经济处于正常运行状态，也将导致社会分配不公的结果。但这种状态本身是市场有效配置资源的结果，而不是市场低效或无效配置资源的产物。[①] 作为市场无法正常发挥作用的一种状态，也是市场失效。它与前述四类市场失效的不同之处在于，前四类市场失效是市场机制无法有效配置资源产生的，而这类市场失效则是市场机制有效配置资源的产物。

---

① 这里的"收入分配不公"，考察的是市场正常与合法活动的结果，而不包括非市场因素如各类权钱交易所产生的结果。因为那些问题的出现，严格地说，已经不是市场因素，而是非市场因素发挥作用的结果了。

2.2.6　宏观经济总量失衡

所谓宏观经济总量失衡，指的是市场经济在自发运行过程中所必然产生的失业、通货膨胀和经济危机等现象。

市场经济在其自发运行中，总是呈现出一种波浪形的周期循环起伏状态。这种不稳定状态，主要是以物价的跌涨、失业率的升降以及经济增长率的高低等症状表现出来的。经济时而过冷时而过热的状态，尤其是周期性地出现经济危机的状态，如同社会分配不公一样，也是市场有效配置资源的结果，也是市场无法正常发挥作用的一种状态，因而也是市场失效的表现。宏观经济总量失衡则是宏观经济意义上的市场失效。

总之，上述市场失效状态，都是在肯定市场机制的基础性作用，而市场又天然无能为力的前提下得出的。如果不能克服这些市场失效状态，市场是无法正常运行的。这就必须寻求非市场的解决办法，要求政府及公共财政的介入。市场失效就成为公共财政存在的经济根源。

■2.3　公共财政的三大职能及演变

所谓"财政职能"，指的是政府应当履行的经济职责和任务。它解决的是市场经济下政府应当干什么的问题。财政职能问题的介绍，将概要地描述市场型政府应当履行的职责，其实质是解决政府与市场的关系问题。

2.3.1　资源配置职能

政府的存在和运转以及由此发生的收支活动，意味着资源的索取与耗用。在市场经济下，政府和财政是为了弥补市场失效而存在的。这就是以政府的行政手段替代市场机制，去克服资源配置上的无效、低效等问题。因此，资源配置是公共财政的首要职能。

1. 财政配置职能的基本要求

在市场经济下，政府与企业和家庭一样，都是资源配置的主体，它们的活动共同构成了统一的资源配置整体。公共财政必须根本遵循市场效率准则，依据公共产品提供与消费的不同特点，去开展自身的资源配置活动。为此，它必须满足以下基本要求。

1）最佳配置资源于两大部门

在社会资源总量既定的前提下，财政活动应当保证资源和要素能够有效配置于公共经济与私人经济两大部门之间。

　　通常，私人部门对于资源与要素的索取，是通过付出货币、经由市场交换来完成的。此时企业和私人的活动不会导致资源和要素流向公共部门，不存在引起资源与要素过多或过少地配置于公共部门的问题。

　　相反，政府活动则不同。政府的税收直接取之于企业和私人，直接导致资源和要素从私人部门向公共部门的流动；政府的支出又有部分被用于私人部门，使资源和要素又回流到私人部门。由于税收的强制特征，一旦政府行为不符合市场效率准则的要求，企业和私人并不总是能够有效抵制的。因此，如何约束和限制政府行为，将财政活动限制在适度的规模与范围内，就直接决定着政府对社会资源和要素的攫取是否适度，决定了整个社会资源和要素在两大部门之间的分布是否最佳的问题。

　　就最佳配置的含义而言，公共财政取走的资源和要素既不能过多，也不能过少。过多是过重的税收负担，过少则伴随着公共服务提供的不足，它们都表明公共部门拥有的社会资源份额并不适度。因此，资源和要素在两大部门之间的最佳分布，应以政府从市场取走的份额和向市场提供公共产品的状态来综合衡量。

　　2）有效配置归政府支配的资源

　　确定了社会总资源在两大部门间的分布，接下来公共财政面临的是如何有效配置归政府自身支配的资源的问题。

　　近现代社会是一个极为复杂的综合统一体，无数人在其中从事纷繁复杂的活动，这相应地要求政府提供多种多样的公共服务，其中，公共服务的总量、单项的内容和规模又可以是不同的。在资源总量既定的约束下，政府具体提供哪些公共产品、每种公共产品的规模多大，都是以只能是社会公众最需要的，即必须达到公共产品效用的最大化为标准的。任何一项公共服务规模的过大或过小，都意味着另一项规模的过小或过大，而未能处于效率状态中。安排一项新公共服务项目，都只能以其他项目的取消或压缩为代价，都意味着政府资源配置及其效率状态的变化。为此，政府通过征税收费拥有资源索取权后，就面临着如何把握和汇总整个社会的私人偏好与欲望，并据此通盘考虑和安排整个政府的预算支出，以求达到资源最佳配置的问题。

　　3）市场效率损失最小化

　　政府的收支活动不仅直接配置社会资源，还影响企业和私人的资源配置活动，间接影响社会资源的配置效率。

　　在市场经济中，两大部门之间具有千丝万缕的联系，其中既有等价交换的市场性联系，也有政府单方面取予的非市场性联系。前者不会导致经济效率的扭曲，后者则不同。政府对资源和要素的单方面取走或给予，总会或多或少地引起市场运行偏离原先的轨道，产生资源配置扭曲而导致效率损失。从这个意义上看，绝对地要求政府收支活动不引起效率损失是不可能的，能够要求的只是政府活动引起的市场效率损失最小化。

譬如税收的征纳，通常会产生"超额负担"（excess burden）问题。它指的是由于税收课征引起的资源支配权由企业部门转移到政府部门，引起资源配置不当而造成的损失。对于整个社会，这是"净损失"（net loss）。它表现为纳税人的损失大于政府取走的税款，整个社会无论是政府还是私人，都没有获得这部分收益。这一"净损失"也可以用"福利成本"（welfare cost）或"社会损失"（deadweight loss，也译为"绝对损失"、"无谓损失"等）等词来表达，它指的是由于资源配置不当，引起产品或服务供应过多或过少从而产生的社会福利损失。此外，政府课税发生种种直接费用，导致了直接成本的发生，也影响了社会资源的配置效率。政府活动的市场效率损失最小化，就是要尽可能压缩"超额负担"、"福利成本"和"社会损失"。

2. 财政配置的范围

公共财政配置资源的范围主要有以下方面。

1）提供公共产品

提供公共产品是财政配置资源的首要内容。它主要包括国家防务、公共管理和建造公共工程等。

（1）国家防务。一个国家不具备应有的国防能力和实力，是不可想象的。没有相应的国防，就没有和平安宁的建设环境，或者即使取得很大建设成就，也无法保证其成果归己所有。极而言之，国防是关系到一个国家和民族是否有资格保留"球籍"的问题，古今中外无不如此。因此，每个国家都必须将相当份额的资源用于国防上。国防从来都是政府支出的最重要内容之一。国防是典型的纯公共产品，国防费用基本上是由财政安排的。

（2）公共管理。正常的社会秩序，对于市场和资本的存在与发展是必不可少的，诸如维持社会治安、提供消防、垃圾清理等服务都如此。财政提供维持正常秩序所需财力，直接服务于市场和资本。这类服务经费大部分由财政提供，少部分可以直接收取服务费而无须由财政全额负担。政府发挥社会管理者作用，设定各种法律规章制度，以规范市场秩序；进行信息管理，以减少市场的盲目性，如制定质量标准、颁发毕业证书等，由此而产生的费用也主要由财政提供。

（3）建造公共工程。它大致有：①公共设施。主要有市区内的道路、路灯、下水道、港口码头、公园和其他娱乐场所等。这类投资大部分由政府公共支出来满足，但有些也可由私人提供。②交通等基础设施。如高速公路、桥梁、隧道等，具有鲜明的私人消费性，可以收取使用费，可以由私人投资。但它具有垄断性和公益性，且不能完全由市场提供，需要政府一定程度的介入。这些特点使得交通设施的投入有其特殊性，可以或者由政府全额投资，或者由政府和私人共同投资，或者全由私人投资。但这类设施的建设规划必须由政府审批和确定，其收费标准必须由政府制定。无论是政府投资还是私人投资，其定价都应以不获得垄断利润为前提。③水利等基础设施。公共财政必须提供财力，以确保政府对防洪堤等水利设施的投入。水利问题等从来都是国家必须承担的职能，到了近现代更是如此，其投资主要应当由政府通过公共支出来提供，但也不绝对排斥私人出资。

以上的政府活动，其实质是提供公共产品以弥补市场失效。

2）干预外溢性行为

外溢性行为的纠正，基本上只能依靠政府，原因在于外溢性是在私人提供私人产品过程中发生的。对于负外溢性，如果政府不加干预，私人从事这类活动由于成本外溢，将可获得额外的利润，导致社会资源过多配置于这类活动。政府为了防止、阻止和减弱负外溢性，如环境污染等影响他人的程度，可以通过征收污染税（费）取走额外利润或发放许可证等方式来加以控制。环境污染是负外溢性的典型，控制并将环境污染压缩到最低程度，是现代政府重要的职能。

对于正外溢性，即别人无偿享受其利益的活动，诸如森林的营造与保护、城市的绿化、公园的建造、各类文化设施的提供以及自然资源和野生资源的保护等，由于利益外溢，私人对这类活动的投资可能不足，需要公共财政以补贴或直接拨款等方式来支持。它们也成为政府必须介入的重要领域。基础产业和新兴产业也具有较强的正外溢性，对社会经济发展有着重大影响。但基础产业可能由于利益外溢而处于低利、微利状态，新兴产业蕴含巨大的投资风险，这都决定了私人投资可能不足，需要政府的介入，通过补贴或者直接投资加以支持。在西方，它是政府实行国有化的主要领域。

3）介入自然垄断领域

自然垄断也是垄断，如果不受政府控制和干预，私人资本在这一领域将可以获得垄断利润。因此，这一领域无须担忧私人投资不足。但垄断利润将对社会福利形成危害，决定了政府必须干预自然垄断活动。自然垄断就成为现代政府必须介入的重要领域。在这方面政府可以采用的方法主要有规制、直接投资、提供补贴等。本书第 13 章将对此进行专门介绍。

2.3.2　收入分配职能

所谓公共财政的公平职能，指的是在市场经济条件下，政府必须遵循社会认可的"公平"和"公正"标准，通过财政收支对国民收入、财富以及社会福利再分配，实现社会相对公平的任务和职能。

1. 仅指社会公平问题

在人们生活中，存在着形形色色的不公平现象，它们并不都是社会分配不公问题。相反，社会分配不公仅是多种不公平现象中的一种。

例如，政治特权就是一种不公平，选举权依据性别、财产、阶级、种族、肤色、出身、信仰、文化水准、地域等标准来确定，也是一种不公平。政治上的不公平往往与人们的贫富程度相联系，但也不尽然。典型的如封建社会末期的西欧，新兴资产阶级在经济上富有，但却属于"第三等级"，在政治上没能获得与封建主同等的权利和地位。对所有的社会成员不考虑贫富和性别等区别，而只要达到法定年龄和未被剥夺政治权利，就一律拥有政治上的选举权，这就是政治公平。

市场竞争的不公平，是指人们在市场竞争中应当具有同等的经济地位和权利，这属于经济公平问题。如果人们没能获得参与市场竞争的同等权利和机会，即参与市场竞争的各方不在同一起跑线上，则此时处于经济不公平状态。市场机制能够有效配置社会资源，是以充分竞争为前提的，又以参与竞争的各方具有同等的经济地位和权利为基本条件。因此，经济公平属于效率问题。

社会公平涉及的则是国民收入等的分配状态，即社会成员之间的贫富分布与差距问题：①它仅指国民收入、财富和社会福利在社会各阶层之间的分布状态，即贫富差别所产生的社会公平与否的问题。②公平与否依据特定时期和国家的标准来确定。不同时期不同国家有着不同的社会公平标准。甚至在同一国家不同区域间也有着某种公平准则的差异，例如我国近年来开始实行的"最低生活水平"办法，各地的标准就不一样，沿海地区比内陆地区就可能高一些。

2. 公共财政如何履行公平职能

社会分配不公状态是市场自发运行的结果，依靠市场难以解决，必须由政府介入，通过财政手段的直接再分配，才能实现社会的相对公平。财政作用于社会公平的主要措施有：

（1）征收个人所得税。私人的劳动收入和资产收益差距，是导致社会收入差距的基本原因。个人所得税直接针对这部分收入课征，以超额累进税率取走富裕阶层较多的收入，而对贫穷阶层则不征税，或者只征比率较小的税款。这样，它对由于劳动能力和财富占有所产生的收入差距作了较大压缩，在财政收入方面形成了第一道防线，对收入差距的"峰尖"砍了一刀，将最富裕阶层的收入压下了一截。

（2）征收财产税。除了收入的差距之外，财产的差距也是社会不公的重要内容。个人所得税课征之后，社会成员之间的收入仍存在的差距也将转化为社会财富与财产分布的差距。而财产差距又将引起财产收益的差距，进一步加大社会不公的程度。财产税主要是对富裕阶层征收的，将缩小社会各阶层在财富上的差距。因此，财产税就成为防止社会不公的第二道防线。

（3）征收遗产与赠予税。由于遗产是引起财富分布差距在不同代人之间积累的直接因素，因而遗产税的征收，将进一步控制财富及其收入两极分化的累积程度。这是在公共收入上防止社会不公的第三道防线。遗产税与以上各税分工协作，共同取走富裕阶层相当份额的收入与财富，在调节和压缩贫富峰谷间差距时，起着在"峰尖"上狠砍数刀的作用，大大抑制了富裕阶层的富裕程度，也为政府在社会成员间进行大规模的再分配提供了基本财力来源。

（4）政府的济贫支出。这是政府依据有关的济贫法案条规等，通过政府预算安排的支出，用于"贫困线"下的社会成员的生活补助。所谓"贫困线"的经济含义，就是社会成员个人或家庭的最低生活水平线。如低于该线，则连基本生活水准也无法维持。济贫支出直接将收入转移给了贫穷阶层，大大改善了社会最底层的生活水准，在贫富峰谷之间起着填高谷底的作用。政府在收入与支出上的这些措施共同配合，大大缩减了贫富的差异程度。

（5）政府的社会保险支出。失业、退休、疾病和伤残等，是市场经济下必然发生的现象。具体来看，这类现象是社会成员个人的市场自发活动的伴生物，似乎应当由个人来应付和克服。但从社会范围看，这类现象具有普遍性和必然性，其影响的不仅是某个人遭遇和处境好坏的问题，而且是关系到整个社会秩序和市场运行是否正常的根本问题。个人应付市场风浪的能力有限，尤其贫穷阶层更如此，仅靠个人的力量是不够的，依靠社会团体的慈善援助也不能解决根本问题，需要政府大力发挥作用。为此，政府建立了社会保险制度，公共财政则是其财力后盾。由于社会保险制度对于社会的贫穷阶层更为有利，因而它实际上起了公平社会福利的作用。

（6）政府干预自然垄断行业。规模报酬递增行业的自然垄断结果，决定了政府必须对之进行干预。政府通常对这类行业实行价格限制，防止这类企业谋取垄断利润而损害公众利益的现象发生。不仅如此，自然垄断行业如供水、供电、供气、市内公交、邮电通信等，都是当地生产的必备条件，也是当地居民的生活必需品，其价格的高低都直接影响辖区内生产和生活状况，具有强烈的外溢性。因此，政府往往通过公共财政，或者直接投资实行国有，或者提供补贴抵补亏损等方式，对自然垄断行业实行低价政策。这将有助于改善社会贫穷阶层的生活状况，同时也进行了社会福利的再分配。

（7）政府的投资性支出。一条高速公路或一座水库的建造，其项目投资必然影响所在地区的经济发展和生活改善，因而也或强或弱地包含政府改变社会福利分布状态的用意在内。政府的投资性支出是西方院外活动集团的重要活动内容，也是我国政府调节整个社会经济生活的重要手段,如目前西部大开发的重要内容,就是政府大幅度增加了对西部的投资。

2.3.3　经济稳定职能

公共财政的稳定职能,指的是政府必须通过税收和公共支出等手段,去实现充分就业、适度通货稳定、合理的国际收支状况等目标,以保证宏观经济稳定增长的职能和任务。

市场经济的运行结果,是总会处于一种周期性的波动,即周期性循环的状态之中的。而在这种周期性循环之中,尽管也可能存在着经济过热的问题,但其主要的和根本的危险却在于经济过冷,即经济不景气乃至经济危机。市场经济国家发展史充分表明了这一点。

随着市场经济体制在西方发达国家的逐步形成,周期性经济循环也在西方发达国家逐步显现和加剧,其间距越来越短,频率越来越快,规模越来越大,波幅越来越宽,经济危机造成的危害也越来越严重。其典型表现是 20 世纪 30 年代世界性经济大危机的爆发,此时如果不能有效走出经济危机的阴影,其结果将是市场经济体制的全面崩溃。

然而,经济危机的产生不是市场机制配置资源的问题,而是市场有效运行的结果。从某种意义上说,市场配置社会资源越是有效,市场的发展状况越好,则其在一定时段内出现生产相对过剩状态的可能性就越大,经济危机的规模也将越大,损失也将越惨重,对市场经济的威胁也将越大。因此,市场经济尽管微观上能够达到资源最佳配置状态,但宏观上却无力完全依靠自我调节达到稳定状态。它需要市场之外的力量,以市场方式的介入和干预,才能解决这一问题。

政府作为唯一具有政治权力的全社会性机构,才可能对全国范围的宏观经济活动进行调节控制,施加应有的影响;也只有政府,才掌握着开展宏观调控若干必不可少的手段。为了纠正总供给和总需求失衡的状态,只能依靠政府的财政或货币等政策手段。其中财政政策运作,就是公共财政履行稳定宏观经济职能的具体表现。

市场经济下的财政政策运作,主要产生于解决经济过冷,同时也解决经济过热问题的需要,其目的是实现充分就业、通货适度稳定和国际收支平衡,从而实现宏观经济的稳定增长。财政政策大体上以税收和公共支出为手段,去影响社会总需求状况。一般来说,当经济过冷时,政府可以通过减税和增加支出等多种组合搭配,来扩大社会需求总量,以刺激经济增长;反之,当经济过热时,政府可以通过增税和减少支出等多种组合搭配,以收缩社会需求总量,抑制经济的增长速度,实现经济的相对稳定增长。

2.3.4 财政职能的相互关系

公共财政的三大职能之间，存在着既一致又矛盾的关系。

一方面，三者之间是一致的。财政的公平与稳定职能的实现，其前提条件是效率职能的实现。

只有解决了效率问题，社会才有可能真正解决公平问题。否则即使一时解决了公平问题，最终仍将产生严重的公平问题。典型的是计划经济时期的"公平"，它是在缺乏效率的基础上，通过平均主义的分配方法形成的，其最终结果是计划经济被否定，当时形成的"公平"也随之烟消云散。相反，当一个经济体大致处于效率状态时，就具备了解决公平问题的根本条件。只要处置得当，就能较好地解决公平问题。典型的是西方国家，市场经济体制的形成与发展完善，使得它们的经济处于有效运行状态中。当贫富差距逐步尖锐化时，它们凭借雄厚的经济力量，建立起一整套社会保障制度，相对解决了社会公平问题。正因为效率与公平问题存在着一致性，因而在现实中政府的收支活动是可以兼顾两者的，即同时有利于效率的提高和公平的改善。

同样，也只有解决了效率问题，才有可能真正解决宏观经济的稳定问题。一个没有效率的社会，是没有前途的社会，是走向没落的社会。经济的根本问题是效率问题，缺乏效率，经济增长将乏力，更严重的将是经济危机乃至社会危机、政治危机，这样是谈不上宏观经济的稳定增长的。在计划经济体制下，经济效率低下，尽管人们试图通过中央的控制和安排，来确保经济稳定高速增长，但国民经济严重失衡状态却总是不时出现，直至计划经济被否定为止。相反，西方社会在实行凯恩斯主义之后的大半个世纪中，之所以能够相对好地解决宏观经济的稳定问题，从根本上看是依靠了其微观经济的效率性。近年来我国实行积极财政政策，其效果并不尽如人意，关键原因之一就是相应的微观基础在我国尚未建成，缺乏必不可少的有效运行的市场的支持。

但另一方面，效率、公平和稳定三大政策目标之间，也可能存在矛盾和冲突。譬如，有时希望促进公平，却损害了效率；有时为了提高效率，则必须以公平为代价。我国通过 30 余年的改革开放，经济有了迅速的增长，效率有了很大提高，但公平问题也尖锐起来，贫富差距日益拉大，严重地影响了社会稳定。这使得政府在抉择上陷于两难困境，需要在效率与公平之间作出抉择。

因此，政府在开展收支活动时，三大职能是应综合考虑的。政府有关税收和公共支出的法律法规制度等的确立，政府各项具体收入与支出活动的安排，都必须综合考虑社会资源的有效配置、国民收入的公平分配和宏观经济的稳定增长等目标，而不应只是为了实现各个目标而分别成立三个收支系统。反之，任何一项税收或公共支出活动，都可能直接或间接地影响上述三个目标，因而政府的活动也不可能是单纯针对某一目标的。

2.3.5 财政职能的演变

从历史上看，公共财政承担的职能及其具体内容不是一成不变的，而是经历了一个随市场经济的变化而逐步演变的过程。

早期市场经济处于自由放任状态，此时的市场和资本呈现出勃勃生机，整个经济迅速发展，需要的只是"小政府"和"小财政"，除了政府提供市场运转所需的条件外，并不需要政府对市场的介入和干预。此时的财政活动大体上集中在：维持政府机构的存在；履行国家的对外防卫或扩张；对内维护社会治安，防止和镇压各种扰乱与破坏现存秩序的行为发生；提供各种基础设施和公用设施，如道路、桥梁、路灯、港口、堤坝等；提供各种公共性服务，如消防、垃圾清理、市镇规划等。这些职责大体上是国家天然具有的，更是现代国家必不可少的，而这些活动大体上都属于政府的效率职能，也是财政效率职能的最初内容。

其后 200 余年，西方的公共财政大大扩展了自己承担的职能及其具体内容。首先是效率职能的内容、范围和规模，都有了很大的扩张。诸如对环境污染问题，政府就是从原来的放任不管，逐步转变到全力干预和管制，这就是典型的例子。但财政职能的重大变化，则是随着市场经济的发展变化，客观上要求政府从不干预转向干预，政府开始直接作用于社会分配公平和宏观经济稳定等问题，从而形成了财政的公平和稳定等新职能。

财政应当履行哪些职能与何时履行这些职能，根本上都是由市场经济决定的。就市场经济来看，它需要解决的三大基本问题，即效率、公平和稳定，这就分别对政府提出了不同的要求，并相应形成了不同的财政职能及其内容。

在市场经济体制形成的最初一二百年中，效率、公平和稳定等问题似乎都能够或基本上能够仰赖市场去解决。

就效率来看，市场的自发运转就能够有效地配置资源，因此，效率问题基本上能够依靠市场解决。但由于对外防务、对内维持公共秩序和建造公共工程这三大任务是市场解决不了的，需要政府直接进行资源配置才行，这就决定了财政必须参与这部分的资源配置活动。这就是效率成为公共财政最初职能的客观经济基础。

从公平和稳定来看，尽管这些问题在市场经济体制形成过程中是一直存在的，但经济的蓬勃发展似乎使它们自动解决了，因而这一时期市场并不需要财政承担公平和稳定职能。此时的贫富差距虽然在拉大，但并没有导致社会的严重冲突和剧烈动荡。经济危机虽然周期性出现，但间隔长、规模小，市场不仅能够自我克服，而且紧接着出现的还是更大规模、更高水准的经济繁荣。所有这些似乎表明，除了少数活动如国防、公共秩序和公共工程等之外，市场几乎是能够自动解决一切的，而无须政府和财政的过多介入与干预。这就是当时自由放任思潮占统治地位的经济根源，其具体表现就是"小政府"和"小财政"状态。

但是，随着市场经济的发展，原来并不明显的公平和稳定问题开始严重并激化，仅仅依靠市场机制的自发调节逐步显得愈益无能为力了。

19世纪中叶，贫富分化引起的社会冲突开始激化。对社会不公继续放任不管的结果，可能是现存社会经济制度的全面崩溃。但这种贫富悬殊状态，是有效运行的市场的产物，它必须通过非市场的再分配方式来缓解与改变。尽管社会团体与个人的慈善救助能够一定程度地做到这点，但问题的有效解决大体上只能靠政府。从19世纪末开始，适应市场经济的客观要求，政府开始直接干预社会公平问题。到了20世纪上半期，政府逐步依靠个人所得税、财产税和各类财政支出尤其是社会福利支出等手段，进行了社会范围的大规模再分配。财政开始承担公平职能了。

19世纪凸显的另一根本问题是经济危机。随着经济规模的扩张，市场经济与生俱来的经济周期波动状态越来越频繁，规模越来越大，经济危机的危害日益严重，其典型的结果是20世纪30年代世界经济大危机。它表明，如果不能缓解经济的周期性震荡幅度与频率，不能大大压缩经济危机所产生的破坏程度，其结果同样是导致现存社会经济制度的全面崩溃。缓解乃至熨平经济周期的任务，只能由政府来承担，而财政政策则是政府作用于宏观经济的最重要手段。于是，尽管有种种争议，但政府开始干预宏观经济的运行状态，"稳定"也就成为财政的基本职能之一。

西方公共财政职能这种质和量上的扩张，意味着西方社会全面抛弃传统的"小政府"和"小财政"的主张和政策，愈益表现出急剧扩张其活动范围和规模的态势，开始了政府和财政大规模干预社会经济生活的时期。但不管如何改变，西方的公共财政仍然遵循了这样一条基本准则，即它所进行的只能是为市场提供公共服务，只能是弥补市场失效，而不能取代和干预市场的正常活动。换言之，西方财政只能是按照市场的根本要求，是在市场的决定性制约下去履行其职能的。总之，西方财政始终保持了原有的"公共性"这一基本性质，时移势变不仅没有否定"公共财政"，反而使之在更大的规模和更广的范围得到升华与完善，使得效率、公平和稳定成为现代财政所具有的三大职能。

■ 小结

1. 所谓"市场失效"，指的是在充分尊重市场机制作用的前提下，市场仍然无法有效配置资源和正常发挥作用的现象。公共产品、外溢性、自然垄断、信息不对称、社会分配不公和宏观经济不稳定等，是市场失效的几大基本类型。

2. 从财政角度看，公共产品就是政府提供的公共服务。公共产品的共同消费性，即消费时的非排他性和非对抗性，使得人们具备不付费就能够消费的可能性，决定了公共产品大体上是无法由市场提供的。

3. 外溢性是公共产品的一种特例，但又不同于公共产品。外溢性所具有的共同消费性决定了它的存在也意味着市场失效。

4. 如果任由市场自发活动，负外溢性将导致过多的资源配置，正外溢性将导致过少的资源配置。

5. 自然垄断是天然形成的垄断，与网管系统有着很大的关联。自然垄断的市场失效有自身的特点。

6. 风险和不确定即信息不对称状态的存在，也导致市场失效。它主要会产生逆向选择和道德风险等问题。

7. 社会分配不公状态是市场自发运行的结果，是市场有效配置资源的产物。

8. 宏观经济总量失衡也是市场自发运行的产物，但它是宏观经济意义上的市场失效。

9. 市场失效是在肯定市场机制的前提下发生的，市场本身无力解决，必须寻求非市场的解决办法，其中主要是政府及其介入。市场失效是公共财政存在的经济根源。

10. 财政职能解决的是市场经济下政府应当干什么的问题。

11. 资源配置是公共财政的首要职能。公共财政必须根本遵循市场效率准则去最有效地配置资源。

12. 公共财政必须履行公平职能，确保社会相对公平的实现。

13. 公共财政还应当履行稳定职能，保证宏观经济的相对稳定增长。

14. 公共财政的三大职能是既一致又矛盾的。

15. 公共财政承担的职能及其具体内容是逐渐演变的。最初大体上只有效率职能，而随着政府从不干预转向干预，公共财政职能扩大到公平和稳定，效率职能也增添了新内容。

思考题

1. 市场失效现象是否只存在于市场经济体制中？
2. 私人军火商生产的坦克是公共产品吗？国有军工厂生产的呢？
3. 税收征纳作为税收价格的支付，为什么也会引起市场效率损失？
4. 为什么社会公平问题基本上只能依靠政府解决？
5. 同是弥补市场失效和提供公共服务，为什么各国公共支出的具体内容、项目和规模存在种种差异?

6. 为什么说西方政府和财政从不干预转向干预,仍然遵循了为市场提供公共服务这一基本准则?

📖 **参考文献**

陈共. 2000. 财政学. 北京:中国人民大学出版社

储敏伟,杨君昌. 2000. 财政学. 北京:高等教育出版社

邓子基. 2001. 财政学. 北京:中国人民大学出版社

蒋洪. 2000. 财政学. 北京:高等教育出版社

吴俊培,许建国,杨灿明. 2001. 现代财政学. 北京:中国财政经济出版社

张馨. 1999. 公共财政论纲. 北京:经济科学出版社

第**3**章

公共产品最佳供应

公共产品是具有消费上的非竞争性和非排他性的产品。这两个特征是公共产品的自然属性。某种产品不会因为提供者的改变而改变其产品属性。公共产品不会因为是私人提供就变为私人产品，私人产品也不会因为是政府提供就变为公共产品。义务教育是具有正外溢性的私人产品。政府调整义务教育的年限不会影响教育产品的属性。纯粹的公共产品很少。现实中，政府提供的产品和服务常用公共产品和服务（或公共服务）来指代，因为公共服务是一个没有得到明确界定的概念。

经济学研究的更多的是提供一个参照系。本章分别介绍纯公共产品最佳供应、准公共产品的最佳供应、公共产品的私人提供等问题。

■ 3.1 纯公共产品提供的局部均衡模型

问题的分析需要遵循从简单到复杂的程序，这里首先介绍纯公共产品的最佳供应问题，并且先从局部均衡分析开始。

3.1.1 庇古模型

庇古（A. C. Pigou，1877～1959）运用功利主义方法，研究了一个人为一种公共产品支付税收的问题。他从基数效用理论出发，指出个人从公共产品的消费中受益（获得效用），但效用是递减的；同时，个人为了享受公共产品，必须纳税；纳税会给纳税人（即公共产品的消费者）带来负效用。庇古把税收产生的负效用，定义为放弃私人产品消费的机会成本。他认为，公共产品应该持续提供到最后一元钱所得到的正边际社会效用，等于为最后一元公共产品而纳税的负边际效用时为止。

在图 3-1 中，GG 表示公共产品提供带来的正边际社会效用，TT 表示为提供公共产品而纳税所带来的负边际社会效用，NN 表示二者相抵之后的边际社会净效用。在该图中，点 A 是公共产品提供的最佳数量所在之处。该点满足 $|AC| = |AC'|$，这时，NN 为零。

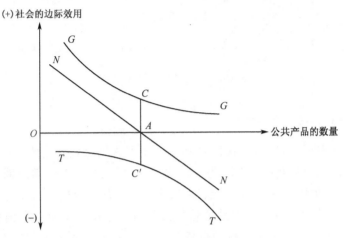

图 3-1　庇古的公共产品提供图

庇古模型给出了一个人对公共产品提供水平的需求的决定条件，即个人对公共产品消费的边际效用等于纳税的边际负效用。

3.1.2　鲍温模型

1943 年美国经济学家鲍温（H. Bowen）在论文《经济资源配置中投票的解释》中，通过局部均衡分析，比较了私人产品和纯公共产品提供之间的差异，给出了公共产品提供的均衡条件。

1. 私人产品的需求和供给

假定一个社会中有 A 和 B 两个人，私人产品和公共产品两种产品。如图 3-2 所示，A 对私人产品的需求曲线是 D_A，B 对私人产品的需求曲线是 D_B，那么市场需求 $D = D_A + D_B$，用市场需求曲线 DD 表示。私人产品的供给曲线为 SS。SS 和 DD 相交，决定了市场均衡价格 P 和数量 Q。在市场上，个人 A 和 B 都是市场价格的接受者，在价格为 P 的前提下，A 消费的私人产品数量为 Q_A，B 的数量为 Q_B，且 $Q = Q_A + Q_B$。对于价格而言，它等于边际成本，即 $P = \mathrm{MC}$。

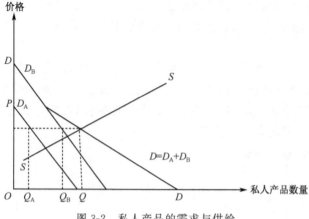

图 3-2　私人产品的需求与供给

2. 公共产品的需求和供给

公共产品的需求和供给如图 3-3 所示。个人 A 对公共产品的需求曲线为 D_A，B 对公共产品的需求曲线是 D_B，那么市场需求 $D=D_A+D_B$。需求曲线 DD 与公共产品的供给曲线 SS 相交于一点，并决定了市场均衡价格 P 和数量 Q。在公共产品需求和供给中，每个人都是数量的接受者，这样，A 和 B 所消费的公共产品的数量都是 Q，但 A 所支付的价格是 P_A，B 支付的是 P_B，且 $P=P_A+P_B$。对于公共产品的价格而言，它等于边际成本，但这个边际成本是 A 和 B 所支付的价格之和，即 $P=MC=P_A+P_B$。

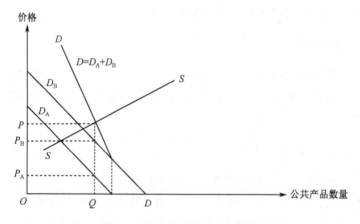

图 3-3　公共产品的需求与供给

私人产品和公共产品的市场需求曲线的差别主要体现在，私人产品的市场需求曲线是个人需求曲线的横向相加，而公共产品的市场需求曲线是个人需求曲线的纵向相加。之所以出现这种差异，是由私人产品和公共产品的基本特征的差异，即私人消费性与共同消费性的差异所决定的。个人 A 和 B 所消费的公共产品数量之所以一样，是因为一个人对公共产品的消费不会影响其他人对公共产品的消费。

与私人产品的需求曲线不同的是，公共产品的需求曲线是虚拟的。消费者购买私人产品所支付的货币数量，会反映其对私人产品的实际需求，但市场无法直接提供公共产品的实际需求信息。这里所假定的某人对公共产品的需求曲线，只是模拟市场作出的。这种假定的意义在于突出私人产品与公共产品需求上存在的差异。

图 3-3 中向下倾斜的虚拟需求曲线，表明个人的公共产品的边际效用也是递减的。站在不同的角度，可以得出纯公共产品的有效供给所必须满足的条件：① $\sum$ 个人价格=边际成本；② $\sum$ 边际替代率=边际成本；③ $\sum$ 边际评价=边际成本。

3.1.3 威-林模型

威克塞尔（Knut Wicksell，1851～1926）和林达尔（Eric Lindahl，1891～1960）都是瑞典学派的重要代表人物。他们的模型即威克塞尔-林达尔模型（简称"威-林模型"）重在说明，公共产品的供应是由社会中的个人经过讨价还价和磋商来确定的。其最佳条件是，每个人所愿意承担的成本份额之和等于1。威-林模型与现实联系更为密切，对以后的公共选择理论产生了重要的影响。

威-林模型是一个局部均衡模型，但不同于庇古模型和鲍温模型，因为它考虑了政治因素。该模型提出的时间远比萨缪尔森模型早，它更多地考虑了政治过程对公共产品提供的影响。该模型试图找出民主社会中公共产品供给的合理水平，以及在不同的人之间如何分摊公共产品的成本的问题。

威-林模型描述的是公共产品提供的虚拟均衡过程。在该模型中，有两个消费者 A 和 B，或者说具有共同偏好的两组选民的两个政党。该模型假定两（组）人拥有相同的政治权力，所通过的预算是两组人都同意的预算。如果是一种公共产品，那么假定每一位拍卖者报出不同的税收份额和预算规模（支出），经过某一拍卖程序，就可得出一个均衡结果。该模型还假定每个人都准确报告了各自的偏好。

如图 3-4 所示，纵轴 h 代表消费者 A 承担的提供公共产品总成本的份额。如果 A 的税收份额为 h，那么 B 的份额为 $1-h$。为便于分析，我们把税收份额视为税收价格。横轴 G 代表所提供的公共产品数量或公共支出量。曲线 AA 和 BB 分别代表个人 A 和 B 对公共产品的需求。曲线 AA 的原点是 O_A，BB 的原点

是 O_B。

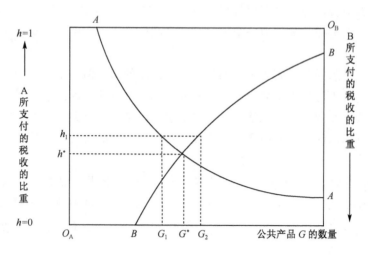

图 3-4 威克塞尔-林达尔模型

每个消费者所具有的对公共产品 G 和私人产品 X 的效用函数为

$$U_A = U_A(X_A, G)$$
$$U_B = U_B(X_B, G)$$

其中，X_A 和 X_B 分别为 A 和 B 所消费的私人产品向量；G 为所消费的公共产品的向量。A 和 B 都力图在各自的预算约束下最大化自己的效用：

$$pX_A + hG \leqslant Y_A$$
$$pX_B + (1-h)G \leqslant Y_B$$

其中，Y_A 和 Y_B 分别指个人 A 和 B 的收入，p 是私人产品的价格向量。

通过改变 h 并保持其他变量不变，就可得出 A 的需求曲线；同理可得 B 的需求曲线。图 3-4 中的曲线 AA 和 BB 既定，下一步就可以建立起 A 的均衡税收份额（h^*）和均衡产出水平（G^*）。任选一个税收份额 h_1，A 愿意得到 G_1 水平的公共产品，B 愿意得到 G_2，二者之间存在分歧。这时，权力更大的一方取胜，这是所有双边垄断状况下的正常结果。因此，最后结果是不确定的，它取决于双方的相对权力。要克服这种不确定性，威克塞尔和林达尔假定双方力量相当，为此提出了另一税收份额，并通过 A 和 B 的重新比较另行确定 G 的产出。这种拍卖过程将持续下去，直到税收份额为 h^* 为止。在点 h^* 处，A 和 B 都同意公共产品的产出水平为 G^*，且 A 支付税收份额 h^*，B 支付 $1-h^*$。h^* 和 G^* 的组合被称为林达尔均衡，相应的税收价格就是林达尔价格。

这样的结果是 A 和 B 一致通过的，这是一种纳什均衡。它意味着任何个人或一组人，如果改变配置都将使处境变坏，从而其会阻止这种结果发生。因此，林达尔均衡实现时达到了帕累托最优。

威克塞尔和林达尔注意到预算过程分为两步。第一步是根据特定的社会公平标准，对全社会的福利分配进行调节。在形成了公正的福利分配之后，下一步再找出合理的公共支出和税收份额。这一结果在西方国家中采用一致同意的规则就可以得到，据此只有得到 100％的选票所通过的税收和公共支出议案才会被接受。任何人对任一组可能导致其处境恶化的提议案，都拥有否决权。

3.2 纯公共产品一般均衡模型

局部均衡分析和一般均衡分析不同。前者仅限于单个公共产品的情况，一般均衡分析通常是以两个人和两种产品经济进行分析。萨缪尔森（Samuelson，1954；1955）提出了公共产品最优提供的一般均衡模型。他假定一个社会有两名消费者 A 和 B，两种产品（私人产品 X 和公共产品 G），其生产可能性组合既定，消费者的偏好既定，现在寻求公共产品的最优提供条件。这个分析可借助图3-5 来理解。

在图 3-5 中，纵轴代表私人产品提供的数量，横轴代表公共产品提供的数量，图中整个社会的私人产品和公共产品的提供数量，根据公共产品和私人产品的不同特征得出。在图 3-5（c）中 FF 代表生产可能性曲线，表明整个社会所能生产的最大数量的可用于消费的私人产品和公共产品。在图 3-5（b）中，B 的无差异曲线由 B_1、B_2 和 B_3 表示，B 可以有多种选择消费组合。如果 B 所处的无差异曲线是 B_2，那么，在图 3-5（c）中，可以看到 B 的消费与生产可能性曲线之间的关系。由于整个社会的生产可能性组合既定，B 消费所剩下的私人产品由 A 消费，但 A 和 B 所消费的公共产品数量一样，由此可以得到图3-5（a）。图3-5（a）中的消费可能性曲线 TT，表示可供 A 消费的公共产品和私人产品的组合。TT 和 A_1A_1 相切于点 M。这样，M 表示 B 的消费处于 B_2 上时，是 A 所消费的私人产品和公共产品的最优组合点，即 A 所消费的私人产品是 X'_A，公共产品是 G'。

这样，B 所消费的公共产品也是 G'，所能消费的私人产品的最大数量是 X'_B，且 $X'_A + X'_B = X'$。也就是说，整个社会选择的私人产品和公共产品数量组合位于生产可能性曲线的点 E 上。如果 B 的消费所处的无差异曲线是 B_2 或者其他无差异曲线，那么，同理可以找出 A 的消费可能性曲线和无差异曲线的切点。这些切点的连线 LL 上（图 3-6）的每一点，都给出了 A 的序数效用函数。相应地，我们可以把 A 和 B 的序数效用指数相应的点转化为效用面，从而得出所有帕累托最优点的效用可能性轨迹。在图 3-7 中，纵轴表示个人 B 的序数效用函数，横

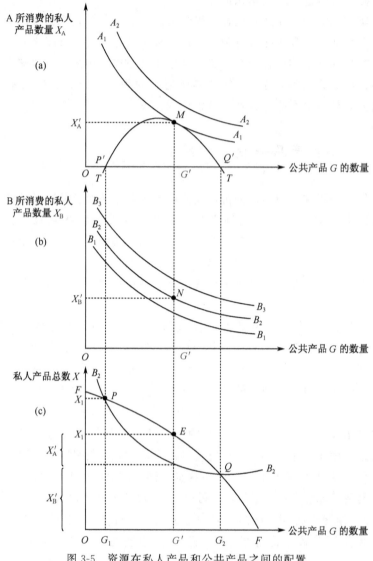

图 3-5　资源在私人产品和公共产品之间的配置

轴表示 A 的序数效用函数，UU 表示 A 和 B 的效用可能性曲线，WW 一组曲线为社会无差异曲线（用社会福利函数表示）。假定 UU 和 W_0W_0 相切于点 B，那么点 B 代表的是最佳社会状态或"极乐点"（bliss point）。

图示法便于理解，严格的说明需要数学公式的证明。在一般均衡条件下，公共产品最佳供应的条件与私人产品不同。一般均衡分析的结果是：消费上的边际替代率之和等于生产上的边际转换率。这就是著名的公共产品提供的萨缪尔森条件。

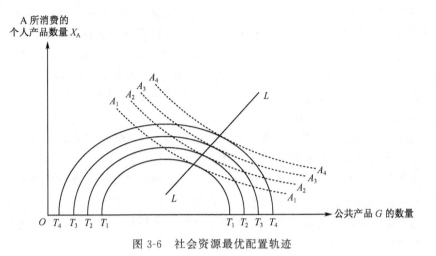

图 3-6　社会资源最优配置轨迹

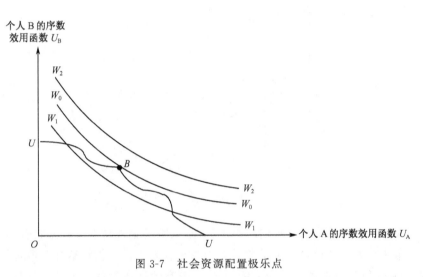

图 3-7　社会资源配置极乐点

3.3　准公共产品最佳供应分析

前面两节分析了纯公共产品的最佳供应问题。然而，现实中大量存在的不是纯公共产品，而是准公共产品。准公共产品是如何达到有效供应的呢？本节将对此进行初步的分析（Cullis and Jones，1998；Leach，2004）。

根据消费时的排他性和对抗性，我们可以将产品分为四类：①具有排他性和对抗性的产品；②具有非排他性和非对抗性的产品；③具有对抗性和非排他性的产品；④具有排他性和非对抗性的产品。

在这几类产品中，只有第②类产品才完全满足萨缪尔森的公共产品定义，属于纯公共产品；第①类产品则是纯私人产品；公有资源（common resources）属于第③类产品，如任何人都可以在此放牧的公共草原；根据布坎南 1965 年发展的俱乐部理论，我们可以将第④类产品称为俱乐部产品（club goods）。第③和第④类产品都分别只具备公共产品的一个特征，合称为准公共产品（quasi-public goods）或混合产品（mixed goods）。

从服务提供的角度来看，有些私人产品在满足个人需要的同时，还会带来正外溢性，而这种正外溢性同样具有公共产品的特征。我们也可以把这种产品称为准公共产品。例如，一个人接受教育，人力资本得到了累积，能够因此在市场上得到相应的回报。但是，在提供教育的过程中，基础研究可能因此得到发展，所提供出来的知识产品也具有非对抗性和非排他性的特征。图 3-8 以教育为例，来说明准公共产品的最佳供应问题。

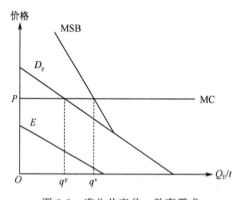

图 3-8　准公共产品：教育需求

在图 3-8 中，教育的需求曲线是 D_p，它反映了个人对教育私人收益的评价。个人一般根据教育所能够带来的收益差异作出决定。E 是教育给社会带来的正外溢性。将 D 和 E 纵向相加，得到线 MSB。教育的社会收益大于私人收益。发展基础教育会促进国家民族文化素质的提高，因此，基础教育的重要性为世界各国所认可，并纷纷建立起不同年限的义务教育制度。高等教育虽然不属于义务教育，但它同样具有提高民族文化素质的功能，另外还具有保存知识和推进科学研究发展等功能，因此，政府同样需要支持高等教育的发展。图 3-8 显示，价格为 OP 的私人需求为 Oq^p，低于社会最佳产出 Oq^s。

对于俱乐部产品来说，俱乐部成员的收益取决于俱乐部设施的规模与俱乐部成员人数。以网球俱乐部为例，如果俱乐部成员人数既定，更大的设施意味着一个人拥有更多的网球场。

如果俱乐部规模既定，成员人数在变化，当成员人数少时，每个成员会发现难以找到技术水准相当并有共同时间的玩伴。人数增加提高了每个人找到玩伴的概率，但是，增加人数会增加时间空档的竞争，而这种拥挤会降低每个成员从俱乐部得到的收益。对俱乐部产品来说，最佳供应问题的关键是如何才能找到最为合适的成员数量。

■ 3.4　公共产品供应的困难与公共产品的私人提供

公共产品的有效供应，是研究中一个非常困难的问题。本章前面四节给出了在不同背景之下公共产品最佳提供的最优条件，实际上我们并不知道每个人的公共产品需求曲线。如前文所言，这些需求曲线都是虚拟的。从理论上讲，只要每个人如实说出自己对某种公共产品的偏好，公共产品提供的困难问题就可迎刃而解，但问题是，说实话的激励并不是任何时候都很充分。以上分析表明，个人支付的公共产品价格是其对公共产品的偏好程度。越是喜欢该种公共产品，需要支付的税收价格就越高。这就存在着利益动机促使人们去隐瞒自己的公共产品偏好的情况。由于个人对公共产品的偏好是私人信息，其他人无从得知，"免费搭车"心理以及相关的回报激励（少支付税收），使得政府要实现公共产品的最佳提供难上加难。

3.4.1　"囚犯困境"模型

"囚犯困境"模型描述的是，从个人利益出发的两个独立行动的当事人，是如何注定不会相互合作，并将给双方带来极大损害的负和博弈，如图 3-9 所示。

囚犯 B

		抵赖	坦白
囚犯 A	抵赖	$(-1, -1)$	$(-10, 0)$
	坦白	$(0, -10)$	$(-8, -8)$

图 3-9　囚犯困境

假定有两个合谋犯案的人 A 和 B 被抓获后，分别被关在两个不能串供的牢房中，并由警察分别对他们作出完全相同的承诺："如果你坦白罪行，就会被马上释放，而另一人将被处以 10 年监禁。""如果他也坦白，那么你们将各自被判8 年。""如果你们都不坦白，那么你们将各被判 1 年。"

如果囚犯的效用只取决于自身被监禁的时间，而集体利益是两人监禁时间的总和。囚犯 A 不知道囚犯 B 会采取什么样的行动，但他在任何状况下，都可能试图通过坦白策略改善自己的处境。也就是说，不管 B 选择了什么策略，A 的策略都应该是坦白。从图 3-9 中我们可以看到，假设 B 抵赖，那么，如果 A 同样也抵赖，则 A 将被判 1 年；但如果 A 坦白，则 A 将马上被释放，因此 A 理应选择坦白。假设 B 坦白，那么 A 也只能选择坦白，因为坦白只会被关 8 年，而抵赖则会被关更长时间（10 年）。同理，囚犯 B 在任何情况下也都是会选择坦白的。图 3-9 所示的（−8，−8）就是占优策略。

在 A 和 B 所组成的小社会中，（−1，−1）显然是最为可取的结果，因为它能够使集体利益最大化；相反，（−8，−8）则是最为糟糕的结果。但上述分析表明，人们偏偏会作出后一种选择。在这个社会中，如果两人都抵赖，说明双方在为集体利益最大化进行合作；如果两人都坦白，那么双方在损人利己的动机驱动下并没有进行合作。

公共产品的充分有效提供，是整个社会所需要的，但其成本要靠社会成员来共同分摊。每个人承担足够的份额，公共产品才能顺利提供出来。这样，公共产品提供问题犹如"囚犯困境"。选择不合作的人过多，"免费搭车"问题过于严重，就会导致公共产品不能充分有效地提供出来，结果所有人的根本利益都会受到损害。

3.4.2　如何走出"囚犯困境"

"囚犯困境"的存在，说明了公共产品提供的困难，但这个困境并非无法走出。以上所说的"囚犯困境"是一次性博弈。但如果博弈是重复进行的，那么一人为了指望其他人的下一次合作，就有可能改变行为的选择。这样，如果博弈是无数次持续进行的话，那么"囚犯困境"是可以走出的。而如果在双方博弈中引入第三种力量，如对不合作方给予额外的惩罚等，那么就可能迫使参与博弈的各方进行合作。

公共产品提供的困难，很大程度上在于个人对公共产品需求信息的揭示上有许多困难。经济学家为此设计了各种机制来迫使参与各方说实话。下面举例说明。

假定有三个消费者 1、2 和 3。他们要决定提供某一数量的产品 L，或者选择某一数量的产品 S。每一消费者用各自的"货币选票"去投 L 和 S 中的任意一个，而他们的付出将等于他们所得到的边际收益。

如表 3-1 所示，如果个人 1 选择 L 而非 S，那么他生活得更好的数值为 30 元；而个人 2 选择 S 将生活得更好，其数值为 40 元；个人 3 选择 L 的数值为 20 元。假定 S 是既定的，接下来是选择某一规则来决定哪种选择结果获胜。将每一种选择有关的收益加总，其数值多者获胜。表 3-1 显示 L 的选择获胜，因为 L 的 50 元超过了 S 的 40 元。

表 3-1　一种说实话的机制

消费者	选择产品/元		税收/元
	L	S	
1	30		20
2		40	0
3	20		10
合计	50	40	30

　　需要确保每个人的选择是按其真正偏好进行的。为此，要求每个人都将依据下列方式计算并被课税：首先，将除了第 i 个人外的其他人的所有"货币选票"加总起来，并找出哪一种选择获胜；接下来将第 i 个人的"货币选票"加总进去，并找出哪一种选择获胜。如果第 i 个人的加入没有改变选择的结果，那么他将不用纳税；如果因此结果改变了，那么他就要纳税，其税额等于由于他的缺席使得另一种选择获胜而得到的净胜数。在这种规则下，人们当且仅当他的选择对于哪方获胜是决定性的时候，他才付税。在表 3-1 中，如果个人 1 不投票，则 S 获胜；如果加上个人 1 的选票，则 L 获胜。因此，个人 1 要支付税收，其支付的税收等于另一种的选择，即 S 的 40 元相对于他自己缺席时 L 的选票 20 元的净胜数，也为 20 元（40−20＝20 元）。这样，个人 1 将纳税 20 元。个人 2 因为不管他参与投票与否，都不会改变投票结果，因此他无须纳税。个人 3 与个人 1 一样，需要纳税，纳税额为 10 元。

　　在这种机制中，个人有激励动因去说出自己的真正偏好。这是因为，如果个人 1 所申报的收益低于 20 元，则 S 将获胜；而如果他所申报的收益大于 20 元，则 L 获胜。这里，不存在任何利益动因去鼓励人们低报自己的偏好，因为这会冒失败的风险。但反过来，这里也不存在鼓励多报的利益动因，因为这又会冒成为决定性选票从而需要纳税和多纳税的风险。

　　一个社会不一定会永远地陷入"囚犯困境"，个人之间多次重复为公共产品的实践，可能促进个人之间的相互了解，推动个人在提供公共产品上的相互合作。

　　在现实中，个人对居住地的选择，如果是因为公共部门的原因所致，那么这也可以表明其对公共产品的需求信息。在理论上这种行为被称为"用脚投票"[①]。

3.4.3　公共产品的私人提供

科斯（Ronald H. Coase，1910～）在《经济学中的灯塔》（*The Lighthouse*

[①]　用脚投票的理论详见本书第 15 章。

in Economics)（科斯，1994）一文中，对公共产品理论作出了贡献。科斯（1994）回顾了英国早期历史上灯塔的提供情况。1610～1675 年，领港公会（当时英国的灯塔制度，是英国领港公会有特权建造灯塔，并向船只收取费用）并没有建造一个新灯塔，但私人却至少建造了 10 个灯塔。私人建造灯塔需要向政府申请许可证，得到政府授权批准收费，形成过往船只的收费制度。到 1820 年，英国公营灯塔 24 个，私营灯塔 22 个，总共 46 个灯塔中有 34 个是由私人投资兴建的。到 1842 年，全部灯塔收归公营，其原因是私人收费过高。

在科斯看来，英国灯塔制度的演变表明公共产品不一定要由政府提供。公共产品的存在，不是市场失效的原因。但是科斯忽略了私人收费是在政府许以特权的前提下进行的。政府许以特权，事实上也是政府在提供公共产品。1988 年，张五常在《卖桔者言》中就指出，公共产品提供过程中收费的困难有两种：一种为不承认受益而不付费，另一种是承认受益但就是不肯付费。

科斯理论的贡献在于提出了这样一个问题：是公共产品就一定需要政府提供吗？

公共产品"免费搭车"问题的存在，并不意味着私人就不能提供公共产品。公共产品一般要由公共部门提供，是因为私人或者无法提供某些公共产品，或者无法提供充足数量的公共产品。世界各地广泛存在的捐赠现象，就是私人提供公共产品的典型例子。在这类现象中，有人们捐款给慈善机构、政治组织、宗教和文化团体等，中国的希望工程也是私人提供公共产品的例子。

20 世纪 80 年代以来，公共产品理论有了新进展。论证公共产品的价值论基础，早已不是理论的核心问题。公共产品理论关注的核心问题，已经转移到公共产品该如何生产和提供，即对公共产品提供的效率上来了。公共产品的提供效率也是评价公共部门活动的一个重要标志，公共产品理论仍旧得到重视。

如今，学术界对公共产品的私人提供问题讨论较多。一般认为，公共产品的存在是市场失效的原因之一，而政府提供公共产品可以解决"免费搭车"问题，更为符合经济效率原则。这在一定程度上形成了一种假象，即如果要满足经济效率的要求，就只能由政府提供公共产品，从而在一定程度上忽略了私人提供公共产品问题的理论研究。

私人提供公共产品多是通过非营利性组织进行的。非营利性组织为了吸引私人捐款，是怎样进行竞争的呢？1997 年毕罗德和斯利文斯基（Bilodeau and Slivinski）发展了一个模型，解释了需要通过筹集私人捐款以提供服务的慈善机构和其他非营利企业的行为。这类机构和企业为吸引私人捐款展开了竞争，它们要让捐款人觉得捐款人可以影响公共产品组合。这样，这些机构和企业有专业化提供服务的倾向①，原因是专业化有助于捐款人了解资金的投向。

当然，个人是否为特定的公共产品捐款，受到许多因素的影响，其中包括社会文化因素。有的经济学家通过计量研究，确定社会影响是如何影响个人捐款的。我国沿海地区海外华侨捐资助学，兴办医院，从事各种慈善活动，很大程度上是受到当地传统的影响。

有意思的是，经济学家认为，符合某种特定条件，政府作为私人提供公共产品的促进者，有可能比政府直接提供公共产品更有效。英国经济学家迈尔斯（Myles，2000）研究了政府存在挥霍现象、逃税与公共产品提供的关系问题。他认为，在政府挥霍的情况下，逃税可能是对不公平的政府政策的最好反应，私人提供公共产品可能更有效率。

3.5　公共产品论的实验经济学视角研究

实验经济学是经济学的一个新分支，它的兴起对公共产品论产生了影响，加深了对"免费搭车"问题的研究，对如何有效提供公共产品问题，从实验经济学的角度给出了有益的启示，以下进行简要分析（杨志勇，2003）。

3.5.1　对公共产品提供实验的分类

根据勒迪亚（Ledyard，1995）的研究成果，实验经济学家对公共产品提供问题所做的实验，可以分为四大类型：一是大范围环境下的自愿捐献机制实验；二是对有限阶层的经济环境中的大范围机制实验；三是政治环境机制的实验；四是应用或政策问题的实验。第一类实验倾向于隔离集体行为的基本面（fundamental aspects of group behavior），即自愿捐献从社会角度看可取，但从个人的角度来看则是不好的。第二类实验旨在区分机制在哪些方面可以导致社会最优结果的出现。第三类实验是针对政治环境而做的。在这样的环境中，没有给集体决策以相应的补偿，可以说是政治市场中的讨价还价实验。第四类可以看做是前三类的应用实验。实验者作为机制设计者，将设计想象创造的机制在受控环境中进行验证。

不管是哪种分类实验，核心问题在于对公共产品提供中"免费搭车"行为的研究。

---

① 例如，同样是对医学研究的捐款，专业化导致对艾滋病研究的捐款、对癌症研究的捐款，甚至是对某种癌症研究的捐款。

3.5.2 对"免费搭车"程度的研究

从经济学的角度看,"免费搭车"决定了市场无法充分提供公共产品。当然,这只是人类看问题的一个视角。关于公共产品提供问题,社会心理学认为,利他主义和社会规范会导致社会中的每一个人都自愿为公共产品的提供捐款,从而实现公共产品的最优提供。那么,在现实中,公共产品到底是怎样提供的?到底有没有"免费搭车"现象?如果有,"免费搭车"行为到底有多严重?

传统的公共产品论难以验证现实生活中的"免费搭车"程度。实验经济学为验证现实问题打开了一扇窗户,使得验证理论的真伪有了可能。实验经济学最初对公共产品自愿提供的实验表明:在许多情况下,有人不愿意为公共产品的提供出钱,有人则愿意按照公共产品最优供应的要求付费,也有人只愿意支付公共产品提供费用的一个份额(介于 0 和最优提供数之间),即只愿意提供 40%~60%的最优数量。当然这是对连续性公共产品而言的。对于非连续性(离散性)公共产品,则是另外一种结论①。早期的实验是简单的,往往是一次博弈,后来的实验变得复杂,变成了重复博弈。这些实验一方面指出原来的公共产品论无法充分反映公共产品提供的现实,另一方面则引出了一个新问题,即是什么因素影响了人们对公共产品的自愿捐献,什么制度可以有效地约束人们的"免费搭车"行为。

3.5.3 减少"免费搭车"机制的研究

1. 对不同特性的人实验的不同结果

基于研究结果的不稳定性,实验经济学家怀疑这是由参与实验的人的特性引起的。马维尔(Marwell)和阿么斯(Armes)1981 年对 32 个一年级经济学研究生所做的实验表明,人们只愿意出 20%的最优数量,这远远低于一般人所愿意出的数量②。

Keser 等人的实验表明,熟悉的伙伴(partners condition)比陌生人(strangers condition)愿意提供更多的公共产品。他们在一系列的实验中比较了这样两种情形,即对成员不变的一个 4 人组进行了 25 次公共产品提供的重复博

---

① 对于非连续性公共产品来说,如果没有足够的资金,公共产品将无法提供,而不是多提供或少提供的问题。Menezes 等人对不完美信息下的非连续性公共产品从实验经济学的角度作了研究。他们区分了捐献(contribution)和订购(subscription)博弈的影响和结果。捐献对应的是如果公共产品没有提供出来却不退款的情形,而订购针对的是如果公共产品没有提供就要退款的情形。在完美信息下,这两种情形的博弈均衡结果没有什么差异;而在不完美信息下,订购博弈比捐款博弈更优。

② 一个有趣的结果是,这最终导致了研究结果以"经济学家'免费搭车',其他人也这样吗?"的标题发表。

弈；同时，对成员变化的另一个 4 人组也进行了 25 次公共产品提供的重复博弈。结果是：总的来说，熟悉的伙伴比陌生人提供了明显多的公共产品。这种差异已经在第一期就明显地表现出来。在相互陌生的条件下，人们的捐献热情持续衰减；而在相互熟悉的条件下，捐献热情在波动中逐步达到相对高的水平，直到它们在最后时期迅速下降。他们认为这是公共产品提供过程中的有条件合作，以未来导向和简单的反应行为为特征。

2. 差异性学习对公共产品提供的影响

实验经济学对公共产品论研究的基础也会产生影响，首当其冲的是个人理性问题。公共产品论与经济学中的其他理论一样，假定人是理性的。但是实验经济学告诉我们，人的决策受到信息条件的约束，实际上只能是"有限理性"；人的决策也不是完全符合根据概率计算的期望效用函数，而是有其特殊规律；人的行为是在经验中不断调整的，人是在不断学习的，但不同的人对外界事物的接受能力和反应能力是不一样的，会有不同的认知水平。所有这些都会对公共产品论已有的众多基于个人理性的理论假设是否成立，以及在多大程度上成立的看法产生了一定的影响。这集中体现在原来的理论假定人们具有完备的计算能力，但学习实验得出的结论是个人之间的这种能力分布是不均匀的。

3. 减少"免费搭车"机制的研究

基于"免费搭车"行为很难完全避免的实验现实，实验经济学家对如何减少"免费搭车"机制进行了研究。研究结果表明，通过交流或者给参与实验的人以额外的激励，如提供分数（provision points）机制和返还选择（give-back option），可以大大增加公共产品的提供。这实际上比较了在不同制度背景下人们的"免费搭车"行为，进一步推动了公共产品激励机制的研究。但直到今天，如何根据不同的人的不同特性更有效地减少"免费搭车"行为的研究，还没有取得公认的有效结果。

3.5.4 对公共产品论研究的其他影响

1. 公共产品论研究方法的多样性问题

实验经济学进一步丰富了公共产品论的研究方法。实验经济学早期的研究，主要靠设计模型来研究经济问题。当前，实验经济学出现了模拟现实的新趋势。现实中大规模的公共产品提供问题可能因之得到更透彻的研究。实验经济学与认知心理学的融合，说明了跨学科研究的重要性。公共产品论的研究，同样需要跨学科研究，与心理学的结合是直接的启示。其实公共产品论还需要对政治学、社会学、法学等的研究方法进行引进，因为公共产品提供问题并不仅仅是一个经济问题。

2. 公共产品决策机制的研究

威-林模型可以在一定程度上通过实验方法得到进一步的验证。该模型中，林达尔价格是在假定存在一个拍卖者进行公开拍卖的公共产品市场的情形下，经"一致同意"原则得到的。实验经济学可以将其研究成果用于这一决策机制的研究。普洛特等人对公共产品提供机制的研究区分了四种情形：一致意见下的直接捐献，非一致意见下的直接捐献，一致意见下的公共产品拍卖过程，以及非一致意见下的公共产品拍卖过程。最后，他们的结论是：公共产品拍卖过程要优于直接捐献；一致意见会降低直接捐献和拍卖的效率。实际上，实验经济学对于不同拍卖形式的研究结论也可以应用于此。

实验经济学虽然已走向成熟，但是它还是有其局限性的，毕竟实验不能完全替代现实，甚至对其还有异议。例如，已有的实验表明公共产品对环境的影响非常敏感，这可能导致实验难以得到有效控制，而有效控制是实验所必备的一个条件。这样，许多相互作用的未知因素就无法得到揭示。公共产品环境条件的苛刻甚至到了会对熟练的实验者提出严峻挑战的地步。这对如何进一步推动实验方法在公共产品研究中的应用提出了更高的要求。

近年来行为经济学、幸福经济学（快乐经济学）的兴起和发展都对公共产品研究的发展产生了较大的影响。公共产品问题非常复杂，公共产品理论研究是一个具有挑战性的工作，需要更多的人参与其中。

■ 小结

1. 公共产品最佳供应的庇古模型表明，公共产品提供的个人边际效用应该等于其纳税的负边际效用。
2. 鲍温模型指出，私人产品的市场需求曲线是个人需求曲线横向相加的结果，而公共产品的社会需求曲线是个人需求曲线纵向相加的结果。
3. 萨缪尔森模型给出了公共产品提供的最优条件，即个人对公共产品的消费的边际替代率之和等于公共产品生产的边际转换率。
4. 公共产品最佳供应的威-林模型，研究了平等的个人（政党）之间共同分摊公共产品成本的问题。
5. 公共产品提供的困难，是由个人对公共产品的偏好不易揭示所致。
6. 公共产品主要由公共部门提供，原因是私人不能有效提供，而非私人绝对不能或不愿提供公共产品。

7. 实验经济学的发展促进了公共产品理论的研究。

思考题

1. 私人产品提供和公共产品提供的最优条件有何差别？模拟研究公共产品的做法有意义吗？
2. 你是如何看待准公共产品的公共提供问题的？
3. 私人提供公共产品与公共产品消费的"免费搭车"是否存在冲突？
4. 你如何看待运用实验经济学的方法研究公共产品问题？
5. 行为经济学的发展对公共产品理论的发展有何影响？

参考文献

布朗，杰克逊. 2000. 公共部门经济学. 北京：中国人民大学出版社. 76

科斯. 1994. 论生产的制度结构. 陈郁译. 上海：上海三联书店

史蒂文斯. 1999. 集体选择经济学. 上海：上海三联书店，上海人民出版社

薛天栋. 1983. 现代西方财政学. 上海：上海人民出版社

杨志勇. 2003. 实验经济学的兴起与公共产品论的发展. 财经问题研究，（4）

张维迎. 1996. 博弈论与信息经济学. 上海：上海三联书店，上海人民出版社

张五常. 1988. 卖桔者言. 成都：四川人民出版社

张馨. 1999. 公共财政论纲. 北京：经济科学出版社

Bergstrom T C，Blume L E，Varian H R. 1986. On the private provision of public goods. Journal of Public Economics，29：25～49

Bowen H R. 1943. The interpretation of voting in the allocation of economic resources. Quarterly Journal of Economics，58：27～48

Cullis J，Jones P. 1998. Public Finance and Public Choice. Oxford University Press. 50～53

Diamond P. 2008. Behavioral economics. Journal of Public Economics，92（8～9）：1858～1862

Leach J. 2004. A Course in Public Economics. Cambridge University Press. 188～191

Ledyard J. 1995. Public goods：a survey of experiment research. In：Kagel J H，Roth A E. Handbook of Experiment Economics. Princeton：Princeton University Press. 111～194

Myles G D. 2000. Wasteful government，tax evasion，and the provision of public goods. European Journal of Political Economy，16：51～74

Samuelson P. 1954. The pure theory of public expenditure. The Review of Economics and Statistics，36：387～389

第4章

公 共 选 择

公共产品供应是否达到最佳化，从根本上说是以是否符合社会公众的意愿为基本判断标准的。那么，什么是公众意愿呢？如何表达及体现公众意愿呢？这就涉及公共选择问题。

■ 4.1 财政决策与公共选择

资源稀缺性是经济学的既定前提，由此决定了资源配置的效率及其相应的选择（决策）是经济学永恒的主题。一个社会既要决定有多少稀缺资源用于公共产品的生产，即选择稀缺资源在公共产品和私人产品间配置的比例；又要决定财政资源用于生产什么样的公共产品，即选择稀缺资源在不同公共产品间配置的比例。与市场通过价格机制配置资源不同的是，由于非排他性及"免费搭车"问题的存在，公共产品本身并无直接的市场价格，也无法通过市场提供，这就为公共产品供给效率的经济学分析提出了重大的挑战；同时，公共产品效用的不可分性的存在，也决定了其配置及决策有着与私人产品的市场配置和个人决策迥异的实现途径——非市场决策和公共选择。本书第1章的分析表明，市场失效是财政介入的逻辑起点。市场失效的存在决定了财政介入和财政职能的存在，这就隐含了政府就是社会福利的天然代表，能够有效促进效率和公平的实现的先验看法。然而，市场机制存在不尽如人意之处，并不意味着政府一定能做好，市场失效并不意味着政府就一定会成功。换言之，市场失效的另一面，可能还存在着政府失效问题。为此，政府能否有效配置资源，能否有效履行其职能，还必须对公共产品供给的财政这一非市场决策机制及其背后的政治过程进行分析。

4.1.1 公共选择与公共选择论

显而易见的事实是，公共产品的供给和公共部门的资源配置机制，与市场资源配置机制有着重大区别。对私人产品的私人决策而言，市场资源配置机制是简单而有效的价格机制。尽管决策是由个人和厂商个别分散地作出的，但在竞争性市场下，价格信号的传递能充分反映出资源的稀缺性和消费者偏好，这决定了稀缺资源用于生产什么、如何生产和为谁生产等基本问题，从而保证了资源配置的效率。而对公共产品而言，其非排他性和非竞争性的特性决定了个人不愿真实显示自己的偏好，也不存在市场价格体系去揭示个人的偏好，这使得建立在私人选择基础上的市场过程的失效，必须通过政治程序将个人对公共产品的偏好转换成集体行动来解决。这种机制和程序就是公共选择。因此，所谓公共选择（public choice），指的是与个别私人选择相对应的集体选择的概念。它指人们通过政治过程来决定公共产品的需求、供给和产量，从而把个人偏好转化为集体决策的一种机制或过程，它是对资源配置的非市场决策机制。在这里，投票机制代替了市场价格机制，成为表达个人偏好连接公共产品供给和需求的媒介。因此，公共选择也称集体选择或社会抉择①。

公共选择理论所要研究的就是公共选择问题，即对非市场决策的政治过程进行研究。不过，尽管研究对象或主题与政治学无异——投票规则、选民行为、国家理论、党派、官僚集团、宪法规则等，但公共选择理论采用的方法却是经济学的方法论。因此，公共选择论（public choice theory）可以定义为对非市场决策的经济学研究，即把经济学运用于政治科学的分析（缪勒，1999）②。

4.1.2 公共选择研究方法论

由于公共选择论是研究政治的经济学，采用的是经济学的方法论，因此一般认为，它是在坚持主流经济学的经济人假设、个人主义方法论基础上，将其应用于政治交易过程的分析。方法论上的个人主义、经济人假设和交易政治构成了公

---

① 只有布朗、杰克逊区分了集体选择、公共选择和社会抉择，并认为前者包括了后两者，而公共选择和社会抉择之所以存在区别，在于公共选择是在制度规则既定下的选择，而社会抉择则重在规则的选择（布朗和杰克逊，2000）。但这一看法并不具有普遍认同性。如公共选择理论最主要代表人布坎南就不加区别地使用公共选择和集体选择，并认为公共选择既包括了规则既定下的选择，也包括了对制度规则的选择（布坎南，1992）。

② 基于我国国情的公共选择理论尚未正式形成，这里介绍的是西方的公共选择理论，其具体分析内容是以西方社会实践为例子的，供读者学习与借鉴。

共选择研究方法论的三要素。

1. 方法论上的个人主义

这是在方法论上与集体主义相对应的方法。这种个人主义的方法论认为，个人的行为决策是一切社会行为的起因，应从个人的角度来分析包括政治和经济在内的一切社会行为和社会现象，将个人的偏好和决策作为经济学分析的出发点和基石。因此在公共选择论看来，理性的个人是决策的基本单位，集体行动不过是由个人行动组成的，公共利益也不过是个人利益和偏好的汇总和表达，因此集体决策或公共选择最终分析的基点，必须落实在对政治过程中的单个个体——投票者（选民）、政治家、官僚等的决策分析上。

2. 经济人假设

经济人假设是经济学最基础的假设前提，即现实中的人是利己地、理性地追求自身效用或利益最大化的。但在公共选择论产生以前，经济人的假定只是单纯地局限于经济领域，而对政府政策和决策的分析，则抽象化为简单的社会福利函数，似乎政府就是无私地自动追求公共利益的。但在公共选择论看来，个人在政治过程中也是经济人。不论是在经济市场上还是在政治市场上，他们的行为动机都是一样的，没有理由认为同一个人在经济和政治领域会根据两种完全不同的行为动机进行决策。在对选民行为、政治家行为、官僚行为和利益集团行为的分析中，经济学假设都得以坚持，从而实现了经济方法在政治领域中的运用，并使得经济理论具有内在的一致性。

3. 交易政治观

在公共选择论看来，经济学是一门交易科学或市场理论，这不仅体现在经济市场上，也体现在政治过程中。它认为，资源配置和人类社会实际上由两个市场组成，一个是经济市场，另一个是政治市场。在政治市场中，选民、利益集团相当于经济市场中的消费者（需求者），政治家和官僚相当于经济市场中的生产者（供给者），人们通过相当于货币的"选票"来交易，并选择能给他们带来最大利益的政治家、政策、法律等公共产品。在经济市场中，人们通过货币来交易，并选择能给他们带来最大满足的私人产品。因此，政治活动和经济市场活动一样，本质上也是个人出于自利动机而进行的交易活动，都是利益的交换。经济市场与政治市场上交易的实质性差别主要在于个人在追求并实现其各自不同利益时所处的条件和采用的手段上。在政治市场上，个人偏好的显示和加总与经济市场相比，存在更大的困难。公共部门中官僚所受的约束，要比在私人企业中的经理所受的约束松弛得多。

4.1.3 公共选择下的财政决策

在公共选择下，个人对公共产品的偏好是通过投票来表达的，进而形成决策并转化为行动，由此决定了财政决策的主要问题和困难。与个人在私人产品购买中通过买还是不买、买多还是买少来直接地表明其偏好不同，在公共产品决定的公共选择过程中，个人只能通过投票选举代表，然后由代表们去投票决定公共预算，即公共产品的供应及其税收的来源与水平。因此，对公共选择下的财政决策而言，始终面临两方面的问题：一是偏好的显示问题，即个人对公共产品的评价，如何通过有效的机制将其真实地表达出来；二是偏好的加总问题，即当个人对公共产品给予不同评价并显示出其不同偏好时，如何将这些观点集中起来进行权衡，以形成最终的决定并最大限度反映选民的意愿。

1. 偏好显示问题

虽然有投票机制作为人们对公共产品的偏好表达机制，但这一机制未必能充分和有效地发挥作用。即使是在直接民主制下，即个人可以直接对某项公共产品投票表决的场合，一个赢得多数人赞成而获得通过的项目，最多也只能表明在这些人看来他们从中获得的收益大于所承担的成本，而不等于每个选民都认为收益大于他们的成本，甚至由于效用在各人之间的不可比较性或偏好强度的不同，也不等于该项目的总收益一定会超过总成本，因而也未必是有效率的。而公共选择下财政决策所出现的这种问题，在私人产品的私人决策下是不可能出现的。

问题还不仅如此，即使单个个人有机会充分表达自身的偏好，个人也未必能真实地将其偏好表达出来，其中主要的原因可能有：①如果人们要承担的公共产品成本取决于自己所显示的对公共产品的评价，就很可能隐瞒真实的偏好以少负担成本。②单个个人通过投票来显示自己对公共产品的偏好，但其是否投票或是否认真投票，取决于自身的成本收益分析。在与投票有关的信息成本较高，而自己的一票无关紧要的情况下，个人可能放弃投票从而不主动显示自己的真实偏好，这被称为"理性的无知"（rational ignorance）。③利益集团理论表明，在个人或集团的偏好强度存在差别的情况下，政治过程的结果所反映的可能不是大多数社会成员的利益，而是特殊利益集团的利益，即少数可能战胜多数。在上述三种原因中，后两种将在财政决策主体行为中得到进一步的分析说明。

2. 偏好加总问题

即使每个人都真实地给出了其偏好，对公共选择下的财政决策而言，还有个偏好的加总问题。因为个人之间的偏好和愿望并不一致，在提供什么样的公共产品、提供多少上存在着利益的冲突，因而需要有一套协调的、将不同偏好下的信息汇集起来作出决策的机制，即实现偏好的有效加总机制。在民主社会下，偏好的显示是通过投票来表达的，偏好的加总机制也就取决于投票规则下的决策机制，如一致同意规则、多数票规则等，其中简单多数票规则是最常用、最常见的偏好加总规则。这些规则本章将在后文加以分析。

公共选择机制下的财政决策所面临的偏好显示和偏好加总问题，实际上源于不完全信息和人们的利益冲突，由此使得作为财政决策的公共选择面临着其特有的困难。公共产品供给的效率条件，是每个人对公共产品与私人产品的边际替代率之和等于它们的边际转换率，但公共选择的理论分析表明，再有效的投票制度，也无法实现将每个人的偏好完全真实地显示并进而无扭曲地加总，来满足这一条件，从而实现完全的帕累托效率。尽管如此，经济学家一般认为，在一定的投票规则下，如果社会成员能就公共产品的供给量及相应的税收分摊达成协议，就意味着实现了政治均衡。虽然在现实中，政治均衡并不一定是完全有效率的，但它却是投票机制下财政决策相对理想和成功的一个必要条件。

■ 4.2　财政决策机制

公共产品提供的财政决策，是由作为非市场决策的公共选择决定的。在西方现代民主制度下，主要有直接民主制和间接（代议）民主制两种。直接民主制指集体决策中所有相关利益人都能直接参与投票决策的制度。在直接民主制下，个人或选民可以通过投票直接表明自己对特定财政决策的偏好。直接民主制的这种集体决策形式，在一些国家少数重大事项的决策中得到了应用。根据《中华人民共和国村民委员会组织法》，我国农村村民委员会的组成人员，也是由村民直接投票选举产生的。本节主要讨论直接民主制下公共选择的主要问题，而将间接民主代议制下的公共选择留在下节讨论。[①] 本节先分析投票规则，即将个人偏好表达出来并加总成集体决策的方法，再考察其所面临的问题。

4.2.1　一致同意规则

投票规则主要有一致同意规则和多数票规则。所谓"一致同意规则"（unanimity rule），也称为"一致性规则"，指的是一项决策或议案须经全体投票人一致赞同才能通过的一项投票规则。一致同意规则实质上实行的是一票否决制。根据这个规则作出的集体决策可以满足所有投票人的偏好，因为如果一项决策使参与者中的任何一个人的利益受到损害，它便不能得到通过。既然没有任何一个人

---

　　① 不过这一区分不是绝对的，在下一节代议民主下，当选的代表对财政进行决策时也常进行直接投票，投票规则和投票机制的问题在代议制下也是适用的。

反对，也就没有任何一个人的利益从中受损；而只要有任何一个人不同意，则代表了该项决策使其受损，这本身就意味着一致同意的规则是能保证实现"帕累托最优"的规则。

一致同意是政治市场上的帕累托效率，最早是由威克塞尔在其论文中加以论述的，林达尔接着揭示了这一能够达成一致同意的政府机制。分析表明，如果用投票来决定是否提供有效数量的公共产品，只要有一个恰当的税制为其筹资，全体选民就会达成一致意见。在本书3.1.3节中公共产品供应的威-林模型的分析表明了这一点，即双方就公共产品的供给水平和相应的纳税份额达成了一致同意——林达尔均衡，而这种均衡具有帕累托效率，在此不再赘述。

尽管一致同意规则具有帕累托效率，并且具有参与者权利平等、避免"免费搭车"等优点，但在现实运用中，其一般只能局限于少数场合，而难以成为财政决策的普遍规则，原因主要在于决策交易成本太高。首先，决策人数越多，决策成本越高。在涉及人数众多的情况下，要找到一个让大家都满意的纳税份额，可能需要相当长的时间。这一时间成本，也许大于公共产品对于他们的净利益。其次，这一规则可能导致马拉松式的讨价还价过程，有效率的协议也许永远也达不成，甚至还可能出现威胁和敲诈行为。如果一个人认识到某项决议可以被他否定的话，那么他投票时可能并不从项目本身给他带来的成本-收益角度考虑，而是以抗拒的形式来敲诈想使决策得以通过的人，而从中获得好处。

"一致同意是好事，但却非常昂贵。"一个降低决策成本的显而易见的方法，就是降低"同意"的百分比，这样就会降低决策成本。当然，与此同时却会提高外部成本——那些不赞成该决策的人，也要承担这一决策的成本（如纳税等）。因此，一个好的投票规则，应该使得决策成本和外部成本两者之和最小。如图4-1中的 K 处，总成本最小，可实行 K 人多数同意的规则。

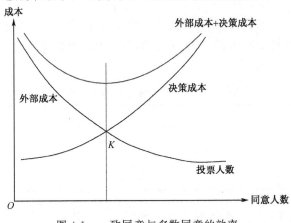

图 4-1　一致同意与多数同意的效率

4.2.2　多数同意规则

所谓"多数同意规则"（majority voting rules），也称为"多数投票规则"，是指一项决策须经半数以上人赞成才能获得通过的一种投票规则。多数投票规则的实质是"少数服从多数"。一致同意规则的决策成本很高，这使得多数同意规则成为在实践中最为普遍运用的投票规则。

多数同意规则，又分为简单多数票规则和比例多数票规则。按照简单多数票规则，只要赞同票超过半数，议案或决议就可以通过；而按照比例多数票规则，赞同票必须高于半数以上的某个大比例，议案才能获得通过，如有时需要 2/3 的多数，有时需要 3/4 的多数，有时需要 4/5 的多数，等等。而在多数同意规则中，最基本、最常用的规则就是简单多数票规则。

多数同意规则的优点在于，与一致同意相比，其决策成本相对小，容易作出决策。图 4-1 就说明了这一点。不过，它也存在很多不足，主要表现在：①存在多数人强制现象。在多数票规则下，最终的集体决策是按多数人的意愿决定的，而结果又要全体成员服从，因此存在着多数人对少数人的强制。这就是前文所说的外部成本。②与一致同意规则相比，单个参与者的选择行为不再具有决定性，特别投票人数越多越如此。因此，这影响个人参与投票的积极性，最终影响真实的偏好显示。③存在多种结果的可能。在多数票下可能存在"投票悖论"，即无法得出明确的均衡结果，而与投票次序有关。④无法表达偏好强度。多数票同意规则下，个人只能排列出对不同议案的偏好顺序，但无法反映出偏好的强度。这可能使多数同意的规则在总体上产生无效率的结果，并同时可能产生投票交易行为。

4.2.3　投票悖论

一般情况下，多数同意规则会导致均衡结果的出现。例如，三个投票人甲、乙、丙对公共支出中的三种方案 A、B、C，有如表 4-1 所示的三种偏好顺序。

表 4-1　　达成均衡下的投票者偏好

偏好	甲	乙	丙
第一	A	C	B
第二	B	B	C
第三	C	A	A

按照多数同意规则，考虑三种表决程序：①如果投票人先在 A 和 B 之间进行选择，B 得到乙和丙的支持，A 只得到甲的支持，那么 B 方案将获胜；接着投

票人必须在 B 和 C 之间进行表决，B 得到甲和丙的支持，C 只获得乙的支持，因此最后结果是 B 获胜。②如果换一下投票顺序，投票人先在 B 和 C 之间进行表决，那么 B 将获胜；再进行 B 和 A 之间的投票，最后结果也是 B 获胜。③再换一种投票顺序，投票人先在 A 和 C 之间进行表决，那么 C 将获胜；再进行 B 和 C 之间的投票，最后结果也是 B 获胜。以上三种不同投票顺序下，B 方案总会最后获胜，这一相同的结果与投票顺序无关。

然而，多数票规则并不都能产生稳定的均衡结果。早在 18 世纪 80 年代，法国人孔多塞和博尔塔就发现了这一情况。现在三个投票者有如表 4-2 所示的三种偏好顺序。

表 4-2 出现投票悖论的消费者偏好

偏好	甲	乙	丙
第一	A	C	B
第二	B	A	C
第三	C	B	A

在多数同意规则下，按与前面相同的分析，在如表 4-2 所示的偏好结构下，三个方案两两投票，同样有三种投票顺序：①如果投票人先在 A 和 B 之间进行选择，那么 A 方案将获胜；接着投票人在 A 和 C 之间进行表决，最后结果是 C 将获胜。②如果投票人先在 B 和 C 之间进行表决，那么 B 将获胜；再进行 B 和 A 之间的投票，最后结果 A 将获胜。③如果投票人先在 A 和 C 之间进行表决，那么 C 将获胜；再进行 B 和 C 之间的投票，最后结果是 B 获胜。由此可见，在三种顺序下，三种方案都可能获胜，并不会出现投票均衡的结果，最终的结果只是依赖于投票顺序。虽然单个个人的偏好是一致的，但在多数票规则下却得不出一致的集体偏好。这种现象称为投票悖论（paradox of voting），由于它最早是由孔多塞发现的，所以又称"孔多塞悖论"（Condorcet's paradox）。从上面的分析中可以看到，投票悖论表明，在多数票规则下，操纵投票程序可以控制最终投票结果，这就构成了多数票规则的巨大缺陷。由于多数同意规则是最普遍的投票规则，这就给公共选择的效率打了一个问号。

值得一提的是，投票悖论只在备选方案超过两个时才有可能发生，只有一个或两个备选方案时，多数票规则是可以获得投票均衡的。那么在实际中，投票悖论出现的可能性有多大呢？进一步的研究表明，投票悖论出现的可能性大小与投票人数和备选方案数有关，投票人数越多或备选方案越多，出现投票悖论的概率就越大。当三个人对三个备选方案进行投票时，出现投票悖论的概率只有 5.7%，而当 19 个人对 17 个备选方案进行表决时，出现投票悖论的可能性就高达 62.2%（方福前，2000）。

4.2.4 阿罗不可能定理

由前面的分析可见，多数同意规则可能导致投票悖论的出现，从而会使民主投票制度的有效性遭到动摇。那么，是否存在一种政治机制或决策规则能够完全消除这种现象？能不受投票程序的影响，而达到均衡并真实反映个人偏好呢？美国经济学家阿罗在1951年提出了著名的"阿罗不可能定理"（Arrow's impossibility theorem）。对此，他的结论是："如果我们排除效用人际比较的可能性，各种各样的个人偏好次序都有定义，那么把个人偏好总合成为表达社会偏好的最理想的方法，要么是强加的，要么是独裁性的。"阿罗认为，在民主社会中，一个集体决策规则应满足如下条件。

（1）理性条件。这实际上涉及个人偏好的完备性与可传递性。首先，完备性意味着，对于可供选择的两个方案X和Y，每个社会成员总可以说出他的偏好：或者X优于Y，或者Y优于X，或者X与Y无差异，三者必居其一。其次，个人偏好的可传递性意味着，如果在三个方案X、Y和Z可供选择的情况下，如果某个人认为X优于Y，Y又优于Z，那么可以推出他一定认为X优于Z。

（2）帕累托最优。如果每个成员都认为X优于Y，那么集体选择的结果也应该是X优于Y。

（3）无限制域。也称为"无约束域"、"非强加性"。任何单个个人选择的自由是不受限制的，即允许个人持有任何可能的偏好顺序，而社会偏好顺序是从所有可能的不受限制的个人偏好顺序中推出来的，而不是靠限制个人偏好顺序的范围来获得的，即社会福利函数不应是强加的。

（4）独立性。指不相关备选的独立性。如果在两个方案之间进行表决，那么决策的结果仅仅取决于集体成员对这两个方案的偏好，而与其他方案无关。例如，如果决策只是在X和Y两个方案之间进行表决，那么，其他方案如Z就是与此决策不相关的方案。决策的结果只取决于社会成员对X和Y的偏好，而社会成员对X与Z之间或者Y与Z之间偏好的变化，并不会影响到他们对X和Y的偏好和选择。

（5）非独裁性。不存在任何个人（或一部分人）代替其他人选择的可能性，即任何个人（或一部分人）都不能把他的偏好强加于他人并形成社会偏好。

应该说，上述五个假设条件是相当合理的，应被认为是民主社会集体决策下可被普遍接受的合理条件。但遗憾的是，阿罗通过数学证明了在至少存在三个备选方案的情况下，并不可能存在一个能够满足上述五个条件的任何集体决策规则。这就是阿罗不可能定理。

阿罗不可能定理的存在，使得社会福利函数变得虚幻，意味着政府不可能充分代表民意。这样，政府的财政职能即提供公共产品以满足公共需要的看法，就是武断的了，因为连公共需要是什么尚无法确知。这就否定了社会福利函数的存在。

4.2.5 单峰定理和中间投票人定理

前文表明，在多数同意规则下，可能达成投票均衡，也可能出现投票悖论。而阿罗不可能定理更在理论上深刻表明了多数同意规则的缺陷。其后的不少西方学者批评阿罗不可能定理的条件过于苛刻，试图通过放松阿罗不可能定理的假设条件来摆脱悖论。研究发现，只要在阿罗的五个条件中放弃一个，就可以构筑起一个规则。而这五个条件中最受批评的是无限制域条件。布莱克在 1958 年提出，通过适当限制个人偏好顺序可以产生一种均衡的投票结果，摆脱孔多塞的投票悖论，从而引出单峰偏好和中间投票人定理。

研究表明，投票悖论的出现，与投票人的偏好结构有关。在投票人的偏好都是单峰偏好的情况下，投票悖论就不会发生，在多数票规则下将出现一个均衡的结果。为了说明这一点，我们先来定义一下"峰"的概念。所谓"峰"，指的是在投票人的偏好顺序中最受偏好的从而效用最高的一个点，该点所有相邻的点的效用都低于它。假如投票人离开这个最受偏好的"峰"点之后，其他方案的偏好程度都依次降低，则称其为单峰偏好（single-peaked preferences）。它好比是一座山只有一座山峰一样。如果效用没有依次降低，即投票人离开"峰"点之后，其效用先下降后上升，出现了第二峰（或多峰），则称之为双峰（或多峰）偏好。

如果我们把前面表 4-1 和表 4-2 中投票人对三个方案的偏好顺序，分别列成图 4-2 和图 4-3，就可以看出，在达成均衡下的投票者偏好的情况下，图 4-2 表明三个投票者都具有单峰偏好。而在出现投票悖论的投票者偏好中，如图 4-3 所示，投票者乙具有双峰偏好。

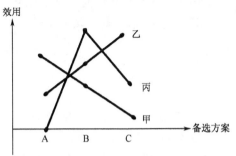
图 4-2 所有成员都是单峰偏好

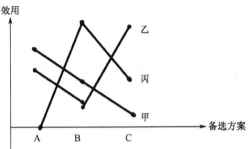
图 4-3 乙为双峰偏好

由此可见，投票悖论的出现与成员的双峰偏好有关①。如果所有投票人都是单峰偏好，在多数同意规则下一定能产生唯一的均衡解，而不会出现投票悖论，这被称为单峰定理。看来，如果放松阿罗的无限制域条件，而对个人偏好顺序给以适当限制，相对的民主选择是可以实现的。布莱克还进一步证明了，在所有投票人的偏好都是单峰的情况下，在多数同意规则下，投票均衡的结果将是中间投票人的方案获胜，这就是中间投票人定理（the median voter theorem）。所谓"中间投票人"，指的是在所有投票者中偏好居中的那个投票人，即一半投票人对某方案的偏好比他强，而另一半比他弱。

如图 4-4 所示，有甲、乙、丙三个投票者，可以看出他们效用最高的点分别是 A 方案、B 方案和 C 方案，并都是单峰偏好依此排序，中间投票人即是乙。乙最偏好的方案是 B，以 B 方案和所有其他方案进行两两表决，不难看出，B 方案将击败其他两个方案而获胜。

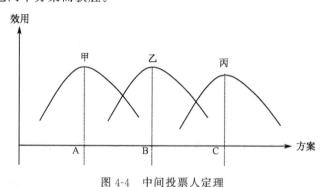

图 4-4　中间投票人定理

不过，必须注意的是，中间投票人定理并不是在任何情况下都成立的。多数同意规则下的投票均衡结果，是以投票人具有单峰偏好为前提的。因此，中间投票人定理是在单维下，即只在一种公共产品的不同数量之间进行选择时才成立。如果投票人面临的是多维选择，则无法获得投票均衡。对该问题在此不详述。

4.3　财政决策主体行为

在直接民主制下，所有人都是投票人，对公共产品的备选方案直接投票表达自己的偏好，并形成集体决策，因而并不存在复杂的行为主体。但在民主制度下，间接民主是更为普遍的决策方式，要通过广大选民投票选举出少数人作为代

---

① 双峰偏好或多峰偏好是投票悖论产生的必要条件，但不是充分条件，即如果出现投票悖论，则必然有投票者具有双（多）峰偏好，反之则未必成立。

表，由这些代表对备选方案进行表决，然后由政府（官僚）实施，提供公共产品，因此存在较为复杂的主体行为及其相互关系。这些行为主体，主要有投票人（选民）、政党和政治家、官僚、利益集团等。

4.3.1 选民行为

既然财政决策是把个人偏好转化为集体决策的一种过程，那么选民（公众、投票人）的行为，就成为公共选择的基础环节，是形成财政决策的源头。按公共选择论的经济学研究方法，选民也是在个人成本-收益分析下，追求自身效用的理性的经济人。唐斯（Downs，1957）正是以这一假定为基础，最早提出了理性选民假说。虽然在政治市场中把个人称为选民，但在投票中他同样是追求自身利益最大化的，只会把选票投向能够给他带来最大利益的政治家。无论个人是作为经济市场上的消费者，还是政治市场上的投票者，这一行为方式和行为动机是一致的。

然而，选民的理性并不仅仅限于把票投给能给他带来最大利益的政治家，理性的选民也可能选择不投票。不论选民选择投不投票、投什么人的票，都取决于他对投票的期望收益与潜在成本间的比较，并在此基础上追求他期望效用的最大化。为了说明这一点，假设选民的投票结果只有两种：一是得到他所偏好的候选人获胜的结果（记为 x）；二是得到他所偏好的候选人失败的结果（记为 $\bar{x}$）。用 $U(x)$ 代表 x 给他带来的净收益，我们用 EU 表示选民个人的期望效用，P 表示选民投票行为对投票结果 x 产生决定性影响的主观概率；设选民从 $\bar{x}$ 中获得的净收益为零，选民为投票所付出的成本为 C，那么选民的期望效用函数可以表示为

$$EU = PU(x) - C$$

选民只有在 EU>0，即 $PU(x) > C$ 的条件下才会选择去投票；反之，他的理性选择则是放弃投票。

在现代民主选举中，合法的选民人数非常多。由上式可知，选民人数越多，单个选民投票对最终结果的影响就越不重要，这就使得 P 的值很小。而选民的成本 C 主要表现为他收集信息所花费的时间、精力、金钱和参与投票的其他成本，这一成本将随着其了解有关信息的充分程度而上升，甚至在投票时出现雨雪等不利天气时都会增加 C。因此，他要充分了解候选人的情况和认真比较不同候选人能给自己带来的收益差别，需要自己承担较高的信息成本。而当他认识到自己的这一票在大范围的选举中对最终结果的影响无足轻重时，他就缺乏收集信息的激励；通过选择对集体选择过程保持一种无知的状态，反而将使自己付出的成本最小化，这常被称为"理性的无知"。在理性的引导下，选民放弃投票或随意投票也成为常见现象，这种现象被称为"投票冷漠症"。它解释了现实中普遍存在的参与投票的选民不多的现象。

不过，观察现实会发现，不少选民往往在意识到自己的投票无足轻重时，仍然认真收集信息、参与投票并乐于投票，由此使得理性假设似乎受到了否定。赖克和奥德苏克（Riker and Ordeshook，1968）进一步认为，这是由于投票的人还会考虑投票行为带来的额外收益，比如，有些选民认为参加投票有助于实践自己的公民意识，并由此产生自豪感、心理愉悦等心理上的某种收益（记为 D）。这包括了选民从投票中获得实现的伦理上的、政治上的、党派偏好上的满足感，因此选民的期望效用函数可以表示为

$$EU = PU(x) + D - C$$

只要该式大于零，选民就会参与投票。这样，当 $PU(x)$ 很小时，D 和 C 就成为影响投票的主要因素。一些公共选择学者认为，因为选民具有不同的偏好，具有较大伦理偏好的人，具有较大的额外收益 D（从投票本身得到的心理收益），那么就不会在乎自己的投票行为对投票结果的影响力，从而超脱了对 $PU(x)$ 和 C 的简单比较计算。

4.3.2 政治家与政党行为

在间接民主制下，经过选民投票选出代表，再由代表进行公共政策的投票表决。因此，政治家的责任是代表选民进行决策。政治家由议会议员（立法委员）构成，也包括通过选举而执政上台的总统（政府最高首脑）。在现代选举制下，想当政治家往往需要依托于一定的政党，对政治纲领和政府职能持有相似观点的个人，往往组合在一起形成政党，因而政治家往往是他所在的那个政党的代表或领袖。

传统的政治理论假定，政治家代表着公众选民的利益，为公共或社会利益而行事。但公共选择论认为，这并不是政治家（政党）的行为模式。首先，因为很难给公共或社会利益下定义，实际中不同个人或集团的利益常常存在着冲突，并持有不同的政见。其次，政治家也是经济人，不能相信一个人在经济市场上是个追求自身利益的经济人（如消费者、生产者），而到了政治市场上则会自动地追求社会利益。在公共选择论中，对政治家行为模式分析影响最大的是唐斯（Downs，1957）提出的关于政治家行为的假定。他认为，政治家或政党也是理性的经济人，像消费者追求效用最大化、生产者追求利润最大化一样，政党和政治家追求的是政治支持最大化。这种政治支持最大化，最直接和最具体的体现，就是追求获得选票最大化。选票最大化，对于政治家，可以此来保证其能连选连任；对于政党，可以此保证其在议会中的席位不减反增；对于执政党，可以此保证其能继续执政；对于在野党，可以此来击败执政党而夺得政权，等等。

当然，追求选票最大化，这一目标表面上看或许是过于直观了点，特别是对政治家个人而言。唐斯之后，也有不少学者对此作了研究，如布雷顿（Breton）于1974年提出了一个被选出的政治家的效用函数公式，其变量包括再次当选

（或当选）的概率、个人的金钱收入、个人的权势、自己的历史形象、对崇高的个人理想的追求、个人对公共产品的看法以及政治家特有的其他东西，等等（史蒂文斯，1999）。布雷顿模型用公式表示为

$$U_p = U_p(\pi, a_m)$$

式中，U_p 为被选出的政治家的效用；π 为当选和再次当选的主观概率；而 a_m 为布雷顿提到的其他变量。或许我们在现实中可以发现，政治家们的最终目标往往差异很大，有的可能是为了崇高的个人理想，有的则是热衷于权柄，有的或许只想从中收受贿赂。但布雷顿的这个模型表明，任何政治家要想追求任何差异很大的种种目标，他首先要能当选或再当选，即要提高自己当选的概率，（再）当选是通往其他个人目标的必要条件，而不论他是真想为人民服务还是为了收受贿赂。因此，唐斯把选票最大化作为政治家的目标，仍是值得信赖的。

因此，政治家和政党在其政策决策中将遵循多数票原则，执行的是能给他带来更多选票而不是失去更多选票的那种政策。既然现实中政策的制定和决策的作出，是为赢得更多选票，那就并不必然以社会资源的有效配置为目标。前文分析表明，在多数票规则下能够获得多数人支持而获胜的方案，是符合中间投票人偏好的方案。因此，政治家的行为或政党的纲领，往往要充分利用中间投票人定理而不是走极端，任何走极端的政策都容易使当选概率下降，由此解释了在西方多党制下，为什么随着时间的推移，各政党在施政纲领上有趋同的趋势这一现象。

4.3.3 官僚行为

如果把政治市场上的选民视为公共产品的需求者，那么供给者就是政治家（议员）和官僚①（官员）。政治家通过投票表决来订立法律制度和预算方案，但具体计划的实施和公共产品的具体提供，则是要通过官僚系统来执行的。也就是说，官僚们的行为将影响公共产品供给及其效率，最终会对政治均衡产生影响。

无疑，官僚的行为首先取决于其目标。同样作为经济人，官僚的目标是什么？如何影响效率？怎样对此作出评价？马克斯·韦伯（Max Weber）最早认为，官僚的目标是权力，这如同厂商的目标是利润一样。用追求公共机构权力的最大化来解释政府机构及其官僚的行为，是有其合理性的。与通过民选而产生的政治家（包括议员和当选的政府首脑）所不同的是，绝大部分政府官僚和公务员是经过逐级任命或招聘的，他们并不直接对选民负责而去追求选票；而在法律上也不允许政府机构本身以利润为目标，因此，追求权力就成为官僚合乎理性的行为目标。

---

① 在西方政治经济学理论中，官僚英文为"bureaucrat"，意指具体实施政务的政府机构和政府官员（各级公务员），它是一个中性词而并不包含褒贬之意，与中文"官僚主义"中所包含的贬义是有区别的。

在所有对官僚进行分析的经济学家中，尼斯坎南（Niskanen，1971）最早在公共选择的框架内研究了官僚行为，并提出了他的官僚政治模型。从官僚个人角度，他更详细探讨了官僚的效用函数，并认为权力等目标最终取决于官僚所控制的资源，即预算规模的大小："有几个变量可能进入官员的效用函数：薪水、公务津贴、公共声望、权力、庇护、机构的产出、变革的便利性及管理机构的便利。我认为除了最后两个变量外，所有变量都是机构总预算的正单调函数。"（Niskanen，1971）因此，作为经济人的官僚将以预算最大化为直接目标。

图 4-5 说明了这一问题。设预算规模 B 是公共产品产量 G 的函数：$B = B(G)$，公共产品的成本也是产量的函数：$C = C(G)$。预算本身可代表公众对公共产品的评价。因此，$B'(G)$ 作为边际收益函数，代表了公众对公共产品的边际评价、边际价值，向下倾斜。

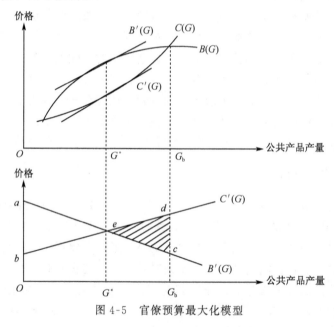

图 4-5　官僚预算最大化模型

从社会公众的角度看，公共产品产量的最佳供给应在边际收益 $B'(G)$ 和边际成本 $C'(G)$ 相等的产量水平 G^* 上。因此，这决定了最有效率的产量及其相应的预算规模。因为在这一点上，边际社会收益等于边际社会成本，使得社会获得 abe 面积最大化的总剩余。但在尼斯坎南官僚模型下，追求预算最大化的官僚会力求把公共产品产量增大到 G_b，从而最大化了预算规模。这一无效率产量水平与最有效率产量水平相比，将造成图 4-5 中阴影部分面积 dce 大小的效率损失。

为什么公众会允许官僚生产 G_b，而不是有效率的 G^* 呢？主要原因在于信息不对称。如果公众有完全信息，他们[①]会要求最有效率的产量 G^*。但公众以及他们的代表——政治家，并不清楚真正的成本函数[②]。对此，官僚机构却拥有更多的信息。具有信息优势的官僚会提出，要么提供 G_b，要么提供零的供给方案。对此，政治家往往只得批准。这反映在现实中，议会往往对政府提出的预算建议难以削减和监督，这些建议一般都能较顺利通过。

尽管尼斯坎南官僚模型在提出后受到不少学者的批评和质疑，但它符合并解释了现实中政府规模膨胀和公共支出增长的现象，也为现实中预算的控制和监督提供了有益思路。

4.3.4 利益集团行为

公共选择之存在和公共选择机制之重要，根源于不同人的偏好不同、利益不同而产生的矛盾与冲突。不过，个人对其偏好的表达和利益的实现，除了通过投票来表达外，还可以有多种实现途径。通过组成利益集团，对包括选民行为、政治家行为和官僚行为在内的政治过程施加相应的影响，就是其中之一。

所谓"利益集团"（interest group），又称"压力集团"，指的是具有共同利益目标而组织起来的，并试图对公共政策施加影响的团体，如以不同收入来源划分，可以有资本家集团（资产阶级）和劳工集团（无产阶级及其工会组织）；据不同的市场角色，可以分为生产者集团（如行业协会）和消费者集团（消费者协会）；以不同行业为标准，可分为汽车集团、钢铁集团、纺织集团等；以地区为标准，可分为东部集团、西部集团、中部集团等。应该看到，这些集团的组织，可以是严密的，也可以是极其松散的。由于现实社会中利益结构的复杂性和多重性，一个人可以分属于不同的利益集团，并在不同场合扮演不同角色，以表达自己的利益诉求。

现实地看，利益集团是公共选择中的重要角色。由于单个个人在复杂的公共选择过程中力量显得微不足道，出于自身利益最大化动机，具有共同利益基础和目标的人组织起来，以集体的力量来影响公共选择的结果，从而实现个人利益最大化，就成为一种合理的选择。也正因此，个人利益的实现途径，似乎表现为促进他们具有共同利益基础的集团的组成。按照传统利益集团理论的观点，具有共同利益的个人或企业组成的集团，通常具有进一步增进这种共同利益的倾向。传统利益集团理论进一步认为，由不同利益方向的人组成的为数众多的、具有不同利益目标的利益集团，对政治过程和社会利益具有积极作用。在数量众多的利益集团的相互作

---

① 通过政治家（立法机构）代表公众来行动。

② 只能知道成本函数上的一个点，它为历史上对应于某一公共产品产量所发生的成本支出。但不同年份的成本函数也是可变的。

用下，将会产生一种让全社会满意的均衡结果。这是因为，没有哪一个单独的集团有足够大的力量取得主导，在利益冲突的博弈均衡中，会产生一种近似的社会利益。

但在所有关于利益集团的理论中，奥尔森（Olson）的理论是影响最大的，他对传统的利益集团理论提出了强有力的挑战。在奥尔森（1995）看来，理性地追求自身利益的个人，并不一定会采取行动来实现他们共同的集团利益。特别是集团越大，个人就越不可能自觉地去促进本集团利益，原因就在于集体行动的天敌——"免费搭车"问题的存在。集团利益对集团内部各成员而言，是一种同等受益的非排他性的公共产品，集团内部各成员不论是否为此付出成本和付出多大成本，他都能同等程度地分享到这一共同利益。因此，集团越大，人数越多，为实现集体利益而活动的单个个人所能分摊到的收益份额就越小，单个个人就越有"免费搭车"的动机，即让别人去承担行动的成本，而自己坐享其成。当行动的个人从集体收益中分摊到的个人收益不足以补偿他行动的成本时，任何理性的个人就不会有为集体利益而行动的动机。而要联合行动的话，集团越大，组织成本也就越高，集体行动也就越不可能发生。相比之下，小集团反倒可能有优势，由于人数少，每个成员能得到总收益中较大的份额，而采取联合行动的组织成本也相对较低。由此看来，人多未必力量大，多数并不总能战胜少数，尤其在利益相互对立的集团之间就更为明显[①]。这甚至对公共选择的规则，都构成极大的挑战和讽刺。

当然，在现实的观察中，确实有大集团在行动，大集团战胜小集团的也不乏其例，因此大集团也并非都形同虚设。但可以肯定的是，成功的大集团和成功的集体行动，总是成功地做到了克服"免费搭车"这一难题。对此，奥尔森（1995）也进行了很多分析，"选择性激励"（selective incentives）就是其中之一。大集团可以此来驱使集团内单个成员采取有利于集团利益的行动。所谓"选择性激励"，简单地说就是赏罚分明，按各成员对集体利益的不同贡献程度给予区别对待。如西方国家的工会，对加入工会的工人给予更多的保险、福利、激励等，由此使工人大多积极参加工会，并按照工会利益协调行动（如罢工）；也可以通过反面的惩罚，来对不愿或不积极承担集体行动的个人进行惩罚或取消其权利，如一些行业协会对不缴纳会员费或不参与行动的成员给以除名等，就是适例。可以肯定，有选择性激励的集团比没有选择性激励的集团能更有效地组织起集体行动。当然，选择性激励的实施，还是要有相应条件的。过分松散的集团，

---

　　① 例如，相对于垄断生产者、企业主、富人集团，消费者、工人、穷人是人数大得多的利益集团，但在现实政治过程中，在利益相互对立的集团对立中，往往前者反而因人数少而更有动力进行院外活动，并最终使得公共政策更有利于少数人的集团。

由于难以建立起有效的激励约束机制，而使得集体行动很难发生。此外，大集团中要做到赏罚分明，也需要面临对个人贡献的巨大的信息成本和度量成本等问题，由此对大规模集团的有效集体行动，仍不能估计过高。

与传统利益集团理论对利益集团在公共选择过程中给予正面评价所迥然不同的是，在奥尔森看来，利益集团或多或少都具有再分配的目标，利益集团采取集体行动的目标，都是为了争取重新分配社会财富，而不是为了增加社会总产出，因此都是"分利集团"。"分利集团"的活动将降低经济效率，对长期经济增长造成影响。对此，奥尔森（1999）甚至将其上升到了决定国家兴衰的高度。

4.3.5 寻租

在公共选择论中，寻租理论占有重要地位，并常常与利益集团的行为分析联系在一起。"租金"（rent）或称"经济租"（economic rent），原指一种要素所有者获得的收入中，超过这种生产要素的机会成本的剩余。租金之所以存在，根本上在于供给缺乏弹性。只要供给不具有完全弹性，就会存在某种超过要素机会成本的超额收入，例如，由土地所有权垄断而产生的地租，演艺体育明星因天赋才能的稀缺性而获得的高额收入，拥有某项专利或专有技术给所有者或企业带来的超额利润，等等。

租金的产生和存在有两个方面的来源：①在价格制度中自发形成的。如某厂商开发出某项新产品或新技术，在一定时期内在市场上获得了垄断地位，由此在短期内能给它带来租金——表现为超额利润。在价格制度中，人们对租金或超额利润的追求行为，往往被称为"寻利"（profit seeking）。②通过政府管制而人为形成的。通过政府的各种干预形式，如政府颁发的许可证、配额、特许经营权、批文等，都人为地创造出一种供给缺乏弹性的稀缺资源。而占有这些稀缺资源的企业和个人，就会在市场上取得某种垄断地位，从而获得超额利润。在政府管制行为下人为产生的租金的追求，往往被称为"寻租"（rent seeking）。因此，"寻租"与"寻利"的区别就在于，"寻利"是生产性的活动，是正常市场竞争机制的反映，其作用是降低成本和鼓励开发新产品新技术，人们自发"寻利"的结果会增加社会福利。而"寻租"活动则是一种非生产性活动，这时的租金来源于政府干预和管制而带来的人为创造的租金。这种租金的存在并不是新价值的创造，而是利益的重新分配和财富的转移。如政府给某些企业发放配额或给予优惠待遇，就只是在进行利益再分配，获得配额和优惠的企业所拥有的超额利润，实际上来源于其他未获得配额的企业的相应损失。哪里有管制，哪里就会有租金；哪里有租金，哪里就会有"寻租"活动。"寻租"活动往往表现为特定利益集团通过游说政治家、政府，以获取某种垄断权或特权，如航空公司为了获得对特定航线的垄断权而游说政府，农场主为了阻止外国农产品进口，游说国会制定限制外国农产品输入的法律，等等（方福前，2000）。

　　"寻租"作为利益的再分配和财富的转移，本身似乎并不是社会浪费，毕竟只是将财富从一个集团转移给另一个集团，而社会总财富不变。但事实并非如此简单，塔洛克曾以盗窃为比喻来分析寻租的社会成本，盗窃本身也只是财富的转移，但由于盗窃的存在，用于盗窃和防盗、反盗所耗费的社会资源就都构成了无谓的损失。分析表明，"寻租"所造成的社会资源的浪费主要表现在以下几方面：①某种特权或优惠，即租金的创造本身要消耗资源。②利益集团"寻租"活动要花费大量时间、精力进行游说与公关，甚至不惜采用蒙骗、贿赂等手段。而用于"寻租"的人力资源、时间资源等，原本是可以用于生产性的活动的。③由于利益的冲突，有利益集团"寻租"的存在，就会有相应利益集团避租活动的存在。也就是说，当某集团为了获得相应特权而游说政治家或贿赂政府官僚时，另一利益冲突的集团为了避免损害自己的利益，也会展开相应的反对活动，这被称为"避租"。"避租"活动也同样造成了社会资源的虚耗。④为了对付寻租者和保证政府官僚的廉洁性，需要专门的反贪污贿赂机构及其活动，这同样是"寻租"带来的资源浪费。⑤不论是配额、许可证等的数量管制，还是定价、关税等的价格管制，政府管制都会使生产者和消费者的损失大于特定利益集团的租金收益。这种无谓损失，也是"寻租"活动的社会成本之一。图 4-6 表现了这种无谓损失。

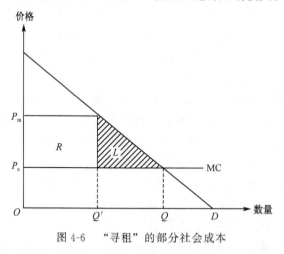

图 4-6　"寻租"的部分社会成本

　　如图 4-6 所示，在没有政府管制的竞争性状态下，厂商将按边际成本 MC 定价 P_c，这时社会总剩余最大，Q 是有效率的产量。如果政府进行管制，不论是以种种数量管制的方式将产量限为 Q'，还是通过价格管制将最低价格定为 P_m，或者赋予某些厂商以垄断特权任其定价，都将创造出以长方形 R 表示的租金。事实上，R 是由管制造成的，由消费者转移给生产者的一种再分配。但在作这种转移时，消费者剩余的损失是 $R+L$ 的面积。因此从整个社会来看，将产生面积

为 L 的净损失,这就是"无谓损失"。当然,这一损失只是"寻租"导致的社会成本的一小部分。

在现实中,如图 4-6 所示,尽管消费者剩余的损失大于垄断生产者增加的生产者剩余,但由于垄断生产者利益集团人数少,单个生产者分摊的收益相对大,而消费者人数多且分散,因而从抵制垄断的集体收益中所分摊的利益小。根据奥尔森集体行动逻辑分析,生产者利益集团游说的结果往往是,议员和政府成为他们的猎物,从而带来巨大的寻租社会成本。这也是公共选择下政府失效的表现之一。

■ 4.4 政府失效

从本章前面的分析可以看出,从资源配置的效率原则出发,财政决策机制也存在许多困难和问题。公共选择论通过经济学的分析,显然在政治过程这一传统政治学领域打开了一个窗口。现代市场经济作为公共部门和私人部门共同组成的混合经济,私人部门的市场活动会存在市场失效,公共部门和财政决策在政治过程中也同样会存在政府失效。两者都同样需要予以关注,并寻求纠正对策。所谓"政府失效"或"财政失效",联系到政府职能和财政职能,可以表述为政府行为或财政决策过程不能有效地配置资源,或在公平和稳定职能上不能很好地发挥作用。

4.4.1 政府失效分析

从公共选择论的分析中可以看出,导致政府失效的原因和表现主要有以下几方面。

1. 财政决策规则导致的无效率

公众对公共产品的偏好显示和加总,是通过投票机制来进行的,并由此转化为公共决策。但不论是采取直接民主还是间接民主制,由于选民"理性的无知"及其放弃投票的问题,公共选择就无法反映全体社会成员的真实偏好。这样,公共选择下的财政决策从一开始在源头上就发生了扭曲。

具体到投票规则来看,无非有一致同意规则和多数同意规则。但除非所有社会成员都参与投票,并且采取一致同意规则,由此作出的决策才能完全反映所有社会成员的偏好,才是完全有效率的。即便如此,也难以完全避免偏好扭曲,即少数人可能并非从对项目本身偏好的角度作出选择,而是通过一票否决的形式来敲诈众人。更大的问题则在于,一致同意规则的高决策成本导致其实际中的无效率。就多数同意的投票规则看，虽然减少了决策成本，但相应地造成了外部成本，即造成了多数人对少数人的强制。投票悖论和阿罗不可能定理还表明，能完全满足民主原则、具有完美效率的决策规则和公共选择机制是不存在的。

即使存在政治均衡的结果，按决策规则作出的财政决策实际上也并不是公共利益的反映，至多如单维选择下反映的只是中间投票人的偏好而已。各社会成员的个人利益，不可能与代表所谓公共利益的公共决策结果相一致。

2. 财政决策过程的无效率

除了如选民"理性的无知"从财政决策源头上就导致了偏好扭曲之外，公共产品在供给上还经过了复杂的政治过程，并事实上在供给过程中同样存在严重的扭曲。即使每个选民都真实无误地显示出其偏好，前文对财政决策过程中各行为主体的分析也表明，在公共产品供给上的扭曲进而导致的无效率，仍是强烈而普遍地存在着的。

从政治家和政党的行为看，他们以追求选票最大化为目标，这就必然导致社会资源的最优配置和公共利益的实现。以选票最大化为目标，可能使其决策反映大多数选民的偏好，但更多时候可能只反映部分选民（如中间投票者）的偏好，甚至有些选民的偏好根本就没有得到反映。更为严重的是，由于利益集团的院外活动，根据奥尔森所提的集体行动的逻辑，往往小集团在影响公共决策中反而占了上风，这就导致政治家的决策甚至违背了大多数人的意愿，而成为少数人组成的利益集团的利益工具。

就政府官僚的行为看，尼斯坎南的官僚预算最大化模型虽尚存争议，但由政府机构和政府官僚而致的公共支出膨胀，却是财政实践中的现实。即使政治家能忠实地成为公共利益的代表，但由于政治家决策与官员具体实施间信息的不对称，信息成本和监督成本的存在，使得通过预算及其立法程序对官僚行为的控制和监督变得困难，因而很难阻止财政预算规模的扩大倾向，由此使得公共产品的供给出现低效率。

利益集团的院外游说等进一步增加了公共决策过程的扭曲和低效。他们的分利行为和"寻租"行为实际上都造成了大量社会资源的虚耗，都构成了公共选择过程中财政决策的成本。更为严重的是，政治家和政府官僚往往沦为某些特殊利益集团的代言人，被其"寻租"行为所控制，这将使公共利益受到严重的扭曲和侵害。

3. 决策特殊性造成的无效率

公共选择及其财政决策中的特殊性，是造成低效率的重要原因。公共选择和政治决策过程本身，并不存在一种像竞争性市场机制那样有效的偏好显示和加总机制，这是导致难以实现最优决策结果的根本困难之处。沃尔夫（1994）对非市场缺陷（政府失效）的原因作了若干总结，并将其归结于公共政策或公共产品的非市场需求和供给的特殊特征。在我们看来，仅从作为公共产品直接供给者的政府机构或官僚的运行中，可以发现其与竞争性市场机制存在区别。这些区别实际上构成了政府失效的重要原因：①政府机构一旦存在并运行，事实上就成为一个垄断组织，并不存在提供同种公共产品的竞争，而缺乏竞争压力就会降低公共部门的效率。这就是"X非效率"理论。②与企业家追求利润最大化不同，官僚们并不追求利润最大化，政府机构也不以营利为目的。因此，其就不具备努力降低成本的激励，由此也使得公共产品供给成本总是过高。③公共产品通常不具有市场价格，与私人部门生产的私人产品之间并不具有可比性，由此使得在信息不对称的情况下，政治家和社会公众很难对公共部门产出效率作出合理评价。

4.4.2　政府失效的纠正

对于政府失效的纠正，公共选择论主要着眼于引入竞争机制和强化宪法控制这两个方法。前者主要是公共选择论中芝加哥学派的观点，后者主要是公共选择论中弗吉尼亚学派的主张。

1. 引入市场竞争机制

芝加哥学派纠正政府失效的观点和方法，概括起来可以称为"重新创造市场"。他们认为，以往人们只注重用政府的力量来弥补市场失效，事实上还可以用市场的力量来弥补政府失效，即在政府这一非市场运作中引入市场竞争性因素，由此起到改善政府功能和纠正政府失效的作用。除了许多学者进行偏好显示新机制设计的研究外，尼斯坎南提出了在公共部门间恢复竞争的对策（方福前，2000）。

（1）在行政机构之间引入竞争。传统的行政改革无法改变服务于某种特殊需要的旧有上下层机构的格局，因而无法消除预算支出膨胀的低效率。解决的办法是在机构之间重建竞争机制，比如允许若干办事机构就完成某些工作提出相互竞争的预算，预算主管部门从中选取报价最低者，就可以降低成本。

（2）重构公共部门的激励机制。私人部门之所以能以利润最大化为目标从而表现出效率，关键在于建立了经理人对企业利润的分享机制，从而降低了企业成本的激励。因此，他认为，为避免政府机构和官僚的低效和浪费，可以建立起类似的激励机制，如分享成本节余，对表现好的官员给予事后奖励，对预算盈余实行有限度的自由支配权等。

（3）将私人市场引入公共产品的生产中。他认为，许多由公共部门提供的公共产品，如清理垃圾、消防、医疗等，可以更多地采取公共部门提供私人生产的方式，靠私人投标制度来引入竞争、提高效率。

2. 强化宪法约束，完善公共决策规则

在弗吉尼亚学派看来，进行宪法改革，强化立宪规则的完善，对政府权力施加宪法约束，是解决政府失效的根本出路。因为宪法制度是一切制度的制度，是一切决策规则的规则。

在公共选择论的政治交易观下，布坎南（1989）认为，公共选择的政治过程"不过是一个复杂的交易过程"。作为个人之间的交易，规则即制度就是最重要的。"在最一般的含义上，政治的一个功能就是建立'道路规则'，使具有不同利益的个人和团体能够追求极为不同的目标。"既然规则是重要的，那么，什么样的决策规则是最有效率的呢？当然是一致同意的规则。布坎南认为，同意的一致性是检验效率的最终尺度。而宪法作为规则的规则，是属于全体一致同意的规则。

布坎南认为，政治活动和经济活动一样，都是在一定规则下进行的。"寻租"的腐败、低效率和不平等等，都能从制度规则上找到原因，并只能通过制度规则的改革来予以完善。由于宪法是根本性的规则，因此，改革和完善的最高阶段是宪法改革和强化宪法约束。只有改革宪法制度，才能有效约束政府权力和政府活动的无效率扩张。布坎南认为（缪勒，1999），能对政府构成长期真正有效制约的，只能体现在宪法中限制政府征税、发债和货币发行的权力的规则上。

■ 小结

1. 公共部门的资源配置遵循的是公共选择机制。
2. 公共选择论是对非市场决策的经济学研究，即把经济学运用于政治科学的分析。
3. 方法论上的个人主义、经济人假设和交易政治，构成了公共选择研究方法论的三要素。
4. 公共选择下的财政决策，始终面临两方面的问题：一是偏好显示，二是偏好加总。
5. 一致同意规则具有帕累托效率，但决策交易成本太高，难以成为财政决策的普遍规则。
6. 如果某些选民的偏好不是单峰的，多数票规则就可能出现投票悖论。
7. 阿罗不可能定理认为，不可能存在一种决策规则，能同时满足符合现代民主制度的一些合理条件，从而否定了社会福利函数的真实存在。
8. 如果所有投票人都具有单峰偏好，在单维方案的决策下投票均衡是存在的。

相应地，投票均衡的结果将是中间投票人的方案。

9. 理性选民假说有助于解释选民"理性的无知"和"投票冷漠症"现象。

10. 政治家作为经济人，追求选票最大化。官僚作为经济人，追求预算最大化。

11. 在"集体行动逻辑"下，小集团可能战胜大集团。

12. 分利集团的活动将降低经济效率，对长期经济增长造成影响。

13. "寻租"活动通常与政府管制有关，并导致社会资源的浪费。

14. 公共选择机制同样存在政府失效问题。引入市场竞争机制和强化宪法约束是纠正政府失效的两个主要途径。

思考题

1. 从两种投票规则看，"少数人专政"和"多数人专政"各适用于哪一种规则？

2. 假定有 5 个人——甲、乙、丙、丁、戊，他们对 A、B、C、D 四个方案的偏好排序如下表：

甲	乙	丙	丁	戊
A	A	D	C	B
D	C	B	B	C
C	B	C	D	D
B	D	A	A	A

要求：

(1) 参照本章图 4-2、图 4-3，画出各个人的效用曲线。

(2) 通过多数票规则，会有方案被选中吗？如果有，是哪一个？如果没有，请说明为什么。

3. 进行区人大代表选举的当天下起了大雨，张三不去指定的投票地点投票，而李四坚持要去投票以履行自己神圣的公民权利。从理性经济人这一公共选择论的基本假设出发，如何解释这一相反行为？张三和李四的效用函数有何不同？

4. 请用本章的公共选择原理说明以下问题：为什么现实中要求少数服从多数？少数服从多数总是有效吗？少数服从多数总是合理吗？人多一定力量大吗？

5. 某市对出租车实行营业执照管理。这一制度存在什么问题？假如要取消牌照管理的话，谁将赞成？谁将反对？哪种结果可能性更大？

参考文献

奥尔森. 1995. 集体行动的逻辑. 陈郁等译. 上海：上海三联书店. 8~30, 41

奥尔森. 1999. 国家兴衰探源. 吕应中等译. 北京：商务印书馆

布坎南. 1989. 自由、市场与国家. 平新乔，莫扶民译. 上海：上海三联书店. 69，129

布坎南. 1992. 民主过程中的财政. 唐寿宁译. 上海：上海三联书店. 244

布朗，杰克逊. 2000. 公共部门经济学. 张馨等译. 北京：中国人民大学出版社. 76

邓子基，林致远. 2005. 财政学. 北京：清华大学出版社

方福前. 2000. 公共选择理论. 北京：中国人民大学出版社. 60，121，202～213

罗森. 2000. 财政学. 平新乔等译. 北京：中国人民大学出版社

缪勒. 1999. 公共选择理论. 杨春学等译. 北京：中国社会科学出版社. 4

史蒂文斯. 1999. 集体选择经济学. 杨晓维译. 上海：上海三联书店. 245

沃尔夫. 1994. 市场或政府. 谢旭译. 北京：中国发展出版社. 33

杨志勇，张馨. 2005. 公共经济学. 北京：清华大学出版社

张馨. 2002. 财政学. 北京：人民出版社

Downs A. 1957. An Economic Theory of Democracy. New York：Harper and Row

Niskanen W. 1971. Bureaucrats and Representative Government. Chicago：Aldine-Atherton. 38

Riker W，Ordeshook P. 1968. A theory of calculus of voting. American political Science Review，62：25

第5章

财政支出理论

财政支出是政府将集中起来的货币资金，有计划地分配到各种用途中去的过程。通过财政资金的支出，满足整个社会再生产和公共部门等各方面活动的资金需要，从而为实现政府的各项职能服务。因此，财政支出是财政分配活动的重要环节，它反映了政府的政策，规定了政府活动的范围和方向。

5.1 财政支出分类

随着社会经济的发展，财政支出的数量不断增加，财政支出的种类也越来越多。为了正确安排、合理分配和有效使用财政资金，加强对财政支出的管理和监督，应当根据不同的标志和需要，对财政支出进行科学的分类。

5.1.1 按经济性质分类

按支出的经济性质分类，财政支出可分为购买性支出和转移性支出。

所谓"购买性支出"，是指政府为了执行各种政府职能，用于购买所需的商品和劳务的支出。这里既包括用于维持政府部门正常运转所需的商品与劳务的支出，也包括政府投资兴办各种事业所需的商品与劳务的支出。在我国，这类支出大体包括各种经济建设支出、文教科卫支出、行政及国防支出等。这些支出的目的与用途各不相同，但财政资金支付后，都获得相应价值的商品和劳务。

所谓"转移性支出"，是指政府单方面的、无偿的资金支付。它没有取得相应的商品和劳务，只是将资源在社会成员之间重新分配。在我国，这类支出大体包括社会保障方面的各种社会保险和福利支出、对居民的补助支出、债务利息支出、捐赠支出等。这类支出的最大特点是，它并不减少私人部门可支配的资源总量，而只是在结构上调整不同社会集团之间可支配资源的数量，以更好地促进社会公平的实现。

将财政支出分为购买性支出和转移性支出，对于市场经济来说具有相当重要的经济意义。这是因为，不同性质的财政支出对社会经济所起的作用，即对社会生产和收入分配所产生的影响、对整个市场运转的影响都是不同的。购买性支出所起的作用，是通过支出使政府所拥有的资金与市场上企业和个人提供的商品与劳务相交换，直接提高了社会购买力，从而对社会生产、就业以及社会供给与社会需求的总量及结构均衡有着直接的影响，并对收入分配产生间接的影响。转移性支出则是通过支出过程，将财力从政府转移到受领者手中，支出结果是资金所有权的转移（购买力转移），对收入分配有直接影响，但对社会生产和就业以及社会总供需状况的影响，则是间接的，是要通过资金接受者的反应来实现的。因此，这种分类对研究财政支出与市场的关系具有重要的意义。

5.1.2　按政府职能分类

按政府实现其职能的需要，财政支出大体上可以分为以下几大类：经济建设支出、文教科卫等事业发展支出、行政管理费支出、国防支出、社会保障与福利支出、债务支出、其他支出。其中，经济建设支出主要包括政府用于生产性基本建设支出、企业挖潜改造资金支出、流动资金支出、科技三项费用、地质勘探费、支援农业生产支出和支援经济不发达地区发展资金等。文教科卫等事业发展支出主要包括文教科卫事业费、农林水事业费以及这些部门的非生产性基建支出及人员经费和公用经费等。社会保障与福利支出主要包括社会保障、抚恤和社会救济等支出。这类分类可以反映出国家政治、经济、文化、军事等活动的全貌和各个时期政府职能与活动范围的变化情况。世界各国在预算管理上也大致采用类似的分类方法，我国1994年颁布的《预算法》规定的预算支出范围就以此分类。

5.1.3　按财政支出的具体用途分类

按财政支出的具体用途分类，便于正确安排各项支出，及时组织资金供应，也便于对各种资金进行管理和监督。这种分类是进行其他各种分类的基础。但这种分类每年会随着国家的政治、经济等政策的调整变化，发生相应的变化。

以我国的具体实践为例，我国是按政府预算支出科目分类的。它主要有基本建设支出、企业挖潜改造资金、简易建筑费、地质勘探费、科技三项费用、流动资金、支援农业生产支出、农业综合开发支出、城市维护费、政策性补贴支出、文教科学卫生事业费支出、工交流通等部门事业费支出、农林水利气象部门事业费支出、抚恤和社会福利支出救济费支出、国防支出、行政管理费等，此外还有社会保障补助支出、外交外事支出、武警部队支出、公检法司支出、对外援助支出、专项支出、支援不发达地区支出、土地和海域开发建设支出及其他支出等项目。

　　财政支出还可以进行其他分类。例如，按政府部门的不同分类，可以把财政支出分为工业、农业、交通、邮电、商业、文化、教育、国防、行政、外交等部门的支出。这种分类与预算的编制和执行过程相一致，便于进行财政管理和人民代表大会对预算的审查批准，也有助于反映政府预算执行情况。财政支出按复式预算编制的要求，可以分为经常性支出和建设性支出两大类。这种分类可以把政府用于经常性的文教、行政、国防等经费支出与用于国有企业投资、公共工程投资和财政信用支出的建设性支出区别开来，分别编制预算和进行管理，有利于分析各种性质资金的使用情况，加强预算的管理和监督职能。

　　我国财政支出分类框架长期以来是按照适应计划经济管理体制的要求而建立的，随着社会主义市场经济体制和公共财政体系的逐步建立，这种分类体系的不适应性和弊端日益突出。因此，我国从 2007 年 1 月 1 日起正式实施新的财政支出分类改革，我国现行财政支出分类采用了国际通行做法，即同时使用支出功能分类和支出经济分类两种方法对财政支出进行分类。

　　支出功能分类，简单来讲，就是按政府主要职能活动分类。我国财政支出功能分类设置一般公共服务、外交、国防等大类，类下再分款、项两级。主要支出功能科目包括一般公共服务、外交、国防、公共安全、教育、科学技术、文化体育与传媒、社会保障和就业、社会保险基金支出、医疗卫生、环境保护、城乡社区事务、农林水事务、交通运输、采掘电力信息等事务、粮油物资储备及金融监管等事务、国债事务、其他支出和转移性支出。

　　支出经济分类，是按支出的经济性质和具体用途所作的一种分类。在支出功能分类明确反映政府职能活动的基础上，支出经济分类明确反映政府的钱究竟是怎样花出去的。支出经济分类与支出功能分类从不同侧面、以不同方式反映财政支出活动。我国支出经济分类科目设工资福利支出、商品和服务支出等12类，类下设款，具体包括工资福利支出、商品和服务支出、对个人和家庭的补助、对企事业单位的补贴、转移性支出、赠与、债务利息支出、债务还本支出、基本建设支出、其他资本性支出、贷款转贷及产权参股和其他支出。

　　支出功能分类、支出经济分类与部门分类编码和基本支出预算、项目支出预算相配合，在财政信息管理系统的有力支持下，可对任何一项财政支出进行"多维"定位，清清楚楚地说明政府的钱是怎样来的、做了什么事、最终用到了什么地方，为预算管理、统计分析、宏观决策和财政监督等提供全面、真实、准确的经济信息。

　　总之，从不同角度对财政支出进行科学分类，不但具有理论意义，而且具有实际意义。通过各种不同分类，经过综合分析，全面、正确地处理财政支出中的各种矛盾，可以掌握各项支出的规律性，做到合理分配和有效使用财政资金，使政府各项支出发挥最大的效用。

5.2　财政支出规模理论

　　财政支出是政府活动的一个重要方面，尤其是凯恩斯理论出现之后，作为政府重要的宏观调控手段，财政支出在政府活动中的作用越来越大。财政支出实践已充分表明，财政支出对经济发展，尤其是对经济的持续稳定发展起着巨大的作用。因此，财政支出是否合理、有效，直接影响到经济发展。

　　几乎所有国家的财政支出，无论是绝对额还是相对额（财政支出占 GDP 的比重），近几个世纪以来都是不断上升的。统计资料表明，我国 1950 年财政支出仅为 68 亿元人民币，2008 年全国财政支出达到 62 427.03 亿元人民币。美国的财政支出 1890 年为 8 亿美元，2009 年财政支出预算总额超过 3 万亿美元。英国 1900 年财政支出为 2.8 亿英镑，2003 年已经达到 6230 亿英镑。从总体上看，1930 年以前，各国财政支出的相对规模上升比较缓慢，以后开始加快，到 20 世纪 70 年代，财政支出在 GDP 中所占的比重达到 1/3 以上。短短的几十年间，财政支出以几百倍乃至上千倍的速度增长，引起了经济学家们的关注。100 余年来，各国的经济学家们针对财政支出不断增长的情况进行了大量的研究，试图对财政支出的增长作出解释，其中主要有五种代表性的观点，即瓦格纳法则、时间形态模型、财政支出增长的发展模型、公共选择学派的支出增长理论、财政支出增长的微观模型。

5.2.1　瓦格纳法则

　　德国财政学家阿道夫·瓦格纳（Adolph Wagner）于 1882 年提出了被后人称为"瓦格纳法则"的财政支出增长理论。他对 19 世纪的许多欧洲国家、日本、美国的财政支出的增长情况作了考察后认为，决定财政支出增长的力量是可以用政治和经济的因素来解释的。政治因素主要是指政府职能的扩展必然导致财政支出的增加。在经济因素方面，瓦格纳认为，随着经济的工业化，不断扩张的市场和市场主体之间的关系会更加复杂，市场关系的复杂化引起了对商业法律和契约的需要，并要求建立一套司法组织执行这些法律。而且，工业的发展推动了城市化的进程，人口居住将密集化，由此将产生拥挤等外溢性问题，这样也就需要增加公共部门进行干预和管理。此外，瓦格纳认为教育、娱乐、文化、保健与福利等方面的政府支出水平由它们需求的收入弹性决定，当人均收入增加时，财政支出中用于这些方面的支出也会大幅度增加。后来的学者将他的这些观点概括为"瓦格纳法则"或"瓦格纳定律"，即随着经济中人均收入的增长，财政支出的相对规模也增长了。

瓦格纳法则集中分析了财政支出的需求因素。由于该法则建立在工业化这一特殊历史背景下，瓦格纳没有可能和必要去解释这一问题：如果经济进入成熟阶段或陷入滞胀阶段，公共部门将具有怎样的演变趋势？他的法则假定国家是一个有机体，避开了公共选择问题，认为收入增长几乎不可避免地会导致公共部门的扩张。

5.2.2　时间形态模型

英国经济学家皮科克（A. T. Peacock）和魏斯曼（J. Wiseman）在 1961 年对 1890～1955 年英国的财政支出情况进行了研究，提出了财政支出增长的时间形态模型。他们认为，导致财政支出增长的因素有内在因素与外在因素，并认为外在因素是说明财政支出超过 GNP 增长的主要原因。该理论的前提假设是：选民享受公共产品和服务的收益，却不愿纳税。因此，政府在决定其财政支出时，就必须密切关注选民对其所隐含的税收将会作出的可能反映。这一理论假定存在一个可以容忍的税收水平即"税收容忍度"，政府安排支出时必须考虑这个因素的约束。

以这个假设为基础，他们作出了如下推论：随着经济增长，收入水平上升，以不变的税率征收的税收不仅绝对额会上升，其相对于 GDP 的相对额也会上升，于是政府支出的上升会与 GDP 的上升成正向关系，这是财政支出增长的内在原因；但在非常时期，如发生经济危机、战争时，财政支出上升的压力骤然增大，政府被迫提高税收水平，而公众在非常时期也会接受提高了的税收水平，这是财政支出增长的外在原因。

外在原因通过三方面的效应，导致了财政支出的迅速增长：①替代效应。它是指在社会危机时期，政府支出被迫急剧增加，纳税人有可能接受较重的税收负担，改变了税收容忍度，从而使整个财政支出在渐进过程中跨上一个新台阶。当社会危机结束后，财政支出水平就会下降，但在危机时期形成的一些财政支出项目还要持续下去。因此，财政支出虽然会下降，但不会回落到原来的水平。②审查效应。由于人们在非常时期更加清楚地意识到以前忽视的社会问题的存在，因此，政府有必要扩大其支出范围以改善这些社会条件，而且纳税人也具有较高的"税收容忍度"，政府就能够为其支出范围的扩大筹集更多的资金。③集中效应。战争、社会动荡等社会危机的发生，会促使中央政府职能扩大，即产生所谓的"集中效应"。中央政府职能的扩大增加了财政支出的规模，导致了财政支出的增加。上述三种效应的作用，使公共部门支出呈梯度渐进增长的态势。

　　皮考克和魏斯曼的财政支出时间形态模型，主要是通过考察财政支出增长趋势中具有特定意义的时间形态，从这些特定的时间形态中寻找财政支出增长的根本原因。这一研究方法，是继瓦格纳考察财政支出增长长期趋势后的又一大进步。而就其理论阐述的内容来看，它已初步融入公共选择学派的思想。在他们看来，财政支出增长要受到纳税人税收容忍度的制约，因为在西方式的民主政体中，纳税人的选票可以影响政治制度的投票结果。从某种意义上说，他们所认定的财政支出水平也是由政治制度中的多数投票原则所决定的水平，这点与公共选择论的观点具有相似之处，从而在一定程度上把财政支出与政治过程结合了起来，这是前人未曾尝试过的。

5.2.3　财政支出增长的发展模型

　　这个模型主要是由美国著名的财政学家马斯格雷夫（Musgrave）和罗斯托（Rostow）提出来的。他们用经济发展的阶段论来解释财政支出的增长原因，具体地探讨了财政支出的增长在经济发展不同阶段的不同特点。他们将财政支出划分为投资支出、消费支出和转移支出分别予以考察。

　　他们认为，在经济发展的早期阶段，政府投资在投资总额中所占的比例相当高，因为政府要为经济发展提供其所需要的社会基础设施，如道路、交通系统以及对人力资本的投资等。此外，由于私人资本积累是有限的，政府还要生产某些资本品，即使这些资本品的利益是内在的，不具有外溢性也可以。所以，这一阶段财政投资的作用很大。随着私人产业部门的逐步兴旺发达，资本存量不断扩增，私人资本在社会总资本中所占的比重也不断增大。此时尽管政府仍将继续供给投资品，但政府投资的相对比例却下降了，政府投资也转变成为只是对私人投资增长的补充。在经济发展的中期阶段，如果一些私人产品要求互补性的公共投资，那么，公共投资的份额还会再度上升，比如汽车的普及会提出对公路的进一步需求，但公共投资的份额不再一定占主导地位。当经济进入"成熟"阶段，财政支出结构就会从对基础设施的支出转向对教育、医疗和福利的支出等方面。在大量消费时期，收入维持项目和福利再分配政策相对于财政支出的其他项目及国民生产总值而言，都将大幅度增长。

　　从公共消费支出的增长变化来看，由于在经济发展的早期阶段，主要是满足人们的基本需要，如衣、食等消费，因而对公共消费支出要求不高。随着人均收入的增加，基本需要得到满足之后，私人对基本需要的支出比例将减少，对提高生活层次的消费支出将增加，资源更多地被用于满足教育、卫生、安全等的需要。由于这些消费项目都需要较大的公共消费支出作补充，因此，公共消费支出占社会总消费支出的比重相应地提高。此外，伴随着经济的增长，将会出现日益复杂的社会经济组织，要求政府提供各种管理服务，来协调和处理增长所引起的各种矛盾和问题，如交通警力、控制污染、反托拉斯等需求的增加，这将导致政府各种管理费支出的增加，从而导致整个社会公共消费支出的迅速增长。

马斯格雷夫关于经济发展各阶段财政支出及其结构变化的独到见解，对考察一国财政支出增长状况，尤其是发展中国家的财政支出增长状况具有一定的参考价值。

5.2.4　公共选择学派的支出增长理论

公共选择论把经济分析的工具和方法，应用于政治决策过程的分析。作为一种从全新的角度来研究财政问题的理论，它在解释西方国家的财政支出不断增长的形成机制方面，有其独特的见解。公共选择论认为，导致财政支出不断增长的成因主要表现在以下几个方面。

1. 利益集团的影响

在实行多数投票原则的情况下，公共选择论认为，利益集团的大量存在直接促进了政府预算规模的扩张。在没有"讨价还价"和"互投赞成票"的情况下，多数投票原则对政府预算规模的投票，反映了中间投票人的偏好。这样，政府的预算规模可能会大，也可能会小，完全取决于那些喜欢"大"或"小"的人的相对集中程度。但若考虑到利益集团的存在，尤其是当由利益集团、官僚和被选出的代表（议员）所组成的"铁三角"关系存在时，政府的预算规模就必然庞大。

塔洛克对这种现象进行了描述。他考察了一个公共服务的例子：假如存在100个农民的共同体，而其中的 51 人是一个小利益集团，建议修一条公路，受益仅限于这 51 人或仅限于 51 人中的大多数，但作为利益集团中的成员，即使修路于己无益，也会投赞成票，这就是"互投赞成票"的效应。因此在实行多数投票原则的情况下，显然这 51 人形成的小规模联合体会获得主宰权，他们当然愿意修路，因为他们只需支付 51% 的修路费用。若实行一致表决原则或不存在利益集团，该提议则未必能获得通过。

关于在多数投票机制下，对仅使某一"铁三角形"内成员受益的提案如何能被通过的问题，罗森进行了分析。他认为可能有以下两种原因。

（1）利益集团和官僚组织性强并掌握信息，而那些将承担费用的人没有组织起来，并且可能甚至不知道将要发生的事情，即使这些公民被明确地告知他们将要承担的代价，也可能不值得他们为之抗争。因为项目的成本是广泛地被分摊的，对于给定的某一公民来说是低的，即使总成本大于总受益，也不值得花时间和精力去组织抗争。相反，受益却是相对集中的，为了潜在的收益，形成这类政治组织是值得的。

（2）"互投赞成票"的原因，在于其他的代表也可能存在他们自己的"铁三角"。因此，为了他们自己所偏好的项目得以通过，他们愿意以互投赞成票相交换。第二次世界大战后，西方发达国家稳定的经济发展和社会高度分工所形成的专业化发展，滋生了大量的利益集团。它们对政府施加压力或进行院外活动，以求得政府进行有利于该集团的收入再分配；政府为了获得它们的支持，也对其施以优惠。但是一个政党为了获得某一特定利益集团的支持，而给其以大量好处，必然有一定的利益"溢出"，因为政党不可能过分偏袒某一利益集团。这在无形中又扩大了政府的某些支出。总之，利益集团的存在和发展，加速了政府规模膨胀的进程。

2. 官僚的作用

官僚又称公务员，在西方国家，其意思并非贬义。官僚的作用，被视为以一种理性的方式去引导有组织的行为，以及按照严格的等级制度去从事指定的事务。在西方政体中，财政支出项目由立法机构决定，但具体的支出事务则是由官僚们经办的。从这个意义上说，财政支出的合法性是由官僚决定的。官僚们为支出项目的设计和执行提供有价值的技术方面的专家，并且官僚往往比选出的官员在政府机构中的服务期限长，这就保持了政府的连续性。如果没有这些官僚的存在，现代西方政府是很难运转的。但是，许多经济学家指出，如果认为政府官僚的唯一目的是解释和被动地实现选民及他们选举的代表的愿望的话，那就太天真了。奈斯康恩对此问题进行了比较深刻的分析。他认为，在市场取向的私人部门中，个人为了获得成功，必须使他们的公司获得尽可能多的利润。当公司的利润增加之后，个人的工资也会增加。相反，对官僚来说，类似私人企业家所拥有的增加收入的机会是很小的。因此，他们更关心的是官员所给的额外津贴、荣誉、权力等。所有这些目标，都是与官僚的预算规模正相关的。因此，他得出结论：官僚的目标就是要使他的预算最大化。官僚们将会努力说服立法官员，扩大其机构的预算规模，这就像私人部门使用广告推销自己的商品一样。如果官僚的这种"推销"努力获得成功，政府部门规模就会扩大，财政支出将不断增加。

为什么立法机构会容许官僚的支出水平扩大呢？公共选择论者认为有以下三方面的原因：①有些公共产品的提供过程很复杂，要求特别的信息和知识。而这些对立法机构来说，是不容易获得的，如生产导弹的电子导航系统。②官僚提供的产品，缺乏与私人部门产品的可比性，因为许多公共产品都是没有相对应的私人产品的。另外，官僚提供的产品也很难加以测量。③立法机构与政府官僚间的特殊关系。因为立法机关与政府是一个国家的两大权力垄断组织。政府需要立法部门批准它的预算方案，同样立法部门也需要政府的配合。如果政府拒绝提供或支付任何有助于立法部门的款项或援助，或拒绝提供充裕的公共产品，那么，立法机构将会受到选民反对，因为人们知道预算的最终审批权在立法部门。

财政支出是政府的行为，制度及政治决策过程必然对财政支出产生影响，在分析财政支出增长时，当然不应忽视这一重要因素。尤其是在西方社会，随着现代资本主义的发展，滋生了大量的利益集团。在西方式的所谓民主政体下，它们往往对政府财政支出决策施加各种影响，导致财政支出不断增长。该理论还认为官僚也是人，他们也同样关心个人利益最大化，正是这一因素导致他们不断追求预算的最大化。这一理论对我国财政支出的分析具有一定的借鉴意义（雷良海，1997）。

5.2.5　财政支出增长的微观模型

财政支出增长的微观模型旨在解释公共部门要素的需求变化。该模型指出了导致公共产出的需求因素，并考察了影响公共产出供给的各种因素。公共产出供求之间的相互作用，决定着通过公共预算提供的公共服务水平，这反过来又产生了对公共产出的派生需求。

财政支出增长的微观模型具有几个特点：①它是时间型的实证模型。它试图用导致财政支出增长的各个因素来说明财政支出的增长途径。②该模型几乎不涉及财政支出是否应该遵循预算平衡的问题。③该模型不反映公共产品提供的效率。④作为实证模型，它是动态的，但前提假设非常简单。

为了建立财政支出增长微观模型，可设第 i 个人（任何人都是消费者）从公共部门和私人部门的产品消费中所获得的效用，用公式表示为

$$U^i = U^i(G,P)$$

其中，G 为公共部门的最后产出向量；P 为私人部门的最后产出向量；U 为效用函数。

这样，个人在一定的预算约束线下，要求特定水平的 G_k（即第 k 种公共部门提供的产品）。公共部门为提供 G_k，组织了若干生产活动。公共部门的最终产出，以及用于生产这些产出的公共部门活动方式之间的关系，可以概括为

$$X_k = X_k(L_k,M_k)$$
$$G_k = G_k(X_k,N)$$

其中，G_k 为第 k 种公共服务的最后产出；X_k 为用于生产 G_k 的中介活动；L_k 为生产 G_k 的劳动力要素；M_k 为生产 G_k 使用的原材料；N 为人口规模。

综上所述，财政支出增长的原因可用以下几种因素解释：①对公共部门最终产出需求的改变；②公共部门产出的生产方式的改变，以及由此引起的生产过程中要素组合的改变；③公共部门产出质量的改变；④要素价格的改变。

1. 公共部门产出水平的决定

前文已经对公共产品的提供模型和公共选择理论进行了初步分析。从中我们可以知道，财政支出是由需求和供给双方共同决定的，最终的产生水平则取决于双方力量的对比。

从作为供给者的政治家角度来看，政治家的效用函数为

$$U^p = U^p(S,G,P)$$

其中，U^p 为第 p 个政治家的效用函数；S 为因职位而获得的个人收益；G 为公共部门供应的产品或服务的向量；P 为私人部门产品的向量。

政治家为了当选，通常要考虑中间投票人的意愿。而中间投票人的目标是最大化其效用函数，用公式表示为

$$\max U^i(G,P)$$
$$\text{s. t.}\quad pP + tB_i \leqslant Y_i$$
$$T_i = tB_i$$

其中，i 为中间投票人；G 为公共产品；P 为私人产品向量；p 为私人部门产品的相对价格向量；Y_i 为中间投票人的收入；t 为税率；B_i 为中间投票人的税基，T_i 为中间投票人的纳税总额，即 $T_i = tB_i$。

为了简化模型，假设经济中只有一种税基，并且对于每个人而言只有一种税率，则根据定义有

$$t \equiv \frac{eG}{\sum B_i}$$

其中，e 为所有公共产出中公共部门单位成本的向量，即 $e = \{e_1, \cdots, e_k, \cdots, e_m\}$；$\sum B_i$ 为经济中的总税基。

假设中间投票人最大化其在上述预算约束范围内的效用函数，则其对于公共总产出 D_G^i 的需求函数可表示为

$$D_G^i = D_G^i\left(p, B_i, Y_i, \sum B_i\right)$$

图 5-1 描述了中间投票人对第 k 种公共部门产品 G_k 的需求状况 D_0^i。这时，可以把第 k 种公共部门产品的价格 t_k，视为中间投票人承担公共产品成本的份额。这样，对于公共产品需求的分析，与市场上的私人产品需求的分析相比，并没有太大的差异。图 5-1 提供了不同水平 G_k 的平均成本函数。G_k 的均衡水平为 OQ（图 5-1 中分别由 OQ_0 和 OQ_1 表示）。如果需求曲线外移，那么总成本也相应发生变化（图 5-1 中从 OQ_0AR 提高到 OQ_1BS）。该图表示：如果其他条件不变，中间投票人的税基 B_i 下降，则产量提高，需求曲线外移，例如，从 D_0^i 到 D_1^i，如果其他条件不变，中间投票人的收入 Y_i 提高，那么产量也将提高；如果

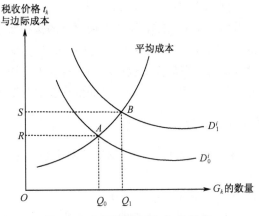

图 5-1 中间投票人对 G_k 的需求

其他条件不变，总税基 $\sum B_i$ 提高，产量也将提高。

一般认为，随着收入的增加，对公共产品的需求也会随之提高。提高的水平还取决于成本曲线的变化状况。

2. 服务环境

财政支出的大小还受到服务环境的制约，即生产某种水平产出所需资源的一组社会经济和地理变量的制约。

以警察服务为例。假设中间投票人对保护的需求曲线及政府提供这种保护的平均成本曲线如图 5-2 所示，最初的均衡水平在 Q_2，平均成本函数 $AC_0(H_0)$ 代表某一特定的服务环境（H_0）。

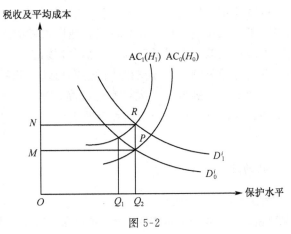

图 5-2

如果服务环境恶化到 H_1，如这一地区的财富增加吸引了更多的罪犯，那么，提供保护的成本将上升到 $AC_1(H_1)$，为实现均衡，要么保护水平下降到 Q_1，要么实际收入增加，使需求曲线从 D_0 上升到 D_1，使原有的保护水平不变。这表明，在没有改变保护水平的情况下，警察服务的总成本也会从 OQ_2PM 上升到 OQ_2RN。因此公共服务水平没有提高，财政支出也会增加。这并不是因为提供公共服务的无效率，而是服务环境恶化了。所以，服务环境的变化会引起财政支出的增加。

3. 人口变化对财政支出的影响

人口的规模、年龄结构、人口密度、学龄儿童人数、老年人的比例等，都会对财政支出产生影响。

人口变化对财政支出的影响，取决于所供应的产品和服务的实质。就纯公共产品而言，由于它具有消费的非竞争性，人口的增长只会导致财政支出的零增长。但是，由于人口增加，每个人所应分摊的公共产品的成本（人均支出）反而会下降。这种下降，相当于公共产品价格的下降，因而会导致对公共产品需求水平的上升。对"准公共产品"而言，人口的增加会导致支出的增加，但其增长的比例不如前者的大。人口对财政支出的这些影响，可以用一种拥挤函数表示为

$$A_k = \frac{X_k}{N^\alpha}$$

其中，A_k 为第 k 种公共产品 G_k 服务的效用；X_k 为用于生产 G_k 的活动（或设备）；N 为人口规模；α 为拥挤指数。

对于纯公共产品来说，α 等于 0；对于私人产品来说，α 等于 1；其他大量的准公共产品的 α 则介于 0 和 1 之间。

后面的章节所要分析的教育，就是一种 α 介于 0 和 1 之间的产品。随着学龄儿童人数的上升，可能要求学校规模的扩大或数量的适度增加。人口老龄化社会对社会保障支出的需求，就比一般社会要高得多。地广人稀的社会与人口稠密的社会，公共部门产出的规模效应和受益范围也有很大差别。

人口的增加不仅会直接影响到财政支出，还会影响到服务环境，进而对财政支出产生间接影响。随着人口的增长，人口密度提高，这会产生社会拥挤成本，加剧负外溢性。于是，人们就会要求政府增加财政支出，以维持其境况在人口变化前后不变。

4. 公共供应产品的质量

公共产品的质量是一个很难明确定义的概念，但通常生产质量较高的公共产品所需要有效使用的要素，要比生产质量较低的公共产品多。因此，供应的公共产品质量的变化，导致了其需要有效使用要素的变化，进而影响财政支出。例如，为了提高教育水平，降低学生与教师的数量比率，提供配置现代化设备的教室和教育制度，就

必然要求增加教师数量和增加教育支出的投资规模与经费数额。再如，医生和病人比率的变化、医疗水平的提高等，也都要求政府医疗卫生支出的相应变化和提高，等等。

5. 公共部门投入的价格

鲍莫尔（W. J. Baumol）的非均衡增长模型说明了公共部门生产函数中投入价格与财政支出增长的关系。鲍莫尔将经济分为两个部门：累进部门和非累进部门，非累进部门通常包括服务性行业，如公共部门的服务、餐馆、手工艺行业、表演行业等。累进部门生产率较高，非累进部门的生产率相对较低，累进部门和非累进部门之间存在生产率差异。这是由劳动要素在生产过程中所发挥的作用差异所致。在累进部门，劳动主要是作为工具使用，虽然是生产最终产品所不可或缺的，但可利用规模经济和技术革新等方式来替代劳动而不影响产品的性质。而在非累进部门，劳动本身就是最终产品，是提供消费的产品的一部分，劳动量的减少就会改变所生产的产品的性质。

在经济中的累进部门，假定劳动生产率的提高与小时工资率增长是一致的，即累进部门的单位成本长期保持不变。为了防止劳动力从非累进部门流向累进部门，非累进部门不得不把工资率提高到与累进部门相当的水平。如果非累进部门的生产率提高速度不如累进部门，那么非累进部门产出的单位成本就会提高，这意味着下一阶段非累进部门相对于累进部门产出的机会成本就会提高。如果非累进部门的产出不下降，那么，总成本必然上升。因此，鲍莫尔模型为财政支出的增长提供了一种可能的解释。如果公共部门的生产率提高的程度不如经济中的其他部门，而公共部门雇员的工资则按照经济中其他部门的工资变动，那么即使其他条件毫无变化，财政支出也会增长。这可以通过下面的例子看出。

假设非累进公共部门的产出 X_1 完全由生产率水平不变的劳动要素 L_1 生产，累进私人部门中的劳动生产率则以指数为 r 的速度增长，这就使私人部门 X_2 的产出以指数增长。其生产函数为

$$X_{1t} = \alpha_1 L_{1t}$$
$$X_{2t} = (\alpha_2 e^{rt}) L_{2t}$$

其中，L_{2t} 为私人部门劳动力；t 为时间指数；α_1 和 α_2 为常数。

假设各部门间的工资率相等，其增长与私人部门生产率同步，则

$$w_t = w_0 e^{rt}$$

公共部门的单位成本为 C_{1t}，则

$$C_{1t} = \frac{(w_0 e^{rt}) L_{1t}}{\alpha_1 L_{1t}} = \frac{w_0 e^{rt}}{\alpha_1}$$

私人部门的单位成本为 C_{2t}，则

$$C_{2t} = \frac{(w_0 e^{rt}) L_{2t}}{(\alpha_2 e^{rt}) L_{2t}} = \frac{w_0}{\alpha_2}$$

由上式可得，公共部门的单位成本将随私人部门生产率的提高而逐步提高；私人部门的单位成本则保持不变。

5.2.6　中国财政支出规模分析

从表 5-1 可以看出，1979～2004 年，中国财政支出绝对额基本上是一直增长的，除了 20 世纪 80 年代最初几年。但中国财政支出占 GDP 的比重从 1979 年开始，经历了一个迅速下滑的过程，1995 年和 1996 年甚至降到了 11.7%。这一趋势从 1997 年开始得到扭转，此后该比重逐步上升，到本世纪才重新超过了 20%。

表 5-1　1979～2004 年中国 GDP 及财政支出

年份	GDP/亿元	财政支出/亿元	财政支出占 GDP 比重/%
1979	4 038.2	1 281.79	31.74
1980	4 517.8	1 228.83	27.20
1981	4 860.3	1 138.41	23.42
1982	5 301.8	1 229.98	23.20
1983	5 957.4	1 409.52	23.66
1984	7 206.7	1 701.02	23.60
1985	8 989.1	2 004.25	22.30
1986	10 201.4	2 204.91	21.61
1987	11 954.5	2 262.18	18.92
1988	14 922.3	2 491.21	16.69
1989	16 917.8	2 823.78	16.69
1990	18 547.9	3 083.59	16.63
1991	21 617.8	3 386.62	15.67
1992	26 638.1	3 742.20	14.05
1993	34 634.4	4 642.30	13.40
1994	46 759.4	5 792.62	12.39
1995	58 478.1	6 823.72	11.67
1996	67 884.6	7 937.55	11.69
1997	74 462.6	9 233.56	12.40
1998	78 345.2	10 798.18	13.78
1999	82 067.5	13 187.67	16.07
2000	89 468.1	15 886.50	17.76
2001	97 314.8	18 902.58	19.42
2002	105 172.3	22 053.15	20.97
2003	117 251.9	24 649.95	21.02
2004	136 515	28 360.80	20.77
2005	183 217	33 708	18.40
2006	211 924	40 213	19.00
2007	257 306	49 565	19.30
2008	300 670	62 427	20.80

资料来源：2003 年《中国财政年鉴》及 2003～2009 年的政府预算报告。

中国财政支出的上述演变趋势，似乎与其他各国的财政支出相对比重一直上升有着很大的差异。其主要原因有：①从计划到市场的改革，本身就意味着政府从市场的退出过程，这一趋势的出现是政府支出内在减少趋势的反映。②预算内收入占 GDP 的比重下降，根据收支平衡政策，财政支出相应下降。③政府支出秩序方面的原因。与西方发达国家相比，中国财政支出不仅包括预算内支出，还包括预算外支出和制度外支出。④有的学者认为，中国的 GDP 统计存在水分，财政支出与 GDP 的比重并没有表中所列的那么低。

1998 年实行的积极财政政策（扩张性财政政策），增加了政府用于基础设施投资等方面的支出，使财政支出有了较大的增长。近几年来，中国财政收入连年高速增长，税收自 1998 年以来每年都大规模增收，相应地，财政支出也随之增加。

5.3　社会成本效益分析法

由于资源的稀缺性，政府在安排财政支出时，就应当考虑将有限的资源配置到更能促进经济发展和社会财富增加的项目上。这就产生了一个效益评价问题。目前较实用的评价方法是成本效益分析法。它不仅能对政府投资的各种项目，包括学校、医院、道路、桥梁、机场、大坝、水库、环保之类的建设项目，也能对各种社会福利项目，如公共住房、社会保险、就业培训等项目进行成本效益分析，通过对不同项目的成本和效益的分析和评价，从中选出最优的支出项目。

所谓"社会成本效益分析"，就是根据政府确定的政策目标，提出若干实现政策目标的项目，详列各项目的全部预期成本和预期效益，通过比较选择出最优的投资项目的分析方法。与私人部门一样，政府部门进行成本效益分析一般包括以下三个步骤：①计算该项目在生命周期内可能带来的收益和成本的现金流量；②对在未来年份中发生的收益和成本的现金流量加以折现；③按照选定的标准将不同项目的收益与成本进行比较，决定取舍。

5.3.1　财政支出项目的成本和效益

财政支出项目的成本效益分析，其包含的成本和效益的内容，与私人经济部门有着显著的不同。财政支出项目的主要目标是社会效益最大化，而不能像私人经济部门一样，仅以利润为目标。因此，财政支出项目的成本效益分析不仅要考虑项目的实质性的、直接的、有形的、中间的和内部的成本和效益，还要考虑项目的金融性的、间接的、无形的、最终的和外部的成本和效益。

1. 实质性的与金融性的成本和效益

这是财政支出成本效益分析考虑的重点。

实质的成本，是财政支出项目所利用资源的实际成本。具体是指由于该项工程的建设而实际耗费的人力、物力，以及对社会、经济和人民生活造成的实际损失。实质的效益，是指公共项目的最后消费者获得的受益，即指由于该项工程的建设而增加的社会财富以及社会的发展和人民生活水平的提高。实质的成本反映着社会成本的增加，而实质的效益则反映着社会效益的增加。

金融性的效益或成本，则是受到市场上相对价格变化影响的效益或成本。如果价格的变化使一部分人的受益或损失增加，又为其他人的损失或受益抵消，则整个社会的总成本与总效益的对比并无变化。此种成本和效益又称为虚假成本和效益。从整体上看，它无法反映社会的净受益或净损失。

2. 直接的与间接的成本和效益

实质的成本与效益可能是直接的，也可能是间接的。直接的成本和效益，是与项目支出直接相关的成本和效益，而间接成本和效益则是属于项目的副产品性质，与项目支出非直接相关。例如，由于某地区风景区的开发，旅游业的发展为当地的直接利益，而由于游客增多而引起该地区的开放和经济的发展，则为其间接的利益。另外，如文化教育的直接效益是提高学生未来获得收入的能力，间接效益则是人们素质的提高、劳动能力的增强、犯罪率的降低等，整个社会的受益是深远的。因此，无论是直接的成本或效益，还是间接的成本或效益，只要是实质性的，在进行成本效益分析时都应予考虑。

3. 有形的与无形的成本和效益

所谓有形的成本和效益，是能够以市场价格加以计量的成本和效益。无形的成本和效益，是不能用市场价格直接估价的成本和效益。例如，新建的公路使车祸发生的次数减少，使得人们节约了路上所耗的时间并增加了舒适性，在交通建设的效益中，这些项目虽然是无形的，但却是社会的实质效益。由于灌溉工程引起的某一区域的环境的美化，属于无形受益；而农业产出的增加，则属于有形受益。

4. 中间的与最终的成本和效益

所谓中间成本，是指在财政支出项目成为最终产品之前，由于其他经济活动的加入所产生的一切成本。如建设一项水库工程，也相应地进行了旅游设施的建设，那么，建设、管理和维护旅游设施所投入的人力、物力就是中间成本。所谓最终成本，是指财政支出项目作为最终产品所产生的一切成本，如上述水库的工程，建设、管理和维护所投入的人力和物力及田野的损失就是最终的成本。所谓中间效益，是指有利于其他产品的生产而间接提供的效益。所谓最终效益，则是支出项目为消费者直接提供的利益。比如，天气预报服务对于那些计划郊游的人们来说，是消费货物，提供最终效益；而对于民航服务来说，只能是中间产品，提供中间效益。

5. 内部的与外部的成本和效益

这里的内部成本和效益，主要指项目所在辖区范围内发生的成本和效益。而外部成本和效益是指项目范围外发生的成本和效益。例如，一个新建的水坝，不仅使所在地区得益，而且由于水坝拦截河流，所经其他地区也会获益。表 5-2 列出了水力发电工程的成本效益类型。

表 5-2　水力发电工程的成本和效益

成本与效益类型			成本	效益
实质的	直接的	有形的	建设、管理、维护该工程费用	水力发电、农业增产
		无形的	田野的损失	水库风景美化，增进人民健康
	间接的	有形的	破坏了自然环境	灌溉土地、防洪、旅游、养鱼发展
		无形的	破坏野生资源，高压线的危害	保护了农村、风景的美化
金融的			地价、工资上升、成本上升	有关厂商的收入增加

5.3.2　成本效益的衡量

在确认了成本效益分析应该包括哪些成本和效益项目之后，下一步要做的就是计算项目的成本和效益。对私人企业来说，这种计算是比较直截了当的。项目的效益就是其得到的货币收入，而成本就是企业支付要素的成本，两者都按市场价格进行度量。对财政支出项目而言，由于社会效益与社会成本并不反映为市场价格，其计算成本和效益就复杂得多了。对于财政支出项目的效益与成本，有几种可能的测度办法。

1. 计算项目引起的消费者剩余变动

财政支出项目常常导致价格变化，从而增加或减少了消费者的福利即效益。计算这类项目效益的一种方法，是考察消费者剩余发生了什么变化，即设法确定财政支出项目产出的需求曲线以及项目对该产品价格的影响，通过测量相应消费者剩余的变动，来估算项目效益的大小。当需求曲线确定时，我们就可以测量财政支出项目产出的消费者剩余。

需求曲线反映的是个人对于某种数量的产品或服务的效用。通常需求曲线有马歇尔需求曲线（把收入效应和替代效应合并在一起）和补偿需求曲线（剔除了收入效应）两种，在计算消费者剩余时，采用更多的是补偿性需求曲线，因为补偿需求曲线剔除了收入的效应，解释了支付意愿问题，而马歇尔需求曲线却没有。

如政府要修建一座桥梁，而政府又对桥梁的使用者收取通行费，那么关于桥梁的补偿需求曲线可这样形成：询问居民使用一次桥时，愿意支付多少价格；使用第二次时，愿意支付多少……直到居民愿意为某次数支付的价格为零时止，将这些价格-数量关系联结起来，便成为一条补偿需求曲线。它显示了随着桥的使用价格不断降低时人们对商品的需求量。这一需求曲线，将使这一财政支出项目所有使用者的消费者剩余加总起来，便构成了该项目向社会提供的总收益。

2. 从经济行为进行推断

通常市场数据可以用来计算财政支出项目的成本和收益，但在进行财政支出项目的成本效益分析时，我们所讨论的对象如时间价值、生命价值，并没有在市场上公开交易，从而不存在市场价格。对于这一类活动的成本和收益的计算，可以通过其经济行为推断其成本和收益。以下结合时间价值、生命价值的例子来说明其成本和收益的估计。

1）时间价值的估计

"时间就是金钱"，政府的许多财政支出项目是通过为居民节约时间而产生社会效益的，如便利的交通节省了人们出行的时间。对这些政府支出项目的社会效益的评价，可以通过时间价值来量化。一个典型的例子是政府进行交通系统的改善，导致时间的节约所产生的价值的量化。这种效益，可通过估计使用相关交通系统的人们的工资率推算出来。在理想的条件下，工资可作为衡量人们时间价格的尺度。在简单的经济模型中，人们在工作和闲暇之间进行选择，一个人放弃一个小时闲暇进行工作，那么他将获得相当于他一小时劳动价值的消费品。当两者均衡时，一小时闲暇和一小时工作带给人们的效用是一样的。这样，工资率就可以作为时间价值的货币衡量。假如地铁使某个人的交通时间减少了20分钟，他的工资率是9元/小时，则这个人节省的时间价值是3元。将每个人因地铁的修建而节省的时间价值加总，可以得到地铁这个项目带来的时间节约总效益。

但这种方法存在两个主要问题：一是一些人并不能自由选择他们的工作时间。许多人愿意在现有的工资率条件下工作更长的时间，但他们没法找到更多的工作机会，因此工作机会限制了人们的工作时数。在这种情况下，人们的闲暇的价值事实上是很低的。减少一小时闲暇所需付出的补偿，远远低于人们的工资率。二是并非所有的非工作时间都是等效的。例如，一方面，为了避免把时间浪费在路上，一个讨厌开车的人可能愿意支付比他的工资更高的代价来修筑高速公路；另一方面，一个在周末开车兜风的人，可能并不介意时间的机会成本，尤其当他在周末不能工作时更是如此。

尽管时间价值法存在以上缺陷，但作为财政支出效益的估算，仍然是有价值的。以上缺陷在很大程度上，还可以通过政府建设前的有关调查而得到相当程度的克服。

2）生命价值的估计

由于人在一生中会创造许多价值，因此，财政支出项目评价经常遇到生命价值的问题，这也是市场价格不存在的又一例子。在政府支出中，涉及生命价值估价的项目占有很大的比重，如国防支出、公检法支出、医疗保健支出等。如果单单从伦理道德的角度说，生命应该是无价的，因此，政府用于改善人们的健康、保障公共安全等可以减少死亡人数的措施的开支，也应该是无限的。显然，这将导致财政支出成本效益分析的失灵，从而使一些公共项目的评价变得毫无意义。如果这样，必然使公共项目评价误入歧途。比如，将所有的公路都变成封闭式的四车道高速公路，无疑将减少车祸和人员的伤亡，但其所需要的财力则可能无法承受，政府不可能将过大份额的国民收入用于交通安全。为了避免使财政支出项目的成本效益分析走进死胡同，经济学家尝试用两种方法来估计生命的价值。

一是估计一个人如果活到正常的年龄，他的收入将会有多少。原则上，一个人的收入与他为社会作的贡献相一致。这样，他的预期收入也就相当于他生命的价值。我们可以考察一个人的既往就业情况，然后用与他经历相似的人的实际收入，作为他的生命价值的近似。然而这种方法是有缺陷的，因为它没有考虑到一个人为了生存所耗费的社会资源，而且很难精确地算出有多少成本应该从他的生命价值中减去。更重要的是，这种方法没有区分生命价值与活着的价值。按此思路，一个退休的人的生命价值将是零，因为他不再有预期收入，这种结果显然不能为人们所接受。

二是用人们所要求的风险补偿来估计生命价值。在不同的职业，人们面临的可以预知的死亡危险是不同的。例如，采煤工人发生事故的比率，是大大高于公司职员的。从事危险职业的人们一般会要求一定的风险补偿，健在的时候要求一个更高的工资。那么，就可以通过考察人们为补偿较多的死亡机会而增加的收入，来衡量生命的价值。对这种方法，经济学界也存在激烈的争论。有人认为这种方法大大低估了生命的价值，因为人们并不能充分地了解自己所面临的风险，另外，由于心理上的原因往往倾向于回避这个问题。

尽管有各种不同意见存在，我们必须肯定以上各种估计生命价值的方法，对评估一些公共项目仍旧是有用的，把支付意愿这一比较成熟的概率纳入对生命价值的分析，为财政支出项目的评价，尤其是涉及生命价值问题的财政支出项目的评价，提供了一条有益的思路。

3. 影子价格

由于广泛的市场失效和不完善，即使存在市场价格，由于各种因素的干扰，如垄断、税收、失业等，市场价格也可能没有准确反映边际社会收益和成本。公共部门进行成本效益分析，是以真实的社会成本及效益为基础的，因此，经济学家们引入了"影子价格"这一分析工具，在计算成本和效益时用以替代市场价格。

当市场被扭曲或不完全时，就要寻找"影子价格"。例如，如果炼油厂在生产汽油的过程中产生了污染，汽油的"影子价格"是多少？如果生产像汽油这样的商品有外部成本，这种外部成本就应当加到企业的边际成本上，以获得其"影子价格"。企业的边际成本加上每单位的外部成本，就是这种商品给经济带来的总边际机会成本。同样，消费的外部效益加到市场价格上，也可得到其"影子价格"。一种商品的市场价格反映的只是这个人消费它的边际支付意愿，而且如果这种商品的消费有益于经济中的其他人，这些人的边际支付意愿也必须要考虑。在消费的非竞争性情况下，所有消费者的边际支付意愿必须加总，以找到该商品的"影子价格"。

对于企业的非竞争性行为，也要进行调整。如果政府购买的一种商品的市场价格包括了垄断加价，就要估计这个加价，并把它从市场价格中扣除，找到"影子价格"。垄断加价不是这种商品的边际机会成本的组成部分，因为它是从政府那里转移到企业的所有者的。尽管垄断加价是政府的货币成本的一部分，但它不是该商品"影子价格"的组成部分。

在运行完好的劳动市场上，工资也是工人在做其他事情的时间价值。如果政府项目占用了运行完好的劳动市场中的劳动力，"影子工资"就是市场工资。但如果有失业的情况，在寻找"影子工资"时就会出现一个特殊问题。初看上去，这一机会成本为零。这意味着，同一个项目设在高失业率地区要比设在低失业率地区更加可取，因为前者的机会成本更低。但是，这样做要考虑到，在劳动市场中有一定的失业量是正常的，因为在劳动市场上客观存在着一定的工人周转率和其他一些摩擦性因素。因此，在财政支出项目开始时处于失业状态的劳动力，并不一定在项目整个生命周期内总是失业。假设他经过一段时期的调整之后找到工作，那么，将雇用他的机会成本设定为零就会低估实际的成本。一般说来，除非处于严重的萧条阶段，还是应该运用现行工资率估算雇佣失业工人的机会成本。

5.3.3　贴现率的选择

选用适当的贴现率非常重要。如果选择的贴现率太低，社会无效性工程就会上马。相反，如果选择的贴现率太高，有效工程将无法通过可行性报告而被舍弃。贴现率的选择不仅限于公共项目是否可行的问题，还关系到经济资源如何在公共部门和私人部门之间配置的问题。

对财政支出进行的社会成本效益分析所采用的贴现率，较私人经济部门有所不同。这主要是因为考虑到资源在公共部门和私人部门间进行分配，有一个机会成本的问题。某些社会资源由公共部门支配，其机会成本就是这些资源没有投入私人部门的损失，相当于如果由私人部门支配这些资源可能带来的收益，包括消费收益和投资收益。因此，必须对市场利率进行调整，以反映社会的偏好。

那么，财政支出项目应怎样选取适当的贴现率？由于贴现率应当反映出资源在各种私人用途上所能获得的效益和放弃消费所能获得的收益，或者说它是投资于政府项目资金的机会成本，因此它是一种"影子价格"。在金融市场不完善的情况下，它不一定等于政府借款的市场利率。

财政支出项目的贴现率，可以以市场利率为参照标准，具体参照的市场利率主要有以下几种。

(1) 以投资利率来确定。如果政府投资的资金来源减少了私人部门可用于投资的资金，那么投资利率（私人投资的税前收益率）就是适当的贴现率。比如，私人投资 100 元的收益率是 10%，收益额为 10 元。假定政府把这 100 元资金拿走用于一个政府项目，私人部门就因此而损失 10 元收益，因为这笔公共投资等量地排挤掉了私人投资。正因为私人部门的这个 10% 的收益率衡量的是政府项目的机会成本，所以，这 10% 就是适当的贴现率。接下来的一个问题是，为什么是税前收益率，而不是税后收益率？这是因为，不管这笔收益是全部由私人投资者所拥有，还是其中一部分归政府，该收益率衡量的都是这笔资金为社会创造的产出价值。

(2) 以消费利率来确定。如果政府投资的资金来源减少了私人部门可用于消费的资金，那么，消费利率就是适当的贴现率。消费利率是私人储蓄得到的税后收益率。例如，某一消费者打算把 1000 元用于本年的消费，他就必须放弃明年的 1 000 元消费加上这笔钱若储蓄起来所挣得的利息。可是，到明年可用于消费的这笔储蓄收益额，只能是税后的收益额。所以，现在消费的实际机会成本就是税后收益率。反过来说，如果政府项目的资金筹措减少了消费者现在的消费，这种消费减少给消费者带来的损失也只是税后收益率。所以，以消费减少为代价的资金要按税后收益率贴现。

(3) 以投资利率和消费利率加权平均利率来确定。投资利率和消费利率的加权平均利率是适当的贴现率。投资利率比消费利率大，甚至可能高出 1 倍。在现实中，政府项目的资金筹措，可能会同时减少私人部门的投资和消费。因此，投资利率和消费利率的加权平均值，也许是更适当的贴现率。投资利率的权数，等于来自私人投资的资金比例；消费利率的权数，等于来自私人消费的资金比例。

5.3.4　评估财政支出项目的决策标准

在完成了财政支出项目的成本与效益的估算之后，便需要确定选用哪种投资项目评估标准。目前常用的三种标准是净现值法、成本效益比率法和内在收益率法。

1. 净现值法

运用净现值法来评估项目，第一步是计算项目未来净效益之和的现值 NPV。净现值 NPV＝效益现值总额－成本现值总额。公式为

$$\text{NPV}_i = \sum_{t=0}^{n} \frac{B_i(t) - C_i(t)}{(1+r)^t} - K_i$$

其中，i 为若干项供选择的项目中的第 i 个项目；NPV_i 为项目 i 所可能产生的净现值；$B_i(t)$ 为项目 i 在第 t 年所产生的收益；$C_i(t)$ 为项目 i 在第 t 年所花费的成本；n 为所分析的项目持续的时间；K_i 为项目最初的资本投入。

如果净现值＝0，说明效益现值总额恰好等于成本现值总额，该项投资的获利水平刚好合格；如果净现值＞0，说明效益现值总额大于成本现值总额，数额越大，说明此项投资的效益越高；如果净现值＜0，说明效益现值总额小于成本现值总额，则投资项目不宜选择。

2. 成本效益比率法

成本效益比率 BCR＝效益现值总额÷成本现值总额。这一指标与 NPV 实质上是相同的，仅仅是表达式不同而已。BCR 大于或等于1，投资项目可取，BCR越高，投资越有利；BCR 小于1，投资项目不可取。

3. 内在收益率法

内在收益率（IRR）就是使效益现值与成本现值相等（NPV＝0，BCR＝1）的贴现率，也就是使净效益现值为零时的贴现率，其计算方法为，设 NPV＝0，即

$$\sum_{t=1}^{n} \frac{B_t - C_t}{(1+r)^t} = 0$$

然后求解 r，解得的 r 值就是该项目的内在收益率。在其他条件相同的情况下，内在收益率的值越高，表示投资经济效益越高，越应优先选择（胡庆康和杜莉，1997）。

小结

1. 财政支出可以从不同角度分类，主要有按财政支出的经济性质、财政支出与国家职能的关系、财政支出的具体用途等分类的方式。
2. 对财政支出的迅速膨胀有多种解释，如瓦格纳的政府经济活动不断扩张法则、马斯格雷夫的财政支出增长的发展模型、皮考克和威斯曼的时间形态模型、公共选择学派的理论、福利经济学派理论和鲍莫尔的非均衡增长模型等。
3. 社会成本收益分析，是对特定的财政支出项目进行评估的主要方法。缺乏直接的市场价格，是社会成本收益分析与私人成本收益分析的根本差异。
4. 对社会净收益价值的评估，涉及对消费者剩余、时间价值和生命价值的估计。计算公共项目的成本收益，还经常需引入"影子价格"这一工具。为便于将不同时间发生的成本、收益进行比较，应将"货币的时间价值"考虑在内，进行贴现。
5. 运用社会成本收益分析方法进行决策的指标，有净现值、成本效益比率、内在收益率等。

思考题

1. 为什么需要对财政支出进行购买性支出和转移性支出的分类？
2. 公共选择学派关于财政支出增长的原因是什么？
3. 瓦格纳是如何分析公共部门不断扩大法则的？
4. 社会成本效益分析要考虑的成本和收益有哪些类型？
5. 如何估计时间价值和生命价值？
6. 社会成本效益分析为什么不同于私人成本效益分析？应如何解决由此而带来的问题？

参考文献

陈工，雷根强. 2000. 财政学. 北京：科学出版社
胡庆康，杜莉. 1997. 现代公共财政学. 上海：复旦大学出版社
胡庆康，杜莉. 2001. 现代公共财政学. 第 2 版. 上海：复旦大学出版社
雷良海. 1997. 财政支出增长与控制研究. 上海：上海财经大学出版社
杨志勇，张馨. 2005. 公共经济学. 北京：清华大学出版社

第6章

购买性支出

购买性支出，也称消耗性支出，指的是政府用于购买商品和劳务的支出。从性质上看，购买性支出反映着政府部门和其他经济主体之间互利、有偿的市场交易关系。

本章从公共产品供给的视角，以国防支出和教育支出为范例，介绍对各种购买性支出项目进行分析的一般步骤方法。其中，国防作为纯公共产品的典型例子，而教育作为准公共产品的典型例子。

■ 6.1 国防支出

6.1.1 概念与类别

国防支出是政府用于现役部队及国防后备力量、国防动员等方面的支出。抵御外敌入侵、保护国土和公民安全是一国政府的重要职能之一，为此，有必要建立军队和军事设施等。这就决定了国防支出是一项基本的财政支出。

在我国当前的支出功能分类中，政府支出分为类、款、项三级，国防一类分设 3 款：现役部队及国防后备力量、国防动员、其他国防支出。其中，现役部队及国防后备力量一款反映现役部队、预备役部队、民兵管理与建设等方面的支出，下设现役部队、预备役部队、民兵、国防科研事业、专项工程、其他现役部队及国防后备力量支出等 6 项；国防动员一款反映国防动员方面的支出，下设兵役征集、经济动员、人民防空、交通战备、国防教育、其他国防动员支出等 6

项；其他国防支出一款反映其他用于国防方面的支出（财政部，2006）。

6.1.2　国防支出的有效水平

国防是公共产品的一个经典范例，它是各国中央政府都会提供的最为重要的公共产品之一。作为一种纯公共产品，国防具有完全的非竞争性和非排他性。根据这一特征，可以对国防的合理支出规模进行局部均衡分析。如图6-1 所示，假定社会由 a、b、c 三人组成（或者将社会成员划分为偏好一致的三个阶层），每个人（或阶层）消费国防产品的边际收益曲线不同，分别为 MB_a、MB_b、MB_c。假定国防产品能以固定成本增加供给，即边际成本曲线为水平线 MC。

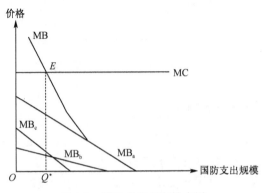

图 6-1　国防支出的有效水平

在图 6-1 中，MC 高于任何个人的边际收益曲线。国防的需求曲线（即边际收益曲线）MB 由 a、b、c 的边际私人收益 MB_a、MB_b、MB_c 垂直相加得到。当MB＝MC 时，可以得到国防产品的有效供给量 Q^*。

在一国资源有限的条件下，军用品与民用品之间在总量上存在此消彼长的制约关系。这样，对国防支出合理规模的分析可以进一步扩展到一般均衡的角度。如图 6-2 所示，生产可能性曲线表示在现有资源和技术约束条件下能够生产的军用品（大炮）和民用品（黄油）的各种组合，而社会无差异曲线则代表能给社会成员带来相同效用水平的军用品和民用品的不同数量组合。

根据一般均衡的要求，要实现国防的有效供给，社会对于军用品和民用品的边际替代率（社会无差异曲线的斜率的绝对值）应等于二者之间的边际转换率（社会生产可能性曲线的斜率）。因此，当两条曲线相切时，就会达到现有资源和技术约束下的均衡组合。

尽管对于国防支出合理规模的一般均衡分析，有助于理解有限资源约束下军用品和民用品之间的权衡抉择，但在现实中，要找到合理的国防支出规模却并非易事，历来都存在主张与反对扩大国防支出的不同观点。各国实践证明，引起国防支出预算规模变化的因素是多方面的，比如国家安全受到威胁的程度、对国家安全受到威胁的认识、政府收支状况、世界格局的变化以及公共决策过程等。

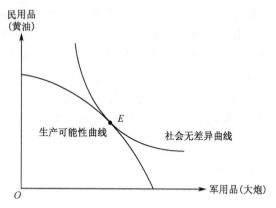

图 6-2　在大炮与黄油之间的选择

6.1.3　国防支出水平的确定

如图 6-3 所示，在过去的 50 多年里，我国国防支出占国内生产总值的比重总体上呈现下降的趋势，尤其是自改革开放以来，我国坚持国防建设服从和服务于国家经济建设的大局，对国防支出作了较大幅度的调整和压缩，严格控制国防支出。国防支出占 GDP 的比重由 1979 年的 5.5% 下降为 1997 年的 1%，近几年来略有回升。2006 年，我国国防支出为 2 979.3 亿元，大约占 GDP 的 1.4%。

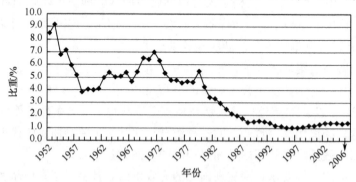

图 6-3　我国国防支出占 GDP 的比重（1952～2006 年）
数据来源：中经网经济统计数据库。

根据新中国成立以来的历史情况，目前国防支出的比重较低，但它仍然可能"太多"。原因在于，现在的实际 GDP 的规模更大。比如，尽管 1985 年我国国防支出占 GDP 的比重为 5.1%，高于 2006 年 1.4% 的水平，但是，以可比价格

（1985 年为基期）计算，2006 年的国防支出水平比 1978 年增加了 5.3 倍。如果考虑到我国自 1985 年以来的数次裁减军队行动使军队总规模由 423.8 万下降至 230.0 万这一事实，我国国防支出的人均水平就有了更快的增长。

那么，如何知道我国目前的国防支出是太多还是太少了呢？一种常用的方法是与世界上一些国家的国防支出的比重相比较。表 6-1 列出了 1997 年和 1998 年几个工业化国家和中国的国防支出水平的估计情况，从中可以看到，与几个工业化国家相比，我国国防支出占 GDP 的比重总体水平较低，仅比目前没有国家军队的日本稍高些。从绝对量上看，我国的国防支出数额还不到美国的 1/20。

表 6-1　一些国家的国防支出

国家	1998 年国防支出/10 亿美元（1995 年可比价）	1997 年占 GDP 比重/%
加拿大	7	1.3
法国	46	3
德国	35.9	1.6
意大利	25.8	2
日本	51.3	1
英国	37.9	3.4
美国	251.8	3.4
中国	11.3*	1.1

* 1998 年我国的国防支出为 934.7 亿元（现价），这里的数据按 1：5.3 的人民币汇率加以折算后得出。

数据来源：SIPRI 军事支出数据库，转引自布鲁斯（2005）；中国经济信息网统计数据库。

当然，进行国别比较时，我们还可能提出一个问题：一国国防支出过多是否由于其他国家支出过少呢？对美国来说，国防支出是一种跨国公共产品，也就是说，美国的国防支出使其盟友受益。正如发生在一般公共产品上的情形一样，国防支出的提供国可能会被其他国家"免费搭车"。诸如德国和日本等国可能会免费享用美国提供的国防，这或许有助于对这些国家的国防支出为什么会如此之少作出部分解释。而美国国防支出太多是由于其在国际事务中承担领导性角色，而在"免费搭车"方面的动机不如其他国家那样充足。

事实上，"国防支出应当是多少"这一问题，足以反映出公共产品理论在回答该问题时的局限性。从理论上说，一国国防支出的合理规模应当满足的条件是公民对国防的边际支付意愿总和等于国防的边际成本。那么，这一条件如何实现呢？或许，通过计算建造一架战机和裁减一名军人的成本可以确定国防的边际成本，但是，我们应当如何确定公众对国防的总边际支付意愿呢？且不说人们并没有真实反映他们对国防的真实边际支付意愿，即便有，现代国防高度的技术性本质也会使我们对这个问题的答案产生怀疑。要了解国防的重要性，需要掌握关于外来威胁、军事战略和武器系统等方面的知识，而一般的居民是缺乏这些知识的。在很多时候，我们必须依赖专家作出判断。但不幸的是，这些专家有时会以一些特殊的方式影响对这些问题的决策。比如，各军区的将军们对国防知识很在行，但可能倾向于赞成在国防上超过实际需要的支出；对来自以军事工业为经济基础的一些官员和立法者来说可能也会如此。

概括说来，有效的国防支出水平之所以难以确定，主要原因有以下三点：

第一，国防总需求难以界定。作为一种典型的纯公共产品，国防具有非排他性特征，这使得它所产生的利益由全体社会成员共享，而不为某个特定的个人或集团所享有。于是，人们可能产生"免费搭车"的想法，从而不会真实地反映他们对国防产品的真实需求。另外，国防产品的不可分割性特征，也使得社会成员无法表达他们的确切需求。

第二，国防总收益难以确定。尽管每个社会成员都能获得相同的国防利益，但由于每个人对国防产品的评价不同，每个人可用于购买国防产品的收入不同，使得国防产品究竟能提供多大的效益无法确定。

第三，国防负担难以合理确定。国防产品供给的成本补偿来自税收，从理论上说，政府向每个社会成员所征收的税收，应和每个社会成员对国防的效益评价以及由此决定的愿意支付税收的数量一致。只有这样，税收负担才是合理的。由于每个人对国防产品的评价不一，又由于每个人不可能真实反应他从国防产品中所得的利益，这使得每个人愿意支付的税收数量不尽相同。

以上分析表明，国防支出的合理数量界限，难以由一般模式加以确定。事实上，如何安排国防支出，在很大程度上是由政治过程决定的。

6.1.4　国防支出水平的影响因素

在实践中，国防支出水平的高低主要受以下几方面因素的影响：

（1）经济发展水平的高低。从根本上说，一国国防支出的规模是由该国的经济实力决定的。经济实力越强，能用于国防方面的支出就越大；经济实力越弱，国防开支就越会受到限制。没有强大的经济作为后盾，国防支出就不会有实质性的增加，国家的防卫能力也不会很高。

（2）国家管辖范围的大小。一个国家的领土越大，人口越多，国家用于保卫疆土、国民安全所需的防护性开支就会越大。我国是一个大国，有漫长的边境线，这无疑会增加我国的国防开支。

（3）国际政治形势的状况。在爆发军事战争或处于军事对峙时期，国防开支会大幅上升；而在和平时期，国家周边外交政策比较成功，与邻近国家和睦相处，则国防开支会相应减少。

（4）军事现代化程度。随着科学技术的不断发展进步，国防活动已由过去的

"人海密集型"转向"科技密集型"和"投入密集型"。在现代战争中，武器先进与否是决定战争胜负的一个重要因素。

（5）兵役制度。中国实行的义务兵与志愿兵相结合的兵役制度，两种不同的动员制度各有利弊。义务兵役制的军事人员薪金较低，有助于减少直接的军事开支费用，但国家需要更多地承担他们复员后的基本生活保障性需求，从而增加社会保障方面的支出。志愿兵役制可相应减少退伍军人的生活保障开支，但志愿兵役制通过市场机制实现兵力动员，将增加军费开支的需要。

6.1.5　国防支出的经济效应

传统观点认为，国防支出是一国国防安全产品及劳务的非生产性投资，是政府的一项沉重的财政负担，削减国防支出对经济增长具有正效应。应当说，从特定角度而言，国防支出与一的经济增长是有矛盾的。正因如此，20 世纪 80 年代以来，我国在把工作重心转移到经济建设上来的同时，开始大规模地精简军队人员，调整武装力量的结构，使国防支出在相当长的一个时期内保持较低的支出水平。从一定意义上说，我国 30 年多年经济发展所取得的成就，实际上含有牺牲国防建设的因素。不过，在高技术和"新军事革命"兴起的今天，强调另一新的观念无疑是必要的。事实上，国防支出对一国经济增长既可能产生负效应，也可能产生正效应。如果处理得当，正效应是可以占据主导地位的。它不仅是构建强大国防体系、为经济发展"保驾护航"的财力基础，而且是政府促进高新技术研究开发、对宏观经济实施调控的有力杠杆和特定方式。

具体说来，在当代社会里，国防支出的正效应主要表现在以下方面：

（1）带动高新技术发展。当前，各国政府都非常重视用高新技术来装备自己的队伍。现代国防的科学技术水平不断提高，武器装备日益自动化、智能化、集约化，战争对科学技术发展的要求具有强烈的刺激作用，新的科学技术往往首先在军事领域被突破，又首先被采用，可以说一国的尖端技术水平都集中体现于军事装备上。20 世纪下半叶以来，以军事科技进步为先导的科学技术迅猛发展，成为经济发展的助推器和催化剂。

（2）促进民用领域技术水平提高。各国政府在军事科研上投入了大量的人力、物力和财力，除加强了国防建设之外，还可将军事科研中研发的高新技术运用于民用事业，转化为生产力，这可以直接促进一国在民用领域技术水平的提高。第二次世界大战以后，美国的国防科学研究在应用技术的发展方面具有不可替代的作用。许多重要的技术都是首先作为军事目的开发，而后转为民用的，如核技术、空间技术、激光技术、生物工程技术以及集成电路、高速宽带通信、光学通信和数学信号处理等。

（3）拉动一国有效需求，刺激经济增长。国防支出属于购买性支出范畴，在通货紧缩时期，政府实施扩张性的财政政策，增加国防支出的比重，增加购买军事劳务、军事工程和武器，这会促进某些生产材料价格的回升，进而使其他生产资料和生活资料价格上涨，从而拉动社会总需求，促进相关的企业扩大生产规模，这就促进了经济的增长。但需要注意的是，增加国防支出的比例不宜太高，否则会挤占民间投资，从而产生负面效应。因此，国防支出增加的比重，应该以不使军用与民用两大部门的生产结构比例失调为原则。

6.2　教育支出

6.2.1　概念与类别

政府的教育支出也称财政性教育经费，它反映的是政府在教育事务方面的财政支出。具体的教育事务包括教育行政管理、学前教育、小学教育、初中教育、普通高中教育、普通高等教育、初等职业教育、中专教育、技校教育、职业高中教育、高等职业教育、广播电视教育、留学生教育、特殊教育、干部继续教育、教育机关服务等。

在我国当前的支出功能分类中，教育一类分设 10 款，包括教育管理事务、普通教育、职业教育、成人教育、广播电视教育、留学教育、特殊教育、教师进修及干部继续教育、教育附加及基金支出、其他教育支出等。

6.2.2　教育的性质

教育具有私人产品的特征：受教育者能够获得更多的知识和技能，有助于为将来找到一份较好的职业、获取较高的收入、赢得较多的晋升机会奠定基础。不过，在实践中，各国政府却往往在提供教育服务方面发挥着主导作用，原因是教育服务还具备公共产品的一些特征。而且，越是基础性的教育，其公共产品的特征越强，越需要政府的介入，因此，教育是一种混合产品。

首先，教育具有正外溢性。一方面，教育是高素质劳动力的来源。理论和实践表明，技术进步是一国经济增长的重要源泉，而教育则是技术进步的基础。没有良好的教育体系，一个国家是无法实现现代化的。另一方面，教育有助于提高公民的文明程度。教育使公民明辨是非且获得一技之长，这有助于减少犯罪，有助于减少行政管理的成本。

其次，教育有助于缩小贫富差距。假如教育服务完全由私人部门提供，人们受教育的机会就会因家庭出身的不同而存在很大差异。在学费昂贵的情况下，富人有较强的支付能力供其子女上学，穷人的子女即便天资聪颖也会被拒之门外。政府提供教育服务，能够为所有社会成员提供均等的受教育机会，有助于实现社会公平。同时，让人们怀有自己的后代可能接受良好教育的希望，对社会的稳定起着重要的作用。

最后，教育资本市场具有不完全性，这在高等教育中表现得尤为明显。正外溢性能够很好地解释政府对于小学、中学等初等教育的支持，但高等教育的收益更多地由学生本人获得，原则上应由学生本人承担其成本。假如资本市场是完全的，那些认为自己接受高等教育的预期收益大于预期成本的人，就可以通过贷款来取得所需资金。问题是，人力资本投资究竟能否获得回报与回报率有多高，事先是难以确定的，这就使得私人金融部门因担心无法得到偿还而不愿为教育融资，这样，那些资金不足的人就会被剥夺受教育的机会。为避免这种情况的发生，许多国家的政府都对高等教育提供一定的财政支持。

当然，教育也有一定的负外溢性，如提高犯罪技能等。但总体说来，教育的正外溢性大大高于其负外溢性，这是许多国家都大力介入教育、直接为教育提供大量经费的根本原因所在。

6.2.3　教育有效提供的条件

为说明教育有效提供的条件，假设教育市场上有两个消费者——m 和 n。在图 6-4（a）中，消费者 m 和 n 从教育中直接获得的边际效用分别反映为二人对该产品的实际需求曲线 D_P^m、D_P^n，而市场对教育产品的需求曲线 D_P^{m+n} 就由私人需求曲线 D_P^m 和 D_P^n 横向加总得到。由于教育存在利益外溢现象，因此消费者 m 可以从消费者 n 对教育的消费中受益，反之亦然，如图 6-4（b）所示。假设消费者 m 和 n 从教育中获得的外部边际收益分别以曲线 D_E^m 和 D_E^n 来表示，这样总的边际外部收益曲线就由曲线 D_E^m 和 D_E^n 纵向加总得到。

显然，市场从教育消费中所获得的总边际收益为边际私人收益和边际社会收益之和，即教育的社会需求曲线 D_S^{m+n} 应由 D_P^{m+n} 和 D_E^{m+n} 纵向加总得到，如图 6-4（c）所示。在给定教育的边际社会成本即相应的供给曲线 S 后，可得教育的最优产量为 Q^*，相应的价格为 P^*。它反映了教育在 Q^* 产量时产生的社会边际收益。

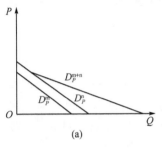
(a)

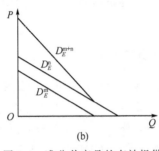
(b)

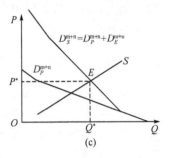
(c)

图 6-4　准公共产品的有效提供

对教育服务来说，假如仅由市场机制来提供，一般会出现供给不足的情形，从而带来效率的损失。如图 6-5 所示，教育的有效供给量应是社会需求曲线 D_S^{m+n} 和供给曲线 S 所确定的产出水平 Q^*。但无论是对消费者 m 还是对消费者 n 来说，教育的外溢利益并不会纳入他们的决策范围之内，他们仅仅按照本人获得的直接利益来决定自己对教育的需求，而由此决定的教育的产出水平只能达到需求曲线 D_P^{m+n} 和供给曲线 S 的交点 E_1 所决定的 Q_1。不难看出，$Q_1 < Q^*$，这表明教育的市场供给量不足，由此将导致效率损失（图中 $\triangle AEE_1$ 的面积）。

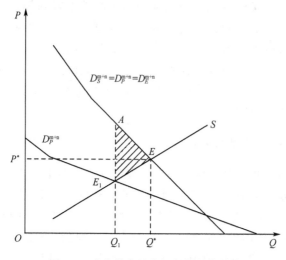

图 6-5　准公共产品市场提供的非效率

实现经济效率，通常需要政府的介入，参与提供教育服务。不过，由于某些公民可以得到直接的利益，所以应向他们收取一定的费用。政府无须全额负担资金的供给，而只要负担其中具有社会效益的部分即可。实践中，几乎每个国家的政府都参与对教育的直接投资，但一般只保证教育的最低供给，充分保证义务教育和负担其他公立学校的建设。对义务教育之外的其他各种教育，在充分市场化的基础上，政府依据财力给予一定的补助，尤其是保证低收入家庭的子女能够接受高等教育。

6.2.4　我国政府教育支出的规模

1993 年国务院发布的《中国教育改革和发展纲要》提出了我国财政性教育经费占国内生产总值（GDP）的比例在 20 世纪末达到 4% 的目标。2006 年国务院发布的《国民经济和社会发展第十一个五年规划纲要》重申了这一目标。从实际数据看，我国财政性教育经费占 GDP 的比例 2000 年为 2.61%、2005 年为 2.79%、2007 年达 3.32%，4% 的目标未能如期实现。

由于该目标未能如期实现，因此社会上关于该目标的合理性有所质疑。从国际上看，一国政府的教育支出水平以该国的经济发展水平为基础，国际上一般用公共教育支出占 GDP 的比重度量和评价政府教育支出水平。严格地说，测算和确定公共教育支出水平最直接的方法是经费供求法，但由于这一方法需要准确测算教育经费需求和供给能力，操作难度大。因此，国际上通常采用公共教育支出占 GDP 比重的国际比较方法。国内许多学者多年的研究表明，4％的目标是合理的。陈良焜等（1992）采用 40 个国家 1980～1985 年的数据进行的计量分析表明，人均 GDP 达 1000 美元时，公共教育支出平均水平为 3.85％。刘泽云和袁连生（2007）认为，人均 GDP 达 1000 美元（2001 年可比价）时这一水平为 3.89％。岳昌君（2008）认为，人均 GDP 达 1000 美元（2000 年可比价）时这一水平为 4.13％。上述研究尽管采用的样本国数量、数据跨越时间、美元汇率等不尽相同，但其基本结论是相近的。

由此可见，尽管改革开放以来，国家已经采取了一系列政策和措施，大幅度增加了财政性教育投入，推动了各级各类教育的快速发展，但是，投入不足、投入水平较低仍然是制约我国教育又好又快发展的瓶颈。我国义务教育虽已基本普及，但中西部地区和农村经费保障水平不高；对非义务教育的财政投入保障薄弱；义务教育资源配置在区域间、城乡间、校际间、群体间严重不均衡；各级学校的负债问题严重。要解决这些问题，亟须增加财政性教育投入，建立完善的教育投入保障机制，其中的一个重要任务是必须尽快实现财政性教育经费占 GDP 的 4％的目标。为此，应从以下几个方面入手：

第一，进一步转变政府职能，调整财政支出结构，提高各级政府财政支出中用于包括教育在内的公共服务支出，提高教育支出在财政支出中的比重。

第二，完善财政预算管理制度和教育财政制度。应将所有政府收支纳入集中统一的预算管理中，建立规范的、统一的政府收支管理制度和统计制度，改变政府收支政出多门、多头管理，大量政府收支游离于预算外管理的状况。在教育财政制度中，应将所有公共教育收支纳入统一的教育部门预算管理中。在教育和教育财政管理中，应建立明确的各级政府事权与财权统一的分级管理和财政负担制度，在各级政府教育事权、财权难以对称的条件下，建立规范的政府间的教育财政转移支付制度，尤其应加大省级财政对教育投入的责任和力度。

第三，建立和完善对各级政府和官员的政绩考核制度。改变长期以来实际以经济增长为主要考核指标的状况，应将教育发展、教育投入等公共服务纳入考核内容，这是落实科学发展观、保证优先发展教育、增加教育投入的重要保障。

6.2.5　教育支出方式及其经济效应

政府部门安排教育支出，主要有三种方式可供选择，即对学生本人提供补助、对低收入家庭提供补助和对私立学校提供补助。下面分析这三种方式的经济效应。

（1）对学生本人提供补助的经济效应。这一方式旨在普及义务教育，其所产生的效应如图 6-6 所示。在图 6-6 中，横轴表示学生对教育的消费，纵轴表示对其他产品的消费，AB 为预算约束线。学生在得到补助前，预算线 AB 和无差异曲线 I 相切于 E 点，个人教育消费数量为 OD。得到补助后，学生的预算线由 AB 向外平移至 ACF，其中 AC 部分即为补助数额。新的预算线 ACF 与无差异曲线 I' 相切于 E' 点，个人教育消费数量增加至 OD'。

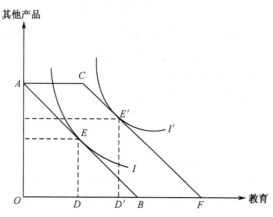

图 6-6　对学生本人补助后个人教育消费的变化

对学生本人提供补助一般有两种具体的做法：一是拨款兴办学校，提供免费教育；二是给学生发放免费入学卡。相比之下，给学生发放免费入学卡的做法更好些。原因是，拨款兴办学校的做法经常面临一种风险，即学校可能在追逐自身利益的过程中，将教育经费用于提高自己和教师的待遇上。

（2）对低收入家庭提供补助的经济效应。在这一方式中，政府部门试图通过补助，提高低收入家庭对教育消费的支付能力。如图 6-7 所示，家庭在获得补助前，预算线 AB 与无差异曲线 I 相切于 E 点，用于教育消费的数量为 OD。得到补助后，家庭的预算线由 AB 向外平移至 CF，并且与无差异曲线 I' 相切于 E' 点。可以看出，家庭用于教育消费和其他产品的消费同时增加，其中教育消费由 OD 增加到 OD'，增加了 DD'。

在一般情况下，由于获得补助的低收入家庭可以将补助款用于购买其他产品，因此这种方式无法保证家庭增加对教育的消费。当然，这一缺陷可以通过发放教育券等方式来弥补。

（3）对私立学校补助的经济效应。这一方式以私立学校而非学生本人为补助对象，政府部门试图通过补助，降低私立学校向学生收取的学费标准。该方式大

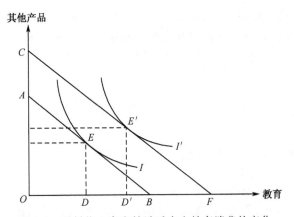

图 6-7　对低收入家庭补助后个人教育消费的变化

多出于扶植私立学校的需要，如图 6-8 所示。在学费补助之前，预算线 *AB* 与无差异曲线 *I* 相切于 *E* 点，个人的教育消费为 *OD*。学费补助后，学费标准降低，个人的预算线外移成为 *AC*，与另一条无差异曲线 *I′* 相切于 *E′* 点，个人对教育的消费为 *OD′*，增加了 *DD′*。

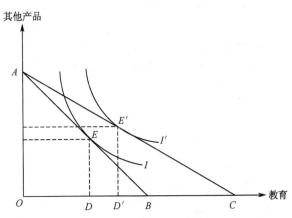

图 6-8　对私立学校补助后个人教育消费的变化

小结

1. 作为一种纯公共产品，国防有效供给的条件是，社会对军用品和民用品的边际替代率等于二者之间的边际转换率。
2. 国防支出有效规模的确定反映出公共产品理论在回答该问题时的局限性。
3. 我国国防支出无论是在绝对规模还是相对规模上，都是较低的。

4. 国防支出对一国的经济增长既会产生负效应，也能产生正效应。

5. 教育是一种准公共产品，它的有效提供需要政府和私人的共同参与。

6. 政府教育支出方式的不同，将产生不同的经济效应。

思考题

1. 如何判断一国国防支出的合适规模？

2. 政府为什么要介入教育服务？

3. 教育有效提供的条件是什么？如何实现？

4. 试分析对学生本人提供补助、对低收入家庭提供补助和对私立学校提供补助这三种教育财政支出方式的经济效应。

参考文献

布鲁斯. 2005. 公共财政与美国经济. 隋晓译. 北京：中国财政经济出版社. 80

财政部. 2006. 2007 年政府收支分类科目. 北京：中国财政经济出版社. 78，79

海曼. 2006. 财政学：理论在政策中的当代应用. 张进昌译. 北京：北京大学出版社

罗森. 2003. 财政学. 赵志耘译. 北京：中国人民大学出版社

王善迈. 2009-01-13. 对财政性教育经费占 GDP4％目标的思考. 中国教育新闻网. http://www.jyb.cn

第7章

转移性支出

转移性支出是政府单方面把一部分收入的所有权无偿地转移出去而发生的支出。它包含以下基本内容：首先，转移性支出代表着收入从社会的某个部分、集团和个人，经由政府的手，转移到另一部分、集团和个人手中，因而直接影响社会成员的收入再分配，是实现社会公平目标的政策工具。其次，由于转移性支出发生的同时并不立即形成对商品与劳务的需求，它是通过转移性支出的接受者的购买行为，才转化为实际的购买力，形成实际的需求。因此，转移性支出不直接构成社会总需求，它对社会总需求的影响是间接的，进而间接影响生产和就业。本章讨论转移性支出的重要组成部分——社会保障支出、财政补贴等。此外，作为财政支出部分的最后一章，我们还将介绍财政的"其他支出"。

■ 7.1 社会保障与财政

7.1.1 社会保障概述

所谓"社会保障"，是指政府向丧失劳动能力、失去就业机会、收入未能达到应有的水平以及由于其他原因而面临困难的公民，给予货币或实物形式的帮助，以保障社会成员能维持最基本的生活水平的活动。社会保障是社会发展的客观需要。因为社会发展不仅要求有一个不断增长的经济增长率，而且还要求有一个安定的社会环境，以保障经济的正常运转。虽然保持社会环境的安定有许多工作要做，但其中很重要的一个方面，就是对由于这种或那种客观原因而在生活上陷于困难的社会成员，满足他们最基本的生存权与发展权，从而缓解社会矛盾，避免社会动乱。正是在这个意义上，我们说社会保障是社会发展不可或缺的组成部分，是社会发展的"安全网"和"稳定器"。在市场经济下，社会保障尤其重要。

1. 社会保障的基本特征

社会保障作为一种经济保障形式，具有如下一些基本特征。

1) 社会性

社会保障的实施主体是政府，目的是满足全体社会成员的基本生活需要，因此社会保障的范围覆盖整个社会，任何一个社会成员都不应该被排斥或遗漏在社会保障之外。政府之所以介入社会保障活动，主要是基于以下几个方面的原因。

（1）克服保险市场上的逆向选择的需要。我们知道保险市场上存在严重的信息不对称问题，投保人对他们自己的总体状况，要比保险公司知道的多得多。结果就会像旧车市场那样，出现逆向选择，使得出售保险变得无利可图。例如，假定一家保险公司想为一种特定事件，如为车祸提供保单。它选择一个目标人群来推销这种保单，并且估计了目标人群发生事故的概率。对某些人来说，概率大大低于 0.01，而对另一些人来讲，出事的可能性又很高，大大高于 0.01。而保险公司是难以区分高风险和低风险的人的，它会将保险费定在一个平均的风险水平 0.01 上。这时，只有那些事故概率高的人选择购买保险，这反过来使购买了保险的人出现事故的可能性提高到 0.01 以上，从而迫使保险公司提高其保险费。保险费的提高进一步提高了事故概率高的人的比例，而这又迫使保险价格上升，如此等等。极端地说，只有那些可能会遭受损失的人才会选择购买保险，这使得出售保险不可行。而社会保险进入的强制性，可以消除逆向选择。

（2）家长主义的表现。通常的看法是，社会保险是一种优值品（人们对商品效用的评价低于商品本身带给消费者的效用），由于个人缺乏远见，不能正确评价保险这种特殊的商品所带来的效用，从而使得个人对保险的购买太少。因此，实行家长式管理的政府，可以通过强制个人购买，增加个人在保险上的消费，以防止社会成员在现在与未来的安排上由于选择不当，没有为未来积累足够的财产而造成的贫困现象。

（3）降低决策成本的需要。保险市场是十分复杂的，个人可能要耗费相当多的时间和精力来选购恰当的保险单。如果公共决策者可以为每一个人选择一项恰当的保险计划，个人就不必在决策上浪费时间了。当然，也有人反对这种观点，因为没有理由相信政府一定能为每个人选择恰当的保险单，毕竟不同的人的需求是不同的。

（4）实现收入分配公平的需要。市场是以个人对生产的贡献大小来分配收入的。贡献大的，收入多；贡献小的，收入少。由于个人的禀赋及个人运用禀赋的方式不同，个人对生产的贡献也不同，由此导致市场分配的结果必然会出现收入分配的贫富差距。而社会保障通过其资金的筹集和待遇的给付，把一部分高收入的社会成员的收入转移到一部分生活陷入困境的社会成员手中，从而弥补市场在收入分配上的缺陷，以实现公平分配的目标。

2）强制性

虽然社会保障为全体社会成员提供，但是每人从社会保障中所获得的收益与支付并不相同，甚至有很大差别。这样，通过成本效益分析之后，有些社会成员就有可能选择不参与社会保障，这显然不利于社会整体利益。因此，任何一个国家都是以立法的形式来保证社会保障参与的强制性。我国《宪法》就明确规定："中华人民共和国公民在年老、疾病或丧失劳动能力的情况下，有从国家和社会获得物质帮助的权利；国家发展公民享受这些权利所需要的社会保险、社会救济和医疗卫生事业。法律规定范围内的单位及职工，都必须参加社会保障，按规定缴纳保险费，违反者必须负法律责任。"

3）互济性

在现实生活中，不同的人所面临的风险程度是不同的，有的人面临的风险大，有的人面临的风险小，这就决定了每个人在社会保障中的权利与义务是不完全对等的。而社会保障参与的强制性，使得利益从风险小的人向风险大的人转移，其实质是通过社会保障把个人风险分散给全社会。正是在这个意义上我们说社会保障具有互济性。

4）福利性

社会保障的目的是保障社会成员最基本的生活，从性质上说，它属于社会公益事业，目的是造福社会，而非营利。因此，社会保障绝不能商业化，这是社会保障与商业保险的一个重要区别；社会保障基金必须专款专用，不能挪用。

2. 社会保障模式

社会保障一般有四种模式。

1）福利型社会保障模式

这种模式是以全民性和普遍性的保障原则为核心，全体居民和公民不论其有无收入和是否就业，都可享有国家制定的各项福利保障政策。由于全民都享有受保障的权利，因此，这种模式下的社会保障资金来源于国家的税收。

福利型社会保障模式主要以英国为代表，英国也是最早宣布建成"从摇篮到坟墓"的福利国家的。这种模式的主要特点是：覆盖范围广，保障水平高，全民享有，体现公平；保障内容广泛；以国家税收筹集资金；采取现收现付制；国家设立统一机构进行管理。这种模式使国民生活质量普遍提高，经济和社会稳定，有利于国家进行收入分配，使居民收入均等化。但是，随着公共福利支出不断增长，国家负担越来越重，国家为了保证社会保障的运行，必然要增加税收，导致税负过重，市场效率低下。西欧、北欧的一些国家实行这种模式，如英国、瑞典、法国、丹麦、比利时等国家。

2）社会保险型模式

这种模式以社会保险为核心，社会保障费用由雇员、雇主和国家三方负担，主要以雇员和雇主承担为主，社会保障的给付与雇员的收入和社会保险缴费相联系。

社会保险型模式主要以美国为代表，但这种模式最早发源于俾斯麦时期的德国。这种模式的主要特点是：雇员、雇主和政府共同担负社会保障资金的筹集，三者互助共济；强调了受保人权利和义务的对等性，要享有受社会保障的权利，就必须尽缴纳社会保险或进行劳动的义务；更好地处理了市场效率与社会公平之间的关系。这一模式所面临的问题主要是资金的筹集，因为社会保障的支出范围和水平不断提高，所需的资金越来越庞大。德国、美国、日本、奥地利等国家采取这种社会保障模式。

3）强制储蓄型模式

这种模式以强制储蓄为核心，政府强制雇主、雇员为雇员储蓄社会保障费用，以满足雇员个人各种社会保障项目的支付需要。

强制储蓄型模式以新加坡和智利为代表。这种模式的主要特点是：雇主和雇员的缴费全部计入雇员的个人账户；个人账户资金进行市场化运作，确保保值增值；雇员在退休后所享有的社会保障水平，取决于其个人账户的积累额，积累额越高，所享受的待遇越高。在这种模式下，国家财政负担轻，主要是个人或家庭的自助互济，使劳动者树立自我保障意识，有利于激励劳动者积极工作。但是这种模式缺乏社会公平性和互济性，缺乏社会成员之间的相互调剂，也未发挥收入调节作用。新加坡、智利以及东南亚的马来西亚、印度尼西亚等国实行这种模式。

4）国家型保障模式

这种模式以"国家统包"为核心，由政府对福利进行直接分配，社会保障事务由国家统一办理，社会保障费由国家和企业负担，职工个人不必缴纳社会保障费用。它主要是根据马克思的社会总产品要在个人分配之前扣除社会保障费用的理论确立的模式。

国家型保障模式以苏联、东欧各国为代表，最早始于苏联。这种模式的特点是：保障费用由国家包办，不需要个人缴纳任何费用；保障范围广泛，职工在丧失劳动能力的任何情况下，都享有保障待遇的权利；出现国家或企业办社会的现象，大量建立疗养所、休养所、幼儿园、学校等保障福利设施；保障给付与劳动者的工作年限和工资挂钩。这种类型的社会保障制度过分强调公平，使国家财政负担过重，而且企业办社会，使企业负担也过重，企业竞争力下降，劳动力缺乏合理流动，职工个人缺乏自我保障意识。东欧的波兰、保加利亚、匈牙利等国，亚洲的中国、朝鲜以及美洲的古巴等国家都曾经或现在仍在采取这种模式。

　　我国在计划经济时期实行的是国家型保障模式，改革开放后开始否定这一社会保障制度。国家在 20 世纪 80 年代就进行了社会保障制度的改革，逐步实现由"国家统包"到"多方负担"、由"企业保障"到"社会互济"、由"平均主义"到"效率优先、兼顾公平"的转变。20 世纪 90 年代我国加快了改革的步伐，中共十四大报告中第一次明确地把深化社会保障制度改革作为经济体制改革的重要环节。中共十四届三中全会进一步明确了建立新型社会保障制度的目标和原则。目前我国已初步建立起新型社会保障制度的基本框架，它包括两大部分：一是完全由国家财政支撑的项目，包括对社会弱势群体的救助，对军人及其军烈属的优抚安置，对无依无靠的孤老残幼、残疾人员以及社会大众举办的社会福利和有关的社区服务，充分体现社会公平；二是由用人单位、职工个人缴费、国家给予适当补助的三方共同筹资的项目，包括养老保险、医疗保险、失业保险、工伤保险和生育保险等，其中城镇企业职工的基本养老保险和基本医疗保险的"社会统筹和个人账户"相结合，是在劳动者与用人单位建立劳动关系的基础上实行的，既体现公平与效率，又注重权利与义务相结合。由此，我国基本建立了适用于市场经济秩序的社会保障体系。

　　3. 社会保障的内容

　　国际劳工组织 1952 年制定的《社会保障（最低标准）公约》，规定了现代社会保障主要包括医疗补助、疾病补助、失业补助、老年补助、工伤补助、家庭补助和遗属补助等九项内容。该公约还规定，一个国家只要实行了三种补助（其中至少包括失业、工伤、老年、疾病和遗属等最主要补助中的一种），就可以认为已建立了社会保障制度。由于社会保障活动是各国在各自特定的环境下自行开展的，因此，世界各国所实施的社会保障的内容存在很大差异。但综合起来，比较不同国家的社会保障制度，它们大体包括社会保险、社会救济、社会福利和社会抚恤。其中，社会保险在社会保障中处于核心地位，社会救济是最低层次的社会保障，社会福利和社会抚恤起着安定特定阶层生活的功能，下面分别进行介绍。

　　1）社会保险

　　所谓"社会保险"，是指以立法形式，由国家、集体和个人共同筹集资金，以确保社会公民在遇到生、老、病、死、伤、残、失业等风险时，获得基本生活需要和健康保障的一种社会保障制度。社会保险与商业保险具有很多相同点。它们的共同点是二者都是保险活动，都需要缴纳一定的费用才能享受相应的权利。而它们之间的差异也是明显的，如表 7-1 所示。

表 7-1　社会保险与商业保险的区别

项目	社会保险	商业保险
组织机构	政府	企业
举办的目的	社会效益	营利
进入的形式	强制进入	自愿进入
资金的来源	保费及预算安排的财政资金	保费
权利与义务的对等	有一定的对应关系，非完全对等	完全对等
再分配的功能	有	无

社会保险作为社会保障的核心内容，一般包括如下一些内容。

（1）社会养老保险。它是指由政府以立法形式确定的，劳动者在年老失去劳动能力或退出就业领域时享有的退休养老的权利，除企业和劳动者在就业时缴纳的税或费外，还可依靠政府和社会提供的帮助，以维持基本生活水平的一项社会保险制度。社会养老保险在社会保险中占据核心位置。老有所养是每个劳动者的天然权利，是养老保险的出发点和归宿点。在人均寿命很短、自给自足经济占统治地位的客观条件下，人们可以依靠家庭来实现养老功能。但是，随着人口老龄化的到来及生产的社会化程度的提高，家庭养老功能开始弱化。因此，自 1889 年德国颁布世界上第一个《养老保障法》之后，其他国家纷纷效仿，向社会养老的模式过渡。

（2）社会失业保险。它是由政府以立法形式确定的、劳动者在失业时所享有的权利，除企业和劳动者在就业时缴纳的税或费外，还可依靠政府和社会提供的帮助，以维持基本生活水平的一项社会保险制度。社会失业保险也是社会保险的主要内容之一。失业是市场经济中存在的必然现象，即使是在充分就业的条件下，也还存在摩擦性失业与结构性失业。失业既然是市场产生的必然结果，因失业而暂时陷入生活苦难的劳动者就不可能从市场中得到救助，这就需要政府和社会的帮助，才能使他们免除因失业而造成的贫困。

（3）社会医疗保险。它是由政府以立法形式确定的，劳动者所享有的疾病预防和治疗的权利，它也是以企业和劳动者缴税或费，以及政府的补助为经费来源的一种社会保险制度。

（4）工伤保险。它是由政府以立法形式确定的，在劳动者因工作而负伤、致残、死亡时，给劳动者本人及其供养的直系亲属提供物质帮助的一种社会保险制度。

（5）女工生育险。它是由政府以立法形式确定的，女工在生育期间中断劳动或工作时给予其帮助的一种社会保险制度。

2）社会福利

它是指由政府出资兴办的、以低费或免费形式向一部分需要特殊照顾的社会成员，提供货币或实物帮助以及服务的一种社会保障制度。它主要包括国家、企业或集体兴办的福利院、敬老院、疗养院、儿童福利院、福利企业等，其目的是使那些无生活来源的孤老残幼能得到基本的生活待遇。

为保障特殊困难社会成员的生活权利，国家颁布了《中华人民共和国老年人权益保障法》、《中华人民共和国残疾人保障法》、《农村五保供养工作条例》等法律法规，规定对城市孤寡老人、符合供养条件的残疾人和孤儿实行集中供养；对农村孤寡老人、符合供养条件的残疾人和孤儿，实行集中供养与分散供养相结合；集中供养一般通过举办社会福利院、敬老院、疗养院、儿童福利院等福利机构进行；对于残疾人，通过政府的优惠政策来兴办多种形式的社会福利企业，帮助适合参加劳动的残疾人获得就业机会。

3）社会救济

它是指政府对收入在贫困线以下的公民和因自然灾害遭受损失或发生其他不幸事故而暂时生活处于困难中的公民提供的货币或实物帮助。社会救济是一种公民应享受的基本权利，也是国家和社会必须认真履行的最起码的社会保障职责，其目标是克服贫困。从性质上来讲，社会救济又包括济贫与救灾两种，其财力主要依靠财政拨款，同时鼓励社会捐款和公民互助。现实生活中的贫困现象基本上有以下几种：自然灾害造成的贫困、失业造成的贫困、个人的生理原因造成的贫困。与此相对应的救济项目一般包括自然灾害救济、失业救济、孤寡病残救济和城乡困难户救济。

我国政府给予城市居民最低生活保障的资金由地方政府列入财政预算。地方政府根据当地的生活水平来确定最低生活标准。低于最低生活标准的家庭可以提出申请，通过收入调查后，即可享受最低生活保障待遇。

4）社会抚恤

它是指给予对国家和社会有功劳的特殊社会群体以补助和褒奖的一种制度，主要包括牺牲病故抚恤、定期定量生活补助、残废抚恤、残废人员免费医疗、烈军属疾病减免待遇等。其财力来源主要是政府预算拨款。为了确保优抚对象的权益，国家颁布了《革命烈士褒扬条例》、《军人抚恤优待条例》、《城镇退役士兵安置条例》等法规，规定对牺牲军人家属、残疾军人、老复员军人等重点优抚对象实行定期定量补助；对义务兵家属，普遍发放优待金；对残疾军人等重点优抚对象，实行医疗费用减免；城镇退役士兵可以享受一次性就业安置费，对自谋职业的安置对象发放一次性经济补助。

4. 社会保障支出的资金来源

所谓"社会保障基金",是政府按照有关法律或制度的规定建立的,用于社会保障的专项基金。从内容上看,它主要由社会保证基金和社会保险基金两部分组成。社会保证基金主要用于社会救济、社会福利和社会抚恤,社会保险基金则主要用于社会保险的各种项目上。纵观世界各国的社会保障,其筹资渠道主要有:

(1) 政府预算安排的社会保障支出。从使用项目上来看,政府安排的这部分社会保障支出主要用于社会救济、社会福利和社会抚恤,同时社会保险基金也部分来源于政府安排的社会保障支出。社会保障的社会性,决定了政府预算安排的社会保障支出是社会保障资金的最主要来源。

(2) 向劳动者所在单位及劳动者个人征收的社会保障税(费)。劳动者个人及劳动者所在单位承担社会保障费,是当今社会保障制度的一个普遍特征。目前在 170 个建立了社会保障制度的国家中,有一半以上国家向劳动者所在单位及劳动者个人开征社会保障税(费)。

(3) 社会保障基金的投资收入。社会保障基金,特别是社会保险基金具有储备的性质,一定时期的社会保障基金在满足了即期的社会保障需求之后的结余,就形成了社会保障储备基金。为了保证社会保障基金的保值增值,就需要把这部分储备基金进行投资,形成的收益用于补充社会保障基金。

(4) 社会捐助。即福利救助性质的社会团体和宗教组织,出于对社会弱势群体的同情和关爱,自愿地为某种社会保障项目募集的慈善捐款。由于社会捐助是自愿的而非强制的,因此,这部分基金来源具有非连续性和非稳定性的特征,只能成为社会保障基金的辅助来源。

5. 社会保险资金的筹集模式

筹集社会保险基金,就是为了安排各种社会保险支出。如何使社会保险基金的筹集与支付相适应,一般有以下三种模式:

(1) 完全基金制。这是一种以纵向平衡原则为依据,要求在劳动者整个就业或投保期间或者在一个相当长的计划期间内,采取储蓄方式积累、筹集社会保险基金的制度。其基本方法是在对未来时期社会保障支出的需要进行预测的基础上,确定一个可以保证在相当长的时期内收支平衡的总平均收费率,采取先提后用的办法。投保人在职时,按此收费率将一部分劳动收入交给一个基金;接受保障时,该基金再以投资所得兑现保障承诺。完全基金制模式的特点是使投保人在职时积累资金,退休后按月领取保险金,支付水平与本人在职时的工资和缴费水平直接相关,可以激发投保人缴费的积极性,从而实现自我保障。但这种方式要求有稳定的经济环境和良好的基金管理水平，从而保证基金的保值和增值，兑现保障承诺，否则基金的保值和增值的风险较大。这种方式不具有代和代之间的再分配功能。目前，世界上有斐济、加纳等 18 个经济发展水平差别大、社会化程度低、经济总量规模较小的国家采用完全基金制。

（2）现收现付制。这是一种以横向平衡原则为依据，以同一时期正在工作的所有人的缴费来支付现在保险收益人的开支的制度。现收现付制的特点是完全依靠当前的收入去支付现在的支出，以支定收，基金没有结余，从而避免了完全基金制下基金遭受通货膨胀而贬值的风险，也能够对基金进行有效的管理。由于现收现付制是下一代人养上一代人，因此具有代和代之间的收入再分配功能。但这种模式在人口年龄结构年轻、保障范围较窄、支付标准较低的情况下，尚可正常运行；在经济不景气、人口出现老龄化、支付范围和标准不断提高的情况下，就会出现缴费比例过高，当代负担沉重，资金筹集困难等问题。目前大部分国家实行的是现收现付制，如美国、德国、日本等。

（3）部分基金制。这是现收现付制和完全积累制两种模式的结合。当年筹集的基金，一部分采取现收现付制满足当前支付的需要，另一部分采取积累式以满足未来支付的需要。与其他两种方式相比，部分基金制既保持了现收现付制下的代和代之间的收入再分配功能，又能通过部分资金积累，降低现收现付制下当代人的负担与完全基金制下货币贬值的风险和资金保值、增值的压力。

几十年来，我国的社会保险制度一直采用现收现付制。中共十四届三中全会明确提出，要建立一个企业职工社会养老保险统筹和个人账户相结合的制度，其基本思想是逐步建立职工的个人账户，由个人和企业共同缴费，个人缴费部分全部记入个人账户，企业的缴费一部分归为社会统筹，另一部分记入职工的个人账户，以试图缓解现收现付制与人口老龄化的矛盾，同时促使职工承担一定的社会保障成本。然而，对于当时大量已经退休或将要退休的职工，由于此前没有相应的资金积累，他们的账户实际上是空账（据测算，这个空账的数额可能在 1 万亿元以上）。记入个人账户上的资金同时被用做社会保障支出，个人账户上的资金只是账面上的，因此，中国当前实行的社会保障模式实质上仍然是现收现付制，基金制仅徒有其名而已。这一模式已受到我国人口老龄化的挑战。根据中国社会科学院的一项研究表明，如果一直沿用现收现付制，到 2030 年，养老金支出与工资总额的比重将达 41.8%。这无疑会使社会保障制度无法平稳运行，而且将影响社会经济的可持续发展。

为了解决这个问题，政府从 2001 年开始实施做实养老保险个人账户工作，先以东北为试点，现在由中央、地方两级财政出资，在 13 个省份开展做实个人账户的试点，努力填补养老金缺口。在 2009 年政府工作报告中，温家宝总理也提出了要完善基本养老保险制度，继续开展做实个人账户试点，全面推进省级统筹，为化解老龄化时代的危机打下基础。此外，他还提出了多渠道增加全国社会保障基金、商业养老保险等手段也将成为部分基金制的有益补充。

7.1.2　财政的社会保障支出

我国国家预算与社会保障相关的支出科目，主要有以下几类：

（1）抚恤和社会福利救济费。这类支出一直都以独立科目的形式存在于国家预算中，从来都是我国财政直接提供的社会保障支出。它反映由预算拨款用于民政部门掌握的社会保证基金，包括：①抚恤事业费；②安置费；③最低生活保障费；④农村及其他社会救济费；⑤社会福利事业费；⑥其他民政事业费；⑦残疾人事业费；⑧自然灾害生活救助费。

（2）社会保障补助支出。反映由预算拨款用于对养老、失业、医疗等社会保障基金的补贴和其他社会保障项目的补助等。它包括：①社会保险基金补助；②就业补助；③国有企业下岗职工补助；④补充全国社会保障基金；⑤企业关闭破产补助。

（3）社会保险基金支出。社会保险基金收支反映地方税务机关按规定征收并缴入国库的各项社会保险费、滞纳金收入和支出。它包括以下内容：①基本养老保险基金支出，指管理企业职工基本养老保险基金的社会保险机构办理的各项支出；②失业保险基金支出，指管理企业职工待业保险的专职管理机构办理的各项支出；③工伤保险基金支出，指管理企业职工工伤保险基金的专职管理机构办理的各项支出；④生育保险基金支出，指管理企业女工生育保险基金的专职管理人员办理的各项支出；⑤医疗保险基金支出，指医疗改革试点地区的医疗保险机构办理的各项支出。以上几项保险支出，均分为支付给被保险者的保险金支出和管理机构的各项管理经费两类。

7.1.3　中国社会保障制度与改革

新中国成立前，我国尚没有完整的社会保障制度。从 20 世纪 50 年代初期开始，我国逐步建立起城市居民的社会保险制度、农村的"五保"（吃、住、穿、医、葬）制度、农村合作医疗制度、社会优抚制度等，并兴办了城乡社会福利救济事业，开展自然灾害救济工作，从而建立起项目比较齐全的社会保障制度，形成了我国的社会保障体系。

1951 年首次通过并于 1953 年修改、增订的《中华人民共和国劳动保险条例》，对国有企业职工及其直系亲属的退休、医疗、伤残、死亡、生育、疗养等的劳动保险和社会福利作了规定。其规定企业职工的劳动保险和社会福利由企业负担，企业每月按照工资总额的 3％提取和交纳保险金。其中 30％上交上级工会，统筹举办集体保险事业和作为调剂基金使用，70％存于各单位工会的账户上，用于职工应得的各项保险待遇，如有剩余，按月上交地方总工会，不足则由地方总工会予以调剂。
1955 年 12 月，国务院颁发了《国家机关退休人员处理暂行办法》、《国家机关工作人员退职处理暂行办法》和《国家机关工作人员实行公费医疗预防措施的指示》，实施范围为全国各级人民政府、党派、团体及所属事业单位的工作人员，保障内容基本和《中华人民共和国劳动保险条例》一致，基金由国家财政拨付。至此，中国城市中以社会保险为主要内容的社会保障制度基本确立。

总体说来，1978 年以前，中国的社会保险实际为劳动保险，保险的对象是全民所有制企业和事业单位的职工和干部，不包括城镇集体所有制企业单位和事业单位的职工和干部，也不包括广大农民，具有"企业保险"的特点，即全民所有制企业单位的职工和干部的社会保险不是由社会统筹来支付而是由企业支付。这是与当时的计划经济体制相适应的。在计划经济体制下，社会实质上是一个大企业，财政实质是这个大企业的总财务，企业的收与支实质上不过是这个总财务活动的组成部分。在这种背景下，由企业财务按政府统一制定的规定直接在企业内进行社会保险基金的提取和使用，并不违背社会保险的"社会"性。

除此之外，社会优抚、社会救济和社会福利作为保障制度的其他三方面内容，也一向受到政府的重视。

内务部于 1950 年颁布了《革命烈士家属、革命军人家属优待暂行条例》、《革命残废军人优待抚恤暂行条例》、《革命军人牺牲、病故褒恤暂行条例》、《革命工作人员伤亡褒恤暂行条例》五个优抚暂行条例；1955 年国务院做出了《关于安置复员转业军人工作的决议》；1956 年经国务院批准，在农村对优抚对象实行优待工分的制度，奠定了中国优抚保险制度的基本格局。

社会救济也一直是政府部门的一项重要工作。社会救济在自力更生原则下，动员与组织人民实行劳动互助、生产自救、群众互助，辅之以政府的救济支出，对城市或农村的无依无靠、无生活来源的孤老残幼和无固定职业、无固定收入、生活有困难的居民实施定期救济和临时救济。

虽然从 20 世纪 60 年代初，我国开始在城市街道兴建社会福利院（如养老院、残疾人习艺所、精神病院等）和福利工厂，但我国社会福利的很大一部分内容包含在劳动保障制度中，称为职工福利。除此之外，社会福利主要是以社会救济为主的救济性福利政策和措施，没有形成一种独立的制度，所以称之为"社会救济福利"。

我国从 20 世纪 50 年代初期开始形成和建立起的这套社会保障制度，随着改革开放的不断推进，日益显示出与改革趋势的矛盾性，于是改革势在必行。从 1986 年至今，中国社会保障制度经历了从自下而上到自上而下、从自发到自觉、从单项到全面综合改革的历程。中国社会保障制度改革的历程大体可分为三个阶段：第一阶段（1986～1993 年）是为国企改革配套服务，原体系在延续，新机制在生长；第二阶段（1993～1997 年）将社保明确为市场经济体系的五大支柱之一，新旧政策并存但此消彼长，改革有明显的效率取向；第三阶段（1998 年以来）则将社保作为一项基本的社会制度加以建设，两个确保、三条保障线成为重中之重。

总的来说，改革开放以来，我国社会保障改革的主要内容包括以下几方面。

1. 社会保险

我国的社会保险制度改革所取得的成就主要有以下方面。

1) 养老保险

此方面改革主要取得了以下进展。

一是养老保险社会统筹面的不断扩大。1986 年，我国实行国有企业、部分集体企业职工及全民合同制工人养老保险统筹制度。1999 年，养老保险的覆盖面又延伸至外商投资企业、城镇私营企业职工和其他城镇企业及其职工。省、自治区、直辖市根据当地实际情况，可以规定将城镇个体工商户纳入基本养老保险。2002 年，我国将基本养老保险范围扩大到城镇灵活就业人员。目前又继续扩大覆盖范围以期将农民工养老保险囊括其中。2009 年 2 月初，人力资源和社会保障部在其官方网站就《农民工参加基本养老保险办法》和《城镇企业职工基本养老保险关系转移接续暂行办法》公开征求意见。目前，征求意见工作已经结束，《农民工参加基本养老保险办法》已经进入修改完善阶段。而 2009 年政府工作报告也明确提出要完善基本养老保险制度，制定实施农民工养老保险办法。新型农村社会养老保险试点要覆盖全国 10% 左右的县（市）。养老保险的社会化程度不断提高。

养老基金实行社会统筹和个人账户相结合的部分基金制管理办法。养老基金的来源包括：①企业和职工的共同缴费。企业缴费一般不超过企业工资总额的 20%，具体比例由省、自治区、直辖市人民政府确定。职工个人按本人工资的 8% 缴费。城镇个体工商户和灵活就业人员，由个人按照当地社会平均工资的 18% 左右缴费。②财政对基本养老保险基金的补助。③全国社会保障基金。2000 年，我国政府建立"全国社会保障基金"。该基金的来源有国有股减持划入资金及股权资产、中央财政拨入资金、经国务院批准以其他方式筹集的资金及投资收益。全国社会保障基金由全国社会保障基金理事会负责管理，按照《全国社会保障基金投资管理暂行办法》规定的程序和条件实行市场化运营。

1991 年，在较为富裕的农村地区，开始推行社会养老和家庭养老相结合、自助为主互助为辅的农村养老保险统筹制度。农村养老保险的基金来源以个人交费为主、集体补助为辅、国家政策扶持。这三部分基金全部记入农民个人账户，建立了个人账户积累式的养老保险。在基金收取方法上也比较灵活，每月交一次可以，每年交一次也可以，一生交一次也行，收成好时可多交，收成不好时可少交甚至停交。这种形式被称为旧农保，当时由民政部门主导，以农民个人缴费为主，政府不承诺任何投入。1998年后，因制度缺陷和预期支付危机，旧农保遭遇中央政府"清理整顿"，自此陷入停滞。截至2007年底，旧农保依然在中国1805个县存在，参加旧农保的农民达到5171万人，但保险待遇很低，有的参保农民每月甚至只能领取几元养老金，这在当前已经失去养老保险的意义。自2003年始，中国各地试点新农保，主要是地方政府投入。截至2008年底，全国有464个县（市）开展有地方财政支持的试点工作，参保农民达到1168万人。今年的政府工作报告也首次提出了2009年中国启动新型农村社会养老保险，当年试点要覆盖全国10%左右的县（市）。新农保的主要特点是中央承诺各级政府应给参保农民补贴，这预示着农村养老保险制度又向前迈进了一步。

二是养老保险管理社会化程度的提高。表现在①为减轻企业的社会事务性负担，确保退休人员基本养老金按时足额发放，政府积极推进基本养老金社会化发放。②为适应劳动力流动中社会关系的持续性连接，我国政府于2003年起开始实施"金保工程"，以最终实现社会保障信息的全国计算机联网。目前，已实现养老保险中央和省级的联网。

三是多层次养老保险体系的建立。我国政府积极推进多层次养老保险体系的建设，鼓励有条件的企业在按规定参加基本养老保险的基础上，为企业建立企业年金。企业年金费用由企业和个人共同负担，实行完全基金制，采用个人账户进行管理。企业年金基金实行市场化管理和运营。同时，国家还鼓励个人进行储蓄性养老保险。

2）医疗保险制度

此方面改革取得了以下突破：

一是建立了用人单位和个人共同缴费的医疗保险机制。医疗保险是难度最大的改革项目之一。从20世纪80年代初开始，逐步建立起用人单位和个人共同负担的医疗保险机制，将公共医疗、劳保医疗引向医疗保险。1998年国家颁布了《关于建立城镇职工基本医疗保险制度的决定》，在全国推进城镇职工基本医疗保险制度改革。目前，城镇职工基本医疗保险制度在全国普遍建立，基本完成了公费、劳保医疗制度向基本医疗保险制度的转轨。同时，为适应我国经济结构调整、就业格局转变、城镇化水平提高以及农村劳动力转移的趋势，城镇职工基本医疗保险的覆盖范围逐步从国有集体单位扩大到了非公经济组织，从正规就业人员扩大到了灵活就业人员，在制度覆盖范围上打破了不同所有制、不同就业形式、不同身份劳动者之间的界限。2007年7月，国务院开展城镇居民基本医疗保险试点，将医疗保险覆盖范围由从业人员扩大到学生、儿童、老人等城镇非从业人员。与此同时，新型农村合作医疗制度也从局部试点走向全面推开，城乡医疗救助制度逐步建立。

二是强化了医疗保险管理服务。为了保证医疗保险制度改革的顺利开展，

1999 年 5 月和 7 月，劳动和社会保障部等部门分两批下发了《城镇职工基本医疗保险定点医疗机构管理办法》等 6 个配套文件，制定了国家基本医疗保险药品、诊疗项目和医疗服务设施的目录；对提供服务的医疗机构和药店实行定点管理；制定医疗保险经办机构和定点医疗机构的费用结算办法，从而为医疗保险制度改革的全面推行进一步作了制度和体制准备。随着基本医疗保险制度改革的推进，各地普遍建立了医疗保险经办机构，充实了经办管理人员。多数统筹地区建立了较为完善的医疗保险信息系统，基本实现了医疗费用的实时联网结算。随着城镇居民医保试点工作启动，劳动保障社区平台建设不断加强，初步形成了"参保在社区，缴费在银行，就医结算在医院"的管理服务体系，初步形成了对定点医药服务机构的监管和调控机制。

三是完善多层次医疗保障体系。各地区根据实际情况，普遍建立了大额医疗费用补助制度，其资金来源主要由个人或企业缴纳，以解决超过基本医疗保险支付额以上的医疗费用。国家鼓励企业为职工建立补充医疗保险，主要用于解决企业职工基本医疗保险待遇以外的医疗费用负担。针对国家公务员及原享受公费医疗的事业单位人员，建立公务员医疗补助制度。国家逐步建立了主要由政府投入支持的社会医疗救助制度，为特殊的困难群体提供基本医疗保障。

四是建立新型农村合作医疗制度。2003 年 1 月 16 日，国务院办公厅转发了卫生部、财政部、农业部《关于建立新型农村合作医疗制度的意见》，我国政府开始建立由政府组织、引导、支持，农民自愿参加，政府、集体、个人多方筹资的大病统筹为主的新型农村合作医疗制度。2007 年 9 月 5 日，卫生部部长陈竺在国务院新闻办新闻发布会上指出，从今年开始新农合制度建设由试点阶段转入全面推进阶段，2007 年新农合覆盖的县（市、区）要达到全国县（市、区）总数的 80%，2008 年基本覆盖全国所有县（市、区）。就目前而言，农村合作医疗制度运行仍处于探索阶段，同城市医疗保障相比，其做法比较简单、报销补偿比例也较低。但随着新型农村合作医疗的推行及其规模的不断扩大，农民的看病问题将得到解决，农民的因病致贫、返贫状况也将得到缓解。

3）失业保险

为了配合劳动体制和经济体制改革，确保国有企业下岗职工基本生活费按时足额发放，1998 年以来，我国政府建立了以国有企业下岗职工基本生活保障、失业保险和城市居民最低生活保障为内容的"三条保障线"制度。该制度规定：下岗职工最长可领 3 年的基本生活费，如果是 3 年内仍未实现再就业的，可以按照规定享受失业保险待遇；家庭人均收入低于当地城市居民最低生活保障标准的，可以按照规定申请享受城市居民最低生活保障待遇。

1999 年国家颁布了《失业保险条例》，对失业保险的参保范围、缴费、享受条件、支付标准等内容进行了规定。失业保险的参保对象是城镇企事业单位及其职工。失业保险费企业按职工工资总额 2%、职工个人按平均工资的 1% 交纳，统筹地区的失业保险基金入不敷出时，由失业保险调剂金调剂、地方财政补贴。享受失业保险必须具备的条件包括：一是缴纳失业保险费满 1 年；二是非本人愿意中断就业；三是已办理失业登记并有求职要求。具体的给付标准，由省、自治区、直辖市人民政府根据高于城市居民最低生活保障、低于当地最低工资的原则，确定本地区的失业保险金标准。失业人员失业前所在单位和本人按照规定累计缴费时间满 1 年不足 5 年的，领取期限最长为 12 个月；满 5 年不足 10 年的，最长为 18 个月；10 年以上的，最长为 24 个月。失业人员在领取失业保险金期间患病，可领取医疗补助金；在领取失业保险金期间死亡，其遗属可领取丧葬补助金和遗属抚恤金；在领取失业保险金期间还可以享受职业培训和职业介绍补贴。20 世纪 90 年代中期以来，由于失业下岗人员增多，享受失业救济的人员迅速增加，失业保险的作用日益明显。截至 2007 年底，全国参加失业保险的人数达 11 645 万人，全年共为 373 万失业人员提供了不同期限的失业保险待遇。失业保险制度的逐步改革，一方面为企业参与市场竞争和提高经济运行效率创造了条件，另一方面也促进了再就业。

2. 社会救济

（1）城市居民最低生活保障。1999 年，国家颁布《城市居民最低生活保障条例》，规定持有非农业户口的城市居民，凡共同生活的家庭成员人均收入低于当地城市居民最低生活标准的，均可从当地政府获得基本生活物质帮助；对无生活来源、无劳动能力、无法定赡养人或抚养人的城市居民，可按当地城市居民最低生活保障标准全额救助。

（2）灾害救助。国家建立了针对突发性自然灾害的应急体系和社会救助制度。救灾物资储备和转移灾民的救济支出，由各级地方政府在预算中安排。

（3）流浪乞讨人员救助。2003 年，国家颁布《城市生活无着的流浪乞讨人员救助管理办法》，对城市生活无着落的流浪乞讨人员，根据具体的情况，给予食宿、医疗、通信、返乡及接送等方面的救助管理。

（4）农村社会救助。国家鼓励经济条件好的农村地区，建立农村最低生活保障制度；对于其他地区，鼓励在坚持"政府救助、社会互助、子女赡养、稳定土地政策"的原则下，建立特困户基本生活救助制度。同时对患病的农村困难群体实行医疗救助。

经过几十年的改革和探索，我国已经建立起具有中国特色的社会保障体系。然而当前及今后一个时期，中国社会保障制度面临诸多严峻挑战。

（1）人口老龄化的挑战。从 1998 年至 2003 年，我国企业退休职工从 2700 万人增加到 3600 万人，退休人员每年增加 300 万人，养老保险金的缴费人员与领取养老金的退休人员的比例，从 1990 年代初的 10∶1 上升到目前的 3∶1。预计到 21 世纪 30 年代，中国老龄化将达到高峰，养老负担将大幅加重。

（2）城镇化和灵活就业形式的挑战。中国的城镇化率正以每年 1 个百分点的速度提高，进城务工的农民已达 1 亿人，非公有经济成为吸纳劳动力的主渠道。由于中国目前的社会保障制度主要是针对城镇人口设计实施的，如何适应城镇化过程中数亿农村劳动力向城镇转移、把灵活就业人员纳入社会保障覆盖范围，是一个亟待解决的问题。

（3）中国劳动力总量过剩的矛盾和就业的结构性矛盾将持续存在。从 1998 年至 2003 年，国企下岗职工总计 2 800 万人，如何确保数以千万计的国企下岗职工的基本生活，是我国失业保险面临的巨大压力。为此，今后国家应进一步扩大养老保险、失业保险和医疗保险的覆盖面，规范保险基金征缴和使用管理；加强和完善社会统筹与个人账户相结合的基本养老保险制度，逐步做实个人账户；建立健全省级养老保险调剂基金，在完善市级统筹基础上逐步实行省级统筹；控制医疗费用不合理增长，建立健全多层次医疗保障体系，实现医疗保险制度的可持续发展。失业保险在保障失业人员基本生活的同时，应进一步发挥失业保险对促进再就业的作用。

■ 7.2 财政补贴

7.2.1 财政补贴的种类

1．财政补贴的含义及特征

所谓"财政补贴"，是国家根据一定时期政治经济形势的客观需要，向特定的产业、部门、地区、企事业单位、居民个人或事项提供的无偿补助。国家的财政补贴，不论预算会计的处理如何，即不管是以红字冲减财政收入，还是以安排财政支出的方式提供，它都具有将已取得的部分财政收入无偿转移给补贴接受者的实质。因此，财政补贴具有转移性支出的性质，在理论分析中其有时被看成是一种负的税收。财政补贴作为转移性支出的一种形式，通过补贴对象、比例、时间的确定，改变着社会成员的收入。因此，从经济影响上看，财政补贴直接影响的是国民收入分配。财政补贴作为一种特殊的财政分配形式，与其他的分配形式相比具有如下特征。

（1）政策性。财政补贴都是根据一定时期特定的国家政策而安排的支出，凡国家政策规定要补贴的产业、部门、地区、企事业单位、居民个人或事项，财政才给予补贴，没有政策规定的则不予补贴。

（2）可控性。由于财政补贴都是根据一定时期特定的国家政策而安排的支出，因此，国家可以通过政策的调整，从而灵活地掌握补贴对象、补贴数量、补贴方式、补贴环节等内容。从这个意义上说，财政补贴是国家可以直接控制的经济手段。

（3）时效性。国家政策的时效性，决定了财政补贴的时效性。由于国家政策会随着政治经济形势的变化而不断地相应调整，因此，伴随着该政策出台的财政补贴，也需要作相应的调整。

（4）特定性。财政补贴只对特定的产业、部门、地区、企事业单位、居民个人或事项给予补贴，除指定的事项外，均不给予补贴。

2. 财政补贴的种类

我国目前的财政补贴，其内容相当复杂，可以从不同的角度对其进行分类。如从财政补贴的环节来划分，可分为生产环节补贴、流通环节补贴、消费环节补贴；按财政补贴的对象来划分，可分为企业补贴与个人补贴；按补贴的经济性质划分，可分为生产补贴和生活补贴；按补贴的透明度来划分，可分为明补（将全部的补贴都纳入预算进行管理，财政补贴作为预算的支出项目，按照正常的支出程序直接支付给受补者）和暗补（补贴支出不纳入预算管理，财政补贴不构成预算支出项目，受补贴者也不直接获得补贴收入，只是从减少上缴和节约支出上受益）；按补贴的发放形式，可分为实物补贴与货币补贴；按补贴的隶属关系来划分，可分为中央财政补贴和地方财政补贴。而按照国家预算来划分，财政补贴又可分为以下几类。

（1）财政的价格补贴支出。它是指由财政向企业和居民支付的与价格政策有关的补贴。它是财政补贴的主要内容，是国家自觉运用价值规律调节经济、促进经济发展的重要举措。1985 年以前，我国的价格补贴采取冲减财政收入的暗补形式，1985 年之后才采用列入财政的预算支出的明补形式。

目前列入国家预算支出的价格补贴支出包括以下内容：①粮食加价款；②政府粮油差价补贴；③粮食风险基金；④政府储备粮油利息费用补贴；⑤粮食政策性财务挂账消化款；⑥进口粮食改代理补贴；⑦政府储备粮油差价补贴；⑧地方粮油价外补贴；⑨棉花发展补贴款；⑩棉花调拨奖励款；⑪政府储备棉花利息费用补贴；⑫政府储备糖费用补贴；⑬副食品风险基金；⑭平抑市场肉食品价格补贴；⑮平抑市场蔬菜价格补贴；⑯农用生产资料价格补贴；⑰工矿产品价格补贴；⑱政策性银行利差补贴；⑲其他价格补贴，等等。

（2）财政的企业亏损补贴支出。又称为国有企业计划亏损补贴，它是财政向由于按国家计划生产经营而出现亏损的企业提供的补贴，采取冲减财政收入的暗补形式进行拨付。企业的亏损补贴分为政策性亏损补贴和经营性亏损补贴。所谓"政策性亏损补贴"，是指国家财政由于贯彻国家政策，对某些产品实行低价政策而造成的企业亏损的补贴。所谓"经营性亏损补贴",是指国家财政对国有企业因经营管理不善造成的亏损给予的补贴。原则上,财政只对政策性亏损予以补贴,对经营性亏损补贴不予补贴。但是由于我国目前的市场经济体制尚未健全,国有企业的生产经营活动仍受到政府行为的干预,从而企业的亏损就难以分清哪些是政策性的,哪些是经营性的,造成政策性的亏损严重掩盖经营性的亏损。

（3）财政的贴息支出。这是财政对使用某些规定用途的银行贷款或财政周转金的企业,就其支付的贷款利息提供的补贴。财政贴息范围主要有促进企业联合;发展优质名牌产品;沿海城市和重点城市引进先进技术和设备,改造现有企业的项目;12大类节能机电产品的制造和推广,以及技术改造后产品性能提高、社会效益增大而企业不受益或少受益的项目。

7.2.2　财政补贴的效应

财政补贴的效应是指财政对经济的影响,这种影响有正、负两个方面。下面分别对这两个方面加以阐述。

1. 财政补贴的正效应

财政补贴具有弥补市场失效、提高资源的配置效率的正效应。

资源配置是经济学永恒的课题。在市场经济条件下,资源配置是通过市场来进行的。更确切地说是通过市场价格来引导资源配置的。市场能够有效地配置资源的领域,我们称为市场有效领域;反之,市场不能有效配置资源的领域,我们称为市场失效的领域。在市场失效的领域,价格不能有效地引导资源配置达到帕累托最优。为此,就需要对这不合理的价格进行校正。财政补贴作为政府可控的一个政策工具,其很重要的一个功能,就是校正不合理的价格,实现资源的有效配置。

财政补贴的起因,都直接或间接地与价格有关,是补充或配合着价格手段在发挥着调节作用。财政补贴发挥作用的领域,是具有正外溢性的产品。外溢性是市场价格中不包含的由第三方承受的成本与收益。如果市场价格中不包含由第三方承受的成本,则为负的外溢;反之,如果市场价格中不包含由第三方承受的收益,则为正的外溢性。当有外溢性时,市场价格并不能反映产品的所有社会收益与社会成本。外溢性可以由生产行为产生,也可以由消费行为产生。

如图 7-1,当生产行为产生正的外溢性时,就会造成单个企业的边际成本 MC 大于整个社会的边际生产成本 MSC,二者的差即为生产行为产生正的外溢性。于是在企业利润最大化的生产水平 Q 上：MSB＝MU＝MC＞MSC。从社会来看,产量过低,资源没有达到帕累托最优,造成三角形 ABC 面积大小的效率损失。

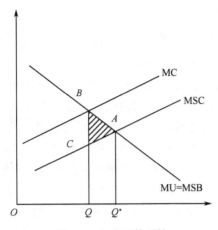

图 7-1　生产正外溢性

同样，当消费行为产生正的外溢性时，消费不仅给消费者本人带来私人效用，而且也给社会带来收益，如图 7-2。即消费该产品所带来的私人边际效用 MU，小于社会边际收益 MSB。于是，在最优的消费水平 Q 上，有 MSB＞MU＝MR＝MC＝MSC。从社会角度看，消费的数量过低，资源没有达到帕累托最优的水平，造成三角形 ABC 面积大小的效率损失。

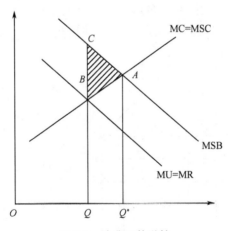

图 7-2　消费正外溢性

对于具有正的外溢性的产品，我们可以通过给予企业或消费者以财政补贴，把由企业或消费者所带来的正的外溢性内部化，从而使得补贴后单个企业的边际成本 MC 等于整个社会的边际生产成本 MSC，私人边际效用 MU 等于社会边际收益 MSB，这样私人决策就与社会决策相一致，资源就达到最优配置 Q* 水平。

2. 财政补贴的负效应

除了正效应之外，财政补贴也具有负效应。它主要表现为财政补贴改变了市场的真实比价，从而降低了资源配置的效率。

在市场失效的领域，通过财政补贴，可以对不合理的价格进行校正，从而提高资源的配置效率。但在市场有效的领域，价格本身可以有效地引导资源配置达到帕累托最优，此时如使用财政补贴无异于画蛇添足，会改变市场的真实比价，进而降低资源配置效率。正如征税会产生税收的超额负担一样，财政补贴也会产生补贴的超额负担——政府的补贴支出超过补贴受益人实际得到的部分。

如图 7-3，在一个完全竞争的私人产品市场中，由于没有外溢性，该产品的供给曲线 S 既代表社会边际成本 MSC，又代表私人边际成本 MPC；该产品的需求曲线 D 既代表消费者的边际效用 MU，又代表社会边际收益 MSB，同时也是企业的边际收益 MR 曲线。福利经济学第一定律告诉我们，这个市场是可以达到资源配置的有效状态 Q^* 的。在该点，边际社会成本与边际社会收益相等。现在政府如果宣布对该产品进行补贴，而且每个产品的补贴额为 T，则企业每销售一个产品，都不仅获得消费者的支付，而且获得政府的补贴。此时企业每销售一个产品所获得的边际收益为 $\mathrm{MR}'=\mathrm{MU}+T$，即政府补贴以后，企业边际收益曲线向上平移 T 个单位。这时市场新的均衡水平为 Q，在该点，$\mathrm{MSC}=\mathrm{MU}+T=\mathrm{MSB}+T>\mathrm{MSB}$。因此，资源过多用在该产品的生产，造成资源配置的效率损失。效率损失的额度可以用补贴的超额负担来度量。

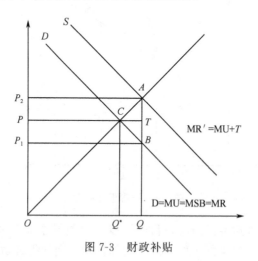

图 7-3　财政补贴

在图 7-3 中，政府的财政补贴额为 $T\times Q$，即矩形 ABP_1P_2 所表示的面积。在没有补贴前，消费者消费该产品支付的价格水平为 P，价格补贴之后消费该产

品支付的价格为 P_1，消费者从财政补贴中增加的消费者剩余为梯形面积 PP_1BC。对企业来讲，在没有补贴前，企业销售一个产品获得的价格水平为 P，价格补贴之后销售一个产品获得的价格为 P_2，生产者从补贴中增加的生产者剩余为梯形面积 PP_2AC，消费者和生产者从补贴中所增加的剩余之和为梯形面积 PP_2AC＋梯形面积 PP_1BC，即 $ACBP_1P_2$ 所表示的面积。它小于补贴额矩形 ABP_1P_2 的面积，二者之差即三角形 ABC 的面积，即为财政补贴的超额负担。

7.2.3　中国财政补贴与改革

1. 我国财政补贴的现状

我国从 1953 年开始实行财政补贴，当时只对棉絮这一种商品的经营补贴 5000 万元，以促进生产和商品流通，稳定物价，避免调价引起的连锁反应。从 1958 年起，财政开始对部分国有企业的生产经营亏损给予补贴。20 世纪 60 年代初，由于连续几年自然灾害，我国粮食生产受到很大影响。国家针对农业减产、市场紧张、通货膨胀的情况，1961 年将全国农副产品收购价格提高了 27.95%，而销售价格基本未动，为此，财政给予 20 亿元的价格补贴。1966 年国家为了缩小工农业产品价格剪刀差，再次提高粮食收购价格，也相应提高了销售价格，财政同时给每个职工发放粮食补贴。20 世纪 90 年代以前，国家财政对粮食的补贴主要有三类，即收购环节的粮食加价款、销售环节的粮食差价补贴以及粮食企业的经营亏损补贴。以上补贴方式不利于加强管理，客观上为一些企业和不法分子"倒买倒卖"粮食、套取财政补贴提供了可乘之机。

为解决上述问题，结合粮食价格改革，国家从 1992 年起取消了收购环节的粮食加价款补贴和销售环节的粮食差价补贴，而把这两项补贴都计入粮食购价成本，并通过销售价格得以补偿。对粮食企业经营亏损补贴，采取定额、定项据实清算的办法。在粮食购销同价前，粮食补贴主要用于弥补购销倒挂产生的差价和企业经营性亏损。随着粮食购销价格的逐步理顺，以上两种性质的补贴支出比重逐年降低，中央和地方储备粮食利息费用、粮食风险基金等调控性补贴的支出比重逐步增加。

半个多世纪以来，财政补贴在促进经济发展、调整利益关系和利益结构、保证经济改革和社会安定等方面都发挥了积极的作用，但同时也应看到我国的财政补贴存在的问题：

（1）财政补贴的项目多、范围广、数额大。在我国经济建设的各个时期，国家为了不影响城乡居民的实际生活水平和各项改革的顺利进行，相继出台了各种名目的财政补贴项目。补贴的范围由最初的流通领域扩大到生产领域、消费领域，由消费资料扩大到生产资料，项目不断增多。目前光是价格补贴，列入财政预算项目的就有 20 多项；补贴标准不断提高，补贴数额不断增大。虽然我国从 20 世纪 90 年代初开始压缩财政补贴，并在加入 WTO 后进一步压缩，财政补贴总额和所占财政支出比例都有所下降，但仍然保持较高水平。大量的财政资金用于补贴支出，使财政背上了沉重的包袱。如表 7-2 所示。

表 7-2　我国历年财政补贴情况　　　　　　　　单位：亿元

年份	物价补贴 [1]	企业亏损补贴 [2]	合计 [3]=[1]+[2]	财政支出 [4]	占财政支出/% [5]=[3]/([4]+[2])
1980	117.7		117.7	1 228.83	9.6
1985	261.8	507.0	768.8	2 004.25	30.6
1990	380.8	578.9	959.7	3 083.59	26.2
1995	364.9	327.8	692.7	6 823.72	9.7
1998	712.1	333.5	1 045.6	10 798.18	9.4
1999	697.6	290.0	987.6	13 187.67	7.3
2000	1 042.3	278.8	1 321.1	15 886.50	8.2
2001	741.5	300.0	1 041.5	18 902.58	5.4
2002	645.1	259.6	904.7	22 053.15	4.1
2003	617.3	226.4	843.7	24 649.95	3.4
2004	795.8	217.9	1 013.7	28 486.89	3.5
2005	998.5	193.3	1 191.8	33 930.28	3.5
2006	1 387.5	180.2	1 567.7	40 422.73	3.9

注：企业亏损补贴采用暗补形式，直接冲减财政收入。因其实质是财政支出，所以计算百分比时将其列入财政支出。

数据来源：据《2003～2008 年中国统计年鉴》整理。

　　（2）部分财政补贴政策不符合 WTO 规则。涉及财政补贴的法规政出多门、内容分散、临时性强、随意性大、公开性差、透明度低。我国现已加入世贸组织，但我国现行的一些财政补贴政策与 WTO 规则仍然存在相当差距，不符合《补贴与反补贴措施协议》和《农业协定》的有关规定。为避免对我国产品出口的各种可能的反补贴指控，就必须对我国的财政补贴政策作出相应调整。

　　（3）财政补贴的支出效益不高。财政补贴政策是促进和平衡经济发展的重要手段。但由于我国现行财政补贴体制的不完善或补贴方式或补贴环节的不恰当选择，存在补贴政策实施的出发点是好的，但具体补贴的支出效益却不高的问题。例如我国的粮食补贴，广大粮农按保护价出售余粮应得的间接补贴，有相当部分被粮食流通领域所截留和分流。粮食补贴预期目标出现变形，造成补贴资金的大量浪费。再如企业亏损补贴，由于信息不对称，政府划分不清国有企业的经营性亏损和政策性亏损，只好把企业所有亏损承担起来，使现行的企业亏损补贴很大一部分用于弥补国有企业经营性亏损，财政资金使用效率低下。长期的经营性补贴使企业产生依赖思想，降低了企业经济行为的效率和资源配置水平。

2. 财政补贴制度改革的具体措施

财政补贴同其他财政分配形式相比较，具有很强的政策性、时效性。随着经济体制改革的不断深化，我国现行的财政补贴制度已经不适应当前经济发展的需要，财政补贴的改革势在必行。

（1）完善相关法律体系。为此，应当进一步做好补贴法的立、改、废工作，逐步完善我国财政补贴的法律法规体系。根据我国目前的社会经济发展状况和经济体制改革的进程，全面审查现行的补贴法律、法规、规章等规范性文件或政策措施，对那些失去政策性、时效性、已无补贴必要的项目，以及 WTO 补贴和反补贴规则中禁止性的补贴项目，在改革中应坚决予以取消；对于那些确有必要存在的项目，要客观地分析，确定其补贴的标准和数量，严格加以控制。用公开、透明、规范的程序将废、改、立的结果及时公布，提高我国补贴法律法规的统一性、公开性和透明度。

（2）充分利用 WTO 的优惠待遇。充分利用 WTO 的有关规定和对发展中国家的特殊优惠待遇，能够推动产业进步和增加出口。在取消禁止性补贴的同时，为了支持出口，应完善出口退税机制，做到应退尽退；合理利用一些可诉补贴，掌握好补贴的范围和"度"，在提高受补贴企业的产品国际竞争力的同时，避免造成对我国出口产品的起诉；用足用好不可诉补贴，重点增加对落后地区的补贴、研究开发的补贴和环境保护方面的补贴，实现我国经济均衡和可持续发展。

（3）调整补贴环节，改革补贴方式，提高补贴效益。一是调整我国现有的粮食补贴政策。我国粮食补贴方式改革试点工作于 2002 年起在部分粮食主产省率先启动。为提高补贴效率、切实保护粮农利益、稳定粮食生产，应完善并推广粮食直接补贴方式，实行由"暗补"改为"明补"，从经营环节补贴转为生产环节补贴，将补贴直接发放给农民。同时还应加大对农业基础设施建设的补贴，并由财政每年安排一定的专项资金用于支持新产品的培育和优质农产品的引进、调整和优化农业结构、增强农业发展后劲。二是调整对国有企业的财政补贴政策。随着市场经济的发展、国有企业改革的深入以及企业破产制度的推行，国家与企业的关系将进一步理顺，大部分企业亏损补贴可取消。对于一些特殊行业，如水、电、城市交通、环境保护等国有企业，国家进行补贴时也必须明确划分政策性亏损和经营性亏损。对于企业经营性亏损坚决不能给予补贴，而企业政策性亏损补贴的范围，则应从国有企业扩大到其他经济成分的企业，只要符合国家政策，因政策影响导致的亏损就应给予补贴。三是加大对产业和企业的研究开发补贴。我国政府对企业的研究开发补贴，无论是从补贴数额上看，还是从所占国内生产总值的比重上看，都低于世界平均水平，存在很大的提高空间。政府可以将用于弥补企业亏损的补贴，用于企业技术改造、产品开发和人员培训方面，以促进产业升级和科技创新，提高企业的国际竞争能力。

■ 7.3　其他财政支出

除了社会保障支出和财政补贴之外，尚有若干公共支出也具有一定的转移支出的性质（叶振鹏和张馨，1999）。

7.3.1　对外援助支出

财政的对外援助支出，也是财政的重要支出之一。对外援助支出是根据对外援助协议对受援国进行一般物资和成套设备项目等方面的长期贷款和无偿援助。这类支出在不直接形成对国内人力物力的需求时，具有转移支出的性质。在现代世界中，各国间的政治经济往来，国家对外交流的开展，对于加快本国经济的发展、维护世界和平都具有重要意义。这样，如同接受外援一样，国家很自然地要对外提供或大或小的援助。不过，我国作为发展中国家，对外援助的能力有限，在外援上应量力而行，同时也应注意对外援助的方式与效果。

7.3.2　债务利息支出

财政的债务利息支出，是指财政在偿还国内公债和国外借款时的付息支出。随着国家重新运用公债手段去取得财政收入，相应地也就产生了公债的利息偿还问题。我国目前财政的债务利息支出内容主要包括：①国内债务付息支出；②国外债务付息支出。

7.3.3　债务还本支出

债务还本支出包括：①国内债务还本支出；②国外债务还本支出。其中，国内债务还本支出包括国库券还本支出、向国家银行借款还本支出、其他国内借款还本支出；国外债务还本支出包括向外国政府借款还本支出、向国际组织借款还本支出、其他国外借款还本支出、地方向国外借款还本支出。

7.3.4　支援不发达地区支出

这反映了为加快不发达地区的经济和文化事业的发展而发生的支出。它包括：①财政扶贫资金支出；②边境建设事业补助费支出；③民族工作经费支出。

7.3.5　其他支出

除了以上几类主要的财政支出外，我国财政目前还发生着许多零碎的相对规模较小的支出，但都反映着国家履行职能的具体方面，并且许多都具有重大作用，都属于公共支出的性质。因此，不论它们的性质是转移性的，还是购买性的，这里都简单加以介绍。

在国家预算的"其他支出"科目中，它们主要包括以下内容：①兵役征集费；②支前费；③人民防空经费；④补助村民委员会支出；⑤国家赔偿费用支出；⑥引进人才专项费用；⑦住房改革支出；⑧宣传文化发展专项资金；⑨出版企业发展专项资金；⑩政府特殊津贴；⑪抗震加固补助经费；⑫债券发行费用支出；⑬简易建筑费；⑭航标事业发展支出；⑮中小企业发展专项资金等。

■ 小结

1. 社会保障是指国家向丧失劳动能力、失去就业机会、收入未能达到应有的水平以及由于其他原因而面临困难的公民，给予货币或实物形式的帮助，以维持其最基本生活水平的活动。
2. 社会保障包括社会保险、社会救济、社会福利和社会抚恤等。
3. 社会保障是社会发展不可或缺的组成部分，是社会发展的"安全网"和"稳定器"。社会保障活动的组织者是政府，其受益对象具有选择性。
4. 政府介入社会保障活动原因在于克服保险市场上的逆向选择、避免消费者选择不当、降低决策成本、实现收入分配的公平。
5. 财政补贴是国家根据一定时期政治经济形势的客观需要，向特定的产业、部门、地区、企事业单位、居民个人或事项提供的无偿补助。
6. 国家的财政补贴具有政策性、可控性、时效性、特定性的特征。
7. 财政补贴包括价格补贴、企业亏损补贴、财政的贴息等。
8. 财政补贴对经济可产生正、负两种效应。在市场有效的领域运用财政补贴，会降低资源配置效率；反之，在市场失效的领域运用财政补贴，可以提高资源配置效率。
9. 其他具有转移支出性质的支出包括援外支出、债务支出等。

? 思考题

1. 试分析转移性支出对经济的影响。

2. 既然市场崇尚优胜劣汰法则，为什么还要为在市场竞争中遇到困难的人们提供社会保障？

3. 试论我国社会保障制度存在的问题与改革设想。

4. 试比较完全基金制和现收现付制两种社会保障基金的区别。

5. 试分析财政补贴的货币形式与实物形式的优劣。

参考文献

邓子基，邱华炳. 2000. 财政学. 北京：高等教育出版社

国家统计局. 2003~2008. 中国统计年鉴. 北京：中国统计出版社

海曼 D N.2001. 公共财政：现代理论在政策中的应用. 章彤译. 北京：中国财政经济出版社

普拉丹. 2000. 公共支出分析的基本方法. 蒋洪等译. 北京：中国财政经济出版社

叶振鹏，张馨. 1999. 公共财政论. 北京：经济科学出版社

第 **8** 章

税 收 理 论

本章从税收的一般概念入手，介绍了税收的基本原则以及税收负担的度量、转嫁与归宿，最后就如何通过税制的优化设计、以最经济合理的方式取得既定的税收收入问题进行了讨论。通过对本章的学习，要求掌握税收的概念、税收的原则、最优课税等基本理论问题；掌握影响税收负担水平的因素及税收负担运动的一般规律；了解和掌握税收的基本术语和主要分类，以便为税收制度的学习打下坚实的基础。

■ 8.1 税收概述

税收直接表现为国家（或政府）凭借政治权力强制征纳而取得的收入，在市场经济下，税收从根本上看还是公共产品的价格。从历史与现实相结合的角度看，我们可以从以下层面对税收的含义进行分析。

8.1.1 税收概念

税收是随着国家的产生而出现的。历史上的国家财政收入有官产收入、债务收入、专卖收入、利润收入等多种形式，但税收一直扮演着最主要的收入角色。

在市场经济下，根据政府与市场的分工定位，政府提供公共产品，市场提供私人产品。由公共产品的非排他性和非竞争性特征所决定，政府提供公共产品所需要的资金来源只能主要依赖于税收。因此，税收从根本上看是人们为享受公共产品所支付的价格，进而形成了税收概念中的"公共产品价格论"。向社会全体成员提供公共产品，就成为市场经济下国家的基本职能。在市场经济下，税收满足政府提供公共产品的需要，从直观上看，也就是满足国家实现职能的需要。

理解现代意义上的税收概念，必须从税收的形式特征入手。税收的形式特征包括强制性、无偿性和固定性。

（1）强制性。税收的强制性，是指政府的征税活动，是以国家的法律、法令为依据实施的，任何单位和个人都必须依法履行纳税义务，否则就会受到法律的制裁。强制性是税收同公债收入、规费收入、公有财产收入等其他形式的财政收入最显著的区别。在市场经济下，公共产品的提供经常会出现"免费搭车"问题，因而如果由社会公众自愿供给（捐献），通常会出现供给不足的现象。此时，必须依靠国家（政府）的政治权威，才能克服由此而带来的困难和问题。当然，在市场经济下，强制只是税收的形式特征。由于政府必须依法课税，而税法是按照社会公众的根本意愿制定的，因此，税收从根本上看又是自愿的。

（2）无偿性。税收的无偿性，是指国家征税之后的税款即为国家所有，归国家自主支配和使用，国家并不承担任何必须将税款等额直接返还给纳税人或向纳税人支付任何报酬的义务。当然，在市场经济下，无偿只是税收的形式特征。由于政府必须向全社会提供相应的公共产品，税收作为公共产品的价格，从根本上看是有偿的。

（3）固定性。税收的固定性，是指政府在征税以前，就以法律形式制定了税收制度，规定了各项税制要素，并按这些预定的标准进行征收。税法一旦公布施行，征纳双方就必须严格遵守。纳税人必须依法纳税，不得逃税、拖欠税款和抗拒征税；税务机关也必须依法征税，不得擅自减免，也不能超越法律授权擅自取予。税法是通过政治程序，由立法部门（如我国的人民代表大会）制定的。

税收的形式特征，使得税收能够区别于公共部门的其他收入。税收形式上的强制性使得税收与公债（取决于债权人意愿）、政府收费（取决于缴款人的自主行为）和捐款（取决于捐赠者的意愿）等区别开来。税收形式上的无偿性和本质上的有偿性，将税收与罚款收入、特许权收入、债务收入（必须按期还本付息）、规费收入（国家为付费者直接提供服务而取得的收入）等区分开来。税收形式上的固定性使得税收与货币的财政发行、摊派和罚没收入等（不具有确定性规范的财政收入形式）区分开来。

8.1.2 税制要素

税制要素，即税收制度的基本要素，包括对什么征税、向谁征税、征多少税和如何征税等税法的基本内容。税制要素一般包括纳税人、征税对象、税率、纳税环节、纳税期限、减税免税和违章处理等。其中，纳税人、征税对象和税率是税制的三个基本要素。现将各税制要素分述如下。

1. 纳税人

所谓纳税人，是享有相应权利并按税法的规定直接负有纳税义务的单位和个人。每一税种都有关于纳税义务人的规定。如果不履行纳税义务，即应由该行为的直接责任人承担法律责任。税法规定的直接负有纳税义务的人，可以是自然人（个人），也可以是法人。纳税人、负税人和扣缴义务的人是不同的概念。

所谓负税人，是税款的实际负担者。有些税种，税款最终由纳税人自己承担，在这种情况下纳税人就是负税人；而有些税种，税款虽然由纳税人交纳，但纳税人可通过各种方式将税款转嫁给别人负担，在这种情况下，纳税人不同于负税人。

举例来说，某商店销售一种商品，在未征税的前提下，价格是每单位 10 元；而当政府对该商店就此课征 20％ 的税收时，价格将可能发生变化。如果该商店将售价提高为 12.5 元，则该商店将所有相关的税收 2.5 元（12.5 元×20％＝2.5 元）全部转嫁给了购买者。此时的负税人就是购买者。如果该商品的售价不变，则负税人是该商店。如果售价在 10 元以上 12.5 元以下，则该商店和购买者都是负税人。但无论价格如何变化，纳税人都是该商店。

所谓扣缴义务人，是税法规定的，在其经营活动中负有代扣税款，并向国库交纳税款义务的单位和个人。

2. 征税对象

所谓征税对象，又称课税对象、征税客体，是指对什么事物和什么活动征税，即征税的标的物。不同的税种有不同的征税对象，它是一个税种区别于另一个税种的主要标志，如企业所得税的征税对象是纳税人取得的生产经营所得和其他所得，增值税的征税对象是商品或劳务在生产和流通过程中的增值额。在这里，我们对税目、计税依据、税源和税基等几个概念进行辨析。

所谓税目，是税法规定的征税对象的具体项目，反映具体的征税范围，代表征税的广度。多数税种的征税对象比较复杂，需要通过税目具体界定。

所谓计税依据，是计算应纳税额的依据，基本上可以分为两类：一是计税金额。这是采用从价计征方法时计算应纳税额的依据，如收入额、利润额、财产额和资金额等。计税价格乘以征税对象的数量，就可以得出计税金额；再用计税金额乘以适用税率，就可得出应纳税额。二是计税数量。这是采用从量计征方法时计算应纳税额的依据，如原油的资源税是按原油的实际产量以吨定额计税的。此时以适用税率乘以计税数量，就可以得出应纳税额。

所谓税源，是指税款的最终来源。具体到每一税种，征税对象与税源可能不一致。如房产税，其征税对象是纳税人拥有的房产数量或价值，而税源是房产带来的收益或财产所有人的收入。这里牵涉到税本与税源的区别问题。税本是基础，税源是基础所产生的果实。有税本才有税源，有税源才有税收。政府运用税收对经济进行调节的作用点是在征税对象上，但作用的归属主要在税源上。

所谓税基（tax base/basis of taxation，课税基础），是某一税种的课税依据。在税制设计上，税基的选择是一个重要问题。首先是税基本身的选择，以人们的收入为税基课征所得税，或以支出为基础课征支出税，或以消费为基础课征消费税，其对社会经济各方面的影响是不同的。其次是税基大小的选择，以全部商品为基础课征一般销售税，或以部分商品为基础课征选择销售税，其影响和作用也不同。

3. 税率

所谓税率，是税法规定的应征税额与征税对象之间的比例，是计算应征税额的标准。税率的高低，直接关系到国家的财政收入和纳税人的税收负担。一般来说，税率可分为比例税率、定额税率和累进税率。

所谓比例税率，是指对于同一征税对象，不论其数量大小，都按同一比例征税的一种税率制度。其主要特点是税率不随征税对象数量的变动而变动。

所谓定额税率，是指按征税对象的一定计量单位规定固定税额，而不是规定征收比例的一种税率制度，一般适用于从量计征的税种。

所谓累进税率，是指税率随着课税对象的增多而提高的一种税率制度。它按征税对象数额的大小划分若干等级，每个等级由低到高规定相应的税率，征税对象数额越大，税率越高。累计税率因计算方法和依据不同，又可分为以下两种：一是全额累进税率，即对征税对象的全部数额都按与之相应的税率计算税额。在征税对象提高到税收的一个等级档次时，对征税对象全部都按提高一级的税率征税。二是超额累进税率，即把征税对象按数额大小划分为若干等级，每个等级由低到高规定相应的税率，每个等级分别按该等级的税率计征。

在经济分析中，我们经常要用到平均税率和边际税率。所谓边际税率，是指在征税对象的一定数量水平上，征税对象的增加导致所纳税额的增量与征税对象的增量之间的比例。而所谓平均税率，则是指全部税额与征税对象总量之比。

人们通常还将税率分为名义税率和实际税率。所谓名义税率，是指税法规定的税率；而所谓实际税率，则是指纳税人在一定时期内，扣除税收减免后，实际缴纳的税额占其计税依据的比例。

4. 纳税环节

所谓纳税环节，一般是指在商品流转过程中，按照税法规定应当缴纳税款的环节。

5. 纳税期限

所谓纳税期限，是指税法规定的纳税人发生纳税义务后，向国家缴纳税款的期限。

6. 减税免税

所谓减税免税，是指税法对某些纳税人或征税对象给予鼓励和照顾的一种特殊规定。税收制度的减税免税要素包括以下内容：一是减税和免税；二是起征点；三是免征额。

所谓减税，是指对应纳税额少征一部分税款；所谓免税，是指对应纳税额全部免征。一般减税、免税都属于定期减免的性质，税法规定有具体的减免条件和期限，到期就应当恢复征税。

所谓起征点，是征税对象达到征税数额开始征税的界限。征税对象的数额未达到起征点时不征税；而一旦征税对象的数额达到或超过起征点时，则要就其全部的数额征税，而不是仅对其超过起征点的部分征税。

所谓免征额，是在征税对象总额中免予征税的数额，只对超过免征额的部分征税。

7. 违章处理

所谓违章处理，是税务机关对纳税人违反税法的行为采取的处罚性措施，主要解决对不缴、少缴、迟缴、偷税等违反税法的现象和行为怎样处理的问题。

8. 纳税地点

所谓纳税地点，是纳税人应当缴纳税款的地点。一般来说，纳税地点和纳税义务发生地是一致的，除非一些特殊情况，如总公司不在同一地点的分公司的利润在总公司汇总纳税。

8.1.3　税收分类

1. 以征税对象为分类标准

以征税对象为标准，税收可以分为流转税类（商品税类）、所得税类、财产税类和行为税类等。所谓流转税类，是指对商品的流转额和非商品的营业额所征收的那一类税收，如消费税、增值税、营业税和关税等；所谓所得税类，是指对纳税人的各种所得征收的那一类税收，如企业所得税和个人所得税等；所谓财产税类，是指以纳税人所有的财产或归其支配的财产数量或价值额征收的那一类税收，如房产税、契税、车船税、遗传及赠与税等；所谓行为税类，是指以某些特定行为为课税对象的税，如印花税等。

2. 以税负是否容易转嫁为分类标准

以税负是否容易转嫁为标准，税收可以分为直接税和间接税。所谓直接税，是指税负不易转嫁，由纳税人直接负担的税收，如各种所得税、土地使用税、社会保险税、房产税、遗产及赠与税等。所谓间接税，是指纳税人容易将税负全部或部分转嫁给他人负担的税收，如以商品流转额或非商品营业额为课税对象的消费税、增值税、销售税和关税等。

3. 以管理权限为分类标准

以税收管理权限为标准，税收可以分为中央税、地方税以及中央地方共享税等。属于中央政府管理，并支配其收入的税种称为中央税。属地方政府管理，收入由地方政府支配的税种称为地方税。属中央与地方政府共同享有，并按一定比例分别管理和支配的税种，称为中央地方共享税。

4. 以计税依据为分类标准

以计税依据为标准，税收可以分为从价税和从量税。所谓从价税，是指以课税对象及其计税依据的价格或金额为标准，按一定税率计征的税收，如我国的增值税、营业税和关税等。所谓从量税，是指依据课税对象的总量、数量、容积和面积等，采用固定金额计征的税收，如现行的资源税、车船使用税等。

5. 以税收与价格的关系为分类标准

以税收与价格的关系为标准，税收可以分为价内税和价外税。凡税金构成价格组成部分的，称为价内税；凡税金作为价格之外附加的，称为价外税。与之相适应，价内税的计税依据为含税价格，价外税的计税依据为不含税价格。我国现行的增值税，在零售以前各环节采用价外税，在零售环节采取价内税。西方国家的消费税大都采用价外税方式。

8.1.4 税制结构

所谓税制结构，是指一国税制中税种的组合状况，它反映各个税种在整个税收收入中的地位。根据税制结构中的税种是单一的还是多重的为标准进行分类，税制可以分为单一税制与复合税制。所谓单一税制，是指一国在一定时期内基本上只实行单一税种的税收制度；所谓复合税制，是指一国在一定时期内实行有多种税种组成的税收制度。

在现实中，完全的绝对的单一税制几乎从来没有存在过，但计划经济时期的我国实质上实行的是单一税制。复合税制是市场经济下各国现实的选择。不同税种在税收收入中的地位不同，就形成了不同的税制结构。我们可以将税制结构分为以商品税（流转税）为主体的税制结构、以所得税为主体的税制结构、所得税与商品税并重的税制结构及其他税制结构。

发达国家多采用以所得税为主体的税制结构，发展中国家多采用以商品税为主体的税制结构。经济逐渐向发达国家过渡的国家，则可能选择流转税与所得税并重的税制结构。一些财政收入严重依赖某些特殊税制（如资源税）的国家形成了特殊的税制结构。

商品税的特点包括：商品税的税基较广，可以较好地保证政府收入的稳定性；传统意义上的商品税，对税收征管的水平要求较所得税为低。这恰好迎合了经济实力较为薄弱和税收征管水平较低的发展中国家的需求。

所得税的特点是其累进性可以起到宏观经济调控的"自动稳定器"的作用，在公平方面的调节作用优于商品税。这恰好迎合了税收征管水平较高的发达国家在收入公平、宏观经济调控等方面的需求。

8.2 税收原则

税收原则是政府在税制的设计和实施方面所应遵循的理论准则，也是评价税制优劣、考核税务行政管理状况的基本标准，因而历来得到理论界和政府的高度重视。在现代税收理论中，得到公认的是税收的两大基本原则，即效率原则和公平原则。我们首先对税收原则的历史发展作简单介绍，再重点分析税收的效率和公平原则。

8.2.1 税收原则的发展

被誉为"现代经济学之父"的英国学者亚当·斯密提出四项税收原则：①平等原则。政府应按照个人能力来课税，即按照一个人在国家保护下所获得的收益为比例来缴纳税收。②确实原则。各人应缴纳的税收，必须明确决定，不可含混不清，征税者不可以任意左右。所谓确实，包括纳税的时间、地点、手续、金额等，都要使纳税者确实明了。③便利原则。各种税收的课征，都应该站在纳税人的立场，斟酌适当的缴纳时期，采用简便的缴纳方法，悉以便利纳税人为出发点。④节约原则。课税应使收入尽可能地归入国库，向国民征收的数额应该尽可能地使其减少，也即人民缴纳的税额与国库收入的数额二者之间的差额，应该尽量地降低到最小程度。简言之，征税费用力求节约。

德国财政学者瓦格纳也提出以下四个税收原则：①财政收入的原则，包括税收收入充分的原则，即税收收入必须力求满足财政的需要和税收收入弹性的原则，即税收收入必须能在财政需要增大或税收以外的收入减少时，基于法律或自然增收，以适应其变化。②国民经济的原则，包括选择正当税源的原则和选择适当税收种类的原则。选择正当税源，在原则上应该选择"所得"，避免对财产或资本课税。否则税源一旦被破坏，不仅对财政收入不利，而且也将影响国民经济的发展。选择适当的税收种类，必须考虑税收的转嫁问题，而使税收负担归之于应该负担之人，简言之，最好是选择所得税。③社会公平的原则，包括课税普遍原则和课税平等原则。课税普遍原则，又称普遍负担的原则，也即打破免税特权，而对低收入者给予免税，使有纳税能力者皆应纳税。课税平等原则，按照纳税能力来课税，以求实质的平等，也即对富有者采取累进税率课税，对低收入者则给予最低生活费免税，借以平均社会财富。④课税技术原则，包括课税明确的原则、课税便利的原则和征税费用节约原则，等等。

亚当·斯密与瓦格纳的税收原则，因其所处的时代不同而不同，但同中有异，现比较如下。

两者的相同点主要有：①瓦格纳第四原则包含确实、便利、节约等三小原则，与亚当·斯密的第二、第三、第四原则相同。②亚当·斯密的第四原则，征缴费用的节约，并不是单纯地着眼于税务行政改革，而其积极用意在于使征税不致阻碍产业活动和经济发展。这与瓦格纳的第二原则，即国民经济原则的精神是相同的。③亚当·斯密的第四原则含有重视财政收入之意，这与瓦格纳的第一原则即财政收入原则是相通的。

两者的不同点主要有：①亚当·斯密所提出的税务行政的要求，较偏重于纳税人的立场，而瓦格纳在税务行政上，政府的需要与人民的利益较能两相兼顾。②瓦格纳强调税收收入要充分而有弹性，而亚当·斯密对此较无顾及。③亚当·斯密重视自然的正义，主张采取以消费税为中心的比例税。而瓦格纳则重视社会的正义，主张采取以所得税为中心的累进税制。④亚当·斯密在税收课征理论上采用利益说，而瓦格纳则采用义务说。

现代财政学者均认为，为了实现财政、经济和社会的目标，税法的制定、修订或解释应遵守的原则有以下几点。

1. 财政收入原则

课征税收的目的有许多，但其最主要且最原始的目的，即在于获得财政收入以应政务之需，确保政府提供公共服务所需要的财力及时、足额的供给。欲实现财政收入原则（principle of tax revenue），税收的选择应为税基广且较富有弹性的税收。财政收入原则是税收的最基本原则，它包括两层含义：一是充分原则；二是弹性原则。

（1）充分原则。所谓税收的充分性，是指税收应当能够为政府活动提供充实的资金，保证政府提供公共服务的需要。然而，税收所提供的收入并不是越多越好，因为在资源和技术给定的条件下，提供的公共产品越多，社会所能提供的私人产品就相应减少。如图 8-1 所示，AB 为生产可能性曲线，它表示一个社会所能生产的公共产品与私人产品的各种组合。u 为社会无差异曲线，表示社会从公私产品的不同组合中所能得到的效用水平。生产可能性曲线 AB 与社会无差异曲线 u 相切于点 E，它代表了社会在现有生产条件下所能实现的最高效用水平。生产可能性曲线上的其他点，都无法实现社会效用的最大化。E 点所代表的 EF 数量的税收，就满足了充分原则。

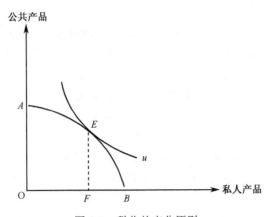

图 8-1　税收的充分原则

（2）弹性原则。由于政府的支出需求不是一成不变的，因而税收制度的设计，应当使得税收能够随着政府支出需要的变动而进行一定程度相应的变化。如图 8-2 所示，曲线 t_1、t_2、t_3 分别为第一、第二和第三时期的生产可能性曲线。随着时间的推移，各期可使用的资源和技术水平都较前一时期有所增加，因此下一期的生产可能性曲线总处于前一时期生产可能性曲线的右上方。假设有三条社会无差异曲线 u_1、u_2、u_3，它们分别与上述三条生产可能性曲线相切于点 E_1、E_2 和 E_3，那么，将这些切点用光滑曲线连接起来，就形成曲线 OM。该曲线表

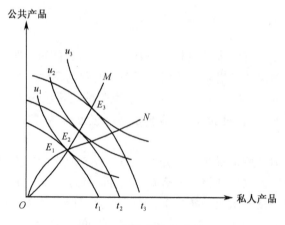

图 8-2   税收的弹性原则

明，随着经济的发展，社会所需的公共产品将逐步增加，能够满足这一需求的税收就是有弹性的税收。其他的税收制度曲线，如 ON，就无法随着经济的发展而满足相应的公私产品之间的有效配置的要求。

2. 经济发展原则

经济发展原则（principle of economic development）指税收的课征，须特别注意不要妨碍经济的发展。这是因为，如果税收的课征严重阻碍经济活动，将使税收减少，进而造成财政收入减少。具体而言，税收制度应该尽可能少地损害市场的效率。首先，税收总量应该体现整个社会资源最优配置的要求，过多或过少课税都会损害经济效率，不利于经济增长。其次，税收对微观经济活动的效率损失应当最小。税收直接减少了纳税人所拥有的收入和财产数量，直接减少了企业和个人从事经济活动的资源，同时还可能扭曲市场活动主体的行为，造成效率损失。这种效率损失，就是税收的额外负担。

3. 公平原则

公平原则（principle of equity）指税收的课征应注意其普遍性，不能有特殊身份或地位的例外，但要追求真正的公平，仍是容许例外的，如免税条款的订立。

4. 税务行政原则

税收的课征，须达到便民利课的目标，故税收需细密明确，手续应简便，稽征费用应节约，以实现确实、便利、节约的税务行政原则（principle of tax administration）。

在现实经济环境中，除了实际缴纳的税款外，税收的成本还包括遵从成本

(compliance cost) 和征管成本 (administrative cost)。

(1) 遵从成本。遵从成本是纳税人为履行纳税义务而产生的各类费用，如保持簿记资料的费用，申报、缴纳税款的费用，进行财务和会计咨询的费用等。有研究显示，美国个人所得税的遵从成本约占纳税额的 5%～7%。遵从成本中只有 5%～10%是聘请税务专家的费用，而主要是纳税人所花费的时间成本。纳税人每年花在缴纳税收上的时间，大约是 20 亿小时。上述研究仅涉及个人所得税，因此从总体上看，遵从成本占税收成本的相当部分。

(2) 征管成本。征管成本是税务当局为征税而发生的各类费用，如办公大楼的建造费、办公设备和用品的购置费、税务人员的工资和津贴等。

尽管上述税收成本不是纳税人直接缴纳的税款，但仍构成纳税人的税收成本。从效率角度来看，应该尽量减少这部分成本。

5. 中性原则

税收的课征应保持中性原则 (principle of neutrality)，除非有特殊的政策目的；否则，税收的课征以不妨碍经济的自由运作为目标，传统营业税因易造成产业垂直整合 (vertical integration)、不利于专业分工等缺点，所以需改行增值税即为一例。

在现代税收理论中，得到公认的是税收的两大基本原则，即效率原则和公平原则。这两个基本原则是上述其他原则的总结和概括，现具体分析如下。

8.2.2 税收的效率原则

税收经济效率的含义，是指既定税收收入下使税收的额外负担最小化。所谓税收超额负担，是指征税引起市场相对价格的改变，干扰了私人部门的选择，进而导致市场机制扭曲变形而产生的经济福利损失。税收额外负担在多数情况下是不可避免的，因此，如何使税收超额负担最小化，就成为提高税收效率的基本思路。

税收的额外负担 (excess burden)，又称为税收的福利成本或无谓损失 (deadweight loss)。这三个术语所指相同。税收福利成本产生的原因是，纳税人除了向政府纳税，还会改变自身行为，从而在一定程度上减少了纳税。为减少纳税而产生的行为改变，会使纳税人在缴纳税款外还产生额外的成本。

例如，政府决定对汽油课税，纳税人的福利水平会降低：首先，他们购买汽油时必须交税；其次，税收会使油价上涨，从而使消费者减少汽油消费。这说明税收除了筹集收入外，还会改变消费者的消费组合，使其实现偏离无税收情况下的最优消费组合。消费的变化使消费者产生额外负担，因为消费者不得不接受较不合意的消费组合，其效用相应降低。回顾上一节的分析，对市场中的供需方课税后，市场的均衡销售量会降低，应税商品被替代，就反映了税收的福利成本。

　　图 8-3 将税收额外负担概念，用图形表示出来。图 8-3 说明了完全竞争市场中，对商品供给方课征从量税的情况。在无税收的情况下，其供给曲线为 S，需求曲线为 D，均衡价格为 P^*，均衡的销售量为 Q^*。由于供给方要为所销售的每单位商品缴纳从量税 Tax，因此其商品的成本等额上升。新的供给曲线为 $S+$ Tax，此时均衡价格上升为 P_d，销售量减少为 Q'，即需求曲线 D 和新供给曲线 $S+$ Tax 的交点。

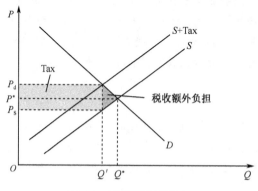

图 8-3　税收的额外负担

　　每单位商品的税收为 P_d-P_s。课税后的均衡销售量是 Q'，因此，缴纳的税收总额为 $(P_d-P_s)\times Q'$，即图 8-3 中浅灰色的长方形。例如，对每升汽油课征 0.5 元的从量税，汽油的销售量为 1000 升，则缴纳的税收总额为 0.5 元×1000＝500 元。在图 8-3 中，每单位税收为 P_d-P_s，对应于 0.5 元，Q' 是销售量 1000 升。

　　税收额外负担的产生，是由于对应税商品的消费从 Q^* 减少到 Q'。税收的存在阻碍了部分交易的进行，而这部分交易带给买卖方的利益就无法实现。从 Q^* 到 Q' 的产出减少所带来的福利损失，等于买方消费这部分商品所带来的福利减去卖方生产这部分商品的机会成本。我们用需求曲线来测量消费者消费这部分商品的边际收益，用供给曲线来测量生产这部分商品的机会成本，则从 Q' 到 Q^* 这部分商品带来的净利益，等于供求曲线间深灰色的三角形区域。该三角形区域表示因消费行为改变所带来的损失，是除缴纳税款外的额外成本。

　　在该框架下，我们分析纳税人的税收成本。图 8-3 中浅灰色的长方形区域表示纳税人支付的税额。该部分是纳税人的成本，但征收后用于提供公共产品。深灰色的区域表示税收的额外负担，是由不可避免的产出减少所带来的成本，而这部分成本被损失掉了。因此，政府产出的总税收成本，等于政府的税收收入加上课税所带来的额外的福利成本。

　　具有最小额外负担的税种，从效率角度来看是最优的，因为它具有最小的社会成本。为使税收的社会成本最小化，税收政策的目标之一，就是使税收体系的额外负担最小化。而要实现该目标，必须对供给或需求弹性较小的商品课税。

如图 8-4，对需求弹性较大的商品（DE）课税，其销售量减少的幅度，大于对需求弹性较小的商品（DI）课税。因此，对弹性较小的商品课税所产生的额外负担也较小。在极端情况下，如果需求完全无弹性，课税不会对销售量产生影响，也就没有额外负担。一般而言，要使税收的额外负担最小，必须选择对供给或需求弹性小的商品课税。若供给或需求无弹性，则供给方或需求方不会因为价格变动而改变其行为。课税没有改变市场主体的行为，那么也就不存在额外负担问题。

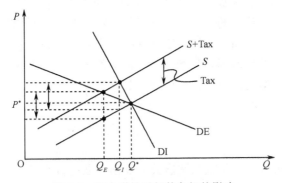

图 8-4 需求弹性对额外负担的影响

税收体系的额外负担最小化，也就是税收的社会成本最小化。需要指出的是，除了对商品交易的课税会带来经济效率的损失外，对所得的课税也可能产生额外负担，因为纳税人会在工作和闲暇之间重新配置他的时间，而对所得课税会扭曲他的经济行为，从而产生额外的福利损失。

除了实际缴纳的税款和额外负担外，税收的其他成本还包括遵从成本和征管成本。税务当局应提高行政效率，使这部分成本占入库的税收收入的比例尽可能低。

理解税收的效率原则，有助于我们了解各税种对经济主体和整体经济的影响。然而，这些实证原理仅为设计一个好的税制系统提供了基础，而并没有给出分析这些税收效应是否是我们想要的结论。给定筹措一定数额税收的目标，应尽量减少征税的社会成本。这通常是一个合理的目标。然而效率并不是唯一的标准，实际上，税收系统的公平也很重要。公平和效率至少具有同等的重要性。如果公平目标和效率目标相互冲突，就需要进行规范（normative）分析。例如，一般认为，课征总额税（lump sum tax），如按人头课税，相对不会产生额外负担。总额税不会使个人因经济行为的改变而改变纳税义务，但可能对公平产生强烈的负面影响，而且实际上很难实施。如果对每个人课征相同的税收，显然是不公平的，因为每个人的纳税能力是各不相同的；而如果根据收入或所得课税，又会产生额外负担。此外，对供需弹性小的商品课税，也可能与公平原则相悖，因为根据该原则，就应该对日用品或者医疗用品课税。由于日用品等的需求弹性很小，从公平角度看，对它们课重税就未必是合理的。

8.2.3　税收的公平原则

数百年来，财政学研究的重点，始终放在各纳税人之间税负分配的公平上。然而，税收负担分配主要依赖于经济分析框架的外在因素，即取决于非经济价值的判断。事实上，经济学理论一直无法明确界定实际收入和财富分配的最优状态，而仅能提供方法论上的帮助。目前已被广泛接受的公平原则主要包括受益原则（benefit principle）和纳税能力原则（the ability-to-pay approach）。所谓受益原则，也称为利益课税原则，是指课税是依纳税人受益的多少而定，受益多的多纳税，受益少的少纳税。所谓能力原则，是指以支付能力作为征税依据，能力强的多纳税，能力弱的少纳税。

1. 受益原则

受益原则要求按照纳税人从政府公共支出中获得的利益程度来分配税负。这种观点的理论依据是，政府之所以要向纳税人课税，是因为它向纳税人提供了公共产品；纳税人之所以要向政府纳税，是因为他们从政府提供的公共产品中获得了利益。因此，税负在纳税人之间的分配，只能以他们享受利益的多少为依据，受益多者多缴税，受益少者少缴税，受益相同者缴纳相同的税。可见，受益原则实际上是将公民纳税与政府提供公共产品看成是一种类似于市场交易的过程，税收就好比是政府提供公共产品的价格。

课税时，根据受益原则选择税基和税率，有两个重要理由：①对多数人而言，这种方法基本上是公平的。有学者认为，对政府支出的受益者，按其受益比例课税是最公平的。该方法实际上是将私人部门的原则应用于公共部门，相当于政府在市场上出售各种公共产品。②这种方法可以同时决定税收和政府支出水平。如同私人部门，人们所愿支付的价格及其所愿购买的数量可以同时决定。因此，公共部门的规模、政府的各种职能问题，以及应由什么人支付的问题，都同时得到解决。

这一观点在理论上易被接受，但在实践中却遇到了问题。这就是每个纳税人从公共产品中受益多少的信息常常难以获得，如果让公共产品的受益者自己报告，则由公共产品的共同消费性所决定的"免费搭车"心理，会使他们刻意歪曲自己的受益情况，进而隐瞒真实的信息，这是受益原则的一个重要局限。受益原则的另一个重要局限就在于，它以市场的分配是公平的这一假设为前提。在现实中这一前提并不存在，从而即使受益原则能够实现，也无法为收入再分配的公平贡献力量。它也不能解释各种社会福利支出的税收来源问题。如果政府必须资助穷人，则受益原则不能应用于税收。对低收入者必须给予所得的补贴，而补贴的来源又须来自其他高所得者的税收，这是非受益原则所能解释的。换言之，低收入者因重新分配所获得的利益，是无法用该原则来解释的。

受益原则也不能解释财政政策的宏观调控问题，而这个问题在当代财政政策中颇为重要。例如，当经济中存在严重失业倾向，如 20 世纪 30 年代经济大危机，要求政府支出超过政府收入，以提高有效需求时，受益原则却要求政府的支出与税收相等。这就无法解答功能财政的问题。政府通过发行货币并进行分配而提高有效需求，这部分利益也无法通过税收补偿。

当然，受益原则虽在税制实践中不具有普遍意义，却并不排除其在某些个别税种中的运用。例如，燃油税、车船使用税就是利益税的典型例证，社会保险税则是利益税的另一例证。此外，不应忽略的是，受益原则对公共产品有效供给模型的构建起了启迪和奠基作用，从而为公共产品论的发展作出了重要贡献。

2. 纳税能力原则

纳税能力法无法同时决定政府支出和个人税负，而是将政府支出和收入视为两种截然不同的问题来处理。政府应先决定每一年度的支出，然后依据这一支出再决定适当的税收额。这种固定的税收产出方法，并非依据人民由政府支出所享受利益的多少作决定，而是依据人民的纳税能力来作决定。

这一观点由于不联系支出而受到一些经济学家的反对，但从实践角度来看，它最具可行性，已成为被广为接受的指导税制建设的理论之一。

运用纳税能力原则实现税收横向公平时，面临的首先是支付能力的衡量问题，这实际上也就是税基的选择问题。

收入通常被认为是衡量纳税人支付能力的最优标准。收入越多，表明在特定时期内扩大生产和消费以及增添财产的能力越大，税收支付能力也越大；反之则越小。在实践中，如何界定收入，还有一些问题要解决：①是以单个人的收入为标准，还是以家庭的平均收入为标准？②是以货币收入为标准，还是以经济收入为标准？所谓经济收入，不仅指货币收入，而且包括任何能增加个人消费潜力的收入，如自产自用产品和服务的推定价值、居住自有房屋的推定房租、社会保障收入等。③某些支出是否应予扣除？如医疗费用支出、获得收入所付出的成本费用等是否可扣除？怎样扣除？④不同来源的收入是否应区别对待？如勤劳收入与不劳而获的收入应否区分？等等。以上问题如处理不好，同样难以准确衡量纳税人的支付能力，进而妨碍公平。此外，由于收入既与人的能力有关，也与其努力程度有关，是人们决策工作与闲暇的结果。因此，一些学者认为，不同收入的人，可能有着相同的福利状况或支付能力，以收入作为衡量支付能力的标准难以实现横向公平。这种批评也存在于下述的消费和财产标准中。

消费被认为是衡量纳税人支付能力的又一标准。其理由是，消费意味着对社会的索取，索取越多，说明支付能力越强，越应多缴税。对消费课税除避免了对储蓄的重复征税外，还能在客观上起到抑制消费、鼓励投资、促进经济发展的作用。问题是消费的累退性会导致对消费征税的累退性，这显然不利于实现税收公平。

财产也被认为是衡量纳税人支付能力的标准之一。一方面，人们可利用财产赚取收入，增加支付能力；另一方面，财产还可带来其他满足，如声望、权力、安全保障等，直接提高了财产所有者的实际福利水平。加之资本利得，财产隐含收入通常不被纳入收入税基。因此，也有必要将财产税基作为收入税基的补充。但用财产来衡量纳税人的支付能力也有局限性：①财产税是由财产收益负担的，数额相等的财产，不一定会给纳税人带来相等的收益，从而使税收有失公平；②财产税与所得税一样，存在抑制储蓄和投资的问题；③财产形式多种多样，实践中难以查核，估值颇难。

8.3　税收负担

税收负担是指政府征税减少了纳税人的直接经济利益从而使其承受经济负担。它反映一定时期内社会收入在政府与纳税人之间税收分配的数量关系，通常用税收负担率这一相对量来表示。税收负担问题是税收的核心问题，因而也是建立税收制度要解决的首要问题。

8.3.1　税收负担的度量

1. 微观税收负担

所谓微观税收负担，是指纳税人个体所承受的税收负担。度量微观税收负担的指标，主要有企业税收负担率和个人税收负担率。

所谓企业税收负担率，是指一定时期内企业缴纳的各种税收占同期企业纯收入总额的比例，用公式表示为

$$企业税收负担率 = \frac{一定时期内企业实缴各税总额}{一定时期内企业纯收入总额} \times 100\%$$

企业税收负担率表明了政府以税收方式参与企业纯收入分配的规模，反映企业的综合税收负担状况，也可用来比较不同类型企业的税收负担水平。这一指标

还可分解为企业税种负担率（即企业缴纳的单个税种占企业纯收入总额的比例），以便度量企业缴纳的各种税所构成的税收负担水平。

所谓个人税收负担率，是指个人缴纳的各种税收的总和占个人收入总额的比例，其计算公式与企业税收负担率的方法相仿。

微观税收负担的制约因素是多方面的。其客观因素主要包括宏观税收负担水平、收入分配体制和税制结构等。

2. 宏观税收负担

所谓宏观税收负担，是指纳税人总体所承受的税收负担，也可看做是整个国民经济的税收负担。我国目前度量宏观税收负担的指标，是国内生产总值税收负担率。其计算公式为

$$国内生产总值税收负担率 = \frac{一定时期的税收总额}{一定时期的国内生产总值} \times 100\%$$

尽管制约宏观税负水平高低的因素极为复杂，但通过观察和分析仍然能够发现一些具有普遍意义的主要因素：①经济发展水平；②经济结构；③经济体制；④政府职能范围等。大多数国家的税收收入基本上等于财政收入，对财政收入规模制约因素的分析，基本上也就是税收收入的制约因素。

8.3.2 税收负担水平的确定

税收负担水平是通过税制确定的。无论是单个税种还是整个税制体系，都既关系到宏观税收负担，又关系到微观税收负担，因而是不可偏废的。由于宏观税负水平是微观税负水平的重要决定因素，所以，在此主要研究宏观税负水平的确定问题。

从宏观上看，税收是政府为了满足社会公共需要而集中的一部分 GDP。在 GDP 一定的条件下，国家税收增加与民间部门可支配收入相互消长。因此，GDP 在政府与民间部门之间有一个最优分割点，而最优宏观税收负担率（以下简称最优税率）就是其具体体现。

宏观税收负担水平的确定问题，实质上是一个财政职能的实现问题。它既关系到资源配置效率的问题，同时也关系到社会公平和经济稳定与发展的问题。宏观税收负担率如果过低，政府可供支配的收入过少，就不能满足社会公共需要；而如果宏观税收负担率过高，不仅民间部门可供支配的收入过少，不能有效满足私人需要，而且往往通过影响民间部门资本和劳动的投入，使以后的产出减少，进而最终减少税收收入。

在这里，有必要介绍一下由美国供给学派代表人物阿瑟·拉弗设计的"拉弗曲线"。图 8-5 给出了这一曲线。该曲线阐明了税率、税收收入和国民产出之间

的关系。图中以纵轴代表税率，横轴代表由税率与生产共同决定的税收收入。当税率为零时，政府税收为零；当税率为100％时，由于人们将停止生产，政府税收也为零。A点代表一个很高的税率和很低的产出，B点代表一个很低的税率和很高的产出，然而两者为政府提供同等的税收。若税率从A点下降到C点，产出和税收均增加；若税率从B点上升到D点，税收将增加，但产出可能减少，C点与D点也提供同等的税收。E点代表的税率，是与生产相结合能提供最大税收的税率。在E点上，如果政府再降低税率，产出将增加，但税收将下降；如果提高税率，产出和税收都会下降。因此，图中阴影区是税率禁区。

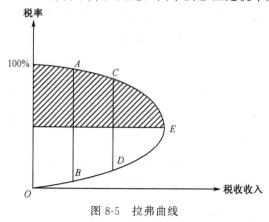

图 8-5　拉弗曲线

"拉弗曲线"是富有启发性的，它可使我们更全面、更直观地认识税收与经济的内在联系，并告诉我们最优税率应是既能使政府获得实现其职能的预期收入，又能使经济实现预期产出（常用GDP表示）的税率。显然，这个最优税率应该小于或等于E点所代表的税率。由于各国所处发展阶段的不同，具有政治体制、经济体制和文化传统上的差别，因而不可能有一个各国通用的最优税率。同样，一个国家不同时期的最优税率也可能是不同的。归根到底，最优税率的确定只能建立在本国国情的基础上。

在市场经济下，最优税率的确定应考虑以下几点：①必须保证生产过程中的物质消耗得到补偿。物质消耗的及时足额补偿，是生产在原有规模上继续进行的必备条件；否则，生产规模就要缩小，经济就会下降。人们常说的税收不能侵蚀税本，就是这个道理。②必须保证劳动者的必要生活费用得到满足。要保证社会再生产的顺利进行，还必须保证劳动力的再生产，而要保证劳动力的再生产，就必须满足劳动者的必要生活费用。换句话说，也就是税收不能侵蚀必要生活费用。不仅如此，劳动者的生活水平还应随着经济的发展不断提高，税率的确定也必须兼顾这点。③必须保证政府行使职能的最低物质需要。政府行使职能提供社会公共产品，是市场正常运转必不可少的外部条件。具体来说，政府行使职能的最低物质需要由三部分构成：一是业已达到的，不随生产发展和人口增加而相应增加的社会公共需要量，如行政经费、和平时期的国防费用。二是随着生产发展和人口增加，而要相应增加的社会公共需要量，如文教卫生事业费。三是为满足由人口增加所引起的社会投资中，必须由政府承担的部分，如基础设施投资等。

上述前两点构成宏观税负水平的最高限，后一点构成宏观税负水平的最低限。最优税率显然应约束于该界限之内，并根据当时的社会经济发展目标及具体国情综合确定，同时依据实践的检验结果及时修正。

8.3.3 税负转嫁与归宿

所谓税负转嫁，是纳税人通过经济交易中的价格变动，将所纳税收转移给他人负担的行为及过程。其含义包括：①纳税人是唯一的税负转嫁和承担主体。②价格变动是税负转嫁的基本途径。政府征税后，纳税人或提高商品、要素的供给价格；或压低商品、要素的购买价格；或二者并用，借以转嫁税负。除此之外，别无他法。③税负转嫁是经济利益的再分配，纳税人与负税人一定程度的分离，是税负转嫁的必然结果。

所谓税负归宿，是指处于转嫁中的税负的最终落脚点，它表明转嫁的税负最后是由谁来承担。税负转嫁导致税负运动。如果税负转嫁一次完成，这一税负运动就是只有起点和终点，而无中间环节的过程；如果税负转嫁多次才能完成，这一税负运动就是包括了起点、终点和若干中间环节的过程。由于每次税负转嫁实现的程度不同，转嫁的税负可能只归着于运动的终点，也可能归着于起点到终点的整个运动过程的各个环节。可见，税负归宿的状况是由税负转嫁的状况决定的，税负归宿是税负转嫁的结果。税负的实际承担者就是负税人。

税负转嫁的原理适用于各税种，为简化分析，我们首先在从量税框架下讨论该问题。从量税是指依据课税对象的总量、数量、容积和面积等，采用固定金额计征的税收。如对啤酒课征消费税，就是以适用税率乘以销售数量。

在完全竞争市场中，对商品供给方课征从量税的结果表示在图 8-6 中。在无税收的情况下，其供给曲线为 S，需求曲线为 D，均衡价格为 P^*，均衡的销售量为 Q^*。

由于供给方要为所销售的每单位商品缴纳从量税 Tax，因此其商品的成本等额上升。新的供给曲线为 $S+Tax$，此时均衡价格上升为 P_d，销售量减少为 Q'，即需求曲线 D 和新供给曲线 $S+$

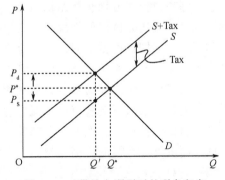

图 8-6　对供给方课税时的税负归宿

Tax 的交点。对供给方课税使价格上升，从而使需求方也承担了部分税负。

然而，注意到价格的上升小于课税额。图中价格的上升，即 $P_d - P^*$，小于课税额 Tax。缴纳税收后，供给方销售一单位商品所获得的收入为 $P_d - \mathrm{Tax}$，即 P_s。这说明尽管是对供给方课税，但一部分税负通过更高的价格转嫁给需求方承担，剩余的则由供给方承担。由需求方承担的税负为 $P_d - P^*$，由供给方承担的税负为 $P^* - P_s$。两方所承担税负的比例由供给和需求的弹性决定。

接着考虑对需求方课税的情况，表示在图 8-7 中。供给和需求曲线与图 8-6 一致，但课税使需求曲线下移至 $D - \mathrm{Tax}$。由于需求方在购买商品时，仅关心他们所支付的总价格，因此课税后他们的需求曲线下降的幅度等于课税额。

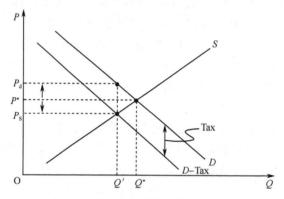

图 8-7 对需求方课税时的税负归宿

新的均衡价格为 P_s，新的均衡销售量为 Q'，由供给曲线 S 和新的需求曲线 $D - \mathrm{Tax}$ 所决定。市场价格从 P^* 下跌到 P_s，使部分税负从需求方转嫁给供给方。但需求方实际支付的价格等于均衡价格 P_s 加上课税额 Tax，即 P_d。因此，由需求方承担的税负为 $P_d - P^*$，由供给方承担的税负为 $P^* - P_s$。

如图 8-6 和图 8-7 所示，对市场中的供给方课税会部分地转嫁给需求方，对需求方课税也会部分地转嫁给供给方。无论何种情况，供给和需求方都会共同地承担税负。上述分析说明纳税人和税负归宿可能并不一致。例如，法律规定由单位和职工双方按比例缴纳养老保险金，实际上双方是劳动的供给和需求方，如果改变养老保险金的支付比例或支付者，实际的税负归宿可能并未改变。

前文指出，供给和需求双方所承担的比例，将由供求曲线的相对弹性决定。弹性对税负归宿的影响效应可以概括为当其他条件不变时，弹性越高的一方所承担的税负比例就越低。例如，需求曲线的弹性越高，则需求方承担的税负比例就越低，而供给方承担的比例则越高。考虑极端情况，如果供给曲线完全无弹性（垂直），则税负完全由供给方承担（图 8-6 和图 8-7 中 $P^* = P_d$，供给方承担的部分 $P^* - P_s = \mathrm{Tax}$）；如果供给曲线完全弹性（水平），则税负完全由需求方承担（图 8-6 和图 8-7 中 $P^* = P_s$，需求方承担的部分 $P_s - P^* = \text{Tax}$）。反之亦然。

我们也可以给出上述分析的代数证明。在图 8-6 和图 8-7 中，需求方负担的税负为 $P_d - P^*$，供给方承担的税负为 $P^* - P_s$。因此，需求方和供给方的税负之比为 $(P_d - P^*)/(P^* - P_s)$。将分子和分母同时除以 $(Q^* - Q')$，即销售量的变化，得到

$$(P_d - P^*)/(Q^* - Q')$$
$$(P^* - P_s)/(Q^* - Q')$$

上式即为需求曲线与供给曲线的斜率绝对值之比，说明需求方和供给方所承担的税负之比，恰好等于需求曲线与供给曲线的斜率绝对值之比。

尽管供需曲线的斜率和弹性间并不存在一般关系，但对于两曲线的交点，斜率绝对值之比就等于弹性值之比的倒数。因此，若税率较低，即供需曲线的变动较小，供需双方税负之比就等于供需弹性之比的倒数。

尽管我们在一个简单的框架下得到了上述税收原理，但该原理是可应用于复杂的现实世界的。例如，工人向企业供给劳动，该企业又向其他企业购买产品。因此，若对该企业课税，税负会向其供给方包括员工转嫁，也会向其需求方即客户转嫁。因此很难想象纳税人会承担所有的税负，他甚至可能把所有的税负都转嫁给他人。上述原理在分析特定税种的效应时，是非常有用的。

8.3.4　税负转嫁的其他影响因素

在存在税负转嫁的条件下，税负最终能否转嫁以及转嫁程度的大小，还要受诸多因素的制约，其中很多是通过影响供求弹性的变化而间接产生的。

1．课税范围

一般来说，课税范围越宽广，越有利于实现税负转嫁；反之，则越不利于实现税负转嫁。这是因为商品或要素购买者是否接受提价（税负转嫁引起）的一个重要制约，是能否找到不提价的同类替代品。如果商品或要素课税的范围很广，同类商品或要素都因课税而提价，其购买者接受转嫁的可能性就加大；如果商品或要素课税范围很窄，则购买者转向购买未课税替代品的可能性增大，相应减小了税负转嫁的可能性。实际上，课税范围对税负转嫁的制约，也是通过影响供求弹性的变化而间接产生的。

2．反应期间

就需求方面来说，课税后的短期内，由于消费者（买方）难以寻找到代用品，从而对课税品的需求弹性较低，只好承担大部分或全部税负；而在课税后的

长时间内，以上状况都可能改变，从而消费者只承担少部分税负或很难实现税负转嫁。就供给方面说，时间因素的影响更大。课税产品的转产，会要求机器设备与生产程序的改变，短期难以做到，所以，生产者（卖方）的税负有时不能在短期内转嫁，但长期内情况会发生变化并导致税负转嫁。

3. 税种属性

在实践中，由于税种的属性不同，作为其课税对象的商品或要素的供求弹性不同，而在税负转嫁中表现出不同的特点。总体而言，以商品为课税对象，与商品价格有直接联系的增值税、消费税、关税等是比较容易转嫁的。而对要素收入课征的所得税，则常常是不易转嫁的。如个人所得中的工资，主要取决于企业与员工的协商，税前的协定往往是双方尽可能得到的成交条件，税后很难变更。且个人所得税课税范围较宽，个人难以因课税而改变工作，也就难以转嫁税负。对企业课征的法人所得税，尽管也存在转嫁的渠道，如提高企业产品的售价，降低员工的工资或增加工作强度，以及降低股息和红利等，但这些渠道或者过于迂回，或者会受到企业员工和股东的反对，也都不易实现。

4. 市场结构

在不同的市场结构中，生产者或消费者对市场价格的控制能力是有差别的，由此决定了在不同的市场结构下，税负转嫁的情况是不同的：

（1）完全竞争的市场结构。完全竞争指的是一种竞争完全不受任何阻碍和干扰的市场结构。在这种市场结构下，任何单个厂商都是既定价格的接受者，市场价格由整个行业的供求关系所决定。因此，在政府征税以后，任何个别生产者都无法在短期内单独提高课税商品的价格，而把税负向前转嫁给消费者。但从长期来看，各个生产者会形成一股整个行业的提价力量，从而实现税负转嫁。

（2）垄断竞争的市场结构。垄断竞争指的是一种既有垄断又有竞争，既不是完全竞争又不是完全垄断的市场结构。在这种市场结构下，产品之间的差别性使生产者成为自己产品的垄断者，同时由于差别的有限性，许多产品又具有一定程度的替代性，从而形成各种有差别的产品之间的竞争；并且生产者的数量比较多，各生产者对市场的控制力都不大。在垄断竞争条件下，单个生产者可利用自己产品的差异性对价格进行适当调整，从而有可能把税负加入价格向前转嫁给消费者，但由于没有形成垄断市场，而只能实现部分转嫁。

（3）寡头垄断的市场结构。寡头垄断指的是少数几个生产者供给某种商品的大部分，其产量在该行业的总产量中各占有较大的份额，从而可对市场的价格和产量发挥重要影响的一种市场结构。在这种市场结构下，每个生产者对其商品价格和产量的改变都会影响整个市场和其他竞争对手的行动。因此，每个生产者在作出价格和产量的决策时，不仅要考虑其自身的成本、利润情况，而且还要考虑对市场的影响及竞争对手所可能采取的对策。在政府征税之后，各寡头生产者或许早已达成协议，可在原价基础上各自提高其价格转嫁税负。

（4）完全垄断的市场结构。完全垄断指的是整个行业的市场完全被一家厂商所控制的市场结构。在这种市场结构下，实际上是生产者自行定价。政府若对其产品征税，垄断者会千方百计将税负转嫁给消费者。但转嫁多少及转嫁方式，要视其产品的需求弹性大小而定。

8.4　最优税收理论

公平与效率，都是在税制设计中应遵循的基本原则。然而，税收公平与税收效率并非是相互独立的。在选择课税方式时，二者之间经常不可避免地产生矛盾和冲突。如何在税制中协调二者之间的关系，使税制设计在它们的相互约束中更尽如人意，就成为税收理论要解决的重要课题。正是适应这种需要，最优税收理论产生了。

8.4.1　最优税收理论与"最优原则"和"次优原则"

税制最优原则，是帕累托最优效率在税收领域的延伸。它是以资源配置的效率性和收入分配的公平性为准则，对构建经济合理的税制体系进行分析的学说。英国剑桥大学经济学教授詹姆斯·米尔利斯和加拿大籍美国哥伦比亚大学名誉教授威廉·维克里也因对该理论的形成所作出的重要贡献，而共同分享了 1996 年度诺贝尔经济学奖。

理想的最优课税理论，是假定政府在建立税收制度和制定税收政策时，掌握着纳税人的完全信息并具有无限的征管能力。那么，税收制度能否符合最优原则，实现最优课税呢？

首先，从信息的角度看，在现实中，政府对纳税人的能力和课税对象等情况的了解并不完整，在信息不对称的情况下，政府只能根据纳税人的收入、支出等可观测到的信息来征税，这就难免产生纳税人经济行为的扭曲。其次，从征管角度看，政府的征管能力从来都是有限的。无限的征管能力和无限的成本是配套的，过高的成本限制了政府的征管能力。最后，从税收本身的特点来看，绝大部分税收也是不符合最优原则的。因为税收的征收等于在市场有效配置资源的过程中，加进了一个"楔子"，即"税收楔子"（tax wedge），使消费者支付的价格与生产者获得的价格发生了分离，产生了消费者剩余损失或生产者剩余损失，进而影响到消费者或生产者的行为。或者说，因税收楔子的存在，资源的利用不能充分反映消费者与生产者的偏好，也就无法实现最优配置。因此，在大多数情况下，税收的最优原则是不可能实现的。

鉴于最优原则在税制设计中无法实现，20 世纪 60 年代后西方经济学家把"次优原则"引入税制建设中。该概念最早是由加拿大经济学家李普斯和美国经济学家兰卡斯特提出来的。这一理论原则论证了在市场失效的既定条件下，如何建立能使这些失效损失最小的优化价格条件。20 世纪 70 年代以来，当西方财税学界再次对如何最好地筹集财政收入这一传统问题感兴趣时，就把次优原则应用到了税制理论上。阿特金森、米尔利斯、斯特恩等许多著名经济学家认为，应在维持一定的政府税收收入的前提下，使课税行为所导致的效率损失最小化。按这一思想进行的税制设计可称之为"次优课税"，这构成了最优税收理论的重要理论基础。

毫无疑问，最优税收理论是以最优原则与次优原则的发展及应用为基础建立起来的，但无论是最优原则还是次优原则，关注的都是资源配置效率问题。这当然不能满足人们对税制的全部需要。换言之，税制还必须关注收入分配的公平方面。只有将资源配置效率与收入分配公平结合起来一并考虑的税制，才可能是合意的税制，即"最优"的税制。

8.4.2 最优税收理论的基本内容

最优税收理论围绕着公平与效率原则，对究竟应该如何选择商品的征税范围，如何设计所得税的累进程度，如何搭配商品课税与所得课税之间的组合等非常重要的问题，进行了深刻的分析。

1. 最优商品课税理论

（1）一般税与选择税的权衡。从效率角度，在税收收入一定的情况下，课征一般商品税比课征选择税更符合经济效率的要求。因为用相同税率对商品（包括闲暇）普遍课税，只会产生收入效应，因而不会扭曲消费者选择，不会造成税收超额负担。而对商品课征选择税，不仅会产生收入效应，还会产生替代效应，其结果必然会影响消费者的选择，并且造成税收的超额负担。从社会公平角度来看，由于一般商品税很容易课及一般生活必需品，而对生活必需品的课税具有明显的累退性，这与公平目标是相悖的。所以，从公平与效率兼顾的要求出发，最优商品课税应首先尽可能广泛课征，同时对一些基本生活必需品减征或免征。

（2）拉姆齐法则（the Ramsey rule）——反弹性法则及其修正。在解决了商品课税的范围问题后，接下来的是税率结构的选择问题，是对全部商品使用统一的税率课征，还是按不同商品确定差别税率课征？拉姆齐法则回答了这一问题。

该法则指出："为了使总体超额负担最小化，税率的制定应当使各种商品在需求量上按相同的比例减少。"将拉姆齐法则进一步引申，可得出结论：只要商品在消费上互不相关，对各种商品课征的税率，必须与该商品自身的需求价格弹性成反比。因为只有如此，才能达到"使各种商品在需求量上按相同的比例减少"的目的。拉姆齐法则也因此被称为反弹性法则。

反弹性法则的含义是显而易见的，即一种商品的需求弹性越大，潜在的扭曲影响也就越大。因此，有效率课税要求对需求弹性相对小的商品，课征相对高税率的税收；对需求弹性相对大的商品，课征相对低税率的税收。然而，问题又产生了。因为需求弹性小的商品，许多是生活必需品；而需求弹性大的商品，许多是奢侈品。根据反弹性法则，对生活必需品要课征比奢侈品更重的税收，显然这违背了收入分配公平的原则，必须加以适当修正。基于公平的考虑，政府应对生活必需品制定较低的税率，而对高收入阶层偏重消费的奢侈品课征较高的税率，以增加商品税的累进性，即使会因此产生一定的效率损失。需要说明的是，这种对反弹性法则的修正，并非否定其本来的意义，因为除了必需品和奢侈品以外的商品仍应按反弹性法则行事。

（3）科勒特-哈格法则（the Corlett-Hague rule）。该法则主张：为了纠正商品课税对工作与闲暇关系的干扰，在设计商品课税的税率结构时，应采取一种补偿性措施，即对与闲暇互补的商品课征较高的税率，对与闲暇互替的商品课征较低的税率。科勒特和哈格之所以提出这一法则，是因为一般商品税实际上并不把闲暇这种特殊商品包括在征税范围内，而闲暇与其他商品之间又确实存在互补或互替关系。这就会扭曲人们在闲暇和一般商品消费之间的选择，鼓励人们多消费闲暇，减少劳动供给，降低经济效率。为了解决这一问题，在确实无法对闲暇直接征税的情况下，就只能对与闲暇存在互补或互替关系的商品进一步采取补偿性措施。同时，这也多少弥补了所得课税干扰工作与闲暇关系而造成的效率损失。还需指出的是，科勒特-哈格法则与反弹性法则并不矛盾，因为与闲暇互补的商品一般也是无需求弹性或低弹性的商品。

2. 最优所得课税理论

（1）所得税的边际税率不能过高。在政府目标是使社会福利函数最大化的前提下，社会完全可以采用较低累进程度的所得税来实现收入再分配。这是因为，过高的边际税率不仅会导致效率损失，而且对公平分配目标的实现也无益。就标准的累进税制而言，边际税率递增的累进税制，要比单一税率的累进税制造成的超额负担更大。而且边际税率越高，替代效应越大，超额负担也越大。相对而言，边际税率越高，并不等于越有助于收入分配公平，因为最低收入阶层所获得的免税额或补助额是不变的，高边际税率充其量只是限制了高收入者的收入水平，而无助于低收入者福利水平的提高。

（2）最优所得税率结构应当呈倒"U"形。从社会公平与效率的总体角度来看，中等收入者的边际税率可适当高些，而低收入者和高收入者应适用相对较低的税率，拥有最高所得的个人适用的边际税率甚至应当为零。该结论是基于这样的判断：在同样的效率损失情况下，政府通过提高中等收入者的边际税率，从较为富裕那里取得更多的收入；而通过降低最高和最低收入者的边际税率，增加低收入者的福利，从而既能实现帕累托改进，又能促进收入分配公平。应清楚的是，倒"U"形税率结构的分析结论，是在完全竞争的假定前提下得出的，现实中完全竞争几乎不存在，因此不能完全按照倒"U"形税率结构设计所得税率。

3. 关于所得税与商品税的搭配理论

（1）所得税与商品税应当相互补充，都有其存在的必然性。许多经济学家从不同角度分析了直接税和间接税的优劣，虽然结论莫衷一是，但一般认为所得税是一种良税，而差别商品税在资源配置方面也是所得税所不能取代的。

（2）税制模式的选择取决于政府的政策目标。在所得税和商品税并存的复合税制条件下，是以所得税还是以商品税作为主体税种，影响到税制的总体功能。既然所得税有利于实现分配公平目标，商品税有利于实现经济效率目标，那么，如果政府的政策目标是以分配公平为主，就应选择以所得税为主体税种的税制模式；如果政府的政策目标以经济效率为主，就应选择以商品税为主体税种的税制模式。所以，一国的税收制度最终实行何种税制模式，要取决于公平与效率目标间的权衡。

最优税收理论的发展已有百余年的历史，迄今为止，从最优税收理论到实际税制设计之间尚有相当的距离。但随着理论的进步和完善，这种距离正在逐步缩小。事实上，这一理论在20世纪90年代已成为西方税制改革的主要理论依据。正如著名经济学家阿特金森和斯蒂格里茨所言，最优税收理论的结论是定性的而非定量的，是税制设计的重要指导原则而不是税制改革的实践基础。仅就此意义来说，它也应在我国的税制优化过程中发挥重要的作用，其借鉴价值不可低估。

■ 小结

1. 税收的形式特征包括强制性、无偿性和固定性。税收的形式特征使得税收能够区别于公共部门的其他收入。

2. 税制要素，即税收制度的基本要素，包括对什么征税、向谁征税、征多少税和如何征税等税法的基本内容。税制要素一般包括纳税人、征税对象、税率、纳税环节、纳税期限、减税免税和违章处理等，前三者是税制的三个基本要素。

3. 税制结构是指一国税制中税种的组合状况，它反映各个税种在整个税收收入中的地位，可分为单一税制和复合税制。发达国家多采用以所得税为主体的税制结构，发展中国家多采用商品税为主体的税制结构。

4. 税收原则是政府在税制的设计和实施方面所应遵循的理论准则。在现代税收理论中，得到公认的是税收的两大基本原则，即效率原则和公平原则。

5. 税收经济效率的含义，是指既定税收收入下，使税收的额外负担最小化。所谓税收超额负担，是指征税引起市场相对价格的改变，干扰私人部门选择，进而导致市场机制扭曲变形而产生的经济福利损失。

6. 目前已被广泛接受的税收公平原则，主要包括受益原则和纳税能力原则。

7. 税收负担是指国家征税减少了纳税人的直接经济利益，从而使其承受的经济负担。它反映一定时期内社会收入在政府与纳税人之间税收分配的数量关系，是税收的核心问题。

8. 税负转嫁是纳税人通过经济交易中的价格变动，将所纳税收转移给他人负担的行为及过程。税负归宿表明转嫁的税负最后由谁来承担。供给和需求两方承担的税负比例，由供求曲线的相对弹性决定。税负转嫁的其他影响因素还包括课税范围、反应期间、税种属性和市场结构等。

9. 如何在税制中协调效率与公平二者的关系，导致了最优税收理论的产生。其内容包括如何选择商品的征税范围、如何设计所得税的累进程度、如何搭配商品课税与所得课税间的组合等。

？ 思考题

1. 同为财政收入形式，为什么税收具有强制、无偿和固定等形式特征，而其他收入形式则没有？

2. 分析我国税制结构的选择应该考虑哪些因素。

3. 分析在税制设计时如何实现受益原则和纳税能力原则。

4. 我国目前最优税率的确定应考虑哪些因素？

5. 在存在税负转嫁条件下，税负最终能否转嫁以及转嫁程度大小，还要受诸多因素的制约。其中很多是通过影响供求弹性的变化而间接产生的。分析这些因素如何通过影响供求弹性的变化而间接影响税负转嫁。

6. 分析税收的额外负担是如何产生的。

7. 简述最优税收理论的基本内容。

📖 **参考文献**

奥波瑞. 2004. 财政学理论与实务. 北京：清华大学出版社
邓子基. 2001. 财政学. 北京：中国人民大学出版社
杨斌. 1999. 治税的效率和公平. 北京：经济科学出版社
杨斌，雷根强，胡学勤. 2003. 税收学. 北京：科学出版社
张馨. 2002. 财政学. 北京：人民出版社

第9章

商 品 税

■9.1 商品税概述

9.1.1 商品税的含义及特征

所谓商品税，是对商品与劳务的交易额所课征的税。由于商品课税的主要对象是消费品或劳务，而且是在流通过程中征收的，所以通常又称为流转课税。我国现行的增值税、消费税、营业税、关税等都属于商品税。

1. 商品课税的特征

（1）商品课税是对物税。商品课税与所得课税不同，不考虑纳税人的经济条件及负担能力等因素，只要纳税人实现销售，就要对其销售（营业）额全部课税。

（2）商品课税以商品价值的流转额为课税基础。商品课税以纳税人的毛收入或增值额作为课税基础，这与所得税以净所得作为课税基础是不同的。

（3）商品课税存在着重复征税问题。从商品流通过程来看，一个商品要经过产制、批发和零售等环节，最终才能进入消费。而每经过一次市场流通环节，都要就其流转额课征一次税，因而形成重复课税（增值税除外）。

（4）商品课税存在着税负转嫁现象。由于商品课税是在商品流通中进行的，所以纳税人很可能通过提高或压低商品价格等方式转嫁税收负担。从某种意义上讲，税负转嫁是商品课税的基本特性。

2. 商品税的优缺点

一般认为，商品课税有利有弊。其优点主要是：①负担普遍。商品课税的征税面广，只要消费商品，人人都要负担税收。②收入充裕。因为商品课税不论纳税人有无收益，凡发生应税商品交易行为时，就必须纳税，故能保证财政收入的及时、均衡、稳定可靠。③征收方便，易于管理。商品课税一般多采取按商品销售收入额或劳务收入从价或从量征收，征收手续简便易行，征收费用也低。④抑制特定消费品的消费。商品课税可对某些奢侈品、嗜好品或高档消费品制定较高的税率，从而可以起到抑制奢侈浪费的作用。

但随着社会化大生产的发展和市场化程度的加深，商品税的弊端也日趋暴露，主要是：①不符合纳税能力原则。商品课税（增值税除外）不问纳税人经营商品或劳务是否盈利、盈利多少，只要发生应税行为，就要以流转额全值为对象课税，与纳税人的实际负担能力相脱离，因为只有扣除成本费用和损失后的纯收入才反映一个人的纳税能力。此外，商品课税一般只适宜于采取比例税率（有时也采取定额税率），不像累进所得税那样更能体现按能力征税原则。②不符合税收的公平原则。对一般消费商品，特别是日用生活必需品的课税，有明显的累退性。因为消费总有一定的限度，同个人的收入并不成比例，尤其是在收入分配不平均的社会中，社会各阶层的收入与消费比例是大不相同的。对于消费额占收入额的比重，低收入者高于高收入者，因此，对一般消费品征税，对低收入者的不利影响更明显。③商品税缺乏弹性。如前所述，商品税一般采用比例税率，有的甚至实行定额税率，这会造成商品税缺乏收入弹性。

9.1.2 商品税的分类

在社会再生产过程中，存在着无数种商品和劳务形式，而且商品的流通过程也复杂多变，因而就形成了不同的商品课税类型。商品课税的分类，通常有以下几种方式：

（1）以商品课税的课税对象为标准，商品课税可分为一般消费税与个别消费税。一般消费税是以全部商品作为课税对象的税，个别消费税是选择某些商品作为课税对象的税。

（2）以课税环节为标准，商品课税分为单阶段课征的商品税和多阶段课征的商品税。所谓单阶段商品税，是指在商品生产、批发、零售的过程中，仅选择某一阶段课征的税；所谓多阶段商品税，是指在商品的生产、批发和零售过程中，选择其中的两个阶段或全部阶段课征的税。

（3）以商品课税的计税依据为标准，商品课税可分为从价税和从量税。所谓从价税，是以商品销售金额为依据，按一定比例计征的税；所谓从量税，是以商品的重量、件数、容积、面积等为标准，按预先确定的单位税额计征的税。

（4）以商品课税的课征地点为标准，商品税可分为国内商品税和国外商品税。

（5）以是否存在税负转嫁问题为标准，商品课税可分为直接消费税和间接消费税。直接消费税是以消费者为纳税义务人课征的税，它不存在税负转嫁的问题；间接消费税是以商品的销售厂商为纳税义务人课征的税，此类税存在转嫁的问题。

世界各国对商品课税的具体名称不一，比较有代表性的有以下几种：①关税。指对入境、出境、过境的商品课征的税。②周转税。指对商品生产流通各个环节的流转总额课征的销售税。③营业税、货物税。营业税是对所有或几乎所有的商品课征的税，它可以在任何销售阶段上征收；而货物税一般对特定商品的销售课征，是对消费品的制造商课税。④消费税。指对有选择性的特定商品课征的销售税。⑤增值税。指对商品生产和流通各个环节的增值额课征的销售税。⑥生产环节销售税。⑦批发环节销售税。⑧零售环节销售税。⑨劳务税。

9.1.3 商品税的演变过程

商品货币关系是商品课税赖以生存和发展的基础。早在奴隶制社会，随着商品交换的产生，商品课税的萌芽就已出现。但在自然经济占主导地位的奴隶制社会和封建社会，由于商品货币关系不发达，国家税收一直以土地税、人头税等古老的直接税为主，商品课税始终处于次要地位。到了资本主义社会，市场经济的迅速发展，为广泛推行商品课税提供了客观条件。因此，商品课税一度成为西方国家税收制度体系中的主体税种。当前，尽管一些发达的西方国家多以所得税为主体税种，但商品税在其税收体系中仍然占有重要地位。由于商品课税的种类繁多，究其历史和演变很困难，现仅就商品课税的几个主要税种略加阐述。

1. 关税

关税起源很早，远在古希腊城邦时代，就有课征关税之举。此后罗马帝国对通过海港、道路、桥梁、交通要道等的商品，都课以关税。古罗马帝国灭亡之后，欧洲大陆封建制度兴起，各地诸侯领主为获取财源，在其领土内对转入货物课征一定比例的实物；以后货币开始流通，则征收货币。这些都成为国内关税。但这种关税阻碍交通和产业发展，随着市场和资本因素的发展，国内关税逐步废除，而成为统一的国境关税。国境关税最早出现在英国，其他国家在 19 世纪中叶才最终废除国内关税，建立统一的国境关税制度。总之，关税的发展经历了几次大的改进，就其课征的政策目标而言，是从以收入为主，转到以经济政策为主；就其课征方法而言，是从以实物课征，发展到以货币课征；就其课征地域而言，是从国内区域间关税发展到国境关税，等等。

2. 营业税、货物税

营业税首创于1791年的法国，其后各国相继仿行。货物税的雏形是罗马帝国的市场捐，英国的货物税、美国的国内产品税、新中国成立初期的货物税和长期存在的营业税等都属于此类税收。不论是营业税还是货物税，均课征于国内各种商品（或货物）的生产与销售阶段，是对消费品课税。

3. 增值税

增值税这一概念1917年由美国耶鲁大学的亚当斯（T. Adams）首先提出。当时的名称不叫增值税而叫营业毛利税，营业毛利就是销售额减进货额后的余额，与现在的增值概念相近。1921年德国西蒙斯（C. F. V. Siemens）正式提出增值税的名称，并详细阐述这一税制的内容。然而，增值税的实践活动直到20世纪50年代才在法国出现。

9.2 增值税

9.2.1 增值税概述

所谓增值税，是以商品生产流通和劳务服务各个环节的增值额为征税对象的一种税。

1. 什么是增值额

要理解什么是增值税，关键是理解增值额这个概念。关于增值额的概念，可以从三个方面理解。

（1）从理论上讲，增值额相当于商品价值（$C+V+M$）的（$V+M$）部分。就是商品价值扣除在商品生产过程中所消耗掉的生产资料的转移价值（C）后的余额，即由企业劳动者所创造的新价值（$V+M$）。因此，增值额从内容上讲可以称之为净产值，即工资、利息、租金、利润之和。就全社会来说，增值税是一种净产值税，它是一种介于全值流转税（以（$C+V+M$）全值为征税对象）和所得税（以 M 为征税对象）之间的一种税。

（2）就商品生产和流通的全过程而言，一件商品最终实现消费时的最后销售额，相当于该商品从生产至流通各个经营环节的增值额之和。表9-1反映了某一件商品简化的生产销售过程每一阶段应缴税状况。假定采矿是其第一阶段，靠手工劳动，购入生产资料价值忽略不计，增值税税率为 10%，该商品最终售价为500 元，与 5 个产销阶段的增值额之和相等。对各阶段的增值额各征 10% 的税，相当于对最后阶段销售额征 10% 的税。而对每一个阶段增值额征 10% 的税，相当于对每个阶段销售额征收 10% 的税金（销售税金）减去购入品在上一阶段已付税金的余额。

表 9-1　商品生产销售过程各阶段纳税状况　　　　　　单位：元

产销阶段	销售金额	购入品金额	增加值	税额（税率10%）		
				销售税金	购入品已付税金	应缴税金
采矿	60	0	60	6	0	6
冶炼	100	60	40	10	6	4
机械制造	300	100	200	30	10	20
批发	400	300	100	40	30	10
零售	500	400	100	50	40	10
合计			500			50

（3）就各个生产单位而言，增值额是这个单位的商品销售额或经营收入额，扣除规定的非增值性项目后的余额。理论上讲，非增值性项目主要是转移到商品价值中去的原材料、辅助材料、燃料、动力和固定资产折旧等。但在现实生活中，国家基于特定的社会经济状况及财政税收政策考虑，所规定的非增值性项目可以与理论概念一致，也可以略有差别。

2. 实行增值税的原因

增值税制度最早是在法国实行的。在此之前，法国对商品生产、流通领域一直实行的是全值流转税（即周转税或营业税）。这是一种多阶段、阶梯式的对商品或劳务流转额全值课征的间接税。在特定的历史条件下，全值流转税与商品经济的发展是相适宜的。但是，随着经济的不断发展，经济贸易所涉及的领域不断扩大，行业间的专业化分工越来越细。这样，传统的全值流转税越来越不适应经济发展的需要，主要表现在：①传统的全值流转税按商品流转额全额征税，同一种商品会出现因生产结构不同而导致税收负担不等的现象。②传统的全值流转税使商品每增加一个流通环节，就要增加一次税负，不利于商品的合理流通。③传统的全值流转税不适应国际贸易发展的需要。在传统的全值流转税下，商品的税负随商品的生产、流通环节的变化而变化。而出口商品在出口之前，往往经过多个流通环节，这就无法准确地将商品已经负担的税款退还给企业。如果退税不足，就会削弱本国商品在国际市场上的竞争力；如果退税数大于商品实际负担的税款，又会形成隐形出口补贴，不但增加财政负担，还容易引起国际贸易争端。正是由于上述原因，法国为了促进经济的发展，开始进行税制改革，并最终确立了增值税。

法国对传统营业税的改革前后经历了三个阶段。

第一阶段，将多环节征收的营业税改为只对最终产品征收，中间产品一律免税。这种做法的好处在于可以使同种产品不因经过的中间环节多寡而税负轻重不等，只要销价相同，其税负就相同。但这一做法也暴露了一些新的问题，主要是现实生活中中间产品与最终产品难以明确划分，导致税收征管难度大。此外，对原材料、零部件厂家不征税，只对最终产品厂家征税，出现企业间税负不平的矛盾。

第二阶段，将对最终产品征税的一次征收制度改为分段征收、分段扣税的征收制度。即每个企业销售产品时，不论这一产品是最终成品还是半成品或原材料，都应该根据销售额和税率计算出产品应负担的税额，扣除购进原材料、产成品在上一生产环节已缴纳的税款，作为企业实际应缴纳的税款。经过这一阶段的改革以后，基本上克服了传统的营业税存在的重复征税问题，同时也解决了第一阶段改革中出现的诸多问题，大大简化了税收征管，较好地适应了经济发展的需要。

第三阶段，允许企业扣除购进固定资产的已纳税额。至此，企业为了组织生产而购进的一切投入品的已纳税额全部允许抵扣。

增值税在法国实践成功后陆续被许多国家借鉴采用，形成以增值税代替传统全值流转税的世界性税制改革运动。

9.2.2　增值税的效率与公平分析

1. 增值税类型

以确定增值税计税依据所涉及的非增值性项目范围大小为标准，增值税可分为生产型、收入型、消费型三种类型。

（1）生产型增值税。这一类型增值税，以销售收入减除原材料、辅助材料、燃料、动力等投入生产的中间性产品价值，即法定非增值性项目后的余额，为课税增值额。其计税依据或税基相当于工资、利息、租金、利润和折旧之和，特点是折旧不从税基中扣除。换言之，生产型增值税不允许扣除固定资产的进项税额，只能扣除属于非固定资产的那部分生产资料的税额。从国民经济整体看，这一类型增值税的课税基础与国民生产总值（GNP）的统计口径相一致，故称为生产型增值税或 GNP 型增值税。

（2）收入型增值税。这一类型的增值税，以销售收入减除原材料、辅助材料、燃料、动力等投入生产的中间性产品价值和资本品折旧后的余额为课税增值额。其计税依据或税基相当于工资、利息、租金、利润之和，特点是税基中不包括折旧。换言之，收入型增值税不允许一次全部扣除固定资产的进项税额，而是根据固定资产的使用年限，每期扣除提取固定资产折旧部分的进项税额。从国民经济整体看，这一类型增值税税基相当于国民净产值或国民收入，故称为收入型增值税。

（3）消费型增值税。这一类型增值税以销售收入减除投入生产的中间性产品价值和同期购入的固定资产全部价值为课税增值额。其特点是固定资产价值予以从税基中扣除。换言之，消费型增值税允许将固定资产进项税额在固定资产购入时一次全部扣除。从国民经济整体看，这一类型增值税税基相当于全部消费品的价值，而不包括原材料、固定资产等一切投资品价值，故称为消费型增值税。

2. 增值税的效率与公平分析

从效率的角度看，规范化的增值税制度①对经济运行呈中性影响，也就是对生产者的决策和消费者的选择不产生干扰、扭曲作用，从而提高经济效率。但增值税的直接征税成本高于传统的全值流转税，因为规范化的增值税一般与统一的发票制度相联系。为了使凭发票抵扣进项税额的制度能产生纳税人之间的交叉审计、自动控制偷漏税的效果，一般要建立电子计算机网络，编制纳税人登记号，实行跟踪审计，这就要付出较高的成本。此外，增值税单一或接近单一的税率制，难以按国家社会经济政策和产业政策发挥调节作用。

从公平的角度看，增值税与普遍性消费税一样，不符合按能力负担的税收公平原则。如果采取单一税率，对生活必需品和奢侈品同等征税，则会使负税能力强的人少纳税、负税能力弱的人多纳税，出现累退现象。为了缓和增值税的这一不公平性，可采取对生活必需品实行零税率，而对奢侈品按较高税率征税的策略。但增值税税率档次多必然造成征管复杂化。因此，靠增值税本身并不可能彻底改变其不公平性。

9.2.3　中国增值税及其改革

我国从 1979 年开始试行增值税，之后多次扩大其征税范围。1994 年税制改革时，增值税的征税范围进一步扩大，涉及工业、商业等领域，其征税制度也在

---

①　所谓规范化的增值税制度，一般有五方面特征，即消费型增值税、全面型增值税、单一或接近单一税率制、凭发票抵扣进项税额、价外税等。

逐步规范。自 2009 年起，在全国范围实施增值税转型改革，即在维持现行增值税税率不变的前提下，允许全国范围内（不分地区和行业）的所有增值税一般纳税人抵扣其新购进设备所含的进项税额，未抵扣完的进项税额结转下期继续抵扣。同时，作为转型改革的配套措施，相应取消进口设备增值税免税政策和外商投资企业采购国产设备增值税退税政策。

1. 我国现行增值税制的主要内容

1）征税对象

增值税的征税对象是在中华人民共和国境内销售货物，提供加工、修理修配劳务，进口货物而取得的毛收入即销售额。增值税的征税对象在范围上包含如下几个方面：

（1）销售货物和进口货物。所谓货物是指有形动产，包括电力、热力、气体在内。土地、房屋和其他建筑物等不动产不属于增值税征税范围，不作为增值税应税货物看待。销售货物是指有偿转让货物的所有权。这里所称有偿，包括从购买方取得货币、货物或其他经济利益。也就是说，作为增值税征税对象的销售货物，不仅包括货币交易，也包括物物交易等非货币交易。进口货物增值税由海关代征，与关税一并征收。进口货物不仅包括通过贸易途径输入的有形动产，而且包括个人携带及邮递进境的应税物品。

（2）视同销售货物。销售货物的重要标志，是有偿转让货物的所有权。但在实际的生产经营活动中，会出现转让货物不发生所有权转移或者不是以直接有偿形式进行的情况，包括将货物交付他人代销；销售代销货物；设有两个以上机构并实行统一核算的纳税人，将货物从一个机构移送其他机构用于销售（但相关机构设在同一县/市的除外）；将自产、委托加工或购买的货物用于非应税项目，作为投资提供给其他单位或个体经营者，分配给股东或投资者，无偿赠送他人；将自产、委托加工货物用于集体福利和个人消费。这些形式的货物转移行为，都要视同销售征收增值税。

（3）混合销售。一项销售行为如果既涉及货物又涉及非应税劳务，即为混合销售行为。从事货物的生产、批发或零售（包括以从事货物的生产、批发或零售为主，并兼营非应税劳务）的企业、企业性单位及个体经营者的混合销售行为，视为销售货物，应当征收增值税；其他单位和个人的混合销售行为，视为销售非应税劳务，不征收增值税。

（4）提供加工、修理修配劳务。加工是指受托加工货物，即委托方提供原材料及主要材料，受托方按照委托方的要求制造货物并收取加工费的业务。修理修配，是指受托方对损伤和丧失功能的货物进行修复，使其恢复原状和功能的业务。作为增值税应税劳务的提供加工、修理修配劳务，是指以有偿从委托方或客户取得货币、货物和其他经济利益为条件提供加工、修理修配劳务。单位或个体经营者聘请的员工为本单位或雇主提供加工、修理修配劳务，作为劳务提供上的"自产自用"，本来也应当视同对外销售劳务，但考虑到确定税基及税收征收管理操作上的困难，免于征收增值税。

2）纳税人

在我国境内销售货物或者提供加工、修理修配劳务以及进口货物的单位和个人为增值税的纳税人。

为了便于增值税的推行，简化征管手续，节约征税成本，我国增值税按照国际上的通行做法将增值税纳税人分为一般纳税人和小规模纳税人。对一般纳税人实行规范化的征税办法，享有抵扣税款和使用专用发票等权限。对小规模纳税人实行简易征税办法，不得抵扣进项税额，不得使用增值税专用发票，销售货物或应税劳务可由税务机关代开专用发票。一般纳税人和小规模纳税人的认定标准，是由有关增值税的法律条例确定的。

3）税率

增值税税率适用范围是：

（1）纳税人销售或进口货物，除了第（2）项、第（3）项规定外，税率为17％。自2009年起，矿产品增值税税率也恢复到17％。

（2）纳税人销售货物或进口货物，采取低税率13％的有粮食、食用植物油、自来水、暖气、热气、冷气、煤气、石油液化气、天然气、沼气、居民用煤炭制品、图书、报纸、杂志、饲料、化肥、农药、农机农膜、国务院规定的其他货物。

（3）纳税人出口货物，税率为零，但国务院另有规定的除外。

（4）纳税人提供的应税劳务（即加工、修理修配）税率为17％。

（5）1994年税制改革时为了便于税款征收，规定小规模纳税人销售货物或应税劳务统一按简易征收办法适用6％的征收率。从1998年7月1日起，商业企业小规模纳税人的增值税征收率由6％降为4％；从2009年1月1日起，对小规模纳税人不再区分工业和商业设置两档征收率，统一将小规模纳税人的增值税征收率调低至3％。

4）增值税应纳税额的计算

目前，我国增值税计算方法可分为一般计算方法、简易计算方法和进口货物计算方法三种。为了便于理解，我们将这三种方法的适用范围和计算公式简要列于表9-2中。

表 9-2　增值税计算方法一览表

方法	计算公式	适用范围
一般计算方法	应纳税额＝当期销项税额－当期进项税额	一般纳税人销售货物和提供应税劳务
简易计算方法	应纳税额＝销售额×税率	①小规模纳税人销售货物和提供应税劳务；②一般纳税人销售的特定货物
进口货物计算方法	应纳税额＝组成计税价格×税率	进口货物

在表 9-2 中，销项税额是指纳税人销售货物或应税劳务，按照销售额和规定的税率计算并向购买方收取的增值税额。进项税额是纳税人购进货物或接受应税劳务，所支付或负担的增值税税额。

2. 我国现行增值税制的改革

我国现行增值税制的改革，主要应当从以下两方面着手：

（1）适当扩大增值税征税范围，尽可能保持增值税征收链条的完整。1994 年税制改革时，劳务交易（提供加工、修理修配劳务除外）没有纳入增值税的征收范围，仍征收营业税。劳务交易不征收增值税，在一定程度上存在着重复征税问题，而交通运输、建筑安装、销售不动产等活动，在经济运行中与其他行业协作关系密切，却不纳入增值税范围，破坏了增值税征收链条的完整。为了解决重复课税带来税负上的矛盾，我国对交通运输企业开出的运输费用凭证纳入增值税管理，增值税一般纳税人购进货物所支付的运输费用，按 7% 的扣除率计算进项税额抵扣。这种做法又给征收管理带来许多矛盾，税收流失严重。因此，适当扩大增值税的征税范围，既有利于增值税制的规范化，保持增值税征收链条的完整，又有利于加强征收管理；可考虑先将建筑安装和交通运输、后将邮电通信业和销售不动产纳入增值税征税范围。其余几个行业专业化程度较高，有些处于最终消费环节，在税收上与其他行业前后关联不很密切，为避免改变征收范围后引起税收负担的全面调整和中央、地方分配格局的变化，可暂不对其作调整，仍征收营业税。

（2）调整增值税小规模纳税人税收政策。目前我国小规模纳税人面偏宽，给税收征管以及经济和社会发展带来明显的负面影响，必须充分重视并妥善加以解决。一是适度降低增值税一般纳税人认定标准。据了解，目前各地基本上已将年销售额 30 万元以上的工业企业，纳入一般纳税人管理。因此，可考虑将工业和商业增值税一般纳税人认定标准，分别降至年销售额 30 万元和 100 万元。另外，也可考虑将生产场所比较固定，产销环节便于控制，能按会计制度和税务机关要求准确核算销项税额、进项税额和应纳税额的纳税人，都核定为增值税一般纳税人。当然，在调整部分小规模纳税人成为一般纳税人的过程中，也要考虑到现实的征管水平和征管技术，切勿冒进。二是放宽对小规模纳税人开具增值税专用发票的限制。

9.3　消费税

9.3.1　消费税概述

一般说来，消费税是以消费品销售额或消费支出额作为课税对象的各种税收的统称，它包括直接消费税（direct consumption tax）和间接消费税（indirect consumption tax）两种类型。前者是直接由商品或劳务的消费者或使用者缴纳的税收；后者是指以消费品的交易数额或数量作为计税依据，由消费品的销售者或提供者作为纳税人缴纳的税收。

消费税按其课征范围的不同，可以分为一般消费税（general consumption tax）和选择性消费税（selective consumption tax）或特别消费税（specific consumption tax）。所谓一般消费税，是指对普遍的或一般的消费品课征的税收。征税范围相对要宽广得多。从征税的政策意图上看，一般消费税通常并不用来实现某种特殊的政策目标，其主要征收目的是取得财政收入。所谓选择性消费税或特别消费税，是对部分消费品课征的税收，课征对象是有选择和有限制的。选择性消费税或特别消费税通常作为政府的政策工具加以运用，以实现特定的政策目标。现今各国消费税课征范围一般并不涉及全部消费品，个别国家虽在形式上对全部消费品课税，但又对部分消费品规定免税。因此，从课征范围看，消费税通常是选择性消费税或特别消费税。

9.3.2　消费税的效率与公平分析

从效率的角度看，一方面，在消费品市场处于均衡状态下（即不同消费品的组合，已使得消费者获得了最大效用的满足），对消费品采用差别征税，会改变消费品的相对价格，从而迫使消费者用增加免税或低税的一种消费品，去替代应税或高税的另一种消费品。显然，差别消费税将因干扰消费者对消费品的自由选择，而导致经济效率损失。同样的道理，无差别消费税或统一消费税因不干扰消费者对不同消费品的选择，将不产生替代效应，因此没有经济效率损失。另一方面，在市场被扭曲的情况下，征收选择性消费税可能有助于经济效率的提高。总之，消费税对资源配置的影响是客观存在的，它可能有助于效率的提高，也可能妨碍效率的改进。

从公平的角度看，传统的观点认为，一般消费税具有累退性。因为消费占收入的比重随着收入的增加而降低,当对消费品征收统一税时,相同消费的高收入者和低收入者负担相同的税收,从收入分配的角度看,这种税是累退的。而只对奢侈品选择征收的消费税则不仅没有这种缺陷,反而有利于提高整个税制的公平性。

9.3.3　中国消费税及其改革

我国开征的消费税,是对在我国境内从事生产、委托加工和进口《中华人民共和国消费税暂行条例》列举的应税消费品的单位和个人,就其销售额或销售数量在特定环节征收的一种税。

1. 我国现行消费税制的主要内容

(1) 纳税人。凡在中华人民共和国境内从事生产、委托加工和进口应税消费品的单位和个人,都是消费税纳税人。这里所说的“中华人民共和国境内”,是指生产、委托加工和进口属于应当征收消费税的消费品的起运地或所在地在境内;“单位”,是指国有企业、集体企业、私有企业、股份制企业、其他企业和行政单位、事业单位、军事单位、社会团体及其他单位;“个人”,是指个体经营者及其他个人。

(2) 征税对象。借鉴国外的成功经验和通行做法,考虑到我国经济发展水平和消费政策、人民群众的消费水平和消费结构以及国家财政需要,我国消费税的调节范围包括以下几个方面:一些过度消费会对人类健康、社会秩序、生态环境等方面造成危害的特殊消费品,如烟、酒、鞭炮、焰火、木制一次性筷子、实木地板等;奢侈品、高档消费品和非生活必需品,如高档手表、游艇、高尔夫球及球具;高能耗产品,如小轿车、摩托车等;不可再生和替代的石油消费品,如汽油、柴油等;具有一定财政意义的产品,如汽车轮胎等。

(3) 税率。消费税采用比例税率和定额税率相结合的做法。对烟从 2001 年 6 月 1 日起、对粮食白酒和薯类白酒从 2001 年 5 月 1 日起,实行比例税率和定额税率相结合的征收方法。其他如酒、酒精、化妆品、贵重首饰及珠宝玉石、鞭炮、焰火、汽车轮胎、摩托车、小汽车、高尔夫球及球具、高档手表、游艇、木制一次性筷子、实木地板采用比例税率;对黄酒、啤酒、成品油采用定额税率。

(4) 消费税应纳税额的计算。消费税采用从价定率计征和从量定额计征两种方法:① 从价定率计征方法。对一些供求矛盾突出、价格差异较大、计量单位不规范的消费品,采用从价定率计征方法。实行从价定率计征方法计算应税消费品的应纳税额,其计算公式为应纳税额=应税消费品的销售额×消费税税率。②从量定额计征方法。对一些供求基本平衡、价格差异不大、计量单位规范的消费品实行从量定额计征方法。从量定额计算应纳消费税的计算公式为应纳税额＝应税消费品数量×单位税额。

2. 我国现行消费税制的改革

今后，我国消费税制的改革主要应当从以下方面着手：

（1）调整征税范围。现行消费税中的 11 个税目是在 15 年前设置的，经 2006 年 4 月调整后，消费税的税目由原来的 11 个增至 14 个，但仍不能适应经济社会发展的需要，必须进行适当调整。可选择一些高档消费品和资源消耗品（如高档皮革皮毛、高档照相机及镜头、高档服饰、口香糖、大型电子游戏机和用高压聚乙烯薄膜制造的生活用包装物等），将其纳入消费税征税范围；将属于生产资料的汽车轮胎调出征税范围。此外，可考虑对某些高消费行为在征收营业税的基础上，再征收消费税（如歌厅、网吧、会员俱乐部等）。

（2）适当调整税率。适当提高烟、酒等特殊消费品和汽油等国家垄断性商品的税率，对大排气量轿车也要提高税率；降低酒精等生产资料性产品的税率以及低排气量汽车的税率。

（3）调整汽车、摩托车消费税纳税环节。可考虑将汽车、摩托车的纳税环节后移至上牌照环节。为简化税制，可以考虑在汽车和摩托车纳税环节改变以后，将车辆购置税并入消费税相应税目中，取消车辆购置税。

（4）实行价外征收。国外的消费税普遍推行价外征收的模式。价外税的表现形式是价税分开、透明度高，消费者知道自己要负担多少税收。我国的消费税采用价内征收的方法，消费税与增值税同一税基，这样可以避免征收过程中划分税基的麻烦。但对消费者来说，负担的税金有其隐蔽性，消费税的调节作用被弱化了。为了突出消费税引导消费的作用，在适当的时机可考虑将消费税由价内税逐步改为价外税。

9.4 营业税

9.4.1 营业税概述

营业税是一个古老的税种，外国和我国历史上的营业税往往指的就是全值流转税或周转税。从理论上说，营业税是对从事商品生产、经营的企业和个人，选择产制、批发、零售的某一环节，以产品销售收入全额为计税依据，按比例税率课征的商品税。营业税的征收环节有单一环节和多环节之分。传统的营业税要求在商品流通的所有环节课税，因此也称为周转税。由于多环节课征会造成重复征税，因此，现代国家课征的营业税多为单一环节的营业税。作为商品税，营业税具备易于征管和保证收入等优点。

9.4.2　营业税的效率与公平分析

从效率的角度看，营业税以商品或劳务流转额全值为征税对象，不必进行费用扣除或购进扣除，稽征容易，手续便利，管理简单，征收费用低。营业税还可以通过产品或行业实行差别税率，实现国家产业政策目标，优化国民经济结构，促进宏观经济效益的提高。但是多阶段、多环节普遍征收的营业税，会使每一种商品的税负受商品流转交易次数多少的影响。一种商品经历的交易次数越少，税收负担越轻；经历的交易次数越多，税收负担重。这就造成全能厂生产的产品的税负比专业化分工协作企业生产的产品的税负要来得轻，增加征税的经济成本，阻碍宏观经济效益的提高。而单阶段征收的营业税和增值税则没有这种缺陷。

从公平的角度看，以流转额（或劳务收入额）全值为征税对象进行课税，不问纳税人经营商品或劳务是否有盈利或盈利多少，只要发生应税行为就征税，这同纳税人实际负担能力相脱离。同时，营业税一般适宜采取比例税率，不像累进所得税那样更能体现按能力征税原则。此外，营业税与其他商品税一样具有累退性。

9.4.3　中国营业税及其改革

在我国，营业税这一名称的正式出现，最早见于1928年国民政府颁布的《营业税办法大纲》。从那时至中华人民共和国成立之前，营业税始终是一个独立的税种。新中国成立后，在统一全国税政时将营业税并入工商业税中。此后，在1958年和1973年税制改革中，营业税一直是作为工商统一税和工商税的组成部分而存在的。1984年第二步"利改税"，营业税从工商税中被划分出来，成为一个独立的税种，与产品税、增值税并行征收，征收范围涉及商品批发、零售、劳务销售、典当、经济权益转让及建筑物的出售。1994年税制改革以后，营业税的征收范围缩小了。

1. 我国现行营业税制的主要内容

（1）征税对象。营业税的征税对象，是指在中华人民共和国境内提供应税劳务、转让无形资产和销售不动产的经营行为。一项销售行为如果既涉及应税劳务又涉及货物（指有形资产，包括电力、热力、气体在内），为混合销售行为。从事货物的生产、批发和零售的企业、企业性单位及个体经营者，包括以从事货物的生产、批发或零售为主，并兼营应税劳务的企业、企业性单位及个体经营者，其混合销售行为，视为销售货物，不征收营业税；其他单位和个人的混合销售行为，视为提供应税劳务，应当征收营业税。纳税人的销售行为是否属于混合销售行为，由国家税务总局所属征收机关确定。营业税的征税对象范围具体包括交通运输业、建筑业、金融保险业、邮电通信业、文化体育业、娱乐业、服务业、转让无形资产、销售不动产。

（2）纳税人。凡在中华人民共和国境内提供应税劳务、转让无形资产或者销售不动产的单位和个人，都是营业税的纳税人。

（3）税率。根据基本保持原税负和中性、简便原则，营业税对九个税目设置了3％、5％两个档次的固定税率和一个幅度税率。具体是：交通运输业、建筑业、邮电通信业和文化体育业适用3％税率；金融保险业、服务业、转让无形资产和销售不动产适用5％的税率；娱乐业适用5％～20％的幅度税率。纳税人经营娱乐业具体适用的税率，由省、自治区、直辖市人民政府在《中华人民共和国营业税暂行条例》规定的幅度内决定。从2001年5月1日起，夜总会、歌舞厅、射击、狩猎、跑马、游戏、高尔夫球、保龄球、台球等娱乐行为的营业税，统一按20％的税率执行。从2004年7月1日起，对台球、保龄球营业税税率由20％调减为5％。

（4）营业税应纳税额的计算。纳税人提供应税劳务、转让无形资产或者销售不动产，按照营业额和规定的税率计算应纳税额。其计算公式为应纳税额＝营业税×税率。公式中的营业额，一般是指纳税人提供应税劳务、转让无形资产或者销售不动产向对方收取的全部价款和价外费用。价外费用包括收取的手续费、基金、集资费、代收款项、代垫款项及其他各种性质的价外费用。凡价外费用，无论会计制度规定如何核算，均应并入营业额，计算应纳税额。但对于运输、旅游、建筑分包、外汇、有价证券、期货买卖、广告代理、分保、金融企业受托收款、融资租赁、劳务派遣、物业管理、单位和个人销售或转让其购置的不动产或受让的土地使用权等应税行为，可以扣除规定的成本费用后计算应纳税额。

2. 我国现行营业税制的改革

营业税仍然存在重复征税的弊端，因此，劳务领域税收负担总体上高于商品领域。这种税负差别一定程度上影响了服务业的发展，这与加快发展第三产业的政策显然是相悖的。增值税全面转型以后，相对小规模纳税人适用3％的增值税税率，服务业中的中小企业适用5％的税率就显得偏高。因此，必须对营业税制进行改革。

从总体上看，营业税改革应当与增值税扩大征税范围的改革方案相协调，相应调整营业税征收范围，把大多数第三产业逐步纳入增值税征税范围。但就目前的情况看，在分税制财政体制下，营业税已成为地方税收收入的一项重要来源，若征收范围调整过大,地方的财政收入会受到严重影响。因此,营业税的改革要循序渐进地进行。近期,可以把交通运输业和建筑业这两个与增值税联系最为密切、征管中矛盾最为突出的税目划入增值税征税范围,将来时机成熟时,再考虑将其他税目划入增值税征税范围。为弥补地方政府因征税范围调整带来的税收收入减少,可以采用提高增值税地方分成比例、加大转移支付力度等办法支持地方财政。

9.5 关税

9.5.1 关税概述

关税是在边境、沿海口岸和国家指定的其他水、陆、空国际交往通道的关口,对进出国境和关境的货物或物品征收的一种税。关税从最一般的意义上讲,可以分为进口关税和出口关税。

进口关税是对从国外运入的货物或物品征收的一种关税。一般在货物进入国境或关境时征收,或在货物从海关保税仓库或保税区中转出、投入国内市场时征收。进口关税是最基本的关税类型,也是国家实行保护关税或财政关税政策的基本手段。在许多不征出口关税的国家中,它是唯一的关税形态。

出口关税是对本国出口的货物或物品征收的一种关税。许多国家不征出口关税。一般说来,为了鼓励本国产品出口创汇,不宜征收出口关税。要征也只能选择那些能垄断国际市场或需要关税保护的货物为征税品目。也就是说,征收出口关税要遵循两项原则:一是征税货物具有垄断性;二是出于保护目的。

9.5.2 关税类型

1. 按关税政策分类

从根本上说,各国采取的关税政策,可概括为财政关税政策和保护关税政策两大类。

财政关税指主要为了发挥关税的财政职能,以取得一部分财政收入为目的而开征的关税。财政关税一般把税源大即进口商品的数量多、消费量大的商品列入征税对象范围,从而使收入充足、可靠。为了不影响本国生产和人民生活,选择非生活必需品包括奢侈品征税,比较合适。为了不至于因税负太重使价格上升、消费减少,影响进口数量,从而最终影响关税收入,要合理制定税率,税率不宜定得太高。

保护关税主要是为了发挥关税的经济职能,以保护本国幼稚产业(即对比其他国家而言相对落后、无竞争力的产业)为目的的一类关税。保护关税一般把那些本国需要发展但尚不具备国际竞争力的产品列为征税范围。不同的商品需要保护的程度不同，往往要采用差别税率，对奢侈品征特别高的关税，而对本国紧缺的工业原料、生活必需品、本国尚不能生产而又急需的技术先进产品，可通过低税率或免税办法鼓励进口。差别税率也可针对国别制定，对定有互惠贸易协定的国家用优惠税率，对歧视本国出口货物的国家、实行倾销的国家或出口补贴的国家可征高额关税。

2. 按照征收标准分类

依照征税标准的不同，关税可分为从价关税、从量关税、复合关税、选择关税和滑动关税等。

(1) 从价关税。所谓从价关税，是以货物的价格为计征标准而计算征收的关税。我国的进口税、出口税分别以货物的到岸价格、离岸价格（扣除出口关税）为完税价格计算征税，这都属于从价关税。从价关税的优点是相对比较公平，也有利于经济稳定。但从价关税是建立在对货物进行合理估价的基础上，而要做到估价准确合理（尤其是对进口货物）是很困难的。

(2) 从量关税。所谓从量关税，是以货物的计量单位（如重量、数量、长度、体积等）为计征标准而计算征收的一种关税。其最大的优点是征收便利，征税时不涉及价格估定问题。从量关税的缺陷是有失公平，因而不可能普遍采用。

(3) 复合关税。所谓复合关税，是对同一种进口货物同时采用从价与从量两种标准课征的一种关税。课征时，或以从价税为主，加征从量税，或以从量税为主，加征从价税。复合关税的优点是在物价上下波动时，可以减少对税负和财政收入的影响，缺点是计征手续较烦琐。

(4) 选择关税。所谓选择关税，是对同一种进口货物，同时规定从价税和从量税两种税率，征税时选择其中的一种进行课征的关税。运用选择关税必须充分考虑本国市场需求与国际市场价格变动情况。

(5) 滑动关税。所谓滑动关税，是对某种进口货物规定其价格的上、下限，按国内货价涨落情况，分别采用几种高低不同税率的一种关税。当进口货物价格高于上限时，减低税率；低于下限时，提高税率；在幅度以内的，按原定税率征收。其目的是保护国内生产免受国外物价波动的影响，保持国内有关货物价格的稳定。

9.5.3 中国关税及其改革

1. 我国关税制度的基本要素

(1) 纳税人。凡从事进口货物的收货人、出口货物的发货人，不论其国籍，也不论其是企业、单位，还是个人，都是关税的纳税人，都应根据税法的规定向我国海关缴纳关税。

（2）征税对象。关税以税法规定的应税入境货物流转额和应税出境货物流转额为课税对象。只要应税货物通过我国关境，就要对其流转额征税。进境的旅客应税行李物品和个人应税邮递物品也属于关税的征税范围。

（3）税率。关税税率分为进口货物税率、进口物品税率和出口货物税率三部分。在加入世界贸易组织（WTO）之前，我国进口税率分为普通税率和最低税率。对原产自与中华人民共和国未订有关税互惠条款的国家或地区的进口货物，按照普通税率征税；对原产自与中华人民共和国订有关税互惠条款的国家或地区的进口货物，按照最低税率征税。任何国家或者地区对其进口的原产于中华人民共和国的货物征收歧视性关税或者给予其他歧视性待遇的，海关对原产于该国家或者地区的进口货物，可以征收特别关税。为履行我国加入 WTO 承诺的 2002 年关税减让义务和我国加入曼谷协定的有关协议，自 2002 年 1 月 1 日起，进口税率设最惠国税率、协定税率、特惠税率和普通税率 4 个栏目。出口关税税率无普通、优惠税率之分，而是实行差别比例税率。

（4）计税依据。进口货物以海关审定的成交价格为基础的到岸价格为计税价格。到岸价格包括货价加上货物运抵中华人民共和国关境内输入地点起卸前的包装费、运费、保险费和其他劳务费等费用。出口货物以海关根据审价基本原则审定的成交价格为基础的售予境外的离岸价格，扣除出口关税后作为完税价格。

2. 我国现行关税制度改革

我国现行关税制度的改革，应着重从以下几个方面进行：

（1）合理调整关税结构。自 20 世纪 90 年代以来，我国大幅度降低了关税水平。我国 2009 年的关税总水平为 9.8％，其中，农产品平均税率仍为 15.2％，工业品平均税率仍为 8.9％。至此，除鲜草莓等 5 种商品还有 1 年的降税实施期外，我国已经基本履行完毕加入 WTO 的降税承诺，关税总水平由加入 WTO 时的 15.3％降至目前的 9.8％。关税结构就是关税税率结构。目前，我国关税税率结构不尽合理，主要表现在税率档次过多、个别产品税率偏高、关税保护措施单一等。要充分发挥关税对经济发展的促进作用，不仅需要合理的关税税率，还必须有合理的关税结构。因此，制定出适合我国国情需要的关税结构是我国关税制度改革的重要内容。未来关税结构的改革应从以下三方面入手：一是应减少关税税率档次，以降低海关的监管成本；二是合理调整关税结构，形成从原材料、中间产品到最终产品，从比较优势明显的产品、比较优势不明显的产品到缺乏比较优势的产品的阶梯关税结构，以体现对行业的有效保护；三是对一些过度保护产品、有比较优势产品和部分高科技产品及设备进一步降低关税税率。

（2）进一步完善海关估价制度。海关估价是指一国海关为了征收关税，根据法定的价格标准和程序，确定进出口货物的海关完税价格的行为或过程，海关估价是直接决定关税应纳税额大小的主要因素之一。国际上通行的海关估价制度，是乌拉圭回合达成的《关于执行 1994 年关贸总协定第七条的协议》（通常称为《海关估价协议》）①。我国加入 WTO 时承诺全面遵守 WTO《海关估价协议》，并由海关总署于 2001 年 12 月 31 日发布了新的《中华人民共和国海关审定进出口货物完税价格办法》（以下简称《完税价格办法》）。与 1992 年颁布的老办法相比，新的《完税价格办法》在成交价格的定义、费用因素的调整、估价方法的运用等方面都作出了调整，这说明我国的海关估价制度正逐步与国际通行的海关估价制度相接轨。但是，总的看来，我国的《完税价格办法》仍然存在一些问题：从技术层面看，我国的《完税价格办法》与《海关估价办议》仍存在一定的差异，包括表述上的不同和文字上的欠缺；而且我国的《完税价格办法》欠缺《海关估价协议》附件 I（《解释性说明》）的大部分内容。这些问题的存在，一定程度上影响了海关估价工作的顺利开展。除了上述技术层面的缺陷外，我国有关估价的立法还存在法律级次低、法律效力不高的问题。因此，有必要继续对我国的《完税价格办法》进行完善。总的说来，必须按《海关估价协议》的文字规定，参考世界海关组织海关估价技术委员会的文件进行修改，使估价制度更加全面、严谨，更加贴近贸易事实，这样，海关估价也才有可能成为打击价格瞒骗的有力武器。

（3）合理制定原产地规则。货物的原产地通常是指货物的原产国。货物的原产国是指生产制造某一商品的国家。原产地规则是指按照国家法令或国际协定确立的原则所发展的，并由一国实施以确定货物原产地的特别规则。如何确定进口货物的原产地，是确定进口货物所适用的关税税率和计算应纳关税税额的必要前提。与其他国家（尤其是发达国家）相比，我国的原产地规则过于简单，只规定了判定原则，具体的操作标准并不清晰。我国已加入 WTO，必须遵守 WTO 的《原产地规则协议》。当然，《原产地规则协议》规定的只是一些原则性问题且有待协调。因此，我国在制定原产地规则时，在遵守《原产地规则协议》的同时，可以作出符合我国利益的具体规定。此外，在制定我国原产地规则时，也可借鉴

---

① 国际上有关海关估价的协议先后有：《关贸总协定》第七条、《海关商品估价公约》（也称为《布鲁塞尔海关估价公约》）、东京回合达成的《关于执行关贸总协定第七条的协议》（通常称为《海关估价守则》）以及乌拉圭回合达成的《关于执行 1994 年关贸总协定第七条的协议》（通常称为《海关估价协议》）。乌拉圭回合达成的《海关估价协议》除个别条款和规定有所调整外，在条文结构、体系安排和实质性规定方面基本上延袭了东京回合的《海关估价守则》。

其他国家（尤其是发达国家）在原产地规则方面的做法。

（4）规范关税减免政策。随着关税的减让，应规范并逐步减少关税减免。今后要逐步建立起针对特定的产业进行关税减免的制度。

小结

1. 商品税是对商品与劳务的交易额所课征的税。我国现行的增值税、消费税、营业税、关税等都属于商品税。
2. 商品课税以课税对象为标准，可分为一般消费税与个别消费税；以课税环节为标准，可分为单阶段课征的商品税和多阶段课征的商品税；以计税依据为标准，可分为从价税和从量税；以课征地点为标准，可分为国内商品税和国外商品税；以税负转嫁为标准，可分为直接消费税与间接消费税。
3. 增值税是以纳税人的增值额为课税对象的一种税，它有生产型、收入型和消费型之分。目前我国采用的是消费型增值税。
4. 增值税的利弊分析。
5. 消费税是以消费品销售额或消费支出额作为课税对象的各种税收的统称，它包括直接消费税和间接消费税。消费税按其课征范围的不同，可分为一般消费税和选择性消费税或特别消费税。
6. 消费税的利弊分析。
7. 营业税指的就是全值流转税或周转税。营业税的利弊分析。
8. 关税是对进出关境的货物或物品征收的一种税。关税从最一般的意义上讲，可以分为进口关税和出口关税。以关税的征收目的为标准，关税可分为财政关税和保护关税。

思考题

1. 商品课税如何分类？商品课税有哪些优缺点？为什么？
2. 为什么我国目前仍然实行以商品税为主的税收制度？
3. 如何进一步完善我国的增值税制度？
4. 如何进一步完善我国的消费税制度？
5. 如何进一步完善我国的营业税制度？
6. 如何进一步完善我国的关税制度？

参考文献

薛健，李京城，孙文基. 1993. 当代西方财政理论与实践. 北京：中国财政经济出版社
杨斌，雷根强，胡学勤. 2003. 税收学. 北京：科学出版社
杨志勇，张馨. 2005. 公共经济学. 北京：清华大学出版社
张群. 2002. 中外关税税制比较. 北京：中国财政经济出版社

第10章

所 得 税

■ 10.1 所得税概述

10.1.1 所得税定义的探讨

所谓所得税，是以纳税人的所得额为征税对象的税。关于什么是所得，有几种不同的理论。

1. "来源说"

该理论又称为"所得源泉说"或"周期说"，其代表人物弗里茨·纽马克认为：只有从一个可以获得固定收入的永久性"来源"中取得的收入，才应被视为是应税所得。"来源说"将收益与永久性来源，即将所得与资本联系起来。这个定义源自农业社会的收获传统，即土地在固定的周期内生产出的成果，才是所得，而土地本身的增值收益则不算所得。它要求只对资本产生的收益课税，而不对资本本身价值的增值课税。换言之，只有循环的、反复的、周期性的收入才被视为应税所得，而临时的、偶然的、转让的收入则不被视为应税所得。显然，这一只对部分收入征税的理论有悖于公认的公平原则。

2. "交易说"

这一理论是从会计学的观点出发得出的。它认为所得与交易有关，是某一时期一切在交易基础上实现的收入，减去为取得这些收入而耗费的成本费用，再减去同期亏损的余额。按这一学说设计的所得税制度，征管比较便利，只需对交易所得征税，但不能反映纳税人的纳税能力，不符合公平合理的要求；而且，由于只对交易所得征税，容易产生资产、财富的紧锁效应，不利于资源的流动。

3. "净增值说"

该理论又被称为"净资产增加说"，最早由德国学者范·夏恩茨提出，其认为所得是指一定时期内财产的增加净值。该理论从财产价值的角度着眼，不问来源是否有规律性、周期性，所有临时的、偶然的、转让的收入，也包括在收入范围内，再减去各项成本、费用以及一般性消费后的余值即为所得；也可以用"期末财产价值－期初财产价值"的公式来表示所得。该理论既将偶然收入包括在所得范围内，又将非交易的资产增值包括在所得范围内，因此克服了前两种理论的缺点，但所得的范围仅限于使财产增值的收入，用于消费的收入却被排除在外，显然是不合理的。

4. "净增值加消费说"

在"净增值说"的基础上，美国经济学家海格和西蒙斯提出了著名的"海格-西蒙斯所得概念"（Haige-Simons concept），创立了"净增值加消费说"，认为所得是在一定时期内纳税人消费能力净增加的货币价值，它等于此期间财富净增加额加上实际消费额，即"（期末财产价值－期初财产价值）＋消费"。具体来说，这一定义要求所有来源的收入、所有形式的收入增加，都必须并入税基；不仅包括商品、劳务交换过程中发生的交易所得，而且包括不经交易的"推定所得"，如纳税人自我服务的价值等。这一学说虽然在理论上最符合按能力征税的原则，将所有的收入都包含在内，但在实践中难以完全实施。

在各国所得税的实践中，并没有一个国家固守一种学说。发达国家的所得税制较多地建立在"净增值加消费说"基础之上，但往往在实物所得、转移所得、推定所得、资本利得几方面作了相应修正，以防止所得税制过于复杂而无法实行。而发展中国家，基于本国的经济发展水平和征管能力，设计税制时倾向于"来源说"和"交易说"，应税所得只限于经常发生的经交易取得的货币所得，力求在保证一定财政收入的前提下，获得征税行政上的便利。一般来说，各国的所得税基一般包括营业利润、投资所得（股息、利息、特许权使用费）、财产所得（财产租赁转让收入）、劳务所得（工资、薪金、劳务报酬）、其他所得（遗赠、转移所得、推定所得）等。

10.1.2　所得税的特点

所得税除了具有在所得界定上以一定的所得额为课税对象的特性外，还有以下特点。

1. 所得税是对人税，体现税收公平原则

所得税一般以企业或个人为纳税人，课税时要考虑纳税人的具体情况，尽量保证横向公平和纵向公平。由于所得税对人征收，税负较难转嫁，因此，一般认为所得税是直接税，其纳税人就是负税人。同时，所得税制通常采用累进税率，其征收建立在真实可靠的税基之上，能够更好地针对纳税人的实际纳税能力来确定税收负担，并针对纳税人的贫富程度来调剂社会的收入和财富的分布公平状态。

2. 所得税具有弹性征收、调节经济运行的功能

所得税在纳税人有盈利时才征收，因此，在保证财政收入上不如商品税，但其累进税率使之可以自动根据经济状况增加税收或减少税收。在经济过热时，更高比例地增加税收，减少有效需求；在经济紧缩时，更大比例地减少税收，增加有效需求，从而实现经济运行"自动稳定器"的功能。

3. 应税所得额的计算较为复杂，征管要求较高

所得税要依纳税人实际的纳税能力征收，就要对实际所得额进行计算，要计算企业的收入和成本、费用，要考虑个人的费用扣除和生计扣除，以获得应纳税所得额。这与商品税相比，无疑增添了计税的复杂性。同时，在征管时也必须分清应税所得和非应税所得、可扣除费用和不可扣除费用等，客观上要求征管人员具有较高的素质和较先进的征管手段。

10.1.3　所得税的类型

所得税类依据其课税对象的规定，可以分为以下几类。

1. 分类所得税

所谓分类所得税，是针对各种不同性质的所得，如对工资和薪金、对利息和股息等，分别规定不同税基和税率，分别计算应纳税额进行课征的那一类所得税。分类所得税在个人所得税中使用较多，其计税依据的基础是法律所确定的各项所得，而不是个人的总所得。这类所得税的税率，多为比例税率或较低的超额累进税率。这类所得税的优点是：①征管简便，可以通过源泉扣缴的办法，一次性征收，减少征纳成本；②可按照不同性质的所得分别课征，实行区别对待，贯彻特定的政策意图。但其主要缺点是：①不能按照纳税人真正的纳税能力课征，无法有效地贯彻税收的公平原则要求；②分类征收容易导致纳税人行为的变化，产生逃避税问题和经济效率的扭曲。所以，发达国家的所得税制经历了一个从分类所得税向分类综合所得税、综合所得税转变的过程。目前，仍实行分类所得税制的发达国家已经不多。

2. 综合所得税

所谓综合所得税，是将纳税人一定时期内各项不同性质的所得加以合并，减去法定减免和各种扣除后，综合确定税基和税率进行计征的那一类所得税。企业所得税通常采用这种办法征收，许多发达国家的个人所得税也采用这一办法征收。这类所得税，通常是将纳税人的所有所得，不论其来源、渠道或形式，加总计算，再按其企业、个人或家庭不同情况准予扣除不同项目的金额，以其余额按比例税率或超额累进税率课税。这种税制量能课税，比较符合税收的公平原则，但征纳手续比较烦琐，需要纳税人有较高的依法纳税意识、征收机关有较为有效的稽征监控办法，否则容易产生逃税现象。

3. 分类综合所得税

所谓分类综合所得税，又称混合所得税，它是将分类所得税和综合所得税的优点综合在一起，实行分项课征和综合计税相结合的一种所得税制度。分类综合所得税往往运用在个人所得税制度上，又分为以下两种类型：

（1）交叉型的分类综合所得税。这是对纳税人的各项分类所得先按比例源泉扣缴，然后对其全年总所得超过规定数额以上的部分综合加总，按累进税率计税，源泉扣缴的税款可以在结算时予以抵扣，多退少补。

（2）并立型的分类综合所得税。这是对某些所得分项计征，按特定的标准、税率征税，年终不再计入总所得中；而其余大部分所得项目要合计申报纳税，按累进税率计税。这种税制与分类所得税的差别在于，分类所得税往往采用源泉扣缴的办法，扣缴完后不再纳税，而并立型的分类综合所得税，除少数项目分立征收外，其他大部分所得项目仍要综合计征。

分类综合所得税兼收分类所得税和综合所得税的优点，既可以具有分类所得税征纳方便、能够依据不同收入来源的性质实行区别对待的优点，又具有综合所得税按支付能力课征较为符合公平要求的好处，是一种适用性较强的所得税类型。

10.1.4　所得税的课征方法

所得税在实际课征中，往往采用以下三种征收方法。

1. 源泉扣缴法

简单地说，这种方法就是在所得发生的当时当地征税，由支付人在支付收入时，将领取者应交的所得税款扣除下来，直接缴纳到国库，即由支付人代扣代缴所得税。这种办法的好处是：①所得一经发生即行征税，可以使税款及时入库；②支付人替税务机关扣缴税款，因不是其自己负担税款，但同时付有纳税的连带责任，故较能做到据实扣缴；③由于不需要纳税人直接申报和纳税，可以节省征收和申报的相关费用，也可以减轻纳税人因纳税而产生的痛苦感。但这种方法的缺点在于只适用于部分所得，无法适用于全部所得，特别是对营利所得无法进行源泉扣缴。

2. 申报法

这种方法多用于企业或个人营利所得的税款征收上，发达国家的个人所得税也常采用这一方法。纳税人在年度终了后的一定时期内，按税法规定的要求，自行填写所得税申报表，自行测算各项所得额、允许扣除的费用和宽免以及应纳税额，由税务机关调查审核后完税。实行申报法还可以要求纳税人分期预缴税款，在纳税年度内按估算的年度总收入额，一次或多次预缴税款；到年度终了时，依据全年实际应纳所得税额，对税款多退少补。申报法可以按照纳税人的实际收入总额征税，采用累进税率，体现所得税量能征收的公平原则；但要求纳税人有较高的纳税意识、对税收政策和制度较为熟悉、能准确计算应纳税款，同时，要求税务机关有较高的征管水平和较强的查缉能力，等等。

3. 推定法

又称估征法，是一种简单的课征方法。它是依据纳税人所表现的某些外部特征，如住宅的面积、仓库的大小、桌椅的多少、营业员的人数、消费支出的多少等，推定纳税人的所得，再按率征收。推定法对源泉扣缴法和申报法等征纳程序上难以掌握的所得，可以起重要的补充作用，尤其对偷逃税款严重、稽征困难的行业和纳税人，可以起约束和惩罚的作用。但从外部特征推定所得，难免出现主观臆断的问题，而且容易导致贪污受贿等不良行为，因此，该法只能充当补充的征税方法。

10.1.5　所得税的演变过程

所得税主要包括个人所得税和公司所得税，公司所得税的产生晚于个人所得税。最早的个人所得税是1799年英国为应付英法战争的巨额军费开支而设立的，对年所得超过200英镑的个人按10%的税率征收，但1802年即被废止。1803年重新开征后，1816 年随战争结束而再次废止。直到 1842 年，英国借印度反英之机重新开征，才一直延续下来。法国、美国、德国等虽然分别在 1848 年、1860 年和 1871 年开征了所得税，但也几经废止，分别到 1914 年、1913 年和 1920 年才将之合法化，并持续至今。

所得税在其发展过程中，表现出以下发展趋势（杨志勇和张馨，2005）。

1. 从临时税发展为永久税

所得税在各国采用的初期，多为应付紧迫的战争军费开支而临时开征的税种。由于所得税具有直接对纳税人征收，并且由纳税人直接承担税负的特征，因而受到纳税人抵制的程度最为激烈。一般而言，所得税具有只对富裕阶层征收的特点，它表现为直接减少资本可用于自身发展的财力，这将对资本的发展具有直接的阻碍和抑制作用，因此，对比负税人相对模糊的间接税类来说，所得税开征的阻力更大。

2. 从比例税演变为累进税

各国在实行所得税制的初期，多选择比例税率，以后才逐步演变为累进税率。大体上说，间接税类由于具有税负转嫁和实际上的累退性质，如果累进征收，其结果可能是将更重的税负加诸于贫穷阶层身上，从而无法用于解决社会收入分配和财富分布等方面的不公平状态。所得税类与此相反，其税负不易转嫁，这样，当市场经济的自发运行导致贫富日益分化、需要政府直接干预以克服这种状态时，所得税类将成为承担这一任务的主要工具和手段。而要在税收上体现出抑制富者更富作用的，只能是累进税率而不能是比例税率。所以，所得税从比例税率转向累进税率，是政府介入社会公平分配的需要。正因如此，所得税类中有些相对不那么直接体现干预公平分配的税种，如中国的企业所得税，就有可能采用比例税率，因为比例税率是相对有利于促进效率提高的。在西方，社会保险税采用的也是比例税率，但又有所限制，即只是对一定数额以内的收入征收，超过的部分反而是不征收的。

3. 从分类所得税转变为综合所得税

英国 1799 年实行的所得税，就是采用按税法列举的各项收入分别课征的制度。当时英国的税法将人们的所得分为四类，由纳税人按规定分别申报纳税。到了 20 世纪初，英国的所得税开始转向了综合申报的制度。其他国家也有类似情形。各国的所得税之所以从分类所得税转向综合所得税，其原因在于：①由于分类所得税按所得源泉分别列举、分别课征，随着市场经济的发展，人们收入来源渐趋多样化，要对各种收入逐一列举日益困难；②由于分类课征难以综合反映出一个人的实际负税能力，从而难以有效地制定累进税率，难以充分发挥所得税公平社会收入的作用。这些都决定了所得税从分类征收向综合转化的趋势。

10.2　个人所得税

10.2.1　个人所得税概述

所谓个人所得税，是对个人的各类应税所得课征的一种税收，在许多国家，特别是在发达国家起着举足轻重的作用。个人所得税制度的基本要素如下。

1. 纳税人

个人所得税的纳税人，与税收管辖权有密切的联系。所谓税收管辖权，是一个国家自主地管理税收的权力，它是国家主权在税收方面的体现。税收管辖权的确定，一般采用属地主义和属人主义两种原则。按属地主义确定的税收管辖权，称为"地域税收管辖权"或"收入来源地税收管辖权"，指收入来源国有权对来源于其境内的所得征税。按属人主义确定的税收管辖权，又分为"居民税收管辖权"和"公民税收管辖权"两种，指居住国或国籍国有权对其居民或公民来源于境内外的所有所得征税。

绝大多数国家同时行使地域税收管辖权和居民税收管辖权。因此，在征收所得税或财产税时，就必须区分居民和非居民。一般来说，居民要承担无限纳税义务，其来源于全球的所得，都需要向居住国缴税；而非居民则承担有限纳税义务，即只就其来源于某国的所得向该来源国缴税。

在个人所得税中，各国认定为其居民的标准往往有住所、居所、时间或意愿等，其中住所或居所的认定又有不同的规则。在两国或多国对纳税人居民身份产生争议时，往往用"决胜法"按照下列顺序来确定居民身份：首先，应认为是其有永久性住所所在国的居民。如果在两个国家同时有永久性住所，应认为是与其个人和经济关系更密切（重要利益中心）所在国的居民。其次，如果其重要利益中心所在国无法确定，或者在其中任何一国都没有永久性住所，应认为是其有习惯性居处所在国的居民。再次，如果其在两个国家都有，或者都没有习惯性居处，应认为是其国民所在国的居民。最后，如果其同时是两个国家的国民，或者不是其中任何一国的国民，应由缔约国双方主管当局通过协商解决。

2. 课税对象

个人所得税是以符合条件的个人所得额作为课税对象的。具体说来，它一般包括工资薪金所得、劳务报酬所得、股息红利所得、利息所得、特许权使用费所得、财产租赁所得、财产转让所得、净经营所得、养老金所得，等等。但政府债券的利息、雇主为雇员的医疗和养老的缴款、社会转移支付等所得，在大多数国家不视为应税所得。

各国个人所得税制对课税范围的确定，大致有两种类型：①以美国联邦个人所得税法规定的"总所得"概念为典型，即课税所得应包括"总所得"，采用"反列举"法，即对免税或不予计列所得——列举，其余所得均需综合在一起纳税。②以英国的"所得税分类表制度"为典型，即在税法中对各项所得分类列举，把全部所得分为六类，采用"正列举"法，即税法逐项说明课税所得范围，对列举之外的所得不征税。

3. 费用扣除和生计扣除

个人所得税的课税对象虽然是个人的所得额，但除了免税所得外，在计算课税依据时，还必须从个人所得额中扣除必要的费用后，才是应税所得。从各国的税制来看，扣除的部分主要包括以下几个方面：

（1）与取得所得直接相关的费用，即所谓"事业经费"，如个人独资企业或合伙企业生产经营的成本费用，获取工资薪金或劳务报酬而发生的差旅费、交通费，财产出租或转让的评估费、营业税等。这一部分的扣除，有些国家采用据实扣除的方法，有些国家采用定额或定率扣除的方法，还有些国家根据不同类别的所得，采用不同的扣除方法。

（2）与取得所得无关的个人支出，如向政府、公益或慈善团体的捐赠，向地方政府或外国政府缴纳的所得税款、偶然性损失、社会保险税（费）缴款、个人商业性保险缴款等。对这类支出，各国扣除标准宽严各异，不存在统一的模式。

（3）为维持生活所必需的各项开支，又称为"生计费用扣除"，指为了维持个人或家庭的最低生活水平而开支的伙食费、居住费、服装费、教育费、医疗费等，其实质是劳动力费用的扣除。生计扣除一般是从所得额中定额定率扣除，再计算应缴所得税款，但也有国家先计算出税额，再减去一定数额的生计费用。西方国家通常按照家庭成员的不同构成，规定不同的生计扣除标准，而且经常根据经济发展和人民生活水平的变化调整这一数额。

4. 适用税率

个人所得税的税率大体上有三种情况：①采用超额累进税率；②采用比例税率；③超额累进税率和比例税率并用。

超额累进税率在调节纳税人收入、实现纵向公平和促进经济稳定方面，可以起到较好的作用。因此，实行综合所得税的国家，一般采用超额累进税率；实行分类综合所得税的国家对综合所得，实行分类所得税的国家对工资薪金、劳务所得和经营所得，往往也采用超额累进税率。累进税率的级距和级次各国不一，没有统一模式。

除规定基本税率外，不少国家对某些特殊性质的收入项目如资本利得，往往还规定特殊税率单独课税。

5. 申报方法

在国际上，个人所得税的纳税人并不一定是作为自然人的个人，也可以是家庭。其申报方式，可以是未婚者单独申报、已婚者分别申报的个人制申报方式，也可以是已婚者联合申报、户主申报的家庭制申报方式。

个人制的优点在于，税收不影响男女之间是否结婚的选择，缺点在于容易出现家庭成员之间分散财产、分计收入以逃避税收的行为，而且不能根据家庭的不同负担，确定合适的税负水平。家庭制可以避免个人制的缺点，但在高税率、多档累进的情况下，可能会降低妇女工作的意愿。由于对婚前收入接近的男女和婚前收入悬殊的男女按家庭征税，其婚后税负存在差异，因此，实行家庭制的国家往往允许纳税人选择以家庭名义申报或仍以个人名义申报。

10.2.2 个人所得税相关问题分析

1. 所得的合法性问题

对纳入个人所得税征税范围的所得是否必须是合法的所得，各国有不同的看法。有些国家认为，基于走私、贩毒、卖淫、诈骗、抢劫、盗窃、贪污、受贿、赌博等不法行为产生的所得，因为行为是非法的，所以应予以取缔和打击，没收违法所得或将其返回给受害人，因此，不应征税。也有国家认为，所得是税法中固有的概念，不必对产生所得的行为进行法律评价，特别是某些介于非法或合法之间的灰色收入，以及没有依据断定其为违法所得的收入，应一律予以征税。但这类所得一旦被认定为非法，并需要返回给受害人时，关于已征税款如何处理存在困难。

我们的观点是，不能因为某类所得征收了个人所得税而认定其为合法收入。

2. 所得的货币性和交易性

据"海格-西蒙斯所得概念"，所有的所得都必须并入税基，但在个人获取实物所得、推定所得和资本利得时，则存在征税的困难。货币所得以交换行为为前提，即使商品的货币化和家庭劳动的社会化程度很高，但如果个人的实物所得、物物交换所得和自我服务所得不征税，也会导致避税行为的发生。因此，大多数国家在征收个人所得税时都考虑实物所得和推定所得。各国一般规定，对以实物或福利方式获得的所得，以及物物交换的所得，都必须按公允价格计价，并且按所得的性质归入工资薪金、劳务报酬、股息分红、财产转让等类别中依法计征。对自我服务的推定所得征税，一般仅限于住宅所有者使用自有住宅和农民消费自产农产品两类，其他类型的自我服务或供应不征税。

对资本利得而言，其尚未实现的所得，虽然也意味着纳税人负担能力的提高，但对其征税不太合理，会迫使纳税人变卖财产以缴税，而且在技术上也存在困难。因此，各国一般在资本财产转让或交易时，对实现的资本利得征税。同时为了解决资本利得的聚集效应，还往往根据资本财产持有的年限，适用不同的税收政策。

3. 个人所得税的经济效应

个人所得税可能对劳动供给和储蓄带来消极影响，但是否真正带来不利影响，主要取决于个人所得税的收入效应与替代效应的对比程度。

在征收个人所得税或提高个人所得税税率时，由于税后收入减少，纳税人可能会增加其劳动供给以弥补收入的损失，这是其收入效应；但由于单位时间的税后收入降低，纳税人也可能因单位报酬的降低而减少工作时间，这是其替代效应。当替代效应大于收入效应时，个人所得税的征收或税率提高，会导致劳动供给的减少。

同样，在征收个人所得税或提高个人所得税税率时，由于税后收入减少，纳税人可能会增加其现期储蓄额，以弥补未来收入的损失，这是其收入效应；但由于税后利息的减少，纳税人也可能因利率的降低，而减少现期储蓄额，这是其替代效应。当替代效应大于收入效应时，个人所得税的征收或税率提高会导致储蓄的减少。

10.2.3 中国的个人所得税与改革

中国现行个人所得税制是以1980年9月10日第五届全国人大三次会议通过的《个人所得税法》为基础的。该税法分别在1993年10月31日、1999年8月30日、2005年10月27日、2007年6月29日、2007年12月29日经全国人大常委会五次修正，它与《个人所得税法实施条例》以及财政部、国家税务总局的其他相关文件，共同构成了我国现行个人所得税的法律框架。它主要包括以下基本内容。

1. 纳税人

根据《中华人民共和国个人所得税法》的规定，凡在中华人民共和国境内有住所，或者无住所而在境内居住满一年的个人，是中国的居民纳税人，其全球所得都要向中国政府缴纳个人所得税；在中国境内无住所，又不居住，或者无住所，而在境内居住不满一年的个人，达到中国税法规定的纳税标准，是中国的非居民纳税人，只就其来源于中国境内的所得，向中国政府缴纳个人所得税。

从 2000 年 1 月 1 日起，对个人独资企业、合伙企业、独资和合伙性质的私营企业、合伙制律师事务所、负无限责任和无限连带责任的其他个人独资与合伙性质的机构或组织，停征企业所得税，只对其投资者或合伙人的生产经营所得，比照个体工商业户的生产经营所得征收个人所得税。

2. 征税对象

中国的个人所得税实行分类所得税制，以个人取得的各项所得为征税对象，实行不同的费用扣除标准和税率，分别征税。其具体征税项目包括以下 11 类：工资、薪金所得，个体工商户的生产经营所得，对企事业单位的承包经营、承租经营所得，劳务报酬所得，稿酬所得，特许权使用费所得，利息、股息、红利所得，财产租赁所得，财产转让所得，偶然所得以及国务院财政部门规定的其他所得。

3. 免税所得和捐赠扣除

下列个人所得被列为免税所得：省级人民政府、国务院部委和中国人民解放军军以上单位，以及外国组织颁发的科学、考试、技术、文化、卫生、体育、环境保护等方面的奖金；国债和国家发行的金融债券利息；按照国家统一规定发给的补贴、津贴；福利费、抚恤金、救济金；保险赔款；军人的转业费、复员费；按照国家统一规定发给干部、职工的安家费、退职费、退休工资、离休工资、离休生活补助费；依照我国有关法律规定应予免税的各国驻华使馆、领事馆的外交代表、领事官员和其他人员的所得；中国政府参加的国际公约以及签订的协议中规定免税的所得；发给见义勇为者的奖金；企业和个人按照省级以上人民政府规定的比例提取并缴付的住房公积金、医疗保险金、基本养老保险金、失业保险金；国有企业职工从破产企业取得的一次性安置费收入；经国务院财政部门批准免税的所得。另外，从 2008 年 10 月 9 日起，对储蓄存款利息所得重新暂免征收个人所得税。

有下列情形之一的，经批准可以减征个人所得税：残疾、孤老人员和烈属的所得；因严重自然灾害造成重大损失的；其他经国务院财政部门批准减税的。

个人将其所得通过中国境内的社会团体、国家机关向教育和其他社会公益事业以及遭受严重自然灾害地区、贫困地区的捐赠，捐赠额未超过纳税义务人申报的应纳税所得额的 30% 的部分，可以从其应纳税所得额中扣除。其中通过非营利性的社会团体和国家机关向红十字事业、福利性非营利性老年服务机构、农村义务教育的捐赠，准予全额扣除。个人在完善城镇社会保障体系试点地区直接向慈善机构、基金会等非营利机构的公益、救济性捐赠，也准予全额扣除。

4. 税率

在我国个人所得税根据所得类型的不同，分别规定不同的税率形式和税率：工资、薪金所得采用九级超额累进税率，税率为 5% ~ 45%；个体工商户的生产、经营所得和对企事业单位的承包经营、承租经营所得采用五级超额累进税率，税率为 5% ~ 35%；其余应税项目适用比例税率，税率为 20%，其中，对劳务报酬所得一次收入畸高的，实行加成征税办法，实际为 20%、30%、40% 的三级超额累进税率；对稿酬所得，减征 30% 税款，实际为 14% 的比例税率。

5. 应纳税额的计算和征收

个人所得税应纳税额以应纳税所得额为计税依据，其基本计算公式为

$$应纳税额 = 应纳税所得额 \times 适用税率$$

根据个人所得税法，各主要收入项目的应纳税所得额分别规定如下：①工资、薪金所得，以每月收入额减除费用 2000 元后的余额，为应纳税所得额。对在中国境内无住所而在中国境内取得工资薪金所得的纳税人，和在中国境内有住所而在中国境外取得工资薪金收入的纳税人，按税法规定，每月在扣除 2000 元费用的基础上，还要用附加减除费用的办法。附加减除费用的标准规定为每月 2800 元。②个体工商户的生产经营所得，以每一纳税年度的收入总额，减除成本、费用以及损失后的余额，为应纳税所得额。③对企事业单位的承包经营、承租经营所得，以每一纳税年度的收入总额，减除必要费用后的余额，为应纳税所得额。④劳务报酬所得、稿酬所得、特许权使用所得、财产租赁所得，每次收入不超过 4000 元的，减除 800 元；4000 元以上的，减除 20% 的费用，其余额为应纳税所得额。⑤财产转让所得，以转让财产的收入额减除财产原值和合理费用后的余额，为应纳税所得额。⑥利息、股息、红利所得，偶然所得和其他所得，以每次收入额为应纳税所得额。

中国的个人所得税以取得收入的个人为纳税单位，没有家庭申报的规定。按个人所得税法的规定，所有应税所得由支付人源泉扣缴，支付所得的单位或个人为扣缴义务人，扣缴义务人可获取预扣税款 2% 的代扣代缴手续费。

年所得 12 万元以上的居民，从中国境内两处或者两处以上取得工资、薪金所得的个人，从中国境外取得所得的居民，取得应税所得、没有扣缴义务人的个人，国务院规定的其他情形，需要由纳税人自行申报纳税。

6. 我国个人所得税的改革

中国目前的个人所得税是分 11 大类，按不同费用扣除标准和税率来征收的。由于类别过多，同样数额的收入因其来源不同而税负不同。在某些情况下，甚至劳动所得交的税，要高于非劳动所得，不符合公平征税的原则。同时，某些所得由于界定的困难（如工资薪金与劳务报酬、稿酬与特许权使用费），纳税人可以利用其来避税。目前正在考虑将个人所得税从分类所得税改成分类综合所得税，其中将工资薪金所得、劳务报酬所得、财产租赁所得、财产转让所得等有较强连续性的收入，列入综合课征项目，实行统一的累进税率；对于稿酬、特许权使用费、利息、红利、股息等其他所得，仍然按比例税率实行分项征收。

此外，税前扣除项目也要作必要的调整。工资薪金的免税额一般为 2000 元，只比中国职工平均工资水平略低，使得大部分工薪阶层都要缴税。相对而言，高收入者由于收入来源复杂，有更多的规避个人所得税的机会和办法，这使得工资薪金成为个人所得税的主要来源不利于收入再分配的实现。因此，应该适当提高工资薪金免税额，同时调整税率累进的级距，减少累进税率的级次，并在未来考虑增加教育、保险、赡养等方面的扣除，以实现税收公平的目标。

10.3　企业（公司）所得税

10.3.1　企业（公司）所得税概述

所谓企业（公司）所得税，是对企业（公司）的生产经营所得和其他所得，按照一定税率课征的税。在发展中国家，企业所得税收入往往高于个人所得税收入。

1. 纳税人

企业一般可以分为独资企业、合伙企业和公司企业三种组织形式。独资企业或合伙企业的投资人或合伙人，对企业债务要负无限清偿责任；而公司是由两人或两人以上共同投资、按公司法组建的，是独立的法人，股东只以出资额为限对公司负担责任，公司以其财产为限对公司债务承担责任。因此，公司所负的是有限清偿责任。

相应地，企业所得税可以分为企业所得税、公司所得税两种类型。前者以企业所得为课税对象征收，其特点是不分企业性质和组织形式，把各种类型的企业都纳入企业所得税的纳税人范围。后者是以公司所得为课税对象进行计征，对公司课征公司所得税，纳税人只限于公司。而对于独资企业和合伙企业，只征收个人所得税。由于公司企业与独资企业、合伙企业所负的清偿责任不同,而且后两种企业的个人财产与企业财产经常难以区分,因此,许多国家选择了公司所得税类型的企业所得税制,通常被称为公司所得税或法人所得税。下面主要分析这种类型的公司所得税。

在公司所得税中,各国认定为其居民公司的标准往往有注册登记地标准、实际管理控制中心所在地标准、总机构所在地标准、选举权控制标准等,在两国或多国对纳税人居民身份产生争议时,往往根据实际管理控制中心所在地标准来确定公司的居民身份。对居民公司,其全球所得要向居住国缴税;而对非居民公司,只就其来源于该国的所得向来源国缴税。

2. 征税对象

公司所得税的征税对象,主要是以利润形式出现的公司所得,即收入总额减去可作为费用扣除的项目得到的应税所得,而不是毛所得。其收入总额包括生产经营所得和其他所得,前者通常指纳税人从事工商业、交通运输、劳务服务和其他营利事业所获得的所得,后者通常包括股息、利息、特许权使用费、租金、财产转让所得、清算所得等项目。除少数收入(如国债利息)外,绝大多数收入都要计所得额中征税。

公司的费用支出,也有准予扣除与不予计列的问题。公司所得税一般只能扣除与取得收入有关的那一部分必要的费用支出,如经营管理费用、折旧与折耗、除增值税外的各项商品税金、坏账损失、研发费用等,而不考虑所谓"生计费用"的扣除。如何区分何种费用可扣,关键在于区别业务支出与个人支出、营业性支出与非营业性支出,前者可扣,后者不可扣,只能在所得税后列支;而收益性支出与资本性支出,前者可以一次性扣除,后者只能计提折旧分期扣除。在实践中,各国通常对不同行业据其独特的经营特征,确定相异的费用扣除标准。因此,公司税应税所得的确定相当复杂和烦琐。

3. 适用税率

考虑到个人所得税通常采用累进税率,为了便于征管,各国公司所得税大多采用比例税率。有些国家实行单一比例税率,不同性质、不同行业、不同规模、不同地区的公司,均适用同一税率。有些国家根据公司的性质(国有、私有,内资、外资等)、行业(农林牧、金融、石油等)、地区(东西部、特区、保税区等)等适用不同的比例税率。对同一公司,也可能因为规模的不同(按资本、人数、利润等划分)或是否分配利润(分配利润、未分配利润)适用不同的税率。

少数发展中国家和发达国家对公司所得税也采用累进税率,前者多采用多级超额累进税率，且累进程度较高；而后者多采用二级超额累进税率，但累进程度比较缓和。

4. 课征方法

公司所得税通常采用申报纳税的方法，税款按分季（或半年）预缴、年终汇算清缴，多退少补。纳税年度由税务机关确定或由企业根据其营业年度自行确定，一经确定就不能随意变更。

对于某些建账困难、不能准确核算收入或费用的中小企业，有些国家采取了推定征收的办法。这是根据其收入额或成本费用额，推定其应纳税所得额，据以征收公司所得税。

10.3.2　公司所得税相关问题分析

1. 公司所得税的理论基础

在课征了个人所得税的情况下，为什么还要开征公司所得税？这一问题长期以来争论颇多，支持对公司（法人）征税的理由主要有：①公司是独立的主体，即"法人实在说"。认为公司一经成立，就有独立的人格，公司的所有权与经营权相分离，中小股东无法介入公司的内部运作，而且公司可以以自身的名义拥有财产、对外举债、签订合同、进行诉讼，与自然人一样享受国家的保护，因此，也负有纳税义务。②公司应当为其特权支付报酬。作为法人的公司，相比其他企业，从社会中获得了许多特权，如享受有限债务责任，股权有较高的流动性，可以从事某些独资、合伙企业不能经营的项目等，其股东也只负有限清偿责任，因此，公司需要根据特权报偿原则向国家纳税。③防止避税。如果不征收公司所得税，那么个人股东可以将利润保留在公司中不进行分配来逃避或推迟个人所得税的缴纳。

对于以上这些看法，也有许多不同意见。"法人虚拟说"认为，公司所有权和控制权的分离，并不意味着公司是一个独立的实体。公司仅是股东的集合体，并无独立的人格。公司所得税与个人所得税一并征收，会造成股息所得的重叠征税，这不但不公平，还会造成非中性的效率损失：①鼓励个人设立非公司企业，导致公司和其他企业之间资源配置的扭曲；②鼓励公司增加保留利润而不进行利润分配；③鼓励公司举债筹资以减少股利分配。

2. 公司所得税与个人所得税的配合模式

要减轻或消除股息的重叠征税问题，必须考虑公司所得税和个人所得税的配合。它们的配合主要有以下模式：

（1）古典制。指公司的利润要征公司所得税，其分配的股息不能扣除。股东取得的股息，必须作为投资所得，征收个人所得税。这一类型历史悠久，因此被称为古典制。它完全没有考虑或解决重叠征税问题。

（2）双税率制。又称差别税率制。它对公司分配的利润按较低的税率征税，对公司的保留利润按较高的税率征税。这一类型可以减轻重复征税的程度，但不能完全消除之。

（3）减免税制。又可分为公司阶段减免税制和个人阶段减免税制。所谓公司阶段减免税制，是指对公司的保留利润征税，而对其分配利润减税或免税。所谓个人阶段减免税制，是指对股东个人收到的股息，可以部分或全部从个人所得税应纳税所得额中扣除。这一类型可以减轻或完全消除股息的重复征税。

（4）归集抵免制。指股东将获得的税后股息还原成税前股息，然后根据个人所得税的制度，分类或综合征收个人所得税，但股息中所包含的公司所得税，可部分或全部得到抵免。部分抵免的，被称为部分归集抵免制；完全抵免的，被称为完全归集抵免制。

由于发达国家的个人综合所得的税率通常高于公司所得税的税率，因此，归集抵免制相比公司阶段减免税制，虽然最终税负相同，但可以分步实现财政收入；相比个人阶段减免税制，可以统一股息和其他所得的税负，不至于使股息的税负过低。

3. 公司所得税的经济效应

公司作为现代经济的主要组织形式，政府对其课税所产生的影响，不仅仅涉及公司本身，而且波及社会经济生活的许多方面。

（1）对资源配置的影响。公司所得税只对公司课征，资本因此可能从公司部门流向非公司部门。资源配置的结果可能是，某些非公司部门的增长速度快于公司部门。同时，公司部门的经济决策也会受到公司所得税的不同规定的影响。例如，公司部门的保留利润与再投资，通常可以免税或退税，股东就会决定保留利润甚至不合理地扩大再生产；而行业差别税率或加速折旧政策，则会导致投资聚集于某类行业或某些可加速折旧的固定资产上面。

（2）对公司融资决策的影响。债务利息可以从公司应税所得中扣除，而股息往往不能扣除。因此，公司可能更多地依赖债务融资。但实际上，这一效应受到两方面的制约：一是公司所得税对利息支出水平或某类利息支出有限制性规定，防止"资本弱化"；二是公司借债筹资风险性较大，公司要承担还本付息的压力。

（3）对经济增长和稳定的影响。长期以来，公司所得税被视为调节经济的重要杠杆。这种税收杠杆的运用是双向的，即在经济衰退时对投资等提供各种税负抵免或其他优惠规定，促进经济复苏；而在经济过热时，则通过公司所得税规定的变化适当加以降温。这些政策包括增减公司所得税税率，允许或限制加速折旧，扩大或缩减投资税收抵免，等等。

10.3.3 中国的企业所得税

2007 年 3 月 16 日，中华人民共和国第十届全国人民代表大会第五次会议通过了新的《中华人民共和国企业所得税法》，自 2008 年 1 月 1 日起施行。随后，2007 年 11 月 28 日，国务院第 197 次常务会议通过了新的《中华人民共和国企业所得税法实施条例》，也自 2008 年 1 月 1 日起施行。这标志着十多年来，内、外资企业所得税并存的局面终于不复存在，中国财税改革进入了新的阶段。以上两者以及财政部、国家税务总局的其他相关文件，共同构成了我国现行企业所得税的法律框架。它主要包括以下基本内容。

1. 纳税人

在中华人民共和国境内，企业和其他取得收入的组织为企业所得税的纳税人，依法缴纳企业所得税。个人独资企业、合伙企业不适用企业所得税法。

中国根据注册登记地标准和实际管理控制中心所在地标准，将企业分为居民企业和非居民企业。居民企业，是指依法在中国境内成立，或者依照外国（地区）法律成立但实际管理机构在中国境内的企业，应当就其来源于中国境内、境外的所得缴纳企业所得税。非居民企业，是指依照外国（地区）法律成立且实际管理机构不在中国境内，但在中国境内设立机构、场所的，或者在中国境内未设立机构、场所，但有来源于中国境内所得的企业，应当就其来源于中国境内的所得缴纳企业所得税。

2. 征税对象

企业所得税的征税对象，是纳税人在每一纳税年度内的所得，包括销售货物所得、提供劳务所得、转让财产所得、股息红利等权益性投资所得、利息所得、租金所得、特许权使用费所得、接受捐赠所得和其他所得。

来源于中国境内、境外的所得，按照以下原则确定：①销售货物所得，按照交易活动发生地确定；②提供劳务所得，按照劳务发生地确定；③转让财产所得，不动产转让所得按照不动产所在地确定，动产转让所得按照转让动产的企业或者机构、场所所在地确定，权益性投资资产转让所得按照被投资企业所在地确定；④股息、红利等权益性投资所得，按照分配所得的企业所在地确定；⑤利息所得、租金所得、特许权使用费所得，按照负担、支付所得的企业或者机构、场所所在地确定，或者按照负担、支付所得的个人的住所地确定；⑥其他所得，由国务院财政、税务主管部门确定。

3. 税率

企业所得税的基本税率为 25%。自 2008 年 1 月 1 日起，原享受低税率优惠政策的企业，在新税法施行后 5 年内逐步过渡到法定税率。

非居民企业来源于中国境内的所得，适用税率为 20%，目前减按 10% 的税率征收企业所得税。符合条件的小型微利企业，减按 20% 的税率征收企业所得税。国家需要重点扶持的高新技术企业，减按 15% 的税率征收企业所得税。对设在西部地区国家鼓励类产业的内资企业和外商投资企业，在 2001 年至 2010 年期间，仍减按 15% 的税率征收企业所得税。

4. 税收优惠政策

（1）减免税。一般的免税项目包括国债利息收入；符合条件的居民企业之间的股息、红利等权益性投资收益；在中国境内设立机构、场所的非居民企业从居民企业取得与该机构、场所有实际联系的股息、红利等权益性投资收益；符合条件的非营利组织的收入。除此之外，还包括从事农、林、牧、渔业项目的减免税政策；从事国家重点扶持的公共基础设施项目的减免税政策；从事环境保护、节能节水项目的减免税政策；技术转让所得的减免税政策；其他所得的减免税政策等。

（2）减计收入。企业以《资源综合利用企业所得税优惠目录》规定的资源作为主要原材料，生产国家非限制和禁止并符合国家和行业相关标准的产品取得的收入，减按 90% 计入收入总额。其中，原材料占生产产品材料的比例不得低于《资源综合利用企业所得税优惠目录》规定的标准。

（3）加计扣除。企业为开发新技术、新产品、新工艺发生的研究开发费用，未形成无形资产计入当期损益的，在按照规定据实扣除的基础上，按照研究开发费用的 50% 加计扣除；形成无形资产的，按照无形资产成本的 150% 摊销。企业安置残疾人员的，在按照支付给残疾职工工资据实扣除的基础上，按照支付给残疾职工工资的 100% 加计扣除。残疾人员的范围适用《中华人民共和国残疾人保障法》的有关规定。

（4）应纳税所得额抵扣。创业投资企业从事国家需要重点扶持和鼓励的创业投资，采取股权投资方式投资于未上市的中小高新技术企业 2 年以上的，可以按照其投资额的 70% 在股权持有满 2 年的当年抵扣该创业投资企业的应纳税所得额；当年不足抵扣的，可以在以后纳税年度结转抵扣。

（5）税额抵免。企业购置并实际使用《环境保护专用设备企业所得税优惠目录》、《节能节水专用设备企业所得税优惠目录》和《安全生产专用设备企业所得税优惠目录》规定的环境保护、节能节水、安全生产等专用设备的，该专用设备的投资额的 10% 可以从企业当年的应纳税额中抵免；当年不足抵免的，可以在以后 5 个纳税年度结转抵免。

（6）过渡期的优惠政策。包括软件产业和集成电路产业的优惠政策，证券投资基金的优惠政策，有关就业再就业、奥运会和世博会、社会公益、企业改革、涉农、国家储备、西部大开发、特定地区新设高新技术企业等定期企业所得税优惠政策。

另外，2008 年 1 月 1 日之前外商投资企业形成的累积未分配利润，在 2008 年以后分配给外国投资者的，免征企业所得税；2008 年及以后年度外商投资企业新增利润分配给外国投资者的，依法缴纳企业所得税。

5. 应纳税所得额的计算

企业所得税应纳税所得额是指企业每一纳税年度的收入总额，减除不征税收入、免税收入、各项扣除以及允许弥补的以前年度亏损后的余额，其计算公式是：应纳税所得额＝收入总额－不征税收入－免税收入－各项扣除－允许弥补的以前年度亏损。

收入总额是指企业以货币形式和非货币形式从各种来源取得的收入，包括销售货物收入、提供劳务收入、转让财产收入、股息红利等权益性投资收益、利息收入、租金收入、特许权使用费收入、接受捐赠收入和其他收入。

各项在计算应税所得额时准予从收入额中扣除的项目，是指企业实际发生的与取得收入有关的、合理的支出，包括成本、费用、税金、损失和其他支出。成本，是指企业在生产经营活动中发生的销售成本、销货成本、业务支出以及其他耗费。费用，是指企业在生产经营活动中发生的销售费用、管理费用和财务费用，已经计入成本的有关费用除外。税金，是指企业发生的除企业所得税和允许抵扣的增值税以外的各项税金及其附加。损失，是指企业在生产经营活动中发生的固定资产和存货的盘亏、毁损、报废损失，转让财产损失，呆账损失，坏账损失，自然灾害等不可抗力因素造成的损失以及其他损失。

企业纳税年度发生的亏损，准予向以后年度结转，用以后年度的所得弥补，但结转年限最长不得超过 5 年。

6. 应纳税的计算和缴纳

企业所得税应纳税额的基本计算公式为应纳税额＝应纳税所得额×适用税率－减免税额－抵免税额。减免税额和抵免税额，是指依照企业所得税法和国务院的税收优惠规定减征、免征和抵免的应纳税额。

企业所得税按年计算，纳税年度自公历 1 月 1 日起至 12 月 31 日止，分月或者分季预缴，企业应当自月份或者季度终了之日起 15 日内，向税务机关报送预缴企业所得税纳税申报表，按照月度或者季度的实际利润额预缴；年度汇算清缴，企业应当自年度终了之日起 5 个月内，向税务机关报送年度企业所得税纳税申报表，并汇算清缴，结清应缴应退税款。

10.4 社会保险税

10.4.1 社会保险税概述

所谓社会保险税，一般是以工薪所得为课税依据征收的，并主要用于社会保障的一种税。自 1889 年德国创建社会保险税以来，随着社会保障制度的发展，社会保险税也逐渐成为众多国家的主要税种。第二次世界大战后，部分发展中国家也开始征收社会保险税。目前社会保险税的收入规模不断扩大，逐步成为社会保障制度的主要资金来源。

1. 社会保险税的特点

社会保险税与其他税种相比具有以下特点：

(1) 社会保险税的强制性和非对等偿还性较弱，是一种目的税。由于社会保险税的收入专门用于社会保险支出，纳税人可以从税款的缴纳中得到相应的好处，因此这种专款专用的税收不同于其他税种，纳税人的抵触情绪较小，有时甚至自愿缴纳。因此，社会保险税的税收性质存在争议，往往被单列为一类税种。

(2) 社会保险税具有累退性。由于社会保险税采用比例税率，并对应税所得额采取封顶做法，对超过工资限额的部分不征税，因此，工资较高者纳税额相对较少，不符合税收纵向公平的原则，但也限制了高收入者通过缴税获得较多社会保障的可能性。

(3) 社会保险税征管简便。由于社会保险税的税基主要是纳税人的工资薪金所得，不包括生产经营所得或资本利得等较难征税的项目，因此可以通过源泉扣缴的方式征收，在征管上较为简便，征纳成本较低。

2. 社会保险税的税制要素

(1) 纳税人和课税对象。社会保险税的纳税人，一般是雇员和雇主双方以及不存在雇佣关系的自营人员。社会保险税课税对象，是雇员的工薪收入额和自营人员的事业纯收益额。工薪收入额通常有最高应税限额的规定，不允许有减免或费用扣除，也不包括纳税人除工薪收入外的其他收入。

(2) 保险项目。社会保险的范围有宽有窄，开始时一般用于养老、医疗保险，这是社会保险的核心。随着经济的发展，人民生活水平的提高，再逐步扩大到失业保险、工伤保险、生育保险等项目上。

（3）适用税率。社会保险税的税率形式，视各国的国情而有所不同，但大多数国家根据不同的保险项目，规定不同的差别比例税率，少数国家实行单一比例税率。社会保险税税率的高低，是由各国社会保障制度的覆盖面和受益水平决定的。随着各国社会保障制度的覆盖面不断扩大，受益水平逐步增加，社会保险税的税率有逐步上升的趋势。

（4）征收管理。社会保险税一般采用雇主源泉扣缴的征收办法。雇员的应缴税款，由雇主在支付工资、薪金时扣缴，并与雇主的应缴税款一同向税务机关申报纳税。自营人员的应纳税款，则必须由其自行填报，一般是同个人所得税一起缴纳。

10.4.2 社会保险税相关问题分析

1. 社会保险税的模式

从承保对象和承保项目分类设置的角度来看，社会保险税大体上分为三种课税模式：

（1）以承保对象和承保项目相结合，设置一般社会保险税和特定社会保险税并存的模式。这一模式以美国为代表。美国设置了针对大多数承保对象和承保项目的一般社会保险税、针对铁路员工这一特定承保对象的社会保险税和针对失业这一特定承保项目的失业保险税。美国模式有较强的适应性，但征管不够便利，统一性较差。

（2）单纯以承保对象而分类设置的社会保险税模式。这一模式以英国为代表。英国以承保对象为标准，针对一般雇员、个体经营者、自愿投保者、营业利润达到一定水平以上的个体经营者，建立了四类社会保险税体系。英国模式征管简便，但征税与承保项目没有明确挂钩，返还性不够具体。

（3）单纯以承保项目而分项设置的社会保险税模式。这一模式以德国为代表。德国按承保项目分类，设立了养老保险、健康保险、失业保险、工伤保险和老年人关怀保险等社会保险税体系。德国模式返还性特别明显，但各保险项目之间财力难以调剂。

2. 社会保险税的收付平衡问题

社会保险税有较强的返还性，关于其税收收入能否满足社会保险支出的需要，从收付平衡角度看有以下三种模式：

（1）现收现付制，指当期收取的社会保险税税额，以同期所需支付的社会保险费用为依据，当期筹集当期使用，现收现付，保持近期收付平衡。其优点是简便易行，缺点是没有积累，在人口老龄化高峰时会出现基金赤字，支付困难。对于失业保险来说，由于"代际转移"不明显，各国往往可以采用现收现付制，而养老保险和医疗保险则不太适用。

（2）完全积累制，从较长时期考虑，每个承保对象在整个承保期内的社会保险收付平衡问题，其缴纳的税款形成基金，在需要支付时一次性或逐期支付。这种平衡方式有一定的积累功能，使社会保险支付有稳定的资金来源，但收入再分配功能较弱。

（3）部分积累制，既考虑当期社会保险支付的实际需要，又保持一定的储备而形成社会保险资金收付平衡方式。这一模式结合了前两者的优点，但有时需要国家的财力支持。

3. 中国社会保险费的现状与改革

目前，中国尚未开征社会保险税，社会保险经费主要通过收费形式筹集。按照国务院 1997 年、1998 年、1999 年、1999 年分别颁布的《企业职工养老保险制度的决定》、《城镇职工医疗保险制度的决定》、《失业保险条例》和《住房公积金管理条例》，雇主一般按工资总额的 20％、6％、2％和 5％～12％，雇员一般按本人工资的 8％、2％、1％和 5％～12％缴纳上述各项保险费。

但这种收费形式各地区各自为政、管理混乱，而且难以随工作地点和单位的变动而转移，因此，以社会保险税取代收费的呼声很高。

开征社会保险税，有利于利用税务机关健全的征收手段和严明的税收法纪筹集资金，保证社会保险制度有稳定、充裕的资金来源。同时，将社会保险资金的分配使用纳入财政特别预算，有利于税务、财政和社会保险管理机构等部门之间的相互监督，从整体上加强对社会保障资金的监督管理。

社会保障税可由地方税务部门负责征收，采用"企业自行申报"和"代扣代缴"两种征税办法。社会保障税收入应列入财政预算管理，实行收支两条线，专款专用，通过法定程序由财政按时、足额划拨给社会保障机构，专门用于社会保障支出。

■ 小结

1. 所得税是对所得额课征的税。关于"所得"的定义，有"来源说"、"交易说"、"净增值说"和"净增值加消费说"等不同学说。"净增值加消费说"的代表性定义是"海格-西蒙斯所得概念"。
2. 所得税的特点有：①所得税是对人税，体现税收公平原则；②所得税具有弹性征收、调节经济运行的功能；③应税所得额的计算较为复杂，征管要求较高。

3. 所得税的种类有：①分类所得税；②综合所得税；③分类综合所得税。

4. 所得税的课征方法有：①源泉扣缴法；②申报法；③推定法。

5. 个人所得税是以符合条件的个人所得额作为课税对象的，主要包括工资薪金所得、劳务报酬所得、股息红利所得、财产所得、净经营所得、养老金所得等。

6. 个人所得税可能给劳动供给和储蓄带来消极影响，这主要取决于个人所得税的收入效应与替代效应的对比程度。

7. 中国个人所得税的改革方向，是从分类所得税改成分类综合所得税，并对税前扣除项目和免税额进行调整。

8. 企业（公司）所得税，是对企业（公司）的生产经营所得和其他所得按照一定税率课征的税。企业所得税可以分为企业所得税和公司所得税。

9. 减轻或消除股息的重叠征税，可以采用双税率制、减免税制或归集抵免制，古典制对此不起作用。

10. 中国内、外资企业所得税自2008年1月1日起合并为统一的"企业所得税"，标志着中国财税改革进入了新的阶段。

11. 社会保险税是一种一般以工薪所得为课税依据征收的主要用于社会保障的税种。

12. 中国目前社会保险经费主要通过收费形式筹集，未来应改革成全国统一的社会保险税。

思考题

1. 中国目前实行的是何种类型的个人所得税？应如何进一步完善？

2. 为什么说个人所得税在中国税制中具有越来越重要的地位？其中哪类所得缴纳的税款最多？

3. 中国个人所得税是否应分列费用扣除标准和生计扣除标准？为什么？

4. 某地方税务局对娱乐场所的服务员按人头征收个人所得税，你能否据此认为公安机关取缔其"黄赌毒"行为不合理？为什么？

5. 中国的个人所得税和企业所得税带来的经济效应与其他国家有何不同？

6. 中国内外两套企业所得税合并后税收优惠应该进行怎样的调整和过渡？

7. 中国目前的社会保险费是如何收取的？是否应开征社会保险税以取代社会保险费？

📖 **参考文献**

国家税务总局税收科学研究所. 1997. 西方税收理论. 北京：中国财政经济出版社

杨斌，雷根强，胡学勤. 2008. 中国税收法律制度. 北京：高等教育出版社

杨志勇，张馨. 2005. 公共经济学. 北京：清华大学出版社

曾国祥. 2000. 税收学. 北京：中国税务出版社

Rosen H S. 2007. Public Finance. 8th ed. McGraw-Hill

第11章

其 他 税 收

■ 11.1 财产税

财产税是一个古老的税种，虽然随着社会的进步和经济的发展，财产税在税收体系中的地位已被商品税和所得税取代，但它仍然是现代税制中最为重要的辅助税种，在筹集财政收入、公平财富分配、调节经济等方面起着不可或缺的作用。

11.1.1 财产税的课征依据及特点

1. 财产税的课征依据

作为一种存续时间最久，同时又被许多经济学家认为是现行税制中最不受欢迎的税种，对财产税在现代社会中是否还应存在，人们有着截然相反的两种观点。赞同对财产课税的人们认为财产税有征收的必要性，其原因在于：

（1）财产税税源充裕，收入稳定。财产税的税源主要是存量财产，在现代社会中，其税源较为充足；同时，财产的相对稳定性和定期课征制度，使财产税不易受社会经济变动等因素的影响，收入稳定可靠。

（2）财产税符合公平原则。首先，财产税体现了受益原则，财产多的人从国家得到更多的保护，政府提供的公共设施建设也使其得到更多的财产增值，因而理应向国家缴纳更多的税款；其次，财产税符合纳税能力原则，财产多的人必然比财产少的人有更强的纳税能力，按照财产的多寡征税，符合纳税能力原则。

（3）财产税具有收入再分配的职能。财产税遵循财产多者多纳税，财产少者少纳税，无财产者不纳税的原则，在一定程度上可以改善社会财富分配不均的状况。

（4）征收财产税可以促进社会生产发展。对财产课税，可以促使财产所有者将不使用的财产转化为资产性资源，避免财产的闲置浪费，有助于社会的生产发展。同时，对财产的课税还会产生收入效应，使纳税人为维持原有的收入水平、抵消财产税的损失，而愈加努力工作。

（5）征收财产税能够弥补所得课税与商品课税的缺漏。所得课税是对收入的流量征税，对某些未能课税的所得无法控制；商品课税不对继承财产课税。财产税可以对累积的收入和遗产征税，弥补它们的不足。

反对财产课税的人们则认为财产税有明显的缺陷：

（1）财产税并不公平。其一，在现代经济社会中，人们的财富并不完全表现于财产，而主要表现为所得，所得多者财产不一定多，财产少者所得不一定少，因此财产的多少并不能测度人的纳税能力。其二，财产种类繁多，大部分动产难以查实，财产税的征税范围一般仅限于不动产与小部分动产，常常使得表现为不动产形式的财产负担过重的税收，加上财产估价的不实和免税规定，财产税成为"最不具有公平性"的税收。

（2）财产税的收入弹性小。财产税，不论是从量计征还是从价计征，其收入弹性都很小。如从量计征的财产税主要是根据应税财产的面积或数量定额征收，对比所得与流转的商品额而言，应税财产的数量变化是很小的，其税额也较为稳定。从价计征的财产税同样如此，一方面，应税财产的价值波动本身就较小；另一方面，许多国家为了节省征税成本，对财产税的征收常常以估定价值为准，一定几年不变，从而使财产税的收入较稳定。

（3）财产税会阻碍生产发展。对财产课税，既会降低人们的储蓄意愿，从而减轻税负，又会减弱资本积累的能力，阻碍资本的形成和积累。因此，反对者认为财产税会影响生产投资，阻碍生产发展。

（4）财产税的征收管理成本过高。财产税中的动产易于隐匿，难以查实，如果对其课税，即使投入大量的征管力量，也不能避免税收的逃避。因此，许多国家仅将很少部分的动产纳入课税范围。但是，财产税中对不动产征收管理的成本也居高不下，因为财产税的计税依据多为估定价格。估定价格不仅需要大量的工作，而且容易出现主观臆断、徇私舞弊等现象。对于财产税的上述问题，政府常常缺乏有效的防范措施，从而在客观上助长了逃避税的违法活动，美国经济学家塞利格曼甚至称其为"逃税与欺诈的学校"。

不管人们的观点如何，财产税在各国的普遍存在是个不争的事实。研究财产税的特征，根据国家的需要以及征管的条件设计财产税，可以扬长避短，最大限度地发挥财产税的作用。

2. 财产税的特点

财产税具有以下特点：

（1）财产税的课税对象是财产的存量，这是它与其他税种的根本区别。从形式上看，财产税与所得税都是对收入的征税，但不同的是，财产税的课税对象是收入的累积，表现为财产本身的数量或价值，即财产的存量；所得税的课税对象是收入的流量，包括财产所产生的收益或所得。与商品税相对比，财产税与商品税的课税对象都是商品，但财产税的课税对象是未处于流通之中的商品，也即财产的存量，其课征是定期发生的；而商品税的课税对象是流通中的商品，是财产的流量，其课征仅于流通时发生，当被课征财产税的财产处于流通中时，它也同时成为商品税的课税对象，被课征商品税。

（2）财产税是直接税。由于财产税的课税对象是财产的存量，是未处于流通之中的商品，因而财产税的税收负担很难通过商品交易转嫁出去，通常只能由财产的所有者或支配者自己承担。所以，财产税的直接税性质是较为明显的。

（3）财产税是定期税。在财产的存续期间，财产税通常是多次和反复课征的，而不像所得税和商品税，仅于所得取得时和商品流转时一次课征。

财产税的上述特点是就其总体而言的，并不排除个别财产税具有与上述不同甚至相反的特点，如对财产租金进行课税时，其税负易于转嫁；遗产税与赠与税属于一次课征，等等。

11.1.2　财产税的分类

财产税的课税对象是纳税人拥有或支配的财产，这里的财产是指某一时点的财产的存量，包括不动产和动产（表 11-1）。所谓不动产，是指不能移动，或移动后性质、形态会发生改变的财产，一般指土地、房屋以及附属于其上不可分离的不动产，如树木、庄稼等。所谓动产，则是指人们占有的除不动产以外的所有财产，它可以分为有形动产和无形动产。所谓有形动产，是具有实物形态的动产，如机器、设备、家具、首饰等。所谓无形动产，是指股票、债券、存款、权利（如专利权、著作权、商标权）等没有实物形态的动产。无形动产的外在形式是一些符号或标志，这些符号或标志本身是没有价值的。无形动产具有价值，是因为它们代表了某种权利。这种权利使得无形动产的所有者或持有者可以获得经济利益，但这也使无形动产的价值难以确定。正是由于这个原因，财产税的征税范围基本上没有包括无形动产。

表 11-1 财产分类表

不动产	动产
1. 土地	1. 有形动产
a. 耕地	a. 农用机械、机器设备
b. 住宅地	b. 家具
c. 商业用地	c. 库存商品
d. 森林	d. 车辆
2. 土地改良物	2. 无形动产
a. 农业建筑物	a. 股票
b. 住宅	b. 债券
c. 商业用房	c. 抵押权
d. 篱笆、人行道	d. 银行存款

根据不同的标准，财产税可以有不同的分类方法。

1. 以课征范围为依据的分类

它可以分为两类：①一般财产税，也称为综合财产税。这是对纳税人在某一时点所有的一切财产进行综合课征。课征时，需要规定对日常生活必需品及一定货币金额以下的财产免税，并允许进行债务的扣除。②个别财产税，也称为特别财产税。这是对纳税人所有的一类或几类财产如土地、房屋、资本等单独或分别进行的课征。

2. 以征税对象为依据的分类

它可以分为两类：①静态财产税。这是对一定时点的财产占有额，按其数量或价值进行的课征。上面所说的一般财产税和个别财产税都属于静态财产税。②动态财产税。这是对财产的转移、变动（如继承、赠与和增值）进行的课征。有的学者认为动态财产税具有收益税或流转税的性质，因而只将静态财产税视为真正意义的财产税。

3. 以课征标准为依据的分类

它可以分为两类：①财产价值税。这是按财产价值课征的税收，其价值课征标准一般有财产总价值、财产净价值、财产实际价值等几种。②财产增值税。这是对财产的增值额课征的税收，即不考虑财产的购入和净值，只对财产增加的价值部分征税。

4. 以计税标准为依据的分类

它可以分为两类：①估定财产税。这是指对应税财产的估定价值进行的课征。这里的估定价值一般是市场价值的一定百分比，政府可以区别不同的财产类别进行相应的百分比规定。以估定价值课征财产税，通常其课税对象并未发生财产所有权的转移。②市价财产税。这是指对所有权发生转移的财产，按照应税财产的市场价值或售价征税。

虽然财产税的分类方法繁多，但各国在税收理论和实践中，常用的财产税税收体系仍然是较为一致的（图 11-1）。

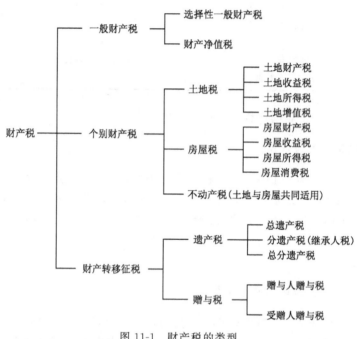

图 11-1　财产税的类型

11.1.3　财产税的演变过程

财产税是随着私有财产制度的确立而建立起来的，它是历史上最为古老的一种税收制度。据记载，早在古罗马时期，就已经存在根据公民财产统计数征收的财产税了。受经济条件与征管技术的限制，早期的财产税主要是对土地、房屋等不动产进行课税，且多为从量计征，如按照田亩数征收的地亩税，按照房屋面积、间数、灶数、窗户数征收的房屋税等。由于当时人们的财富大多体现于土地和房屋，以这类不动产为课税对象的财产税，在当时是有一定的公平性的。

随着经济的发展，财产的种类不断增多，财产逐渐分化出动产和不动产，动产又分化为有形动产和无形动产。财产种类的增加，拓宽了财产课税的范围，一些国家开始对动产进行课税。课税的方法，也由原来的从量计征，发展到依财产价值实行的从价计征。如英国曾对个人动产征收过十五分之一税和什一税，即对除个人生活必需品外的全部动产，包括房屋用具、金银餐具、硬币、拥有的债权等，按照 1/15 或 1/10 的税率征税。12 世纪后，鉴于动产的大量增加，欧洲国家将土地税和动产税合并，设立了对包括各种财产种类在内的全部财产课征的一般财产税（罗晓林，1998）。

但是，由于动产课税困难，动产中的无形资产课税更是没有可能，多数国家征收的一般财产税实际上又成了单一的土地税；而有些国家则改为征收土地税、房屋税、不动产税等个别财产税。

遗产税作为财产税的一个重要组成部分，也有着悠久历史。古埃及于公元前 2 世纪就实行了遗产税，古罗马在公元前 40 年也有了遗产税的课征行为，并于公元 6 年正式设立遗产税。近代遗产税制度产生于 1598 年的荷兰，到 1696 年，在英国形成了具有现代意义的遗产税制。19 世纪末 20 世纪初，现代财产税制度在发达的资本主义国家普遍建立，如荷兰于 1892 年、德国于 1893 年、丹麦于 1904 年、瑞典于 1910 年、挪威于 1911 年，都先后实行了现代财产税制度（罗晓林，1998）。

总之，财产课税在漫长的历史发展过程中，已经形成了较为完整的体系，并将随着社会的进步和经济的发展愈加完善。

11.1.4 一般财产税

目前，仍有一些国家在征收一般财产税，但它已与传统的一般财产税不尽相同。传统的一般财产税是对纳税人某一时点所拥有或支配的所有财产进行课税，而现代国家征收的一般财产税，只是为了与那些分财产类别征收的个别财产税相区别而以此冠名。现代的一般财产税主要包括以下两种形式：①选择性一般财产税。这种一般财产税，选择了部分财产作为其征税范围，如美国的一般财产税，其征税对象主要是不动产、企业设备、存货、机动车等。②财产净值税。这种财产净值税，是以应税财产的总价值，减除负债及一定免税额后的净值作为计税依据。净值税在北欧国家较为普遍，如荷兰、德国、瑞典、丹麦等国家实行的都是净值税。许多经济学家认为，净值税是一个比较有潜力的税种，今后很可能会成为一般财产税的发展方向。

一般财产税多实行比例税率，部分国家采用累进税率，税率一般规定得较低，如荷兰的净值税税率为 0.8%，德国规定个人适用税率为 0.5%、公司适用税率为 0.6%，美国实行的是选择性一般财产税，其税率相对较高一些，为 3%~10%（陈志楣，2000）。

一般财产税的计税基础是财产估定价值。在各国实践中，一般采用下列三种方法进行财产价值的估定：

（1）市场比较法，即以市场上相同或类似财产的交易价格为参照物，并对影响交易价格的因素进行适当的修正，以此来估定目标财产的客观合理价格。采用这种方法需要注意两点：一是选取的参照物必须与待估财产具有可比性，而且可比性越高，估定的价值越合理，如果参照物与待估财产之间存在差异，且不可计量或不可调整，则二者之间没有可比性，该参照物的选取就是不合适的。二是选择的参照物及其交易必须是公正的，是非受控交易。在财产交易市场较活跃的国家或地区，采用此方法较为简单。但是对于某些较少市场交易的国家或地区，以及一些特殊的财产，可能就无法采用此方法了。

（2）收益现值法，也称收益还原法或收入资本化法。它是以还原利率去还原待估财产在未来产生的预期收益，来求得财产的估定价值。当某项财产能够给其所有者在持有期源源不断地带来收益时，就可以采用该种方法估定其价值。但是，由于预期收益和还原利率都具有主观臆断性，因此该估价方法的客观性相对较差，而且这种方法的适用范围有限，一般只适用于以收益为目的的财产估价。

（3）重置成本法，即先计算在现行市价条件下，重新构建与待估财产相同或类似的全新财产的所需全部费用，然后在此基础上扣除待估财产因为使用、存放、技术进步以及社会经济环境变化而对财产价值的影响部分，得出待估财产的重估价值的方法。重置成本法不仅考虑了财产的折旧，而且还考虑了财产的无形损耗，比较合理。但是，这种方法也存在着计算重置成本和损耗的主观认定，而且该方法不适用于财产的自然增值。

对于上述三种价值估定方法，多数国家并未限定某一种，而是可以根据客观情况进行选用。

11.1.5　个别财产税

未开征一般财产税的国家，基本上都有对某一类或几类特定财产征收的个别财产税，甚至某些征收一般财产税的国家也同时征收个别财产税。以课税对象为标准，个别财产税主要包括土地税、房屋税和不动产税。

1. 土地税

所谓土地税，是以土地为征税对象的一种财产税，它是目前各国普遍征收的一种财产税。土地税的征税历史最为悠久，其课税的种类和方法也极其繁多。按照计税依据和税种属性，土地税可分为土地财产税、土地收益税、土地所得税和土地增值税。每一类别的土地税又可根据具体课税方式进行进一步的划分。

（1）土地财产税。所谓土地财产税，是直接以应税土地为征税对象的财产税。早期的土地税即是土地财产税，并由地亩税逐步过渡到地价税。地亩税也称土地面积税，是以应税土地面积为计税依据的从量定额税。这种土地税征收管理十分简单，具有很好的行政效率，但因计税时未考虑土地的肥瘠，不具公平性，所以现代国家很少有实行这种土地税的。地价税是以应税土地的单位价值为计税依据从价计征的土地税，其应税土地的价值，一般采用估定法予以确定。

（2）土地收益税。所谓土地收益税，是以纳税人应税土地的收益额为征税对象的一种土地税。作为计税依据的土地收益，主要有四种：一是土地总收益，即以应税土地的年总收益额为计税依据。这种土地税征税时没有扣除相应的成本费用，比较不公平，现在鲜有国家按此征税。二是土地纯收益，即以应税土地的年总收益额扣减耕种、肥料等成本费用后的余额作为计税依据。印度采用这种形式的土地税。三是土地租金收益，即以土地的租金作为计税依据，新加坡采用这种形式的土地税。它要求有完善的土地登记制度，否则难以执行。四是估定收益法，也称收益查定法、收益清册法，在日本称为台账法。它是以查定的土地纯收益为标准，按照一定时间如 3 年或 5 年的时间平均后据以课税（陈志楣，2000）。

（3）土地所得税。所谓土地所得税，是以纳税人应税土地的所得额为征税对象的一种土地税。这里的土地所得，不仅包括土地主，而且包括租用和使用土地者从土地产品中取得的纯收入。相对于土地收益税来说，土地所得税更注重人们从土地中获得的所得。土地所得税具有所得税性质，一般都规定有一些扣除项目，采用比例税率或累进税率。在许多国家，土地所得税被并入一般所得税中进行征收，而不再单独课征。

（4）土地增值税。所谓土地增值税，是以纳税人应税土地的增值额为征税对象的一种土地税。土地增值一般有两种情况：一是土地所有权（使用权）转移时，土地的售价高于原购入价格的差额；二是土地所有权（使用权）不转移，但由于土地的价格上涨而产生的自然增值。对于这两种增值，各国可以根据不同的需要而开征。但由于土地增值额的计算难度较大，长期开征此税种的国家不多。

2. 房屋税

所谓房屋税，是以纳税人拥有的房屋及其附属物为征税对象的特定财产税。早期的房屋税大多作为土地税的一部分，与土地税合并征收。后随着经济的发展，房屋税与土地税相分离，成为一个独立的税种。到现代社会，各国有单独设立房屋税的，也有与土地税合并征收的，还有将房屋、土地与其他不动产合并成不动产税的。与土地税相类似，房屋税按照计税依据和税种属性，可分为房屋财产税、房屋收益税、房屋所得税和房屋消费税。

（1）房屋财产税。所谓房屋财产税，是以纳税人应税房屋的数量或价值为计税依据的一种财产税。早期的房屋税多是以房屋的外部标志从量课征的，如炉灶税、窗户税、间架税房基税等。这种从量课征的房屋税十分不公平，不能反映纳税人的真实负担能力，因此，现在各国的房屋税已普遍采用从价税。

（2）房屋收益税。所谓房屋收益税，是以纳税人应税房屋的租金收益为征税对象课征的一种财产税。因为房屋租赁一般都会订立契约、约定租金，因此，以房屋租金为计税依据征收房屋税相对比较便利。

（3）房屋所得税。所谓房屋所得税，是以纳税人应税房屋的所有所得（如出租、转让、出售等）为征税对象课征的税收。与土地所得税相同，许多国家将房屋所得税并入一般所得税中进行征收，而不单独课征。

（4）房屋消费税。所谓房屋消费税，是以房屋的使用者为纳税人，以应税房屋的消费行为为课税对象从价征收的。如荷兰的房屋税，就是以房屋的承租人为纳税人，以房屋租金和家具价值扣除一定金额后的余额为计税依据，分别按3.4％和1.5％的税率课征的（罗晓林，1998）。

3. 不动产税

所谓不动产税，是以纳税人拥有的土地、房屋等应税不动产为征税对象课征的一种财产税。不动产税的征税范围比单独课征的土地税、房屋税要宽，比一般财产税要窄，介于二者之间。以征税对象是否划分类别征税为标准，可以把不动产税分成以下两类：

（1）综合不动产税。所谓综合不动产税，是以纳税人拥有或使用的全部不动产作为征税对象课征的财产税。应税的不动产不分类别，统一作为课税对象，按照同一比例税率计算纳税。如香港的不动产税即为综合不动产税，由应税土地和建筑物的持有者或使用者按照17％的税率计算缴纳（罗晓林，1998）。

（2）分类不动产税。所谓分类不动产税，是将纳税人拥有的不动产分为不同类别，分别规定征税方法和税率。德国的不动产就属于此类，其征税对象分为农业不动产、林业不动产、土地财产等，对不同类别的不动产规定有不同的征税方法和税率（罗晓林，1998）。

11.1.6　财产转移征税

所谓财产转移征税，是对应税财产在发生转让行为时予以课征的税，它主要包括遗产税和赠与税。遗产税是对财产所有者死亡后遗留财产发生转移时课征的税收；赠与税是对财产所有者生前赠与他人的财产课征的税收。通常认为在财产转移征税中，遗产税是主税，赠与税是遗产税的补充，是为了防止财产所有者为逃避遗产税而在生前赠与财产的行为进行的课征。大多数征收遗产税的国家都同时征收赠与税。但也有国家不单独设置赠与税，而是将财产所有者的一部分生前赠与（称为死亡预谋赠与）并入遗产中共同课税。如英国税法规定：财产所有者死亡前3年内赠与财产数额的100％，前第4年赠与财产数额的80％，前第5年赠与财产数额的60％，前第6年赠与财产数额的40％，前第7年赠与财产数额的 20%，都必须并入遗产额中计算缴纳遗产税（各国税制比较研究课题组，1995）。还有的国家实行两税交叉课征的方式，即分设两税，在生前每次赠与发生时按照赠与税的规定纳税，财产所有者死亡后将生前赠与总额并入遗产总额中课征遗产税，并准予扣除其生前缴纳的赠与税。

1. 遗产税

根据纳税人和征税对象的不同，遗产税有以下三种不同的税制模式：

（1）总遗产税制。所谓总遗产税制，是以财产所有者死亡后遗留的财产总额作为课税对象的财产税。遗产被课征税收后，才可以被分给继承人或受遗赠人，即"先税后分"。它以遗嘱执行人或遗产管理者为纳税人，通常规定有起征点，并设有扣除项目和免税项目。总遗产税制不考虑继承人与死亡者的亲疏关系，采用统一的超额累进税率。美国、英国、新加坡等国家和地区实行的就是这种总遗产税制。

（2）分遗产税制。所谓分遗产税制，又被称为继承税制，它是对各继承人或受遗赠人取得的遗产课征的税收，即对遗产"先分后税"。因此，它直接以遗产继承人或受遗赠人为纳税人，以继承人或受遗赠人获得的遗产为征税对象，并规定有扣除和抵免。分遗产税制一般也采用累进税率，其税负轻重主要取决于继承人与死亡者的亲疏程度。一般来说，继承人与死亡者的关系越亲，其税负越轻。日本、法国、德国、韩国、荷兰等国采用这种遗产税模式。

（3）总分遗产税制。所谓总分遗产税制，也称混合遗产税制。它要求先对财产所有者死亡时遗留的遗产总额征收一次遗产税，然后对各继承人分得的遗产再课征一次遗产税，即"先税、后分、再税"。总分遗产税制的纳税人包括遗产管理者、遗嘱执行人、遗产继承人和受遗赠人，税率也多采用累进税率。目前采用这种税制的国家有加拿大、意大利、瑞士等。

2. 赠与税

赠与税是遗产税的辅助税种，对于不同的遗产税税制模式，赠与税常以相应的模式予以配合。一般来讲，采用总遗产税模式的国家，通常采用总赠与税制；采用分遗产税制和总分遗产税制的国家，通常采用分赠与税制。

（1）总赠与税制。所谓总赠与税制，也称赠与人税制，是对财产所有者赠与他人的财产进行课征的税。它以财产赠与人为纳税人，以赠与他人的财产为课税对象，采用累进税率。

（2）分赠与税制。所谓分赠与税制，又称受赠人税制，是对受赠人接受他人赠与财产课征的税收。它以受赠人为纳税人，以接受赠与的财产为课税对象，也采用累进税率。

11.1.7　中国的财产税与改革

1. 中国现行财产税制

经过 1994 年的税收制度改革及随后的税制调整，我国目前开征的财产税包括房产税、契税、车船税、土地增值税和城镇土地使用税等税种。

（1）房产税。新中国成立后，中央人民政府政务院于 1951 年 8 月颁布了《城市房地产税暂行条例》，规定对城市中的房屋及占用土地合并征收房地产税。1973 年简化税制，将对内资企业征收的该税种并入工商税，对其他纳税人继续保留征税。1984 年，国务院规定对内资企业恢复征收房产税，并考虑到土地归国家所有，不准许买卖，将该税种分为房产税和城镇土地使用税。1986 年 9 月15 日，国务院正式发布了《中华人民共和国房产税暂行条例》，从当年 10 月 1日起开始施行，房产税开始在全国范围内全面征收。2008 年 12 月 31 日，中华人民共和国国务院令第 546 号废止了 1951 年政务院公布的《城市房地产税暂行条例》，自 2009 年 1 月 1 日起，内外资企业及其个人均依照《中华人民共和国房产税暂行条例》缴纳房产税。

我国现行的房产税是以房屋为征税对象，以房屋的计税余值或租金收入为计税依据，向房屋产权所有人征收的一种个别财产税。现行房产税的征税范围限于城市、县城、建制镇和工矿区，不涉及农村。现行房产税区分经营自用房屋与出租房屋采用不同的计税方法：对于经营自用的房屋，以计税余值（依照税法规定按房产原值一次减除 10%～30% 的损耗价值后的余额）为计税依据，按照 1.2%的比例税率计算征税；对于出租的房屋，以租金收入为计税依据，按照 12% 的税率计算征收。房产税按年征收，分期缴纳，一般按季或半年预征。

（2）契税。所谓契税，是以所有权发生转移的不动产为征税对象，向产权承受人征收的一种财产转移税。新中国成立后颁布的第一个税收法规就是《契税暂行条例》，它规定凡土地、房屋之买卖、典当、赠与和交换，均应凭土地、房屋的产权证明，在当事人双方订立契约时，由产权承受人缴纳契税。1954 年，财政部修改了该条例，对公有制单位的买卖、典当、赠与和交换土地、房屋的行为免征契税，这一规定使契税收入大大减少。"文化大革命"期间，有的地方甚至停止征收契税。直至 1978 年，新宪法公布后，房产政策逐步落实，契税征收工作也开始逐渐恢复。1997 年 7 月 7 日，国务院重新颁布了《中华人民共和国契税暂行条例》，于 1997 年 10 月 1 日起施行。

我国现行契税的征税对象，是发生土地使用权和房屋所有权权属转移的土地和房屋，纳税人包括承受权的所有单位和个人，契税实行幅度比例税率，税率幅度为 3%～5%，具体执行税率，由各省、自治区、直辖市人民政府在规定的幅度内，根据本地区的实际情况确定。

（3）车船税。我国对车船课税的历史十分悠久，早在公元前 129 年，就开征了"算商车"。新中国成立后，中央人民政府政务院于 1951 年颁布了《车船使用牌照税暂行条例》，在全国部分地区开征。1973 年为简化税制，将对国营企业和集体企业征收的车船使用牌照税并入工商税。1984 年 10 月，国务院决定恢复对车船的课税，并将税名改为车船使用税。1986 年 9 月 15 日，国务院发布了《中华人民共和国车船使用税暂行条例》，于当年 10 月 1 日起在全国施行，外资企业仍沿用《车船使用牌照税暂行条例》。2007 年 1 月 1 日，我国正式实施《中华人民共和国车船税暂行条例》，开征车船税取代车船使用牌照税和车船使用税。

我国现行的车船税是以车船为征税对象，向拥有车船的单位和个人征收的一种税。该税种以车辆和船舶的所有人或管理人为纳税人，以从事机动车交通事故责任强制保险业务的保险机构为扣缴义务人。车船税采用从量计征的方式，并在条例中规定车船税的幅度定额税率，各地政府根据当地情况自行确定本地区的适用税额。

（4）土地增值税。为了规范房地产市场秩序、增强国家对房地产开发和交易行为的宏观调控、保障国家的土地权益，国务院于 1993 年 12 月 13 日发布了《中华人民共和国土地增值税暂行条例》，决定自 1994 年 1 月 1 日起在全国开征土地增值税。

我国的土地增值税，是对有偿转让房地产、取得增值性收入的单位和个人征收的一种财产增值税。它以有偿转让国有土地使用权及地上建筑物和其他附着物产权所取得的增值额为课税对象，采用 4 级超率累进税率，税负高于企业所得税，以抑制房地产的投机、炒卖。土地增值税以扣除法和评估法计算增值额，即对土地使用权人将未建建筑物或其他附着物的土地使用权出售给买受人，或土地使用权人建造商品房后，将商品房连同使用范围内的土地使用权出售给买受人时，以其转让收入减除法定扣除项目后的余额为计税依据；对旧房及建筑物的转让以及对纳税人转让房地产申报不实、成交价格偏低的，采用评估价格法确定增值额。

（5）城镇土地使用税。我国的城镇土地使用税是从原来的房地产税中分离出来的，旨在调节土地级差收益，鼓励平等净值，促进土地的合理、节约使用。1988 年 9 月 27 日，国务院发布了《中华人民共和国城镇土地税暂行条例》，于当年 11 月 1 日起施行。2006 年 12 月 31 日国务院发布了《关于修改〈中华人民共和国城镇土地使用税暂行条例〉的决定》，对原条例中的部分内容进行了修改，提高了税额幅度，并将外商投资企业和外国企业纳入城镇土地使用税的征税范围。

我国城镇土地使用税的课税对象是城市、县城、建制镇和工矿区范围内的土地。由于我国城镇的土地所有权归国家所有，现行土地使用税只是对占用或使用土地的行为课税，因此，该税种应属于准财产税，而非严格意义上的财产税。城镇土地使用税以纳税人实际占用的土地面积为计税依据，采用分级幅度税额，按年计算，分期缴纳。

2. 中国现行财产税制的改革

财产税在现代税制结构中虽已不再是主体税种，但基于它的非流动性，许多实行分税制的国家都将其作为地方税的主体税种。而我国现行的财产税不仅税种少，而且税基窄、收入低，如 2007 年我国房产税占税收收入的比重仅为1.16%，土地增值税和车船税所占的比重更低，分别为 0.82% 和 0.14%[①]。财产税的现状，不仅使财产税无法很好地实现其公平效应和发挥经济调节功能，而且较少的收入也使其不能成为地方税的主体税种，导致地方政府缺乏对其征收管理的积极性，从而又限制了财产税的发展。为规范我国的财政分配体制，完善地方税收制度，财产税的改革迫在眉睫。

财产税的改革主要包括以下几个方面：

（1）改革房产税制度，开征物业税，使其成为地方税主体税种。为促进社会公平，规范房地产市场秩序，改善资源配置效率，我国应尽快合并现行的房产税、城镇土地使用税以及土地增值税等税种，转化为房产保有阶段统一收取的物业税。物业税应以房产评估价值为计税依据，按年征收，并采用幅度税率，由省、自治区、直辖市人民政府在幅度内因地制宜地确定本地区的适用税率。同时，为配合物业税的开征，还应加快房产评估制度的建立和独立评税机构的设置，每 3 年或 5 年开展一次房产评估。

（2）修订契税条例。我国现行的《契税暂行条例》是 1950 年 1 月制定的，在许多方面已难以适应现行的经济活动，应及时修订契税条例，扩大契税的征税范围，对各行政事业单位、国有企业、集体企业、外资企业，在参与房地产买卖、赠与、典当、交换时，缴纳契税，并针对不同纳税人或课税对象，设计不同的幅度税率，增加契税收入。

（3）开征遗产税和赠与税。开征遗产税和赠与税，不仅可以实现社会财富的再分配，缓解收入分配不公的社会矛盾，而且是完善财产税制、增加地方财政收入的需要。改革开放以后，随着经济的快速发展，富裕阶层开始出现，为遗产税与赠与税的征收提供了现实基础。我国的遗产税制度，应主要针对少数有产阶层，充分考虑我国人民的传统生活习惯和基本的财产观、继承观，选择总遗产税制，开征与遗产税相配合且并行征收的赠与税。税制设计上要参照继承法，合理

---

① 根据国家税务总局网站数据计算得出。

确定纳税人、课税对象范围以及税前扣除项目，按照轻税、简便易行的原则，确定起征点并设计税率。

（4）为确保财产税作为地方税制的主体税种地位，中央政府应在统一税政的前提下，赋予地方政府更多的税政管理权，使地方政府可以根据实际情况灵活处理财产税收问题，同时地方政府也应尽快建立财产登记制度，为财产税的征收管理创造良好的外部环境。

11.2 资源税与行为税

11.2.1 资源税

1. 资源税概述

"资源"的概念，有广义和狭义之分。广义的资源既包括物质资源，也包括人力资源和财力资源，即构成社会生产力的三大要素——劳动力、劳动资料和劳动对象都属于资源范畴。而狭义的资源，一般指自然界天然存在的各种物质资源，如土地、矿藏、水利、森林等，即自然存在的劳动对象。对资源课征的税种，就是指这种狭义的资源。这些资源基本上可以划分为三大类：一是取之不尽、用之不竭的恒定性资源，如空气、太阳能、潮汐等，其利用一般无须进行限制，也无法实行有偿占用；二是可以持续利用，但需合理经营管理才能得到补充、恢复、更新、繁衍的变动性资源，如土地、水流、森林、草场、滩涂等；三是一经利用、开采就无法恢复和补充的非再生性资源，如矿藏等。

众所周知，资源是人类赖以生存和发展的条件，但随着经济的快速发展，人们对资源的利用及不合理开采已远远超过了资源本身的承受能力，许多宝贵的资源濒临枯竭。针对这种情况，许多国家都对资源征税，以促进资源的合理利用和有效配置，如澳大利亚、加拿大、荷兰、英国等都对石油和天然气征收特别税或适用特别规定；加拿大、菲律宾等国家和地区还对林业产品征收特别税；法国则对砍伐森林征收森林砍伐税，等等。但各国对资源征税的方式并不完全相同，有的国家对资源不特别课税，而是视同其他经济行为同等征税，如瑞典、智利、卢森堡；有的国家对资源未设立单独的税种，而是在征收时适用特殊规定，如法国、西班牙等；有的国家对资源征收特别税，即对资源开采、经营活动征收单独的税收，如加拿大征收的"采矿税"、英国征收的"石油收益税"、澳大利亚征收的"矿产使用税"、我国征收的"资源税"等；还有的国家征收的是费不是税，如美国征收的"矿产使用费"，但这种收费与征税在目的和内容上都是一致的（龚辉文等，2002）。

2. 资源税的分类

资源税按其课征的目的和意义的不同，可分为一般资源税和级差资源税。

（1）一般资源税。所谓一般资源税，是指国家根据需要，对使用某种国有资源（如土地、矿藏、水流、森林、山岭、草原、荒地、滩涂等）的单位和个人，为其取得应税资源的使用权而征收的一种税。这种税体现了普遍征收、有偿开采的原则，具有受益税的性质，是对绝对地租的征收，它体现了对国有资源的有偿开采，是国家以垄断所有者的身份收取的补偿。

（2）级差资源税。所谓级差资源税，是指国家对开发和利用自然资源的单位和个人，由于资源条件的差别所取得的级差收入课征的一种税。由于各种自然资源在客观上都存在着地理位置、开采条件、储存状况、贫富等差异，这些差异必然导致资源开发者和使用者在收益上的较大差别，一些占用和开发优质资源的开发者和经营者，可以因资源条件优越而获取平均利润以外的级差收入；而开发和占用劣质资源的企业和经营者，则不能获得级差收入。开征级差资源税的目的，就是利用税收的形式调节资源使用者因资源条件的差别而取得的级差收益。征收级差资源税，一方面有利于资源开发者在同等水平上开展竞争；另一方面也有利于促使资源的合理利用，防止资源开发者为追逐高额利润造成资源的浪费。

3. 中国资源税制

我国对资源占用课税的历史可追溯到周代的"山泽之赋"，此后各个朝代均在不同程度上对矿冶资源、盐业资源等课税。我国现行对资源课征的税种包括资源税、城镇土地使用税和土地增值税，但因土地不仅作为国家所有的自然资源存在，同时还具有财产的性质，土地课税自古以来就被归为财产税类，因此，按照惯例也把对土地的课税归为财产税。这样，我们这里讨论的资源课税就仅为资源税。新中国成立后的资源税于 1984 年 10 月 1 日开征，为适应国家税制改革的需要，国务院于 1993 年 12 月颁布新的《中华人民共和国资源税暂行条例》，从 1994 年 1 月 1 日起施行。目前，我国把资源税作为体现国有资源的有偿使用和调节资源经营的级差收入的税种。

我国现行资源税制有以下特点：

（1）对特定资源征税。资源税是对占用、开发国有自然资源课征的一种税。资源税的征收范围，应当包括一切开发和利用的资源，但考虑到我国开征资源税还缺乏经验，所以《资源税暂行条例》规定的征税范围只包括矿产资源和盐，具体包括原油、天然气、煤炭、黑色金属矿产品原矿和有色金属矿原矿、其他非金属矿原矿以及固体盐和液体盐。其中，对矿产资源的绝大多数主要矿种，采取列举品目的办法征税，未列举名称的其他非金属矿原矿和其他有色金属矿原矿，主要是税源不大、不具代表性的矿种，这部分矿种由省、自治区、直辖市人民政府决定征收或暂缓征收资源税。

（2）具有受益税性质。由于自然资源属于国家所有，国家既可以凭借对资源的所有权向资源的开发经营者收取资源占用费，也可以凭借政治权力征税。我国现行资源税的征收是国家政治权力和资源所有权的统一，它兼具税收和资源占用费的性质，一方面体现了税收的强制、无偿和固定性，另一方面体现了对国有资源的有偿占用，属于对绝对地租的征收，具有受益税性质。

（3）既是一般资源税，又是级差资源税。我国现行的资源税既有税收的性质，又有资源占用费的性质。它对使用我国矿产和盐资源的单位和个人普遍征收，体现了对国有资源的有偿开采，因此，它是纳税人为取得应税资源的使用权而缴纳的一种税，属于一般资源税。同时，我国的资源税按照级差收入的规律设计，在对应税产品普遍征收的同时，根据各种产品及同一产品各矿山的资源状况，确定相应的税额，一矿一率、一企一率，旨在调节占用和开发优质资源的企业和经营者因资源条件优越而获取的级差收入，以促进资源的合理开采，这属于级差地租的征收，因此，我国的资源税又是级差资源税。

（4）实行差别定额税率，从量计征。资源税实行从量定额计征，计算简便，易于征管，且其税额的多少只与资源的开采量或销售量有关，同企业成本和产品的销售价格无关，当企业成本降低或售价提高时，企业的应纳税额不变，从而资源税的税负下降，有助于提高企业的生产积极性。资源税采用差别定额税率，是因为我国目前把资源税当做调节资源级差收入的税种，应税品种之间和主要品种开采者之间税额应体现出差别，资源条件好的税额高些，条件差的税额低些。纳税人具体执行的单位税额标准，由财政部根据价格、资源和开采条件等因素的变化情况，在《资源税税目税额幅度表》规定幅度范围内，适当进行定期调整。

4. 中国现行资源税制改革

我国现行的资源税是以自然资源为课税对象的一个税种，它在保护和促进国有自然资源的合理开发和利用、调节资源级差收入、确保国家财政收入等方面，发挥着积极作用。但是，现行的资源税还存在许多不适应经济发展的问题，有必要进行修改和完善。

1）现行资源税制的主要问题

首先，资源税税制设计不完善。现行的资源税，主要通过调节资源级差收入来保护资源的合理开采。但现实税制的设计，却更倾向于资源级差收入的调节，对资源的保护和限制开采的力度不足，使得资源税无法正确反映资源的价值，不能将资源开采的社会成本内在化，无助于企业改变经济增长方式，不利于资源的可持续使用。具体表现在：

（1）从征税范围看。现行的资源税只限于对部分矿产资源和盐征税，对一些我们必须采取措施保护的资源，如森林、水、土、野生动物等，不予征税，征税范围过窄。这使得非税资源的价格由于不含税而明显偏低，导致以这些资源为主要原材料和辅助材料的下游产品的价格也相应偏低，扭曲产品的供给与需求，造成资源浪费，影响经济的可持续发展。

（2）从计税依据看。由于自然资源一经开采就已遭到破坏，所以对纳税人开采的资源无论是否销售，都应征税。我国现行资源税以应税产品的销售数量或自产自用的移送数量为计税依据，使得企业对已开采而未销售的资源不需付出任何税收代价，造成了资源的大量积压和浪费。

（3）从税率看。我国现行资源税以劣质低价为基础，确定不同级差的单位税额，且一经确定数年不变。这样确定的单位税额，一方面明显偏低，使应税资源的市场价格不能反映其内在价值，造成资源的盲目开采和过度开发；另一方面，不变的单位税额无法随应税资源情况的改变而立即作出调整。

其次，资源税管理体制不合理。资源税的应税资源属于国家所有，理应作为中央税税种，但我国除对海洋石油征收的资源税收入作为中央税收入，归中央财政所有外，对其他资源征收的资源税都作为地方税收收入，归地方财政所有。这种管理体制容易造成各地方政府为了自身利益产生短期化行为，对自然资源进行过度开发，破坏生态环境。

2）资源税的改革思路

（1）扩大资源税征收范围。目前世界上许多国家资源税的征税范围都涵盖了矿产资源、土地资源、水资源、动植物资源、海洋资源以及地热资源等，我国在目前资源短缺、资源浪费严重的情况下，应当扩大资源税的征税范围。考虑税收征管水平，可先将水资源、森林资源、土地资源、草场资源等严重短缺和浪费的资源纳入资源税的征收范围。

（2）将资源税的计税依据由从量计征改为从价计征，以促进资源的合理使用，并使企业从自身利益和市场资源需求规律出发，合理开采、保护和节约国家资源，避免盲目开采、浪费资源的现象发生。

（3）提高资源税的税负，资源税的计税依据由从量计征改为从价计征后，税率也应由现行的单位税额改为差额比例税率，并使其税负在现有基础上逐步提高，以使资源税真正达到节能降耗的目的。

（4）将资源税改为中央税种。将资源税改为中央税后可以便于中央对全国自然资源的宏观管理和有序开发，防止地方短期化行为的发生。

11.2.2　行为税

1. 行为税概述

所谓行为税，是以纳税人的特定行为为征税对象的一种税收。这里的特定行为，是指国家出于财政目的或政策目的而选择的特定行为。

行为税的主要特点有：①行为税的政策性较强，除印花税、屠宰税外，大多是国家为限制某种特定行为而开征的；②行为税税源比较不稳定，行为税主要为限制某种行为而开征，一旦该行为因征税等原因而减少时，该税种的收入也随之减少；③行为税的税源零散，征收管理难度较大；④行为税的税种较多，各税种的课税对象及征税规定均有较大差异。

2. 中国现行行为税制

目前我国的行为税包括印花税、城市维护建设税、耕地占用税、车辆购置税等。有的税种分类方法将车船税和城镇土地使用税也归入行为税类。其中车船税是对纳税人拥有的车船征收的税收，兼有财产税与行为税双重性质，因此可以归入财产税和行为税任一税类；城镇土地使用税只是因为城镇土地归国家所有，纳税人只能就其拥有的土地使用权缴纳税收，从其性质判断，归于财产税更为合理。

（1）印花税。印花税起源于1624年的荷兰，目前是世界各国普遍开征的一个税种。我国1950年发布的《全国税政实施要则》中规定，印花税在全国统一开征。1958年简化税制时，印花税被并入工商统一税，不再单独征收。改革开放后，我国经济得到迅速发展，为维护经济凭证书立、领受人的合法权益，广集财源，并加强对其他税种的监督管理，1988年8月，国务院颁布了《中华人民共和国印花税暂行条例》，于当年10月1日开始施行。

现行的印花税是对经济活动和经济交往中书立、领受的应税经济凭证征收的一种税。它主要是由纳税人自行计算、购买，并在应税凭证上粘贴印花税票。印花税的征税范围很广，包括了经济活动和经济交往中的各种应税凭证，但它的税率很低，具有广集财源、积少成多的财政效应。

（2）城市维护建设税。城市维护建设税是为了扩大和稳定城市维护建设资金的来源而开征的一个税种，它专用于城市的维护和建设。现行的城市维护建设税是在1985年2月8日由国务院发布实施的。

我国的城市维护建设税以缴纳增值税、消费税、营业税的单位和个人为纳税人，按照纳税人所在地的行政区划实行差别比例税率。城市维护建设税以纳税人实际缴纳的增值税、消费税和营业税税额为征税对象，并与"三税"同时征收，具有附加税的性质。

（3）耕地占用税。所谓耕地占用税，是国家对占用耕地建房或者从事非农业建设的行为征收的一种税。我国人均耕地少，耕地后备资源严重不足，长期以来，我国城乡非农业建设乱占、滥用耕地的情况相当严重，极大地影响了农业特别是粮食生产的发展。为了合理利用土地资源，加强土地管理，保护农用耕地，1987 年 4 月 1 日国务院发布了《中华人民共和国耕地占用税暂行条例》，决定对建房或者从事非农业建设的单位和个人征收耕地占用税，并于即日起施行。2007年 12 月 1 日，国务院对原条例进行了修订，并于 2008 年 1 月 1 日起施行。

耕地占用税的纳税人，为在我国境内占用耕地建房或者从事其他非农业建设的单位和个人。耕地占用税以纳税人实际占用的耕地面积为计税依据，按照规定的适用税额标准计算应纳税额，实行一次性征收。各地耕地占用税的适用税额标准，由各省、自治区、直辖市人民政府在国家规定的税额标准幅度以内，根据本地区的实际情况具体核定，但各省、自治区、直辖市人民政府核定的适用税额的平均水平，不得低于国务院财政、税务主管部门根据人均耕地面积和经济发展情况确定的各省、自治区、直辖市的平均税额。

（4）车辆购置税。车辆购置税属于中央税，是对购置车辆的行为征收的一种专款专用税收，其收入主要用于交通事业建设。现行的《中华人民共和国车辆购置税暂行条例》是国务院于 2000 年 10 月 22 日发布，自 2001 年 1 月 1 日起施行的。开征车辆购置税取代原有车辆购置附加费，有利于交通基础设施建设资金的依法足额筹集，确保资金专款专用，从而促进交通基础设施建设事业的健康发展。

车辆购置税的纳税人，是在我国境内购置国家规定的应税车辆的单位和个人。该税以车辆的购置价格或国家税务总局规定的最低计税价格为计税依据，按照 10% 的税率从价定率征收。车辆购置税实行一次征收制度，购置已税车辆，不再征收车辆购置税。

3. 中国行为税改革

行为税一般是国家为限制某种特定行为而开征的，因此应随着社会经济形势的变化而有所调整。我国现行行为税税种较多，分属于中央税种和地方税种，税额一般较少，其条例大多是十多年前制定的，在税种设置和税制规定等许多方面已不能适应目前的经济环境，需要进行整体和局部的调整。

（1）改革城市维护建设税。我国现行的城市维护建设税弊端较多。一方面，城市维护建设税作为具有附加性质的一个税种，"三税"的减免及征管漏洞都会影响其税额的大小，不仅弱化了城市维护建设税组织收入的作用，而且也使部分不需缴纳"三税"的企业享用了市政设施却无须缴纳税款。另一方面，现行的城市维护建设税只对城市范围内缴纳"三税"的内资企业和个人征收，对外商投资企业、外国企业和外商个人不征收，造成位于不同行政区划的企业、内外资企业及个人的税负不公。因此，应按照适度扩大收入规模、公平税负及利于地方政府进行管理的原则，改城市维护建设税为城乡维护建设税。除另有规定外，凡有经营收入的单位和个人都是城乡维护建设税的纳税人，并确定其征税对象为生产经营收入，使该税成为一个独立的税种。同时，适用幅度比例税率，以利于地方政府从实际出发，根据本地各市县经济发展情况，在规定幅度内确定适用税率。

（2）改革印花税。我国现行的印花税，以原《中华人民共和国经济合同法》列举的合同为主要征税对象，并以此来确定税目、税率。但是，随着市场经济的不断发展，采用列举的方式规定印花税的征税范围已不能适应日益复杂的经济形式、经营方式和经济行为的需要。因此，应适当扩大印花税的征税范围，并以简化税制、合理负担为原则，简并税目，提高税率，同时扩大代扣代缴范围，加大偷漏税的惩罚力度，以加强印花税的控管。

（3）开征新税种，扩大地方税规模。目前最为紧迫的应属环境保护税的开征。随着经济的发展，环境污染问题愈加严峻，其对人民生产生活造成的危害已日益显露出来，而原有的环境收费因缺乏税收的刚性而效果不理想，因此，建议将现有的各种有关环境收费改为征收环境保护税，以污染物的制造者为纳税人，以各种污染行为或污染物为征税对象，按照污染行为或污染物的不同危害，设计差别税率，实行从量征收。

■　小结

1. 财产税是现代税制中重要的辅助税种，在筹集财政收入、公平财富分配、调节经济等方面起着不可或缺的作用。
2. 财产税的特点：它的课税对象是财产的存量；它的税收负担很难转嫁出去；它是直接税和定期税；它通常多次和反复课征。
3. 以课征范围为依据，财产税可分为一般财产税和个别财产税；以征税对象为依据，财产税可分为静态财产税和动态财产税；以课征标准为依据，财产税可分为财产价值税和财产增值税；以计税依据为标准，财产税可分为估定财产税和市价财产税。
4. 1994 年税制改革及随后的调整，我国目前财产税制包括房产税、契税、车船税、土地增值税和城镇土地使用税等。
5. 资源税按其课征的目的和意义的不同，可分为一般资源税和级差资源税。
6. 我国现行资源税的特点：对特定资源（主要包括矿产资源和盐）征税；具有

受益税性质；兼为一般资源税和级差资源税；实行差别定额税率从量计征。

7. 行为税是以纳税人的特定行为为征税对象的一种税收。行为税的主要特点：行为税的政策性较强；行为税税源比较不稳定；行为税的税源零散、征收管理难度较大；行为税的税种较多、各税种的课税对象及征税规定均有较大差异。

8. 目前我国的行为税包括印花税、城市维护建设税、耕地占用税、车辆购置税等。

思考题

1. 财产税与行为税有何基本区别？
2. 你认为我国目前是否应当开征遗产税？
3. 你认为我国目前是否应当开征统一的物业税？
4. 资源占用费与资源税有何不同？
5. 你认为耕地占用税属于哪一税类？为什么？
6. 城市维护建设税的"附加税"性质有何弊端？

参考文献

陈志楣 . 2000. 税收制度国际比较研究 . 北京：经济科学出版社

各国税制比较研究课题组 . 1995. 财产税制国际比较 . 北京：中国财政经济出版社

龚辉文，沈东辉，王建民 . 2002. 资源课税问题研究 . 税务研究，（7）

罗晓林 . 1998. 外国税收理论与制度 . 广州：中山大学出版社

杨斌 . 2003. 税收学 . 北京：科学出版社

杨春梅 . 1999. 比较税制 . 北京：中国税务出版社

第12章

公共企业和国有企业

公共企业（public enterprises），是指受政府直接控制，旨在实现特定公共目标的经济实体。与私人企业和政府机构不同，公共企业具有两个特点：一是公共性。公共企业的经营活动受政府影响的程度较高，并且服务于公共目标，而不单纯以营利为目的，这一点使其与私人企业区别开来。二是企业性。公共企业从事生产、销售商品或服务等经营性活动，这一点使其与政府机构区分开来。

本章安排如下：首先概述公共企业存在的原因及其演变轨迹，其次分析财政与公共企业的关系，最后探讨公共企业的绩效与中国的国有资产改革问题。

12.1 公共企业概述

12.1.1 公共企业存在的原因

尽管现代市场经济是一个由本质上追求自身利益的个体所组成的经济体系，但在当今世界，许多实行市场经济的国家都存在一定数量的追求公共利益的公共企业。这自然引申出一个问题：在市场经济中，公共企业存在的原因或依据是什么？

从一般原因上说，建立公共企业，从事公共生产，是一国政府应对市场失效的可供选择的政策手段之一。在西方国家，当自由市场经济发展到一定阶段时，专业化分工逐渐深化，经济体系日益复杂化，公共产品、外溢性、自然垄断、分配不公、宏观经济波动等各种市场失效现象逐步显现，它们对自由市场的运作效率构成了不同程度的干扰和损害。在此背景下，各国政府经常通过建立公共企业来引导、干预、控制市场，以弥补自由市场机制的缺陷。

当然，在现实中，公共企业存在的原因是多种多样的，不同原因在各国中的重要程度既与经济发展水平有关，也与经济思想、经济体制以及政治、历史等因素有关。以下具体介绍现代市场经济条件下公共企业存在的若干原因。

1. 提供公共产品

在现代经济中，提供公共产品是政府的基本职责。尽管一种公共产品的提供并不必然意味着政府直接生产，比如，垃圾处理是一种公共产品，但它可以交由特定的私人企业完成，政府借助财政支出给予私人企业成本上的补偿；但是，由政府建立公共企业直接提供公共产品也是重要的形式之一。在许多国家，政府在那些具有公共产品特征的部门，如市政设施、垃圾处理、环境保护等部门投资设立了公共企业，从事相应的公共生产活动。

2. 控制自然垄断行业

许多与生产、生活密切相关的基础性行业，如自来水、电力、煤气、电话、有线电视、铁路、航空等，具有规模收益递增的特点，也即在社会需求的范围内，行业的平均生产成本随生产规模的增加而下降。如本书的导论所指出的，这类现象被称为自然垄断。

从确保生产效率的角度考虑，自然垄断行业只需要少数几家乃至一家厂商。问题在于，赋予厂商垄断权可能衍生出另一种无效的行为，因为垄断者可以凭借其垄断地位限制产量、提高售价，以牟取垄断利润。为了避免因垄断行为而导致的对广大消费者福利的影响，各国政府或者对私人投资的自然垄断企业进行严格的管制，或者直接投资这些行业。从理论上说，如果政府拥有自然垄断性企业的所有权并直接控制其生产经营活动，那就能够在符合公共利益的前提下决定产量和价格，而不是像私人自然垄断企业那样，为了追求垄断利润而进行生产经营决策，从而也需要对这些企业进行限价定价，以保护社会公众的公共利益。

3. 促进战略性产业发展

为确保国民经济的快速、稳健发展，许多国家的政府都十分关注那些具有战略意义的行业，如自然资源的开采、钢铁、石化、重型机械、电力、军工、生物工程、机器人的制造等。这些行业的发展，要么对一国经济的稳定运行至关重要，要么能够凭以占据经济发展的"制高点"，对整个社会经济的发展有着很强的外溢性。政府为了掌握这些行业发展的主动权，尽快促进其成长，同时避免这些行业为私人或国外资本所操纵，往往采取国有化措施，在这些行业中设立公共企业，借助政府的直接投资和控制来贯彻这些关键性行业的发展战略。

4. 挽救亏损企业

某些私人企业的亏损和倒闭，不仅会带来大规模的失业问题，而且还会对整个社会经济活动产生严重的负面影响，为了避免由此而带来的社会震荡，政府有时会通过公共化措施，来挽救亏损和面临倒闭的私人企业。在 20 世纪 30 年代经济大萧条时期，欧洲的许多国家就对汽车、钢铁、造船等行业实施公共化。近期的例子有，1978 年法国国有雷诺汽车公司收购亏损的伯利特卡车公司；1977 年和 1978 年，瑞典政府先后收购了世界上最大的私营造船公司、两个大型纸浆造纸公司和两个大型纺织公司；曾经是瑞典最具竞争力的私营钢铁公司，也因亏损而被国有瑞典钢铁公司合并，等等。

5. 控制金融机构

金融体系对一国经济的稳定发展有着特殊意义，因此，许多国家都对金融体系进行了较多的干预。为了增加政府对金融的控制能力，不少国家设立了一些重要的公共金融机构。比如，美国于 1933 年建立了联邦储蓄保险公司，为商业银行提供存款人保险，以达到防止挤兑、保障金融体系正常运行的目的。

政府建立公共金融机构的另一重要目的，是据此来达成某些经济发展目标。比如，为了实现战后的经济复兴或达到其他经济发展目标，多数西方国家都设立了公共发展银行。比如在美国，这方面的公共金融机构就有进出口银行、联邦房屋贷款协会、小企业发展局和农业银行。几乎所有的西方国家，都设立了一些公共机构，专门为农业和房屋提供长期贷款。

6. 增加财政收入

为了获取财政收入，有些国家对那些需求弹性小、利润高的行业采取了垄断经营的方式。如从 1674 年至今，法国烟草行业一直为政府垄断经营。类似的例子还有酒（德国、法国、加拿大和美国的许多州）、盐业（日本、意大利、奥地利）、制糖业（日本、意大利）等。

7. 其他原因

公共企业的建立，有时还与政治因素有关。比如，第二次世界大战以后，出于处罚的目的，法国和挪威将许多与纳粹德国合作的私营企业收归国有，其中包括法国著名的雷诺公司。此外，政府拥有公共企业的原因还包括体现国家的形象和尊严、保护国内工业、保存某些夕阳产业、向边远地区和低收入者提供服务等。

12.1.2 公共企业的演变

从历史发展的轨迹看，公共企业在西方国家经济生活中所处的地位和所起的作用，主要是由经济思潮和经济环境决定的。在市场经济发展的初期，自由市场和私有产权的理念大行其道，兼之市场机制的缺陷虽时有出现，但尚不足以引起大规模的政府干预，在此背景下，公共企业并不多。进入20世纪后，西方国家的市场经济逐步成熟，市场失效的严重性日益加深。20世纪30年代初期发生的经济大萧条，催生了以凯恩斯学说为代表的政府干预主义思潮的诞生和盛行，公共企业渐成气候。第二次世界大战结束后，许多企业在军用转民用的过程中被收归国有，转为公共企业。公共企业成为许多发达国家经济中的重要主体，在各国经济生活中扮演着重要的角色。

20世纪70年代后，由于难以对经济中出现的"滞胀"局面作出令人满意的解释，凯恩斯主义学说的地位开始动摇，经济自由主义的思潮再度崛起。在实践中，随着一批高新技术产业部门和新兴工业部门的崛起，公共企业所处的一些传统工业部门渐成夕阳产业，由此造成了一大批公共企业的衰落，加上公共企业普遍出现的低效率运营局面，要求改革公共企业的呼声日渐高涨。20世纪70年代末以来，一场私有化的浪潮开始席卷西方世界，这使得公共企业在各国经济主体中的比重急剧下降。数据显示，1986~1991年，西方发达国家的公共企业的产值约占GDP的8%（世界银行网站）。从行业分布看，公共企业主要集中在以下领域：①自然垄断行业，如电力、自来水、天然气、邮电、通信、城市公共交通、铁路、航空等；②具有公共产品特征的行业，如市政设施、垃圾处理、环境保护等；③具有外溢性特征的行业，如石油、煤炭、化工、钢铁、造船等基础行业以及银行、环境保护等；④具有劣值品①特征的行业，如酒精、烟草、彩票等；⑤涉及公平或就业问题的行业，如教育、住房、医疗等行业。

12.2 财政与公共企业的关系

12.2.1 财政对公共企业的投入

公共企业是公共部门的一个特殊组成部分，它与财政之间有着十分紧密的联系。除了少数的例外（如通过没收、赎买私人企业的方式），绝大多数公共企业成立时的初始资本金，或者来自财政的直接投资，或者来自政府提供的贷款。一

---

① 所谓"劣值品"（dismerit goods），指的是那些私人对其所作的评价高于社会对其所作的评价的产品或服务。

方面，在公共企业运营的过程中，财政还可能为其提供补贴，包括税收和贷款上的优惠。另一方面，政府也从公共企业那里取得税收或利润。财政对公共企业的支出和来自公共企业的收入，可能影响到财政收支的平衡。

财政对公共企业的投入主要采取以下三种形式：

（1）直接投资。财政投资是政府建立公共企业的基本方式之一。比如，意大利政府对公共企业的所有权，大多由几个主要的国有控股公司（如工业重整机构、工业制造业国家融资机构、国家石油公司等）掌握，政府则通过财政拨款给这几家控股公司，用于购买公共企业的股份。

（2）贷款。贷款是政府建立公共企业的另一基本方式。相对而言，英国政府较少采取股本融资的方式组建公共企业。英国财政部认为，只有那些具有竞争性的、利润率高的、波动性大的企业才适合股本融资。因此，英国多数的公共企业是通过债务融资的方式组建的。

（3）补贴。与私人企业不同，公共企业具有一定的公益性，它们常常要承担政府加于其上的一些职责。首先，为了保护下游企业或广大居民的利益，政府一般要求城市公共交通企业、铁路运输企业、电力企业、自来水企业、煤气企业等采取低价措施，有时甚至要求这些企业以低于成本的价格销售产品或服务。其次，公共企业有时要承担公平方面的职责。比如，尽管向偏远地区或不发达地区提供交通运输、邮电通信等业务往往无利可图，但政府要求公共企业向这些地区提供服务，并要求其用其他地区业务的盈利来弥补这些地区业务的亏损，不少西欧国家都采取了这一措施。最后，公共企业有时还要承担就业方面的义务。比如，意大利政府曾要求国有控股公司为四个贫困地区创造就业机会，但这一举措对企业来说无利可图，还给企业带来了直接的经济损失。事实上，在不少国家，公共企业经常被要求雇佣过多的人员，以减轻社会上的就业压力。为了弥补公共企业因实现各种非商业性目标而产生的经济损失，政府通常给予公共企业一定数额的财政补贴或税收减免，这类补贴一般称为政策性亏损补贴。

此外，为了避免因企业破产、倒闭而造成的不良社会经济后果，政府有时还对那些因经营不善而导致亏损的公共企业给予财政方面的补贴，这类补贴一般称为非政策性亏损补贴。

为了确保公共企业的正常运营，促进公共企业的发展，许多国家的政府除了给予公共企业上述各种形式的财政投入外，还提供了诸如财政贴息、免费使用国家土地、项目竞标优先权等其他形式的优惠措施。

12.2.2　财政来自公共企业的收入

财政来自公共企业的收入主要有以下几种形式。

1. 税收

与私人企业一样，公共企业负有向政府纳税的义务。不过，当公共企业因经营方面的原因而难以完成纳税义务时，政府有时会延缓甚至减免公共企业的税收。当然，对于那些垄断性经营的高利润公共企业，如烟草业、酿酒业、博彩业等，政府往往会采取高税率的方法，其中除包含有寓禁于征的含义外，也可以分享公共企业的一部分垄断利润。

2. 利息或股息

政府作为公共企业的融资对象，还从公共企业那里获得与债务、股份融资相对应的两类收入，即利息和股息。因为公共企业的政府投资的特殊性，所以与同类私人投资相比，政府的这两类收益相对较低。利息较低主要是因为财政贴息的缘故，政府提供的贷款利息通常较一般的商业贷款要低。股息较低则主要是因为不少公共企业的利润较低。此外，政府有时还要进行利息或股息的再投资活动。

3. 利润分成

通过利润分成的形式，将公共企业利润上缴国库的做法不多见。不过，有些国家要求公共企业上缴部分利润，供专门机构统筹使用。比如，在加拿大，公共企业资金中超出当时所需的富余资金，必须交由财政部管理。而在意大利，公共企业65%的利润首先用于偿还政府的投资，在还清之后则存入专门的基金，政府将这笔基金拨给国有控股公司，用于收购私人企业，等等。

12.2.3 财政与公共企业赤字

如果将一国的公共企业作为一个整体来看待的话，我们就能比较该国财政对公共企业的投入与来自公共企业的收入之间的差额。假如这一差额为负值，则称之为公共企业赤字。20世纪70年代中期，公共企业赤字额约占西方国家国民生产总值的1.75%，其中，澳大利亚为3.5%，芬兰为2.6%，法国为1%。20世纪70年代末，意大利为3.9%，西班牙为3.1%，日本为2.7%，挪威为2.6%，美国为0.6%，荷兰为0.5%，比利时为0.5%。20世纪80年代初，加拿大为3.1%，英国为0.8%。平均而言，西方国家公共企业净赤字约占中央财政赤字的一半（马骏和郑康斌，1997）。

公共企业赤字的发生，直接源于公共企业的市场收益与回报之间的不对称。一方面，公共企业由于种种原因，市场收益率往往相对低。而另一方面，公共企业的投资回报率很低。比如，在20世纪70年代中期，西方国家公共企业的资本形成约占GNP的2.5%，其中大部分源于财政资金。同期，公共企业的净利润仅占 GNP 的 0.5%。如果再减去折旧额，这一数字变为负数，绝对值约占 GNP 的 0.1%～0.5%。在公共企业的投资额中，仅有 25% 是通过企业的净留利实现的（马骏和郑康斌，1997）。

公共企业赤字直接影响着财政预算的平衡。为了减少对预算的影响，政府主要有三种选择：一是提高税收；二是发行公债；三是减少其他方面的支出。提高税收，将加重纳税企业和个人的税负，抑制投资和劳动力供给；发行公债，会加剧政府债务负担，导致今后财政的不平衡；减少其他方面的支出，有可能降低公共服务的数量和质量。无疑，没有哪一种选择是尽如人意的。

12.3　公共企业的改革

12.3.1　公共企业的绩效问题

在许多人看来，公共企业只是经营绩效低下和沉重财政负担的代名词，它们在生产性资源的配置和使用上缺乏效率，忽视消费者的要求，抵制必要的改革和破产。这些看法，构成所谓的"公共企业无能论"（public incompetence）。

公共企业的批评者指出，导致公共企业无能的主要原因有三个。

1. 公共企业缺乏市场竞争压力

公共企业的管理者无须像私人业主那样追逐利润或害怕亏损，可以偷懒和不思进取。公共企业通常不处于竞争性的环境中，它们中有些是垄断性企业，有些是受政府保护的企业。垄断性企业不会出现亏损，如果成本上升，企业就会要求政府允许涨价。而受保护的企业一旦出现亏损，政府就会以各种方式进行解救：或者提供补贴，或者允许延期还贷，或者免去债务。这种预算上的软约束导致公共企业的管理者很少有降低成本、提高效率的动力。相比之下，私人企业没有政府这个保护伞，如果成本上升，竞争力下降，就有可能被挤出市场。此外，金融市场会随时评估私人企业的业绩，如果企业经营上出现问题，股价就会下跌或者信用被降级；而公共企业大部分依靠政府融资，不受金融市场的制约。

2. 公共企业缺乏激励机制

公共企业雇员的工作成效与所获报酬之间没有必然的联系，因而缺乏努力工作的内在动力。一般说来，私人雇佣是不稳定的、竞争性的。对于私人企业的雇员来说，他们必须通过谈判来获得销售收入的一定份额，而销售收入在一定程度上又取决于他们工作的成效。因此，他们不仅有努力工作的内在动力，其所得也受到市场制约。相对而言，公共职位是稳定的、非竞争性的。由于公共企业所追求的通常不是较易评估的商业目标，其绩效难以用市场业绩来衡量。加上公共企业比受市场约束的私人企业具有更多的资源，它们能够承受企业亏损的损失。这样，公共企业雇员的工作努力程度往往难以评估或密切监督，他们的干活多少与挣钱多少之间没有直接的关系，因而可以讨价还价，少干活多拿钱，而由纳税人付出代价。

3. 公共企业往往受到政府保护

市场力量通过淘汰低效率的私人企业来保证效率，而政府往往允许低效率的公共企业存续下去。市场竞争是保证生产效率的主要原因，只有那些能够从既定资源中以较少的时间、较少的努力或较少的材料获得较大产出，并且能够提供较好服务的企业，才能在市场中立足。因此，竞争能够促使私人企业尽最大的努力，以增进生产效率的提高。然而，这一点对于公共企业来说却未必适用，它们或者处于垄断性产业，从而缺乏竞争上的压力；或者受到政府的保护，从而即便是在发生亏损的情况下，它们也能生存下去。公共企业的低效率现象可谓屡见不鲜。

以上便是公共企业无能论的主要见解。问题在于，这些论述是否正确呢？

我们认为，公共企业无能论的分析有一定道理，但总体来说却是片面和似是而非的。这一观点既缺乏充分的理论依据，也缺乏充分的经验支持。从理论上说，公共企业存在的起因在于市场机制的失效。在此情况下，公共企业所从事的实际上多为一些社会必需的任务，追求的是社会利益目标，这本身就不能采用市场收益率来考核与评判。由于这些任务难以单纯依靠私人企业和家庭的力量来完成，因而原本就不能指望公共企业在完成这些任务时是有效率的。比如，许多公共企业承载着为广大消费者提供低价公共产品、保证就业稳定等社会目标，而这些社会目标往往是与企业的利润最大化目标相冲突的。因此，如果我们不能准确地衡量公共企业因完成社会任务而导致的利润损失，也就不能轻易断言其经营绩效的高低。

不少研究试图从经验的角度对公共企业的经营绩效加以评估，其评估方式大致如下：首先是选取某一衡量企业效率的指标（如生产某一产品的单位成本），使用该指标来对比同行业的公共企业和私人企业。其次，由于公共企业和私人企业可能采用不同的技术，以不同价格购入投入品等，因此很难找到两个真正可比的企业。为此，经济学家使用一些计量经济学的方法来控制其他变量对效率的影响，在此基础上设法比较不同类型企业真正的效率指标。

在美国，这方面的文献主要集中于对供电公司、垃圾处理公司以及对消防队、邮政公司的研究上。比如，美国供电公司有两类：私人公司和市属公司（地方公共企业）。比较这两类公司效率的经验研究虽然很多，结论却不尽相同。市属公司在有些研究中效率较低，但在另一些研究中则较高。而对英国供电公司所作的类似研究，也不能对公共和私有企业效率的优劣作出定论。再如，垃圾处理在美国也同时由公有公司和私人公司来提供，不同的研究对二者提供同样服务的成本高低也有不同的结论。一项对美国亚利桑那州的一个私营消防队和其他三个附近地区的公营消防队的研究发现，私营消防队对火灾反应最快，而人均消防费用却只有其他三个平均值的一半。

总体而言，对西方国家公共企业效率的经验研究，尚无法充分证实公共企业的绩效必然劣于私营企业，尤其是在由于公共企业经常受到较多的政府管制，而且经常处于非竞争性的市场环境下时。公共企业效率的高低到底在多大程度上受到政府管制的影响，在多大程度上受其所处市场环境的竞争性程度影响，又在多大程度上由其产权属性决定，对这些问题迄今尚未达成共识。但有一点，对于公共企业效率的评判，至少必须将它们所提供的社会利益考虑在内综合分析，才可能得出正确的结论。

12.3.2　我国国有资产问题

在我国，习惯上考虑和分析的对象是"国有企业"（state-owned enterprise），原因在于这些企业的所有权或控股权是属于政府的。并且，"国有企业"一词和"公共企业"一词，往往也被人们不加区别地相互替代使用，但从把握我国国有企业与国有资产的历史、现状和未来改革走向等角度来说，对二者及与之相关的几对概念的内涵加以界定，并对这些概念的产生与发展的背景进行交代，是十分必要的。

1. 国有企业与公共企业

公共产品论指出，在市场经济中，必然同时存在市场有效和市场失效两大部分，二者之间有着各自不同的活动领域和范围、不同的运作方式和作用机制，但又分工协作、相辅相成、互为补充，形成统一的有机体，确保整个市场经济的正常顺利运转（张馨，1999）。

在西方国家，尽管因发展水平、经济思想、经济体制以及政治、历史等诸多因素的影响，各国政府在运用公共企业来参与和影响社会、经济生活的范围和程度上是存在较大差异的，但因其在经济管理上大多遵从"市场能做的，政府就不要去做；市场不能做的，政府就要去做"这一基本理念，所以公共企业的活动范围一般被严格地限定在市场失效领域，其经营目标也被严格地限定为非市场营利性。当然，市场失效问题有时也可能经由私人和市场的力量加以解决（如借助电视台、公众和做广告的厂家之间的三方贸易机制，具有纯公共产品性质的公共电视节目传播可以通过市场机制得以解决）；同时，即使市场失效问题由政府解决，设立公共企业的方式也并非唯一的手段，而只是众多可供选择的手段之一；加上随着技术水平和市场需求的变化，一些原为市场失效的场合可能变成市场有效（如由于电信水平和计算机网络的发展，原来属于自然垄断范畴的无线通信市场正日益变成可竞争的市场），等等。因此，公共企业在各国之间或者在同一国家的不同时期，其涉足领域、资产比重、产值贡献等可能会呈现许多新的面貌，而不总是体现为单一、稳定的状态。

与西方国家中的公共企业不同，中国的国有企业不仅活动于市场失效领域，而且活动于具有充分竞争性的市场有效领域。这就是说，中国的国有企业中不仅有肩负一定社会目标、从事非营利性活动的公共企业，而且有单纯追逐利润目标、从事营利性活动的国有企业。出现这一局面的原因是复杂的，但主要可以归结为受传统经济体制和渐进式改革路径的影响。

中华人民共和国在成立之初，为了迅速改变中国贫穷落后的面貌，选择了优先发展重工业的工业化途径作为经济发展战略，以实现赶超发达国家的目标。为了推行这一发展战略，政府在实行高度集中的计划制度分配资源、人为压低产品和生产要素价格的条件下，还通过工业的国有化和农业的人民公社化，建立起与重工业发展战略相适应的微观经营体制（林毅夫和蔡昉，2003）。在这一制度安排下，国有企业广泛分布于国民经济几乎所有的关键部门，占据了整个国民经济的大部分比重。作为国家谋求资本积累的主要工具，这些国有企业大部分是营利性的。

由于缺乏自主权的微观经营体制造成劳动激励不足，排斥市场机制的资源计划配置制度造成经济效率低下，人为扭曲的经济政策环境造成经济结构等问题，传统的经济体制未能实现赶超的使命，反而导致了20世纪80年代以前中国经济增长缓慢，人民生活长期得不到提高的结果。在此背景下，中国开始迈向渐进式的市场化改革之路。国有企业改革作为这场改革的核心组成部分，也于20世纪70年代末开始起步。经过一系列以放权让利为特征的改革，特别是承包制、股份制的推行，以及允许非国有经济发展，增加了国有企业的竞争压力，改进了国有企业的激励机制和利润动机，不少企业的生产率得以提高，其增长速度也不断加快（林毅夫和蔡昉，2003）。

30多年来，在社会主义市场经济体制逐步健全的过程中，大量国有企业因改制或竞争力不足等缘故，已然退出市场竞争有效领域。但是，一方面，各级政府保持着既是社会管理者又是资本所有者的双重身份；另一方面，各级政府在经济实践中遵循的经常是"市场不能做的，政府要去做；市场能做的，政府也可以做"的管理理念，这使得许多国有企业迄今仍然活跃于市场竞争有效领域，甚至形成"与民争利"的格局。这样，与西方国家相区别，中国目前的国有企业是由非营利性的公共企业和营利性的国有企业共同组成的。

2. 国有资产与国有资本

国有资产的概念有广义和狭义之分。广义的国有资产指属于国家所有的一切财产，包括自然资源、行政事业单位占用的国有财产以及在各种企业中由国家投资形成的资产。狭义的国有资产指归国家所有，并能为国家提供未来经济收益的各种经济资源，主要指在各种企业中由国家投资形成的资产，也即国有独资、国有控股和国有参股企业中属于国家的资产。从我们所关注的论题考虑，这里采用狭义上的国有资产概念。由于国有企业通常指的是国有独资和国有控股企业，因此，国有资产实际上既包括国有企业中的国有资产，也包括国有参股企业（可以是股份制集体企业、民营企业、外资企业等）中的国有资产。

按照企业资产的经营是否以追求盈利为首要目标，国有资产可以划分为营利性国有资产和非营利性国有资产。营利性国有资产即为国有资本，它以实现利润最大化、确保资产的保值增值为首要目标。在这一点上，它与私人资本没有区别。非营利性国有资产一般由公共企业控制和支配，因此，其经营的首要目标在于实现某些公共利益，而非市场营利。

与国有企业的涉足领域相一致，中国的国有资产既分布于市场失效领域，也分布于市场有效领域。据统计，1996 年底，我国 29.1 万户国有工商企业资产总额中所有者权益为 3.8 万亿元，考虑到国有企业的资产当中约有 20% 左右的非生产性资产，那么，真正用于生产经营活动的国有资产数量实际上约 3 万亿元，所有这些国有资产遍及从零售商业到远程导弹等几乎所有的工商领域（张晖明，1999）。过于分散的分布状况，不仅制约着国有资产经营效益的提高，更为重要的是，由于缺乏对国有资本和非营利性国有资产的明确区分，许多本应以实现公共利益为首要目标的非营利性国有资产，事实上变成以营利性为首要目标的国有资本；同时，不少国有资本为了实现利润的最大化，经常凭借其与政府部门之间的难以割舍的联系，将本应与私人资本进行充分竞争的领域转变为人为垄断的场所。这种在弥补市场失效问题上的"缺位"现象和在创造政府失效问题上的"越位"现象并存的格局，既是制约中国国有资产良性运作的基本因素，又是中国的市场经济仍不规范的主要表现。

3. 国有资本财政与公共财政

在市场经济下，企业在市场中的公平竞争以及市场失效问题的存在，要求政府应当对整个社会、对所有的企业和家庭提供一视同仁的服务，这就决定了以全社会成员为服务对象、满足全体家庭和企业的公共需要的公共财政的存在。而在中国，国有经济是整个国民经济的主导力量，同时大部分国有企业具有市场营利能力，这就势必形成与政府之间的收益分配和再投资等关系，从而形成了另一种财政——国有资本财政。这样，源于目前我国政府所具有的双重身份——政治权力的行使者和国有资本的所有者，我国财政一方面表现为政府以政治权力行使者的身份，为满足公共需要从事经济活动而形成公共财政；另一方面则表现为以国有资本所有者身份，对国有资本进行价值管理和收益分配而形成国有资本财政。我们将由相对独立的公共财政与国有资本财政所构成的财政统一体称为双元财政（叶振鹏和张馨，1999）。而一旦随着市场化改革的深化，政府逐步退出一般竞争性领域，国有资本财政将相应逐步趋于消失，届时存在于我国的将只有公共财政。

至此，我们提出国有企业与公共企业、国有资产与国有资本、公共财政与国有资本财政这三对概念。为了进一步澄清这些概念之间的脉络联系，我们可以借助图 12-1 和图 12-2 进行分析。

图 12-1 揭示了西方市场经济的总体运行状态。由图可知，在以私有制为基础的西方市场经济环境中，政府只活动于市场失效领域中，提供的只是非营利性的公共服务，其收支形成公共财政。它对所有的市场主体，不管是国有经济还是私人经济都一视同仁。税收制度如此，政府支出亦如此。由于此时的政府不拥有营利性国有企业，因而西方财政的基本收入形式只能是税收，而大体上不拥有营利性收益及其支出。

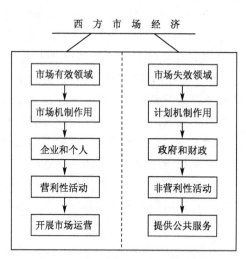

图 12-1　西方市场经济的总体运行状态
资料来源：张馨（1999）。

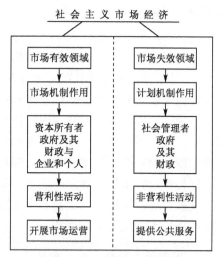

图 12-2　社会主义市场经济的总体运行状态
资料来源：张馨（1999）。

图 12-2 大体适用于目前处于体制转轨状态下的我国。由于目前政府兼具政治权力行使者和国有资本所有者的双重身份，因此，中国财政除了具有与西方公共财政相一致的内容外，还存在着国有资本财政的内容，主要包括：①其收支是作为资本所有者的收支，只能针对营利性国有企业进行，也即国有资本财政的收

入只能从营利性国有企业取得，其支出只能用于发展营利性国有经济，而不能用于支持非国有经济和非营利性国有经济的发展；②政府拥有较大规模的国有资本，并且在国民经济中占据主导地位，在正常情况下国有资本的收益及其投资也将是财政的重要收入来源和支出内容之一。中国政府及其财政的这一特点，决定了图 12-2 所显示的我国初步形成的市场经济的总体运行状态。

由此可见，目前我国政府以其既处于市场失效领域又处于市场有效领域的特点，区别于仅处于市场失效领域的西方政府。处于市场失效领域的政府，其收支活动构成公共财政，这是我国财政与西方财政的一致之处；处于市场有效领域的政府，其收支活动构成国有资本财政，这是我国财政与西方财政的差异之处。这样，西方政府所体现的只有非市场性这一种经济关系，其存在的只是公共财政；而中国财政所体现的是非市场性和市场性两种经济关系，其形成的是公共财政和国有资本财政并存的双元结构。可见，双元财政是由中国特定的生产关系和市场经济所根本决定的。

12.3.3　我国国有资产改革

在明晰了以上几个基本概念后，让我们集中关注我国国有资产的改革问题。作为一个 30 多年来一直努力破解却始终无法破解的难题，国有资产改革问题牵扯着千丝万缕的复杂关系。这里，仅介绍国有企业利润分配制度的变迁和国有资产管理体制改革两个问题。

1. 国有企业利润分配制度的变迁

新中国成立以来，政府与国有企业之间的利润分配制度大体经历了以下形式。

（1）统收统支制。1978 年以前，政府直接经营国有企业是一种普遍的现象，此时的国有企业一般称为"国营企业"，而政府与国营企业之间实行统收统支的利润分配制度，即企业利润全部上交财政，企业所需资金绝大部分由国家拨给。从当时的情形看，这一分配制度有利于国家统一安排财政收支、集中使用资金、保证重点建设。其弊端是国家对企业收支控制得过死，不利于调动企业和职工的积极性。

（2）企业基金制。自 1978 年起，为了调动企业和职工的积极性，政府开始扩大企业的自主权，实行了国营企业基金制。该制度规定：国营工业企业在全面完成国家下达的产量、品种、质量、利润和供货合同等计划指标后，可以按工资总额的 5% 提取企业基金。企业基金主要用于举办职工集体福利设施、举办农副业、弥补职工福利基金之不足，以及发给职工社会主义劳动竞赛奖金等开支。

（3）利润留成制。从 1979 年开始，为了进一步调动企业和职工的生产积极性，政府在国营企业中先后推行了多种利润留成办法，如全额利润留成、基数利润留成加增长利润留成、利润上缴包干等。企业留用的利润按国家规定的比例，建立生产发展基金、职工福利基金和职工奖励基金。尽管利润留成制在扩大企业自主权方面优于企业基金制，但仍存在一些弊端，主要表现在：①利润留成比例"弹性"太大，国家与企业之间的分配关系难以确定；②由于基数和比例根据企业已有的利润水平核定，原来效益好、利润水平高的企业，要花大力气才能获得少量增长的利润，从而产生了"鞭打快牛"的问题；③企业按隶属关系上交利润，强化了政府对企业的干预，没有解决企业活力这一根本问题。

（4）利改税。利改税也称以税代利，是指将国营企业上缴利润分配改为按国家规定的税种和税率交纳税金，税后利润由企业支配的利润分配制度。第一步利改税自1983年起实行，以开征国营企业所得税为中心，对不同规模、不同行业企业采取了不完全相同的办法。从1984年第四季度开始，进行利改税的第二步改革，试图从税利并存逐步过渡到完全的以税代利。

利改税试图通过税收这种统一、规范和刚性的利润分配手段，按照完善的市场经济下的模式，一劳永逸地解决政府与国营企业之间的收入分配关系，但它忽视了当时市场化改革刚刚起步、尚处于主要是"破"计划经济体制的阶段，尤其是在价格体系不合理状态下，是难以按照市场化模式来解决政府与企业之间关系的。在第二步利改税中，国家对大中型国营企业征收所得税后，对其税后利润不得不继续征收一户一率的调节税。作为利润留成的变种，调节税不仅使企业间苦乐不均、"鞭打快牛"的问题更加突出，而且混淆了税收和缴纳利润之间的界限，产生了统一、规范的税收分配与多样、非规范的利润分配之间的矛盾和冲突，因而没能有效解决国营企业利润分配关系的根本问题。

（5）承包制。在利改税的实施遇到困难时，受农村包产到户的启发，人们开始把目光移向企业承包经营责任制。承包制按照"包死基数、确保上交、超收多留、欠收自补"的原则，确定国家与企业的利润分配关系，用承包上交利润的办法取代利改税中向国有企业征收所得税的办法。根据不同行业、不同企业的具体情况，承包制采取了多种方式，主要有：上交利润递增包干；上交利润基数包干，超收分成；微利企业上交利润定额包干；亏损企业减亏（或补贴）包干；等等。

（6）税利分流。1978年后陆续推行的企业基金制、利润留成制、两步利改税、承包制等举措，主要是沿着放权让利的思路，围绕着调整政府与企业之间的利益分配格局、强化经济激励进行的。这些措施的出台使长期以来国家集财过多、企业缺乏物质刺激的局面得到改观，对于涵养财源和提高企业的自我积累能力，起到一定的作用。然而，这些措施始终未能将政府既作为社会管理者又作为资本所有者的双重身份与其参与企业利润分配的方式恰当地结合起来，无法跳出税利混流的框框，因而难以摆脱政企不分、政府过分干预企业经营活动的问题。

在含税承包制陷入困境之际，税利分流改革于 1988 年在厦门市和重庆市率先试点，并于 1994 年在全国全面推行。所谓"税利分流"，指的是国家在参与国有企业利润分配过程中，开征一道所得税（这道所得税对所有经济成分的企业都进行课征），而后再以适当的形式参与企业税后利润的分配。税利分流改革从理顺国家与企业之间的财政分配关系入手，明确了税收和上交利润这不同性质的两种收入分配形式，反映了政府双重身份、双重职能分离的客观要求，符合政企分开、两权分离的原则，既有利于企业经营机制的转换，又保证了财政收入的稳定增长。

税利分流全面推行之后，政府与国有企业之间利润分配关系的特点，主要体现在税后利润的分配上。为适应股份制、租赁制、承包制等公有制实现形式的多样化，政府参与国有企业的税后利润分配也出现了多种形式。

（1）国有股分红。国有股分红是一种适用于股份制企业的税后利润分配形式。政府对股份制企业所实现利润的分配，除了以社会管理者的身份征收所得税外，还要以资产所有者的身份收取一部分红利和股息。国有股股利的分配通常取决于公司法和公司章程的规定，并遵循一定的程序进行。一般要在弥补以前年度亏损、提取法定盈余公积金、提取公益金等之后，由公司董事会拟定股利分配方案，决定是否发放股利、发放多少股利、何时发放、以何种形式发放等。经股东大会通过后，股利分配按如下程序进行：一是支付优先股股利；二是提取任意盈余公积金；三是支付普通股股利。其中，政府作为国家股的代表者，可取得所占股份的股利。政府分取的股利由国家支配，可以用做国家股本增值，也可以上交国库，作为国家建设性预算或国有资产预算收入。

（2）税后利润承包制。税利分流明确了只能把税后利润拿来承包，改变了过去把所得税也纳入承包的做法，这在一定程度上减轻了承包制的弊端。但是，税后利润承包仍然面临着一个如何合理确定承包指标的问题。为此，税后承包指标可以考虑在上交利润指标的基础上，再加上产品质量、物耗、技术进步、资产保值与增值等指标，以促进企业注重技术进步，提高竞争力。在确定税后利润承包数额时，需要核定承包基数和分成比例，应本着兼顾国家、企业和职工三者利益的原则，在参照本地区、本行业的平均资金利润率的基础上，认真分析并如实反映承包期内企业的发展趋势。

（3）租赁制与租金。国有企业的租赁经营是指按照两权分离原则，由国家授权出租方将国有企业有限期地出租给承租方经营，承租方向国家缴纳租金并依照合同实行自主经营，一般适用于小型企业。对国有企业实行租赁经营收取的租金，是企业税后利润的一部分，属于经营性租金。租金的计算与缴纳，可以采用固定租金法、浮动租金法、资产利润率租金法、基数递增租金法等多种形式，租金应缴纳给财政部门或国有资产管理部门，承租人的收入应在税后利润中列支，不应计入成本。

2. 国有资产管理体制改革

国有资产管理是国家以产权为基础，以提高国有资产运营的经济效益和社会效益为目标，以资产使用者为对象的管理活动。国有资产管理的重点，是对投入企业的经营性国有资产的管理，其目标是实现国有资产的保值增值。国有资产管理体制，是指在中央与地方之间、政府与国有企业之间划分国有资产管理权责的制度，其主要内容包括：一是中央与地方在国有资产管理上的权责划分及其相互关系，以及管理体系内部各机构之间的权责划分及相互关系；二是国有资产所有权的实现方式，即政府在国有资本营运、管理和国有企业监督上的方法；三是国有资产管理机构的设置及其职能，以及与其他政府经济管理机构的关系等。

1978 年以来，根据经济体制改革的要求，国家在对国有企业的管理方式、方法进行调整的同时，也逐步对国有资产管理体制的改革进行了多方面探索，并采取了一系列举措。例如，设立专门的国有资产管理部门，从上到下初步形成体系；制订并实施国有资产产权登记、资产评估、国有资产保值增值等一系列法规文件，加强产权监督；提倡鼓励国有资产的拍卖、兼并，促进资产的流动和优化配置；等等。这些举措使国有企业的活力得到增强，经济效益得以提高，但也存在突出的问题，主要表现在：一是政府的社会管理职能与所有权职能不分的问题尚未解决，政府各部门仍在行使双重职能，以种种方式在干预企业；二是国有企业归政府主管部门所有的局面尚未改变，资产的流动和优化重组受到种种限制；三是国有资产所有权管理脱节，部门分割、多头管理、互相掣肘，无人承担财产责任，等等。

为了改变这一状况，2002 年 11 月，中共十六大提出了建立新型国有资产管理体制的基本构想。十六大报告指出，将"建立中央政府和地方政府分别代表国家履行出资人职责，享有所有者权益，权利、义务和责任相统一，管资产和管人、管事相结合的国有资产管理体制"，这为新形势下的国有资产管理体制改革明确了基本思路。此后，中央和地方国有资产监督管理委员会机构和相应的国有资产管理制先后确立，我国开始推行"国有资产管理委员会→国有资产投资经营机构→国有独资、控股、参股企业"的三级管理模式，国有资产管理的管理内容开始同时覆盖到"管人"、"管事"、"管资产"。

当前，在国有资产管理方面，国有资产监管部门及其所属的国有投资机构行使的都是出资人的监管职能和股东职能，其所管资产主要是国有股权，所管的人涉及企业负责人，所管的事涉及企业的重大事项，而不是也不能去管企业具体经营事务。对国有独资企业，其可以任免或建议任免企业负责人，并按规定管理和监督国有独资企业的国有资产。对国有控股企业则按公司章程，其可以提出向公司派出董事、监事人选，推荐董事长、副董事长和监事会主席人选，向公司提出总经理、副总经理、总会计师人选建议，并按公司法、证券法的规定，行使出资人、股东的权利，参加董事会，参与公司选聘总经理、决定收益分配、考核高管、公司战略决策以及公司其他重大事项决定。

小结

1. 公共企业因其公共性特点与私人企业相区别，因其企业性特点与政府机构相区分。

2. 作为一国政府弥补市场失效的可供选择的政策手段，这是市场经济中存在公共企业的一般原因。但公共企业有着多种具体存在的原因，它因各国具体情况的不同而不同。

3. 20 世纪 70 年代末以来，受经营绩效低下和经济自由主义思潮的影响，公共企业在西方各国经济主体中的比重急剧下降。

4. 公共企业赤字直接影响到一国财政收支的平衡。

5. 公共企业无能论认为，公共企业是经营绩效低下和负担的代名词，它们在资源的配置和使用上缺乏效率，忽视消费者的要求，从而抑制了必要的改革和破产。但由于难以衡量公共企业因实现社会目标的损失，我们不能轻易断言其经营绩效的高低。

6. 大量国有资产分布于市场有效领域，这一特点是区分公共企业与国有企业、国有资产与国有资本、公共财政与国有资本财政这三对概念的决定性因素。

7. 为在提高企业自主权与保证财政收入之间寻求一个平衡点，我国国有企业利润分配制度经历了一系列的变迁。

8. 2002 年党的十六大后，中央和地方国有资产监督管理委员会机构和相应的国有资产管理体制先后确立。

思考题

1. 本章所列出的公共企业的存在原因是否都符合公共性这一标准？

2. 公共企业是否必然陷于赤字中？

3. 什么是公共企业无能论？你如何看待这一理论？

4. 简述国有企业与公共企业、国有资产与国有资本、公共财政与国有资本财政之间的关系。

5. 国有企业利润分配制度的变革在整个市场化改革中起了怎样的作用？
6. 简述我国的国有资产管理体制改革。

📖 参考文献

林毅夫，蔡昉. 2003. 中国经济. 北京：中国财政经济出版社

马骏，郑康斌. 1997. 西方财政实践. 北京：中国财政经济出版社

史卓顿，奥查德. 2000. 公共物品、公共企业和公共选择：对政府功能的批评与反批评的理论
　纷争. 费昭辉译. 北京：经济科学出版社

叶振鹏，张馨. 1999. 双元结构财政——中国财政模式研究. 第 2 版. 北京：经济科学出版社

张晖明. 1999. 国有资本存量结构调整研究. 上海：复旦大学出版社

张馨. 1999. 公共财政论纲. 北京：经济科学出版社

第13章

公 共 规 制

市场失效使得公共部门的规制（regulation）[①] 活动得以产生和发展。公共规制直接或间接介入私人部门的经济活动，对资源配置产生影响。规制或者放松规制，在近年来各国的经济政策中都可以找到支持。本章对公共规制的定义、种类、公共规制的理论和方式、规制合同的选择和设计以及社会性规制等内容进行介绍。

■ 13.1 公共规制概述

13.1.1 公共规制定义

所谓公共规制，是指具有法律地位的、相对独立的社会公共部门（主要是行政机构）为了实现特定目标，依照一定的规则对企业、个人以及其他利益主体的活动进行干预的行为。广义的公共规制，不仅包含与微观经济主体有关的干预行为，还包括与宏观经济有关的政策制定和执行，例如，"以保证分配的公平和经济增长、稳定为目的的政策——财政税收金融政策"（植草益，1992）。

市场失灵是进行公共规制的前提。没有市场失灵，就没有政府规制的必要。根据微观经济学的基本理论，由于存在共用品、外部性、垄断和信息不对称等市

---

① "regulation"一词除了译为规制以外，还常常译为管制、监管，如"产业规制"、"政府管制"、"金融监管"等。有人认为，"规制"一词更多地带有市场经济的色彩，与其相比，"管制"既可表达市场经济下的规制之意，也隐约含有计划、管理的含义。本书不对这些用法进行区分，统一使用"规制"一词。

场失灵，市场自身不能完善地发挥配置资源的基础作用，公共规制则正当其时。公共规制由经济性规制和社会性规制两部分构成，分别主要针对自然垄断和信息不对称及外部性等市场失灵问题。市场经济下公共规制的广泛存在，使得关于规制的研究不仅成为经济学研究的一个重要领域，同时也受到法学、政治学等其他学科的关注。

之所以需要进行公共规制，一般认为有以下一些主要原因。

1. 自然垄断

自然垄断的存在以及它所导致的社会福利损失，是公共规制的首要原因。在一般竞争性行业中，竞争能够形成内在的刺激机制，能促使企业自发努力提高企业内部的运作和管理效率，并按照边际成本定价，实现配置效率。然而在自然垄断领域，虽然垄断的市场结构可以实现规模经济，但是，垄断仍然会对效率和公平产生负面影响。对具有自然垄断属性的行业进行规制，一方面可以减少资源浪费和过度的市场进入，在技术经济上达到效率；另一方面，由于厂商处于垄断地位，如果不存在外部的约束，在垄断利润的驱动下，其定价将大大高于成本，而产量将低于有效供给量，从而损害社会福利。价格规制和其他规制手段的推行，可以防止形成垄断价格，维护消费者利益，抑制垄断弊端的产生。需要指出的是，随着技术和经济的发展，关于自然垄断的某些传统看法逐渐受到挑战，某些传统上被看做自然垄断的行业同样开始进入市场竞争领域，相应地，对这些行业的规制逐渐被放松或解除。

2. 信息不对称

当市场交易的双方拥有不同的信息时，就出现了信息不对称。即使在某些竞争性行业，如银行业，同样存在严重的信息不对称问题，不一定能保证消费者得到充分的信息。信息不对称，一方面，可能导致消费者在选择商品和服务时不能实现最优；另一方面，由于消费者对这些行业中企业的经营状况和财务状况等缺乏了解，一旦企业发生问题，消费者将会蒙受损失。更为严重的是，由于消费者缺乏对这些企业进行甄别的足够信息，一家企业的问题也可能带来"多米诺骨牌效应"，导致整个行业的灾难。因此，有必要由公共部门从一开始就对这些行业的进入和具体市场行为进行干预，以解决信息不对称。当然，也并不是所有的信息不对称问题都需要通过规制的途径来解决，某些情况下，通过合同的设计等，可以提供有效的激励，由市场机制自动解决信息不对称。

3. 外溢性

外溢性导致私人成本和收益的不对称，进而影响到市场的有效运作。由于产权的不明确以及存在交易成本等原因，在很多情况下，市场本身并不能有效解决外溢性问题。由公共部门进行干预就可能解决这一问题，促进社会福利的提高。例如，在排污这一典型的例子中，通过公共规制，采取设立排污收费制度、限制排放量、规定排污标准等措施，可以较好地解决外溢性问题。

4. 有益品

关于有益品（merit goods）的概念有很多不同理解，其中，社会偏好和分配中的"家长制"可以看做有益品的两个典型例子（伊特韦尔等，1996）。在竞争性市场机制下，资源的配置是有效率的。然而，在现实的市场中，由于某些普遍接受的社会价值观念（"社会偏好"）的存在，有些物品，如毒品，被视为"无价值商品"。这种物品难以在市场上正常交易，社会价值成为抑制个人选择的因素。此外，有时在分配中存在某种"家长制"，为了接受者的利益，有些偏好被强加给接受者，如强制性义务教育、强制性保险计划等。在很多情况下，这种强制还可以通过多数票赞成程序来实现。公共部门通过规制手段，可以在一定程度上影响消费者对商品自主选择的权利，实现某些商品的强制接受或不接受，从而实现其政策目的。

13.1.2　公共规制种类

按照政策的目的和手段不同，公共规制一般可以分为直接规制和间接规制两部分。其中，间接规制以形成并维持市场公平竞争秩序为目的，主要由司法机关通过反垄断法、民法、商法等法律对不公平竞争行为实行制约，并不直接介入经济主体的决策。直接规制则是为了克服自然垄断、外溢性、信息不对称、市场公害等市场失效现象，一般由政府有关行政部门依据相关法律、法规，直接介入经济主体的决策而实施的干预行为。本章主要介绍直接规制。

根据其活动领域的不同，直接规制又可以分为经济性规制（economic regulation）和社会性规制（social regulation）两大部分。

在经济性规制中，公共部门通过对企业的进入、退出、价格、服务质量以及投资、财务会计等活动进行规制，对企业等经济利益主体的决策实施强制性约束。经济性规制主要针对自然垄断、信息不对称问题，其规制对象包括电力、城市燃气、自来水、交通运输和金融等行业。

社会性规制以保障劳动者和消费者的安全、健康、卫生以及保护环境和防止灾害为目的，规制部门对物品和服务的质量以及与此相关的活动制定一定标准，并禁止、限制某些特定的行为。社会性规制的领域主要包括存在外溢性、信息不对称、有益品等问题的领域。与经济性规制中的情形不同，这里的信息不对称更专注于保护消费者在获取信息和防止灾害方面的基本权益。一般而言，一方面，由于信息搜寻费用昂贵以及消费者自身能力等方面的限制，消费者很难获得有关产品的足够信息；另一方面，对于厂商来说，提供这些信息的成本往往又是很低的。为了保护消费者的基本权益，公共部门有必要对有关信息的披露加以强制性的规制。

公共规制的分类参见表 13-1。

表 13-1　公共规制的种类

分类	直接规制		间接规制
	经济性规制	社会性规制	
内容	针对自然垄断与信息不对称，如对公益事业中进入、退出、价格等的制约	针对外溢性、信息不对称、有益品，如环境保护、取缔毒品等	针对不公平竞争行为，如反垄断法等

资料来源：根据植草益（1992）的研究绘制。

13.1.3　公共规制理论

规制理论主要关注的是为什么要进行规制、规制代表谁的利益、哪些产业易受到规制等问题。根据对这些问题的不同回答，按照规制思想的演进历史，规制理论可以分为规制的公共利益理论（public interest theory of regulation）、规制俘获理论（capture theory of regulation）以及规制经济理论（economic theory of regulation）等。

1. 规制的公共利益理论

自然垄断、外溢性等导致了市场失效，这就为公共部门干预提供了潜在的理由。公共部门进行规制，是回应公众要求对市场失效进行纠正的需要，是为了提高社会福利。这种观点或理论被称为规制的公共利益理论。根据这一理论，如果市场是垄断的，公众会要求对这些行业进行规制，因为没有规制就无法实现最优配置的结果。对该行业的规制，将收获净福利收益，正是有这样的潜在福利收益，公众才要求规制。

公共利益理论从"为什么需要或什么时候需要进行公共规制"出发进行规范化分析，推导出"什么时候出现规制"这样一个实证理论。这一分析过程和理论，使得它本身至少存在以下两个主要问题。首先，公共利益理论是一个不完整的理论。它提出了一个假设：因为潜在的净社会福利收益产生公众的规制需求，规制会出现在它应该出现的时候。但是这种分析缺乏对公众促使规制发生的机制的具体描述。规制是通过立法和规制机构的活动来实现的，公共利益理论没有阐述潜在的净社会福利收益是如何促使立法者通过规制立法，以及规制者如何采取适当行为的问题。其次，现实中存在大量反驳这一理论的证据。例如，货车运输行业、出租车行业都存在价格和进入管制，但这些行业并没有出现市场失效。另外，在很多时候，企业甚至游说规制的实现。然而，如果规制所带来的仅是正常利润，那么企业就不可能支持规制。对此，一个更合理的解释是，预期规制将会带来一个稳定的超额利润，这样，企业就有可能支持规制。

2. 规制俘获理论

与规制的公共利益理论不同，规制俘获理论来源于现实中的经验观察。俘获理论认为，规制的供给源于某些行业的规制需求（立法者被行业"俘获"），或者随着时间推移，规制机构变成受行业控制（规制者被行业"俘获"）。

根据俘获理论，规制并不一定要和市场失效紧密相关。规制是应厂商的要求作出的，因此，规制是有益于厂商的，它总是趋于提高产业利润。这与现实中很多规制现象相吻合。例如，在货车运输业和出租车业这些潜在竞争行业，规制支持在成本以上定价和阻止进入，以防止租金散失；在电力等自然垄断行业，有证据表明，规制对价格的影响并不大，以至于厂商赚取了超额利润。

俘获理论同样存在一些问题。和公共利益理论一样，俘获理论也没有解释行业是如何控制规制的。受规制影响的利益群体，包括消费者、劳动者以及厂商，规制为什么不受其他利益群体的控制，而受厂商的控制呢？反对规制俘房理论的最有力证据还在于现实生活中存在许多不被产业支持的规制，产业利润水平因为规制反而下降了，包括石油天然气价格规制，对于环境、产品安全、工人安全的社会规制。玛格特（Magat, 1981）评述道，假设规制俘房理论十分正确的话，则 20 世纪 70 年代后期诸如经纪人佣金、航空、有线电视、天然气以及石油定价等一系列放松规制就不可能发生，人们也不会看到 1986 年税制改革法案的通过，该法案将相当的家庭税负转移给了企业。这就说明，规制俘房理论难以解释许多产业被规制及后来又被放松规制的内在原因。

3. 规制经济理论

规制经济理论是在俘获理论的基础上发展起来的。在民主社会中，公共规制是公共选择的结果，公共选择的过程对于公共规制措施的出台有很大影响。规制经济理论将研究重心放在规制过程对收入分配的影响，以及规制者本身所具有的各种动机上。规制经济理论认为，规制使得垄断利润的最终归属决定权被授予了规制当局。受经济利益驱使，受规制影响的各利益集团都会努力影响规制者的决策，并进而对规制产生相应的影响。在这一过程中，厂商等小集团（从人数上来看）能够更好地克服免费搭车问题，在博弈中往往处于优势地位。规制经常被对规制有强烈偏好的、组织起来的相对较小利益集团（如厂商）俘获，而牺牲对规制偏好较弱的较大利益集团（如消费者）的利益。然而，即便如此，消费者等集团的利益仍然会在一定程度上体现出来，表现为公共规制政策（尤其是价格）并不以行业利润最大化来确定。可以看出，规制经济理论并没有否定俘获理论，只是将对规制者可能产生影响的集团，从行业扩展到各个相关利益群体，俘获理论仍然构成规制经济理论的核心内容。

规制经济理论还可以解释为什么规制经常在市场失效的情况下出现。这是因为，市场失效能够产生规制的潜在收益，一些利益集团将直接从规制中获益，并且其获益程度相对于其他利益集团的损失更大。这样，由于市场失效，利益集团就有更大的动力去要求对行业进行规制。

13.1.4　放松或解除规制

公共规制并不是在任何时候都是有效的和必需的。规制可能导致企业内部的低效率，引发寻租行为，同时，对于经济环境的变化，规制本身又具有滞后性。随着技术进步和社会的发展，公共规制的具体范围、公共规制的程度都在不断发生变化。近年来，公共规制（尤其是经济性规制）的放松或解除成为一种趋势。美国、英国等许多国家政府陆续放松甚至解除了在电力、电信、铁路、航空、城市供水等很多领域的规制，并收到了良好的效果。

一些传统上的自然垄断行业，随着技术的进步或分工的细化，其自然垄断成分在减少。例如，在电力行业，人们逐渐认识到，其中与输送电力相关的电网行业固然带有自然垄断的属性，但生产电力的供电行业则完全可以进行竞争；在电信行业，随着卫星通信、光缆通信、移动通信和智能网络通信等技术的发展，电信行业的自然垄断强度正在减弱。

即使在目前还没有展开充分竞争的一些自然垄断行业，可竞争理论指出，由于潜在竞争的存在，垄断者无须政府规制也不可能获得超额垄断利润，而只能将价格定在超额垄断利润为零的水平，即"可维持价格"（sustainable price）。因此，只要存在潜在的竞争，公共规制就是不必要的，竞争机制完全可以引导自然垄断行业内的资源配置达到最优水平。不仅如此，引入竞争机制的结果还可以有效消除公共规制之下垄断企业内部所存在的一系列低效率现象。

放松或解除规制的背后是利益的变化。当技术、管理的变化导致规制的收益和成本发生变化时，相关利益团体的力量发生变化，这些集团根据各自的经济利益进行新的组合，并再次展开新一轮的博弈。在这一过程中，一些收益减少或成本增加的规制措施，其获得的支持降低，这些规制就有可能得以放松甚至被解除。

13.2　公共规制方式

针对不同的具体情况，公共规制可以采取不同的规制方式，也可以同时采取两种或两种以上的方式予以组合，以更好地实现规制政策目标。以下简要对经常采用的一些规制方式予以介绍，其中既包括经济性规制的方式，也包括社会性规制的部分内容（杨志勇和张馨，2005；夏大慰等，2003）。

13.2.1　进入规制或退出规制

所谓"进入规制"，是指公共部门允许特定的一家或少数几家企业进入某个行业，或者从防止过度竞争的观点出发，规制部门视整个行业的供求情况来限制新企业的加入。进入规制可以限制过度进入，保障社会总成本的最小化和资源配置的高效率。进入规制常常出现在自然垄断行业，如城市煤气、自来水以及铁路、电信等行业。在一些行业容量有限或与人们经济、生活关系重大的行业，如出租车行业、金融行业，也往往实施进入规制。进入规制可以采取特别许可、注册、申报等多种形式进行。

所谓"退出规制"，则是指公共部门规定某些企业不能退出特定的服务领域。例如，普遍服务（universal service）义务要求某些企业以可以承受的价格水平，对所有（或绝大部分）用户提供有一定质量保证的某些基本服务。普遍服务义务涵盖的具体产品或服务，随着国家和行业的不同而不同。各国大多要求邮政局和一些电信公司必须以可以接受的资费水平，向农村地区、边远地区和其他高成本地区的居民提供相关服务。由于这些地区往往业务量小、成本高，而按照普遍服务的要求，只能索取相对较低的价格。对此，规制部门往往采取交叉补贴机制，允许这些企业在其他地区索要较高的价格，作为普遍服务义务的补偿。

13.2.2　数量规制

在自然垄断行业中，为了防止因投资过多（过少）或产出过多（过少）而造成价格波动、资源浪费或消费者需求难以获得正常满足的情况，公共部门往往对投资和产出进行直接的数量规制。数量规制的主要内容包括：①投资规制，即公共部门对有关行业中企业的投资规模进行直接规制。投资规制可以通过公共部门对投资项目的审批制度、对投资数量限额的规定以及投资计划配额制度等予以实现。②产量规制，即政府对有关行业的产品产量或所提供的服务量进行直接规制。产量规制可以通过建立产量的政府指导计划、规定一定时间内单个企业的最低产量限额并辅以必要的政策扶持、规定一定时间内整个行业的最高产量限额并对各企业实现产量配额等手段进行。

13.2.3　标准规制

所谓"标准规制"，又称"提供服务规制"，是指公共部门对某些产品或服务的质量提出要求，规定未达到一定标准者不能提供这些产品或服务。标准规制的主要作用，是防止自然垄断产业中由于不存在激烈竞争而出现的产品或服务质量下降，以及在信息不对称条件下督促企业建立质量标准体系，以保障消费者的权益。标准规制的内容，包括制定有关产品和服务的质量标准或质量规范制度，在某些行业中建立产品和服务的申报审批制度，以及强化相关的质量检查制度与消费者投诉制度等。现实生活中标准规制的例子很多，例如，对药品规定标准要求，药品上市需要经过规制机构的审批；对交通安全进行规制，要求乘坐机动车辆者系安全带；环境污染规制领域对汽油含铅量的规定、二氧化硫排放量的规定；等等。

13.2.4　价格规制

所谓"价格规制"，是指在受规制的行业中，公共部门通过公共定价的方式，影响企业决策，实现资源有效配置和产品或服务的公平供给目标。价格规制与实现资源配置效率的经济政策有直接联系，而且与维持原有企业生存和健全经营紧密相关，它是公共规制的最重要的内容。公共部门可能采取的定价方式主要有规定按边际成本进行定价、规定按平均成本进行定价、规定最高价、规定最低价、规定价格涨跌空间等。此外，通过规定投资回报率等方式对企业利润进行规制，常常也被看做价格规制的一种变形。

1. 边际成本定价和平均成本定价

边际成本定价和平均成本定价都是线性定价（linear pricing），不论购买或消费量的大小，都按固定的标准收费。按照产品或服务的边际成本进行定价，可以实现资源分配的帕累托最优。但是，在自然垄断行业，往往由于规模经济的作用，产品或服务的边际成本递减，如果采用边际成本定价，企业就有可能出现亏损。此时，在一些边际成本递增的行业，按照边际成本定价则会产生超额利润。对于这两种情况，政府虽然可以分别采取补助、利润上缴的方法，使企业能够且仅能够获得正常利润，但是，这些方法也可能会伴随产生征税、企业运营低效、政治分肥等诸多问题。为此，规制者应当寻求一种既不使企业出现亏损，也不致获得超额利润的"收支平衡"的定价方式。一个明显的结论是：在成本递减的行业，当企业必须收支平衡时，需要将价格定得比边际成本高；而在成本递增的行业，定价则应较边际成本为低。这种以收支平衡为条件的定价方式，就是平均成本定价方式。

所谓非线性定价（non-linear pricing），其实就是二级价格歧视，即随着购买或消费量的变化，分别适用不同的单位价格标准，从而消费者的总支出不随购买数量线性递增。两段收费（two-part tariff）和高峰负荷定价（peak-load pricing）是两种最常见的非线性定价形式。

2. 两段收费与高峰负荷定价

在两段收费定价方式下，厂商先向消费者收取一笔固定的、与消费量无关的购买权费（基本费），然后再根据消费量收取每单位的使用费（从量费）。也就是说，在两段收费体制下，总费用由固定费用和变动费用两部分构成。一个典型的例子是我国电信部门的收费：在接受电信服务时，用户常常需要缴纳固定的月租费和根据通话量确定的通话费。

在某些自然垄断行业，由于生产技术和产品消费的特殊性，其成本函数取决于消费者的消费量。例如电力企业，午间往往是用电高峰时期，发电设备基本满负荷运转，此时边际成本较大；而午夜是用电低谷，厂商的部分生产能力闲置，此时边际成本较小。由于电力很难像普通产品那样储存，用电量的变化直接导致了发电成本的变化，在这种情况下，电力企业可以根据需求的波动情况，采取高峰负荷定价。

3. 投资回报率价格规制与激励性价格规制

通过规定投资回报率或收益率（rate of return）进行价格规制的方式，也经常被采用。通常的做法是：被规制企业首先向规制者提出提高投资回报率（或直接要求提高价格）的申请，规制者对此进行研究，确定哪些因素的变化影响到价格的制定，并据此调整确定企业新的投资回报率，最后以此调整后的投资回报率作为企业在某一特定时期内定价的依据。拉姆齐（F. P. Ramsey，1903～1930）最早对此进行了比较完整的研究，其基本的思路是，在企业盈亏平衡的约束下最大化社会福利（"拉姆齐定价"）。

投资回报率价格规制的作用机理是通过给企业资本投资设置一定的"合理回报率"，对自然垄断价格水平实施间接控制，在价格规制实践中多采用成本加成定价法。由于企业的成本费用和资本投资总额相对而言比较容易获得，从而避免了边际成本定价对企业生产函数及市场需求曲线估算的困难，因而，投资回报率价格规制具有可操作性强的优点。但该方法的缺点是对提高企业内部效率的激励性差，企业可以通过加大投资获得收益，促使企业过度投资，导致成本上升。针对投资回报率价格规制激励性低、导致过度投资等问题，规制理论和实践发展了新的规制方法——激励性价格规制。激励性价格规制主要包括价格上限、特许投标和区际竞争等规制方法。其中，价格上限规制（或称价格帽规制，price cap）是近年来受到广泛重视的一种价格规制方式。价格上限往往不是对企业所生产的某种特定产品的最高限价，而是对企业所生产的各种被规制产品的综合最高限价，是一种一揽子价格。规制部门确定一揽子价格的上限，但允许企业制定较低的价格以吸引新的客户。为了根据随时发生的外生成本变化来调整价格，最高限价是指数化的，往往与零售价格指数挂钩。与投资回报率规制相比，价格上限规制不仅使规制部门能够在一定时期内控制有关行业价格的上涨幅度，而且又无须直接限制企业的利润率水平。这样，企业完全可以在给定的最高限价下，通过提高生产效率而谋取更多的利润，从而有助于刺激生产效率的提高，促进市场竞争。

13.2.5 征税规制

公共部门为了对某些经济活动进行限制，还可以采取征税的方式。污染税就是一个典型的例子。征收污染税的想法，最初是由庇古提出来的。在《福利经济学》一书中，他建议应当根据污染所造成的危害对排污者征税，用税收来补偿私人成本与社会成本的差距。污染税使得制造污染的企业承担了原来由社会承担的部分成本，实现了企业外部成本的内部化，从而让企业按照社会最优要求进行生产。同时，课征污染税还可以起到为政府治理环境筹集资金的作用。

利用税收进行规制，首先遇到的一个问题就是税基的确定问题。仍然以污染税为例，目前，各国污染税税基选择的标准主要有直接排污量、污染性生产销售量、投入要素中有害物质含量、产品性能方面的生产技术标准等。例如，直接对汽车排放的废气进行征税会遇到测量上的困难，于是可以用汽车大小、行驶的里程以及耗用的汽油进行替代，或者对某些更新进行补贴（负的税率）。不同的税基选择会产生不同的分配效应，需要在税制设计时予以具体考虑。有必要指出，正如税收无法解决一切经济社会问题一样，污染税也不可能解决所有的环境污染问题，很多时候仍然需要公共部门的直接规制措施，才能解决某些污染问题。

■ 13.3　经济性规制：基于绩效的规制

不同的规制方式，对企业效率的影响也往往不同。在上一节中，我们曾对投资回报率规制和价格上限规制作过简单的比较。事实上，一些规制方式，例如进入规制——将某些企业直接排除在外——对相关企业的影响往往更大。不管采取哪种规制方式，都会对受规制企业的利润产生影响。理想的规制应该是激励相容（incentive compatibility）的规制：一方面，规制者能够通过规制实现其特定的目标；另一方面，受规制的企业也应该有充分的激励提高效率。

13.3.1　提高规制效率的措施

尽管公共规制可以避免一些诸如在自然垄断行业过度竞争带来的低效率，但同时也往往使得受规制企业内部产生诸多的低效率问题，如缺乏内部控制、管理低效、抑制创新、助长了工资-价格的螺旋上升、价格体系扭曲、投资决策草率等。为此，以下一些旨在克服规制弊端、提高规制效率的措施先后在实践中得到应用（夏大慰等，2003）。

1. 特许投标制

特许投标制的基本思路是，通过拍卖或招投标的方式，引入多家企业竞争某一产品或服务的特许经营权，以使最有效率的企业能够中标，同时也使中标企业能够最大限度地符合公共规制的意图。不仅如此，由于特许经营权通常设有规定的年限，这样，在潜在竞争压力下，特许经营企业为了防止在下一经营期限中丧失特许权，只能不断降低成本，改善质量，进一步提高生产效率。20 世纪 70 年代末以来，特许投标制在欧美一些国家的规制改革中得到了比较普遍的应用，也取得了良好的效果。

2. 区域间竞争制度

区域间竞争制度的基本思路是，以本区域以外的、与本区域受规制垄断企业生产技术及市场需求等各方面情况类似的垄断企业的生产成本为参照，制定本区域垄断企业的价格规制水平。区域间竞争制度的目的是，试图凭借其他地区企业的成就鞭策本地区垄断企业提高内部效率。区域间竞争制度的实施，在一定程度上克服了规制部门与受规制企业之间的信息不对称，并在垄断中引入了竞争因素。

3. 规制合同

所谓"规制合同"，是指规制机构通过与受规制企业签订合同的方式，就与产品价格和成本有关的一系列指标作出约定，并视企业执行约定的情况，由规制机构采取相应的奖励和惩罚措施。采用签订合同的形式进行规制，既拥有法定的约束力，又比法律、法规具有更多的灵活性和针对性，在各国规制实践中得到普遍应用。本节以下部分对规制合同进行进一步的讨论。

13.3.2　规制合同的种类

可以根据合同对企业进行激励的强度，对规制合同进行分类。规制合同根据企业的价格、成本和利润绩效等因素，对企业提供不同强度的激励。例如，价格上限合同规定企业所提供的商品或服务的最高价格，通过企业的努力，降低的成本就会转化为企业的收益。因此，价格上限合同属于高强度激励合同。高强度激励合同应该能够保证企业努力所降低的成本份额，能够全部或者绝大部分转换为企业的利益，企业成为剩余索取者。企业为了获得这些收益，就会尽可能提高效率。同样，固定价格合同也属于高强度激励合同。

服务成本合同和成本加成合同属于低强度激励合同。服务成本合同的实质是平均成本定价，即通过让总收入和总成本相等来确定价格，不管企业的实际成本如何变动，企业的利润不受任何影响。在成本加成合同中，规制者依据企业的成本加上一个合理的利润（率）来定价。这个利润与企业的绩效无关，甚至在有些时候，企业的实际成本越高，根据特定利润率确定的利润规模也越大。服务成本合同和成本加成合同，虽然只能诱发较弱的降低成本的激励，但却是减少留给企业的租金的有效手段。

介于高强度激励合同和低强度激励合同之间的，是所谓的激励性合同。在激励性合同中，规制者（或消费者）与企业共同成为剩余索取者，按照一定的方案进行利润分享或者成本共担。在纽约电话公司的例子中，1986 年的方案规定，如果实现的收益率 $r>15\%$，要求的收入将向下调整 $(r-15\%)/2$ 的数额；如果 $r<13\%$，要求的收入将向上调整 $(13\%-r)/2$；如果 $13\%\leqslant r\leqslant15\%$，将不加调整（拉丰和梯若尔，2004）。如表 13-2 所示。

表 13-2　常用规制合同的种类与激励强度

激励强度	很强（企业是剩余索取者）	中等（成本分担或者利润共享）	很低（政府或者消费者是剩余索取者）
规制合同种类	价格上限合同、固定价格合同	激励性合同	服务成本合同、成本加成合同

资料来源：根据拉丰和梯若尔（2004）的研究绘制。

13.3.3　完全信息下规制合同的设计与选择

首先假定企业对自己的信息完全了解，这样，根据规制者对企业信息的了解程度，规制合同的设计与选择可以分完全信息条件下以及不完全信息条件下两种情况来讨论。

在完全信息（此时也是对称信息）条件下，规制者完全了解企业的成本，逆向选择问题和道德风险问题都不存在。此时，规制者设计规制合同的任务就非常简单。规制者只需要选择价格上限合同，并根据实际情况选择相应的参数，就可以为企业提供充分的激励。企业为此将成本节约内部化，进而以符合社会最优要求的努力水平或成本提供产品或服务。完全信息还使得规制者能够设计一个适当的合同，使得留给企业的超额利润为零。当然，在合同执行过程中，价格上限合同的参数可能会自动调整，相关价格水平也就相应发生变化。此外，随着客观情况的变化，在价格上限合同到期后或者根据双方协商，合同内容也可以进行相应调整。总之，在完全信息条件下，规制者可以选择高强度的激励合同。

13.3.4　不完全信息下规制合同的设计与选择（张昕竹等，2000）

1. 合同的设计

如果规制者只有不完全信息，在设计规制合同时，规制者就会处于一种两难境地，需要在激励与减少租金之间进行权衡取舍：是提供较强的降低成本的激励，还是设法减少留给企业的超额利润？如前文所述，价格上限合同或其他高强度激励合同具有很好的激励特性，但如果合同能够保证每当企业因为增加努力水平而降低 1 个单位的成本时，企业都会得到 1 个单位的收益，那么，同样的合同也会保证，当企业由于某种外部原因成本降低 1 个单位时，企业也会得到 1 个单位的收益。企业相对于无法控制的外部因素是剩余索取者。显然，这种合同势必产生大量的超额利润或信息租金。与此相反，服务成本合同等低激励强度合同虽然对降低成本的激励较弱，却可以有效地减少留给企业的租金——在服务成本合同下，企业的所有成本由规制者负担，企业不会从成本降低中获益。

在规制问题中考虑信息约束，是以拉丰等人为代表的新规制理论近年来最主要的发展。由于无法了解企业的成本信息，规制者不得不在效率与信息租金之间权衡。要提高效率，必然会带来信息租金，而信息租金会带来额外的社会成本（如价格超过社会最优水平会引发消费支出的扭曲）；反过来，采取避免企业得到超额利润的规制措施，也要付出相应的效率代价。对此的一个基本的结论是，总体来说，提供激励要求提供较高强度的激励合同；而减少租金要求提供较低强度的激励合同。

2. 合同的选择

可以将企业划分为低成本类型企业和高成本类型企业，但企业究竟属于哪种类型，由于存在信息不对称，规制者并不知道。此外，同样一个合同，一般不会适用于所有类型的企业。当企业与规制者之间存在信息不对称时，规制者面临的问题，就是如何利用合同的设计来甄别不同类型的企业，通过设计合同菜单，让企业自己作出选择，这样就可以充分利用企业的信息优势。如果合同的设计能使得不同类型的企业选择不同的合同，并且这种选择恰恰是规制者所希望实现的，那么，规制者面临的信息不对称的后果，也将不再那么严重。

当存在不对称信息时，减少企业租金或者甄别不同类型企业的难点在于，企业完全可以在具有低成本技术时谎称有高成本技术。但是，规制者可以通过合同的设计，减少低成本企业在撒谎时可能得到的收益，从而使撒谎无利可图，也就消除了低成本企业撒谎的动机。假定企业可能是低成本（高效率）类型或高成本（低效率）类型，企业知道自己的类型，而规制者不知道。规制者能够提供一个由一份价格上限合同和一份服务成本合同组成的"菜单"，企业可以从中任选一份，或者拒绝接受任何合同。假设规制者选择规制价格，将价格上限合同设计成使低成本类型的企业利润为正值而高成本类型的企业利润为负值（因为两种企业存在成本差，这一点总可以实现）。容易看出，此时高成本类型的企业不会选择价格上限合同（利润为负），从而，高成本类型企业必然选择服务成本合同（利润为零）；同时，对低成本企业而言，必然会选择价格上限合同（利润为正），而不会选择服务成本合同（利润为零）。

让低成本企业选择价格上限合同，而让高成本企业选择服务成本合同，这样的合同菜单可以通过企业的自我选择，将两种类型的企业完全甄别开来。更一般的，在激励与租金之间进行权衡时，可以得出如下结论：规制者总可以设计一个合同菜单，让企业自己选择最优合同，其中，低成本类型的企业选择高强度的激励机制，而高成本类型的企业选择低强度的激励机制。有必要指出，在这样一种合同设计中，高强度激励机制固然会给低成本企业带来激励，但同时也会给企业留下部分超额利润，在激励与租金之间必须有所取舍，并不存在两全其美的方案。

值得注意的是，在某些时候，局外人可能并不容易直接观测到这样一种菜单，但并不能因此否认菜单的存在，更不能否定上面介绍的规制合同的设计原则。事实上，即使规制机构表面上没有给企业提供正式的合同菜单，但是在与垄断企业就规制合同进行谈判时，也会考虑到很多合同选择方案。无论存在正式还是非正式的菜单，合同选择本身都会使得激励机制强队对效率的影响趋于复杂化。显然，那些确信自己会保持低成本的企业将选择高强度规制机制。这样，对研究者而言，将很难区分企业的高效率究竟是源于高强度的激励，还是由于企业本身的效率较高。

13.3.5　规制合同的期限（张昕竹等，2000）

同规制者与规制企业之间相处的关系相比，一般来讲，规制合同的期限要短得多。从目前西方国家典型的合同安排来看，价格上限合同一般不超过 5 年，而其他类型的规制合同期限一般都短于 3 年。

如果规制合同的正式期限能够得到保证，规制双方只能在合同到期后才能修改合同，那么，如果企业选择了高强度激励合同，在合同期内，企业将成为成本节余的剩余所有者。然而，选择高强度激励合同和低成本实际上等于告诉规制机构，该企业具有较高的效率，这样，在合同到期后继续签订新的合同时，规制机构将会提出更为苛刻的条件。因此，从长期来看，好的绩效可能会受到惩罚，这就是著名的"棘轮效应"。棘轮效应的存在，直接影响了规制合同的激励强度。

在实践中，由于种种原因，规制合同的实际期限可能比合同规定的要短。在合同有效期内，可能提前对合同进行修改或重新谈判。发生重新谈判的情况可能有以下两种：

第一种是当企业得到很高的利润时，规制机构受到很大的政治压力，因而会在合同正式终止之前，迫使企业对合同进行重新谈判。重新谈判会加重"棘轮效应"，企业将更为谨慎地选择高强度激励合同。

第二种情况是，如果选择原来的合同可能使企业处于亏损状况甚至有可能破产，企业会在合同正式终止之前要求规制机构重新修改合同，从而得到更加有利的条件，避免最坏情况的发生。这种情形常常被称为企业面临"预算软约束"，即尽管规制机构承诺在合同到期前不对合同进行修改，但是在企业遇到困难时，仍然会施以援手。对于高强度激励合同，高利润和低利润的情况都有可能发生，进而都有可能对原有的合同重新谈判。在这两种情况下，合同的重新谈判或者惩罚了降低成本的努力，或者对低效率提供了"补贴"，因此，提前修改规制合同降低了规制合同的实际激励强度。

13.4　社会性规制的加强

社会性规制主要是在 20 世纪 60 年代之后，尤其是 70 年代之后发展起来的。无论从规制对象、规制内容、规制的理论依据方面看，还是从规制的实际需要等方面看，社会性规制都与经济性规制有着明显的不同。与当代经济性规制所强调的放松规制不同，社会性规制的主旋律是加强规制。社会性规制的加强，主要体现在规制力量的增强和相关立法上。

社会性规制的直接目的比较复杂，它既涉及环境保护、公众健康、安全等领域，又包括政府对文化、教育和居民生活水平的考虑。社会性规制的对象较为广泛，但很少针对特定的产业，而大多针对具体的行为。大多数社会性规制属于一种具有普遍性质的政府直接规制措施，同样的规制往往运用于多个产业（如排污规制）。针对某类特定的行为，政府通常设有专门的社会性规制机构。

社会性规制的手段也较为广泛，既包括对某些行为的直接禁止或限制，又包括对市场准入、产品或服务质量、特定生产经营行为等方面的一系列以所谓标准、资格等形式出现的限制性规定。另外，许多社会性规制还设有特定的审查或检验制度。

最常见的社会性规制包括产品安全规制、工作场所的健康和安全规制以及环境污染规制等。接下来对此作一些介绍。

13.4.1　工作场所健康和安全规制

工作场所健康和安全规制旨在对劳动者提供保护。对厂商而言，他们可能也愿意采取措施改进劳动者的安全，因为提高安全性可以降低劳动者因为危险而要求提供的额外工资，减少劳动者抚恤金的费用。然而，由于信息的不对称，劳动者在选择工作时并不具有完全的信息；此外，厂商有可能存在“道德风险”问题，在购买有关保险后减少安全方面的支出。在发生安全事故后要达成责任和赔偿协议，对双方而言都存在交易成本。在这一领域存在市场失效，市场本身并不能自动成为一个有效保护劳动者的机制，所以，政府有必要采取相关健康和安全的规制措施。

在美国，职业安全和健康委员会（OSHA）承担了管制工作健康和安全的主要责任。国会试图“尽可能地保证每一个劳动者（无论男女）工作在符合国家安全和健康标准的环境之中”。1970 年通过的《职业安全与健康法案》，赋予 OSHA 制定安全与健康标准的权利，并能以确保工人健康和安全的方式来执行，“成本和收益的考虑不用于指导政策”。在执行中，OSHA 可以对厂商进行检查，看他们是否遵守了 OSHA 标准。这种标准的制定和执行甚至到了苛刻的程度。例如，OSHA 关于栏杆的规制要求了具体的高度（30～34 英寸，1 英寸＝2.54 厘米）、栏杆间隔（不超过 8 英寸）以及厚度（至少为 2 英寸的木料和 1.5 英寸的金属管）。OSHA 曾经要求，为了方便和保护那些在空旷西部山地放牧的员工，牧场主应该增加移动厕所。无论如何，OSHA 仍然在工作场所健康和安全规制方面取得了显著成绩，对劳动者进行了有效的保护。

在我国，为了应对近年来频频发生的安全事故，2003 年，中国国家安全生产监督管理局（与国家煤矿安全监察局一个机构、两块牌子）的职责得到进一步加强，成为综合性的安全生产监管机构，并逐步建立了由法律、法规、规章、标准、制度所组成的安全生产规制。

13.4.2　产品安全规制

产品安全规制主要对消费者提供保护。与工作场所健康和安全规制类似，进行产品安全规制的依据也是生产者和消费者之间的信息不对称。与工作场所健康和安全规制相比，产品安全规制涉及的范围要小一些，往往集中于某些特殊种类的产品（药品、汽车等）和某些特殊的使用者（特别是儿童）。产品安全规制也常常不是强制性地实施已经发展出来的控制标准。例如，它并不禁止规制当局进行收益-成本分析。药品规制机构可能会愿意容忍少数患者死于对药品的不可预见的中毒反应，只要这些同样的药品能够挽救其他很多人的生命。

产品安全规制可以在多个环节进行。以药品为例，药品上市前需要进行严格的测试，只有经过批准方能在市场上出售。药品上市之后，仍然需要在标签上注明危险、警告等相关信息，这些警告一般还要通过各种途径告知所有的医生。有些药品被列为处方药品，必须在医生的监控下使用。如果药品上市后发现新的不良反应，将可能被要求撤架以至销毁。汽车的例子也类似，汽车的安全带、气囊等都有一定的标准，我们也常常可以看到一些汽车厂商对有质量问题的汽车实施"召回"。

在美国，消费品安全委员会（CPSC）有责任"保护公众免受来自消费品的不合理的伤害"，食品和药品管理局（FDA）有权禁止包含"有损健康"物质的食品，而全国高速公路交通安全委员会（NHTSA）是以"减少交通事故以及由此引起的伤亡"为目的建立起来的，并因此被授权制定有关汽车的适当产品标准。一般而言，立法仅仅通过一些一般的指导原则，具体规制标准由这些规制机构制定。在有些情况下，也可能由立法直接来确定标准，例如，美国的"德莱尼"条款规定，禁止使用任何经由统计发现与人体中的癌症有关或者在实验室试验中引起动物癌症的食物添加剂。

在我国，2003 年国家食品药品监督管理局重新组建，负责食品、保健品、化妆品安全管理，并主管药品监管。国家食品药品监督管理局的组建将在依法组织查处重大事故上发挥更为积极的作用。以食品规制为例。从 2005 年我国在全国范围内查缴"苏丹红一号"（一种可能致癌的食品添加剂）制品的案例来看，我国对食品安全的规制明显趋于严格，制度也在逐渐完善。2008 年 10 月，针对"三鹿事件"的发生，全国人大常委会对食品安全法草案重点作了 8 个方面的修改，强化政府召回责任，废除免检制度，明确监管主体，以从法律制度上预防和处置这类重大食品安全事故。同时，有必要加强生产和流通环节的规制，由事后监督向事前监督发展。保健品、化妆品、药品规制的情况也与此类似。

13.4.3　环境污染规制（杨志勇和张馨，2005）

进行环境污染规制最基本的理论依据是外溢性的存在。随着经济的发展，许多经济行为带来严重的外溢性问题，包括像发电厂这类固定污染源的空气污染、机动车辆这种移动污染源的空气污染，以及诸如造纸厂和残留农药对水资源的污染等，范围十分广泛。居民是这些环境污染的最大受害者，他们的身体健康、经济利益（如在化工厂周围种植的果树）受到损害，但由于他们不能掌握足够的信息，或者不能形成较大的社会力量去索要补偿损失，就难以得到经济补偿。这就需要政府代表人民的利益，通过立法、执法手段对环境污染问题进行公共规制。此外，诸如环境污染对地球气候变暖等长期性影响，在一代人或几代人的时间范围内并不十分明显，因此很难找到具体的受害者。这时，也需要政府从长远利益出发，进行公共规制。

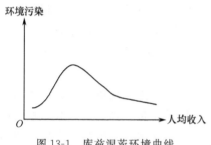

图 13-1　库兹涅茨环境曲线

仅对污染排放和发散进行管制是不够的，还需要通过对产生废弃物的工厂和对危险废弃物质的处理，使得环境尽量恢复到其原来的状况。随着经济的发展，环境出现先恶化后改善的趋势，这就是库兹涅茨环境曲线假说。图 13-1 描述了这一假说。该假说是对各国经济发展过程中出现的环境污染问题的客观总结。一般说来，经济刚处于起步阶段时，人的活动范围受到技术以及其他各方面条件的约束，无法对环境产生过多的负面影响。随着经济起飞，特别是制造业的发展，环境问题日益变得严重。而随着经济进入更高级的发展阶段，人们环保意识大大增强，对原先的环境污染问题开始进行有效的治理，环境污染问题有所缓解。

在我国这样的发展中国家，加强环境污染规制，主要是加强环保立法，制定较为严格的环境保护标准，同时进行有效的污染治理工作。应当意识到，在大多数情况下，一定程度的环境污染或许无法避免，因此那种优先考虑非经济因素、进行一刀切的规制政策往往是一种政治上的偏好。最经常采用的规制措施是对污染排放量进行规制，此外，对污染源进行分区、将来自污染排放的影响限制在局部地区的做法也经常被采用。与传统的"命令-控制"型方法不同，前面介绍过的征税规制的方法发展了一种基于市场价格的污染规制方法。目前，一些新的政策工具也被发展起来，借用市场化的方法处理环境污染问题为环境污染规制提供了新的思路。

在环境污染规制领域，常见的基于市场的政策工具包括：

（1）排污收费（税）制度。根据企业或污染源产生的排污量征收税费，此时，企业的理性选择是将污染削减到边际控制成本等于税率这一水平。征收上来的税费可直接用于与治理污染相关的技术革新。

（2）可交易的许可证制度。允许的总体污染排放水平制定后，就以排污许可证的方式将其在企业中进行分配。如果企业的污染排放水平低于其被允许的排放水平，企业可以将剩余的许可证出售给其他企业或者用来抵消本企业设施的过度排放。

（3）削减市场壁垒。在一些情况下，环境保护可以通过减少市场壁垒来实现。这包括三种类型：一是市场创建，即政府积极促进新市场的发育；二是责任规章，即鼓励企业在决策中考虑潜在的环境损害；三是信息披露，即要求并鼓励商品和服务的提供者向消费者传递某种信息，以此提升市场的功能。

（4）降低政府补贴。从理论上说，补贴可以在解决环境问题方面提供激励，然而在实践中，各种补贴往往被认为加剧了经济上的无效率和环境上的不可持续。一个例子是美国的林业部门以低于成本的价格销售木材，这与过多的补贴有关，如果削减补贴，林业部门就无法以低于成本的价格出售木材，环境质量也将因此得到改善。

基于市场的政策工具具有低成本、高效率的特点，并为技术革新及扩散提供持续激励。这些政策工具鼓励企业采用更为经济和成熟的污染控制技术，企业能从发现和利用低成本的污染控制方法中直接获益。目前，这些方法正得到日益广泛的应用。例如，许多国家采用了排污收费（税）制度，而在旨在控制 CO_2 排放、防止气候变暖的著名的《京都议定书》中，可交易的许可证制度也得以采用。对此，我国的污染规制制度也可以予以借鉴。

■ 小结

1. 公共规制，是指具有法律地位的、相对独立的社会公共部门（主要是行政机构），为了实现特定目标，依照一定的规则对企业、个人以及其他利益主体的活动进行干预的行为。
2. 自然垄断、信息不对称、外溢性和有益品等市场失效现象的存在，一般被认为是公共规制的主要原因。
3. 按照政策的目的和手段的不同，公共规制一般可以分为直接规制和间接规制两个部分。间接规制以形成并维持市场公平竞争秩序为目的，直接规制则主要针对市场失效。直接规制分为经济性规制和社会性规制。
4. 按照规制思想的演进，公共规制理论可以分为规制的公共利益理论、规制俘获理论以及规制经济理论。

段发生变化。近年来，公共规制（尤其是经济性规制）的放松或解除成为一种趋势。放松或解除规制的背后是利益的变化。

6. 公共规制的主要方式有进入规制或退出规制、数量规制、标准规制、价格规制、征税规制等。

7. 为了提高规制的效率，可以采用特许投标制、区域间竞争制度、规制合同等措施。

8. 可以根据合同的激励强度对规制合同进行分类。价格上限合同属于高强度激励合同，服务成本合同属于低强度激励合同，激励性合同的强度介于两者之间。

9. 不完全信息下，规制者在设计规制合同时，需要在激励与减少租金之间进行权衡取舍。提供激励要求提供较高强度的激励合同，减少租金要求提供较低强度的激励合同。

10. 规制合同的期限可以事先确定，但可能受到政治因素和预算软约束的影响。

11. 社会性规制的加强，主要体现在规制力量的增强和相关立法上。

12. 工作场所健康和安全规制旨在为劳动者提供保护，产品安全规制主要对消费者提供保护。

13. 借用市场化的方法处理环境污染问题具有较高的效率，为环境污染规制提供了新的思路。

思考题

1. 自然垄断与规制之间是否存在必然联系？
2. 根据我国电信业改革的实践，谈谈你对放松规制的认识。
3. 规制俘获理论在我国是否适用？
4. 完全信息和信息不对称条件下规制合同的设计有什么不同？
5. 近年来我国生产安全问题日益突出，对此你认为可以采取哪些有效措施？

参考文献

伯金斯 G Jr. 2003. 管制与反垄断经济学. 冯金华译. 上海：上海财经大学出版社
拉丰 J，梯若尔 J. 2004. 政府采购与规制中的激励理论. 王磊，石永钦译. 上海：上海三联书店，上海人民出版社. 9，13
史普博 D F. 1999. 管制与市场. 余晖等译. 上海：上海三联书店，上海人民出版社
王俊豪. 2001. 政府规制经济学导论：基本理论及其在政府规制实践中的应用. 北京：商务印

书馆

维斯库斯 W K，弗农 J M，哈林顿 J E. 2004. 反垄断与管制经济学. 陈甬等译. 北京：机械工
　业出版社

夏大慰等 . 2003. 政府规制：理论、经验与中国的改革 . 北京：经济科学出版社 . 13～16，
　54～60

杨志勇，张馨 . 2005. 公共经济学 . 北京：清华大学出版社 . 277～283，293～295

伊特韦尔 J，米尔盖特 M，纽曼 P. 1996. 新帕尔格雷夫经济学大辞典 . 陈岱孙译 . 北京：经
　济科学出版社 . 484

张昕 . 2004. 公共政策与经济分析 . 北京：中国人民大学出版社

张昕竹，让·拉丰，安·易斯塔什 . 2000. 网络产业：规制与竞争理论 . 北京：社会科学出版
　社 . 9～12，17，18

植草益 . 1992. 微观规制经济学 . 北京：中国发展出版社 . 19

Maget W A. 1981. Managing the transition to deregulation. Law and Contemporary Problems，44（1）

第14章

政 府 预 算

政府预算是政府的财政收支计划。它反映了政府活动的范围和内容，体现了一定时期政府的施政方针和要实现的政治、经济和社会发展目标。本章将介绍政府预算的概念、形成过程和性质特征，政府预算的分类，政府预算的编制、执行与决算等。

■ 14.1 政府预算概述

14.1.1 政府预算定义

所谓"政府预算"，简单地说，就是政府的收支计划。由于政府预算涉及面广，综合性强，政府的一收一支都直接影响社会各阶层、各部门、各企事业单位和个人的利益，因此，各利益主体必然对政府预算十分关心，并从不同的角度来认识它。例如，法官认为预算是一系列的法律程序，经济学、政治家、公共管理者对预算又有不同的看法，每个人都根据自己所受教育及职业的视角来定义和理解政府预算。大致来说，对于政府预算的定义可从以下角度去理解。

1. 政府预算是一种政治

政府领导人都会意识到，许多最重要的政治决策是在预算过程中作出的。预算过程可被看成是政治领域中寻求政治利益的政治事件。政治作为人性的一种反映，有积极的一面，也有消极的一面。在某些情况下，政治家或许在为自己谋利；而在某些情况下，却又是在伸张某种道德立场或无私地帮助别人。人的动机不同，但对政治利益的追逐却是相同的。政治是理解预算的一个重要视角。

2．政府预算是一种决策

当经济学家分析预算决策时，他们假设预算决策是在严格的财务条件下作出的，经济分析因而有助于确定最优决策。每一个预算决策中都包括可能或不可能得到的潜在利益，它也包括机会成本。如果一定的资金被用于一个项目，那么，另一个项目就得不到或仅能得到较少的资金，即每一预算决策中都有机会的损失，永远不会有足够的钱用于每个项目。在必须作出决策时，经济分析能帮助人们评价相对的成本和收益。强调政府预算是决策，强调经济分析对于决策者制订"更好的"决策的重要性，具有相当重要的价值。

3．政府预算是政府收支报告

会计学家强调取得准确财务信息的重要性。对会计学家而言，政府预算是对所期望政策的陈述，通过对实际支出信息与预算进行比较，判断政策是否被执行。当然，这其中包括对原政策合宜性的评价。会计学家的视角在很大程度上表明了公共管理者认为他们应如何执行预算，以及他们的评价者将如何对他们作出考评。

4．政府预算是政府计划和政策的重要工具

从公共管理者的视角来看，政府预算是制订政府计划和政策的重要工具。政府预算阐明了政府活动计划有关的资金量，因而在反映政府政策和计划方面，比大多数计划性文件都要明确。政府预算还体现了行政首脑的施政纲领，明确规定了在给定的有限资源下政府将建设、强调或忽略哪些项目。

5．政府预算是一种计划

政府预算是针对一段特殊时期（通常是一年）的计划，和对这段时期内所需的资源作出的预测。预测包括收入和支出两方面。对政府预算编制而言，预测是一个挑战，因为没有人能保证预计的收入能够实现或维持政府的运转。财政支出易于控制，但难以预测由于紧急情况的出现和偶然事件的发生所导致的支出增加或减少，大多数政府预算是在以往经验和未来需求的基础上确定当年的计划项目的。在某些情况下，为揭示预算年度决策在未来年份的意义，政府预算也对计划年度以后的年度需求作出预计。

6．政府预算是一套数字、表格和图表

政府预算通常表现为包含许多数字的表格和图表。它实际上是政府政策的一种很好的体现方式，通常它所体现的效果比正式的演说或文字报告要好。但并不是所有的政策都反映在政府预算中，因为某些重要的政策没有直接的财政内涵，也不是所有的政府预算都很好地诠释了政策，但专家可以通过阅读这些信息，来了解政府机关执行政策的效果。政府预算通常表示政府想做什么，它是控制政府事务的一项工具。钱支出后，它可以被用来与计划作比较，但却不能被称为政府预算，而是代表着实际的义务或支出。在这一时点之前，政府预算可以进行许多的调整改变。

7. 政府预算是资金的申请

政府预算是政府运作所需资金的申请。这一申请通常由行政首脑提交给立法机构或国会，其中包括对平衡支出所需的收入和其他来源的财力所作的说明。通常，由行政首脑提交给立法机构的政府收支文件称为"政府预算草案"，经过立法机构批准后，就成为正式的立法文件，这就是"政府预算"。当政府预算草案经过修改并通过后，行政机构便着手执行预算，即在预算年度中计划组织实施。在预算执行结束后，行政机构要进行总结和报告，而立法机构则要对其执行情况进行审计。

根据上述不同视角的观点，可以给政府预算下一个合适的定义：政府预算是一定时期内，政府为实现特定目标所必须完成的各种项目的计划，即政府的财政收支计划。它包括对所需资源和可用资源的预计，通常还需要与过去一个或多个时期进行对比，并说明未来的需要。从形式上看，它是按一定标准，将财政收入和支出分门别类地列入特定表格。它可以使人们清楚地了解政府的财政活动，成为反映政府活动的一面镜子。从实际经济内容看，政府预算的编制，是政府对财政收支的计划安排；政府预算的执行，是财政收支的筹措和使用过程；政府决算，则是政府预算执行的总结。同时，政府预算要经过国家权力机关的审批方能生效，因而又是政府的重要立法文件，体现国家权力机构和全体公民对政府活动的制约和监督。

14.1.2　政府预算制度的形成

现代政府预算最初产生于英国，是市场和资本的产物。中世纪后期的英国，随着市场和资本因素的成长壮大，逐步产生政府预算这一新的财政范畴。它保护和促进着市场因素与资本力量的发展壮大，并最终随着市场经济的确立而建立起完整的政府预算制度。

1. 公共收入

英国政府预算制度的起源，可追溯到 1215 年《大宪章》的诞生之前。中世纪英国存在着各种代表会议，当时的君主就需要召开这些会议，以使自己对臣民征税较为容易些。当然，英国君主的征税须征得代表会议同意的做法，只是一种传统、习俗和习惯，并没有以成文法律的形式固定下来。1215 年《大宪章》的签署，则是以法律形式正式肯定了这种传统，在人类历史上第一次将这种传统以法律形式确立下来，并逐步成为英国宪法的基本原则之一。这是一个有着极为深远历史影响的转折事件。

1214 年，英国的贵族会议拒绝了英王约翰提出的征税要求，双方关系的紧张导致了内战，君主战败，于次年被迫接受贵族们的要求并签署了《大宪章》。这份文件的第 12 章中明确包含了这样的条款："除非得到普遍的赞同，否则在王国中既不应征收兵役税，也不应征收协助税"（Einzig, 1959）。这就以法律形式首次确认了"非赞同毋纳税"原则，尽管此时的条款只适用于部分税收。从此，《大宪章》就成为"非赞同毋纳税"原则的宪法基础，而 1215 年也就成为政府预算制度开始形成的标志性年份。

1215 年英王被剥夺的只是部分的税收权，即仅是兵役税和封建协助税。然而，尽管最初只是对于部分直接税征收权的控制，这却成为政府预算制度最终建立的关键因素。在此之后，议会扩大财政权的矛头，接下来很自然地指向了属于间接税的关税，即社会公众以及议会还需要将控制权伸展出去，直至控制全部的财政收支权限。

当然，全部税收控制权在法律上的转移，并不意味着必然会得到君主及其政府的执行。由于本性使然，大多数英国君主都试图摆脱议会强加于自己身上的税收束缚，并且有时也的确能够不经议会的授权就课税。因此，在政府预算制度形成的过程中，一直存在的君主与议会间的税收权争夺，议会并不总是占上风。但历史潮流不可阻挡，市场控制税收权并进而控制整个财政权，是市场经济发展进程的必然结果。任何对它的阻挠和反对，都将为历史的进程所否定。尽管有些君主这样做得逞了，但更多的君主为此遭到了惩罚，其中最为典型的是 1640 年的英国革命。这一革命的直接起因，就是英王违反"非赞同毋纳税"原则而非法课税，其导致的争吵和武装冲突，最后以议会的胜利和英王被送上断头台而告终。而 1688 年的"光荣革命"之所以剥夺詹姆斯二世的王位，其主要原因之一就是他违背了《权利宣言》，在没有议会授权的情况下非法征税。

但是，英国君主们的各种反抗，都不足以阻止议会最终控制税收权的历史趋势的实现。

2. 公共支出

在当时的英国，议会控制了直接税的课征权，就意味着议会也控制了君主军事支出的决定权。此时议会批准课征的直接税，本身就是专款专用于某次具体战争拨款的。战端开启时开征某一税款，战后该税即取消。这样，议会对于君主课征直接税申请的审批，也意味着对于进行战争的批准和军事费用的拨付。因此，议会最早对于公共支出的控制，就是对军事支出实施的。

随着议会的控制权从直接税扩展到间接税，议会与君主在财政控制权上的争夺，也很自然地从军事支出扩大到其他公共支出上。议会之所以将控制权扩大到各类公共支出上，就在于它间接涉及"非赞同毋纳税"这一基本原则。当一个君主可以任意挥霍国库钱款或沉湎于奢侈生活时，各种额外的负担最终仍将落到纳税人头上。即使作为其代表的议会拒绝君主课征新税去补偿其超额支出，君主也能够通过债务膨胀等手段，最终迫使议会承担这些费用。

"光荣革命"之后，英国社会在控制政府支出方面，除了压低王室岁入以减少王室支出和完全控制了军事支出之外，还形成了"拨款"制度，即议会对政府支出还采用了拨款制度进行控制。拨款大体上就是专项拨款，这就使得议会较为具体地控制了政府支出。议会在通过了拨款授权议案之后，还常常将钱款保留在自己手中，直到君主动身出征之时才实际拨出该款项，以确保君主将拨款用于军事战役上。除了用于军事的目的外，建立拨款制度的另一个目的是，防止君主将财力过多地用于宫廷费用，通过以拨款为条件，迫使君主按照议会的要求削减王室支出。

因此，在强化议会对公共支出的控制中，拨款制度的建立起了很大的作用。系统的拨款制度的建立，使得议会能够依靠批准和控制拨款从而系统地控制公共支出，以确保自己对国家行政和君主内外政策的影响。同时，议会主要是通过拒绝授予拨款供应，迫使君主们一次又一次地承认议会的税权控制权。在控制政府支出的过程中，议会还逐步克服了这种根深蒂固的传统观念，即一旦钱款授予了君主，君主就可以按自己的意愿任意支用它。

3. 王室年俸

对税收和政府支出的控制，仍然不过是君主的部分收支。除此之外，君主仍然有着相当数量收入和支出是君主自己的收入与支出，即君主直接的"私人收支"。随着财政公共化进程的推进，所有的君主收支都逐步被议会控制了，这其中王室年俸制度起了很大作用。

"光荣革命"之后，议会确立了王室年俸制度，开始将原来处于议会控制范围之外的君主私人收支纳入自己控制的范围。这就将君主的"私人收支"变成了社会公众的"公共收支"。建立王室年俸制度，使得君主收入也必须经过议会批准才能取得，因此，它是议会控制财政权的重大进展，意味着整个君主收支都被置于议会的控制之下了。

4. 政府预算制度的建立

仅有对公共收入和公共支出的控制权，还谈不上议会对政府财政进行详细和具体的控制。这是因为，财政的日常活动是通过政府具体的一收一支完成的，仅对政府提出的收支议案投票，还远不足以实现对财政具体活动的完全控制。正是由于对政府具体收支活动的控制需要，议会进一步要求政府详细报告支出的用途，详细汇报开征税收的理由，同时，议会还对具体的日常财政活动进行审计。这就导致了议会对于财政权进程的控制，最终延伸到受托责任和审计方面，也最终确保了议会对整个财政的根本控制权。对财政各个方面的活动提出预计数和受托责任，并相应地进行审计，最终成就了"政府预算"这一特殊的财政范畴，相应地形成了政府预算制度。

以公共账户委员会的成立为开端，1852 年首次担任英国财政大臣的格莱斯顿（William Ewart Gladstone）开始了一系列财政改革。其中，政府向议会递交各部门预算及审计后的账户的做法，也按照现代方式制度化了。尤其是"受托"制度，在格莱斯顿改革后的百余年间，改进是极为显著的，所有的财政资料都有规则地呈送议会，并由公共账户委员会在专家指导下进行详细审查。当格莱斯顿完成其改革后，现代意义上的政府预算制度逐步形成了。

5. 英国政府预算产生的特点

英国政府预算制度的形成过程有以下几个特点：①政府预算制度是英国社会公众与君主之间经济利益争夺的产物，它体现出市场因素在其发展壮大过程中逐步形成的独立经济主体维护自身利益的根本要求。②政府预算制度的形成，直接表现为英国政治格局变动的结果。它具体表现为以封建君主为代表的没落封建势力和以议会为代表的新兴市场势力之间，经过长达数百年的政治角逐较量的结果。③英国政府预算制度的形成过程，就是议会（或其前身）对君主财政权的逐步剥夺和控制的过程。这是一个由点及面、逐步扩展的过程。它是新兴市场因素和资本力量冲决封建束缚、不断发展壮大的一方面具体内容，它是新兴市场因素和资本力量凯歌前进的典型表现之一。④英国政府预算制度积极影响市场经济体制和资本主义制度的形成和发展，这就使得政府预算制度有着自身特有的阶段标志。

上述英国政府预算制度的特点，打着深深的英国烙印，是英国国情的产物，但它毕竟是在新兴市场因素和资本力量的根本作用下形成的，因而有着一定的普遍意义。

14.1.3　政府预算制度的基本性质

政府预算作为一个独立的财政范畴，是经济发展到一定历史阶段的产物，并在其发展演变中逐步形成了自己独特的内在的质的规定性。政府预算的基本特征主要有以下方面。

1. 计划性

"预算"就是预先的计算，是事先对活动进程所安排的计划。因此，所谓"政府预算"，就是一种事先确立的收支计划，就是政府开展收支活动必须遵循的计划。换言之，政府预算的直接表现形式就是"计划"，是政府为下一年度财政收支编制的计划。而计划具有预测性，预测性是指政府通过编制预算可以对预算收支规模、收入来源和支出用途作出事前的设想和预计。各级政府及有关部门一般在本预算年度结束以前，需要对下一年度的预算收支作出预测，编制出预算收支计划，进行收支对比，进而研究对策。预测与实际是否相符并能否实现，取决于预测的科学性和民主化程度，也受预算执行中客观条件变化及预算管理水平和预算管理手段的影响，但提高预测性的准确度是第一位的。

2. 归一性

所谓政府预算制度的归一性，指的是所有的政府收入和支出，除了某些特殊的例外，都应当纳入政府预算，都必须处于政府预算的约束和规范下。预算内容应包含政府的一切事务所形成的预算收支，体现预算的完整性。政府正是通过预算进行集中性分配以满足社会共同需要，反映国家方针政策，全面体现政府年度整体工作安排和计划的，这使预算成为政府各项收支的汇集点和枢纽。

3. 公开性

所谓政府预算的公开性，即政府收支活动的透明性，政府所有的收支计划和活动过程，除了某些特殊的例外，都必须向立法机构和社会公众公开，都必须接受立法机构、社会公众和社会舆论的监督。市场经济下的财政活动，其收入取自纳税人的私人腰包，其支出必须为纳税人的利益服务。社会公众要能够真正决定和支配政府的收支活动，就必须将政府的收支计划及活动全过程公开。预算作为公开性的法律文件，其内容必须明确，以便于全社会公众及其代表能理解和审查。相应地，政府预算收支计划的制定、执行以及决算的全过程，也须向公众全面公开。政府预算公开性所采用的形式，是向社会公布其预、决算报告。

4. 法治性

所谓政府预算的法治性，指的是立法机构所通过的政府预算具有法律效力，违背政府预算就是违法行为，任何人违背政府预算都必须受到法律的追究和制裁。政府预算与一般的财政经济计划不同，它必须经过规定的合法程序，并最终成为一项法律性文件。各国的宪法和预算法都明确规定了立法机构在预算审批方面的权限和职责，如《中华人民共和国宪法》和《中华人民共和国预算法》都明确规定各级人民代表大会有审查批准本级预算的职权。各级预算确定的各项收支指标经国家权力机关审查批准后下达，就具有法律强制性，各级政府、各部门、各单位都必须维护国家预算的严肃性、权威性，严格贯彻执行，并保证预算收支任务的圆满实现。非经法定程序，任何部门、组织和个人均不得擅自改变批准的预算。

5. 年度性

预算年度指预算收支的起讫时间，通常为一年。预算年度是各国政府编制和执行预算所依据的法定期限。预算年度有历年制和跨年制两种形式：历年制是按公历年，如我国预算年度自公历 1 月 1 日起，至 12 月 31 日止。跨年制是从当年某月日起至翌年某月日止。跨年制大致可分为以下三种主要的形式：①从当年 4 月 1 日起至次年的 3 月 31 日止，英国、加拿大和日本等国采用这一财政年度；②从当年 7 月 1 日起至次年 6 月 30 日止，瑞典、澳大利亚等国采取这一财政年度；③从当年 10 月 1 日起至次年 9 月 30 日止，这种财政年度以美国为代表。

14.2　政府预算种类

最初的政府预算是十分简单的，政府将财政收支数字按一定程序填入特定的表格，政府预算也就形成了。因此，通常将政府预算称为政府收支一览表。但是，随着社会经济生活和财政活动逐步复杂化，政府预算逐步形成包括多种预算内容和预算形式的复杂系统。对政府预算进行科学、合理的分类，是进一步认识和研究政府预算的前提。

14.2.1　单式预算和复式预算

1. 单式预算

单式预算是传统的预算组织形式，其做法是在预算年度内，将全部的财政收入与支出汇集编入单一的总预算内，而不去区分各项或各种财政收支的经济性质。其优点是把全部的财政收入与支出分列于一个统一的预算表上，单一汇集平衡，这就从整体上反映了年度内政府总的财政收支情况，整体性强，便于立法机关审议批准和社会公众的了解。此外，只要是收入项目，就一概列入"收入"栏内，只要是支出项目，就一概列入"支出"栏内，简便易行。但它的主要缺点是，没有把全部的财政收入按经济性质分列和汇集平衡，不便于经济分析和有选择地进行宏观经济控制。

2. 复式预算

复式预算是从单一预算组织形式演变而来的。其做法是在预算年度内，将全部的财政收入与支出按经济性质汇集，编入两个或两个以上的收支对照表内，从而编成两个或两个以上的预算。这种组织形式的典型例子，是把政府预算分成经常预算和资本预算两部分。其中，经常预算主要以税收为收入来源，以行政事业项目等经常性政务为支出对象；而资本预算主要以公债收入、国有资产收入等为收入来源，用于资本性支出。复式预算组织形式的最大特点是：①由于把政府在一般行政上的经常收支列为经常预算，而把政府的资本投资收支列为资本预算，这就区分了各项收入和支出的经济性质和用途，便于政府权衡支出性质，分别轻重缓急，做到资金使用有序性，能比较合理地安排使用各类资金，也便于经济分析和科学地宏观决策与控制。②把预算分成经常预算和资本预算两个部分，两个部分以各自来源应付各自的支出，各自平衡，这就打破了预算的完整性原则和传统的收支平衡观念。③由于把国债收入作为资本预算的正常收入项目，这就使得资本预算总是平衡的，只有经常预算的收支才可能有差额。

经常预算和资本预算包括的具体收支项目如图 14-1 所示。

14.2.2 项目预算和绩效预算

1. 项目预算

所谓"项目预算"，是以预算支出的若干特定目标为核心，采用分项排列的方法，依次列出特定目标的预算资金，由拨款机构加以拨付的预算管理方法。如主要以人员作为预算资金分配的依据，在政府下达的预算支出计划表中，将各单位的工资、公务业务费、修缮和建设费等管理要素一一列示，且"专款专用"，因此又称为"分项排列预算"。这一预算方法与我国的基数法预算十分相似。

2. 绩效预算

所谓"绩效预算"，是一种以目标为导向、以项目成本为衡量标准、以业绩评价为核心的预算管理方法。实行绩效预算，政府部门按所完成的各项职能进行预算，将政府预算建立在可衡量的绩效基础上，即干多少事拨多少钱。它实际上是将企业的成本、费用、效益分析用于政府公共支出部门，把市场经济的一些基本理念融入政府预算管理中，从而有效地降低了政府提供公共产品的成本，提高了财政支出的效率。其目的主要是测量政府财政资金使用效率，以此作为政府资金安排使用的资料和信息。它所倡导的将行政事业成本效率数量化评估的理论原

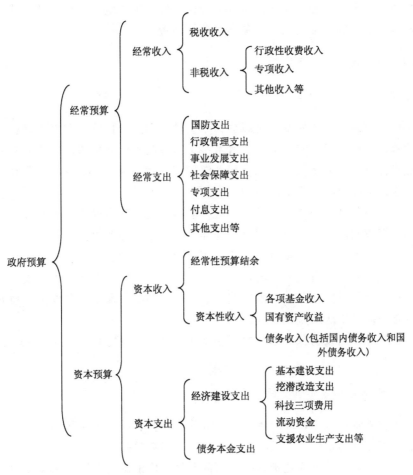

图 14-1　政府预算的具体收支项目

则，代表了预算管理改革的方向，具有很高的价值。

14.2.3　增量预算和零基预算

1. 增量预算

所谓"增量预算"，是指政府预算收支计划指标在以前预算年度的基础上，按新的预算年度的经济发展情况加以调整之后确定的预算。

2. 零基预算

所谓"零基预算"，是指对所有的财政收支完全不考虑以前的水平，重新以零为起点而编制的预算。零基预算强调一切从计划的起点开始，不受以前各期预算执行情况的干扰，尽可能找出更好的方法，使未来年度的预算一开始就建立在一个科学、合理的基础之上，避免不必要的浪费。

14.2.4　其他分类方法

1. 按照政府级次分类

按照政府级次，政府预算可以分为中央预算和地方预算。政府预算就是政府收支预算，一般来说，有一级政府就有一级财政收支活动主体，也就应有一级预算。在现代社会，大多数国家都实行多级预算。政府预算一般由中央预算和地方预算组成。下面以我国为例来说明。

（1）中央预算。中央预算是中央履行职能的基本财力保证，主要表现为中央政府的预算收支活动，在政府预算管理体系中居于主导地位。

（2）地方预算。地方预算是经法定程序批准的地方各级政府的财政收支计划的通称，包括省级及省级以下的预算。地方预算负有组织大部分预算收入和相当部分预算支出的重要任务，是地方政府职能实施的财力保证。在我国，地方预算在预算管理体系中居于基础性地位。

联邦制国家的政府预算通常由联邦政府预算、州政府预算和地方政府预算组成。

2. 按照预算收支管理范围分类

按照收支管理范围，政府预算可以分为总预算、部门预算和单位预算。部门预算是政府预算的基础，基层单位预算是部门预算的基础。

（1）总预算。总预算是指各级政府的预算，由汇总的本级政府预算和汇总的下一级总预算汇编而成，不仅包括本级一般财政收支和特别预算，也包括下级政府的总预算。

（2）部门预算。部门预算是编制政府预算的一种具体制度和方法，它是由各级政府的各个部门编制的，反映各个政府部门所有的收入和支出的政府预算。各部门预算由本部门所属各单位预算组成。

（3）单位预算。单位预算是指列入部门预算的国家机关、社会团体和其他单位的收支预算。所谓"单位预算"，是由事业行政单位根据事业发展计划和行政任务编制，并经过规定程序批准的年度财务收支计划，反映单位与财政之间的资金领拨缴销关系和事业计划、工作任务的规模和方向。它是各级总预算构成的基本单位。据我国的单位经费领拨关系和行政隶属关系，单位预算可分为一级单位预算、二级单位预算和基层单位预算。单位预算管理对保证事业计划和行政任务的完成，以及财政预算的顺利执行都有重要意义。

3. 按照预算作用的时间分类

按照预算作用的时间，政府预算可以分为年度预算和中长期预算。

（1）年度预算。所谓"年度预算"，是指预算有效期为一年的财政收支预算。这里的年度，即通常所说的"预算年度"、"财政年度"。目前，各国实行的大体上有公历年制和跨历年制两种。

（2）中长期预算。中长期预算也称中长期财政计划，一般 1 年以上 10 年以下的计划称为中期计划。市场经济国家通常是编制 5 年的中长期计划。10 年以上的计划称长期计划。在市场经济下，经济周期性波动是客观存在的，而制定财政中长期计划是此时政府实施反经济周期波动的宏观经济政策，从而调节经济的重要手段，是实现经济增长的重要工具。随着我国市场经济体制的日益完善和政府职能的转变，中长期财政计划将日益发挥其重要作用。

4. 按照法律效力分类

按照其法律效力，政府预算可以分为正式预算、临时预算和追加预算。

（1）正式预算。一般来说，凡政府依法就各个财政年度的预计收支编成预算草案，经立法机关审核通过后，即宣告预算的正式成立预算。这就是正式预算或称本预算。

（2）临时预算。为解决预算成立前的政府经费开支，先编制暂时性的预算，作为在正式预算成立以前进行财政收支活动的依据。这就是临时性预算。

（3）追加（修正）预算。正式预算在执行过程中，如果由于情况的变化需要增减其收支时，就要再编制一种预算作为正式预算的补充，这就是追加预算或修正预算。它也是本节主要关注的内容。我们把成立后的追加预算或修正预算与正式预算汇总执行，称为追加（修正）后预算。

政府预算是经法定程序批准的财政计划，是对政府财政收支实行的计划管理。政府预算编制是预算计划管理的起点，是预算计划管理的关键环节。政府预算需要按照一定的程序进行编制，还需要按法定程序进行审批。一个编制合理均衡的预算计划，是政府预算能否顺利实现的前提。

14.3　政府预算的编制、执行、调整与决算

政府预算周期过程，起于一个财政年度的开始之前，而止于一个财政年度结束之后。世界各国的预算周期一般分为预算编制、预算执行、预算调整和政府决算四个阶段。

14.3.1 预算编制的会计基础

政府预算编制的会计基础是收付实现制与权责发生制。所谓政府预算编制的会计制度基础，指的是基于财务报告的目的，用以决定"何时确认"交易或事项的基础是怎样的会计制度，它涉及的是会计计量的时间问题。根据会计基础的不同，会计模式一般有四大类：现收现付制、修正的现收现付制、修正的权责发生制和权责发生制。

1. 现收现付制

现收现付制政府会计，是一种记录现金收入、现金支付和现金余额的会计方法。简而言之，现收现付制政府会计计量的是现金资源的流量，它只有当现金被收到或付出时才确认和计量交易或事项。这种制度不考虑交易适用的时期。它有时也可能包括非现金交易，如以实物形式收支的国外援助，或者当政府一个机构的产品交付给另一个机构时所作的账面调整。虽然在公共部门中使用权责发生制会计的国家有逐步增加的倾向，但迄今为止，传统的现收现付制会计仍是使用的最为普遍的政府会计模式。只要连同一个能够充分记录承诺和报告欠款的系统一并实施，现收现付制会计就能够满足支出控制的要求。

2. 修正的现收现付制

修正的现收现付制会计，用来确认那些已经发生于年末，而且预期将在年末后的某个特定期间内导致现金收付的交易和事项。这一模式的一个重要特征是：会计期间包括一个在财政年度结束之后发生的现金收付的"追加期"，比如 30 天或 60 天。在本财政年度的追加期内发生的现金收付，只要是由前一财政年度发生的交易导致的，就应作为本财政年度的财政收支加以报告。这样做的目的通常在于，确保在某个特定财政年度中作出的"年度承诺"，同作为"预算支出"加以报告的付款之间，达到更高程度的一致性。在某些国家，追加期也涉及收入，其实这种做法是不正确的，因为收入必须在完全现收现付制进行报告。

3. 修正的权责发生制

修正权责发生制会计，是在发生时确认交易和事项，而不论现金是否收到或付出。但是，在未来才会发生的成本并不会推迟确认时间。换句话说，在未来提供服务的实物资产将被当做本期的"费用"加以一次性予以确认，而不得进行递延。实际上，修正权责发生制原则上采用权责发生制，对某些特定业务，如政府拨款、捐赠收入和奖励支出、赞助支出等，则偏向于采用现收现付制基础。

4. 权责发生制

权责发生制，在财务交易或经济事项发生时即进行记录和计量，而不考虑收到或付出现金的时间。收入反映的是年度中到期的收入，无论这些收入是否已经被征收上来。支出反映的是年度中被"消耗掉"的商品与服务的数量，而无论款项何时支付。资产的成本（折旧）只是当使用它们来提供服务时才加以确认。权责发生制会计与私人企业中使用的会计制度（企业会计）相似，它为评估完全成本和绩效提供了一个完整的框架，也可记录所有资产和负债。然而，它的实施要求十分严格，管理能力和数据能力很弱的许多发展中国家全面引入这一模式，会遇到很大的困难，并且是不合适的。

14.3.2 政府预算的编制：原则和方法

政府预算是按照一定的原则，采用某些方法编制的。

1. 政府预算的编制机构和时间

政府预算的编制是整个预算周期的开始。预算的编制是由政府机关负责的，因而预算的编制与政府行政机构体制有着十分密切的关系。预算的编制工作基本上可以分为两大步骤：一是预算草案的具体编制；二是概算的核定。

根据世界各国主持具体编制工作的机构不同，编制预算草案可分为两种类型：

（1）由财政部主持预算编制工作。即由财政部负责指导政府各部门编制支出预算草案并审核和协调这些草案，同时，根据各种经济统计资料和预测，编制收入预算草案。最后，综合收入和支出两个部分，把预算草案交给有法定预算提案权或国会审议权的个人或机构核定。属于这种类型的国家主要有英国、德国、意大利、日本和我国等。

（2）由政府特设的专门预算机关主持预算编制工作，而财政只负责编制收入预算。分开编制预算的原因，是想通过这种方式来加强预算编制工作，保证支出和收入有更多的合理性和科学性，避免财政部统编支出和收入预算可能带来的各种矛盾。属于这种类型的国家有美国和法国等。

概算的核定是与国家的政体相联系的。西方国家概算的核定有三种类型：①由总统核定预算草案，如美国；②由内阁核定预算草案，如英国、法国；③由委员会核定预算草案，如瑞士等。

各国预算编制工作开始的时间不尽相同。美国的预算编制工作从财政年度开始前的 18 个月就开始了，而我国的预算编制一般在财政年度开始前的一个季度才开始。各国预算编制的具体过程一般是：财政部受国务院委托首先向各地方、部门发出编制概算的通知和具体规定，然后各地方、各部门编成预算估计书提交财政部门，最后由财政部门审核汇编。

2. 预算编制的一般程序

政府预算编制的程序因各国政治制度的差异而各不相同，但一般认为，最健全、最便于执行的预算编制程序应包括以下三个步骤。

（1）政府最高行政机关决定预算编制的方针政策。一个国家在某一时期内的行政方针政策，是由政府最高行政机关研究制定的。同时，各项行政和基金建设计划也相应确定了下来。政府最高行政机关依据行政方针和计划，对全年的预算收入如何分配于各项事业之中，应作一个整体性的安排决定。政府财政机关则在行政机关方针政策的指导下，具体安排预算收支计划。同时，地方各级政府最高行政机关依据国家最高行政机关预算编制的方针政策，制定本地方的预算编制的方针政策，并由本级财政部门具体贯彻执行。

（2）各部门、各单位具体负责编制预算。中央和地方各部门根据本级政府行政机关编制预算的要求和本部门各单位事业计划的安排，具体部署本部门各单位预算的编制。各部门对所属单位预算审核汇总成为部门预算草案。

（3）财政部门的汇总和审核。各级政府财政部门具体负责审核本级各部门的预算草案，编制本级预算草案，并汇编下级政府上报的下级预算草案，形成本级总预算草案。通过各级财政部门层层汇总上报，最后由财政部汇编成为总的全国政府预算草案，提交权力机构批准。

3. 我国政府预算编制程序

为了及时、准确、完整地编制政府预算，各级政府、各个部门、各个单位都必须严格遵循政府预算编制程序。我国政府预算的编制程序如下：

（1）国务院下达关于编制下一年度政府预算草案指示，财政部根据国务院指示部署编制政府预算草案的具体事项。国务院的指示和财政部布置的内容一般包括：编制政府预算的方针、政策和任务；主要收支预算具体编制的原则和要求；各级预算收支的划分范围、机动财力和管理权限变动的使用原则；预算编制的基本方法、修订政府预算收支科目、制定统一的预算表格和报送期限；等等。

（2）中央各部门根据国务院的指示和财政部的部署，结合本部门的具体情况，提出编制本部门预算草案的要求，具体布置所属各单位编制预算草案。中央各部门负责本部门所属各单位预算草案的审核，并汇总编制本部门的预算草案。

（3）省、自治区、直辖市政府根据国务院的指示和财政部的部署，结合本地区的具体情况，提出本行政区域编制预算草案的要求。

（4）县级以上地方各级政府财政部门审核本级各部门的预算草案，编制本级政府预算草案，汇编本级总预算草案，经本级政府审定后，按照规定期限报上一级政府。

（5）财政部审核中央各部门的预算草案，编制中央预算草案；汇总地方预算草案，汇编中央和地方预算草案。

（6）县级以上各级政府财政部门审核本级各部门的预算草案时，发现不符合编制预算要求的，可予以纠正。汇编本级总预算时，发现下级政府预算草案不符合国务院和本级政府编制预算要求的，及时向本级政府报告，由本级政府予以纠正。

14.3.3 政府预算的审查批准

预算审批机构及程序如下所述（王雍君，2002）。预算的审查批准与政府预算编制的属性一样。各国政府预算的审查批准，通常有一套较为严格周密的审查批准内容、手续及程序。世界各国批准政府预算的权力，都是属于立法机构的。在市场经济国家中，批准政府预算的机构是议会。不论是实行一院制，还是两院制的议会制国家，预算的具体审核工作是由议院中的各种常设委员会与其下属的各种小组委员会来进行的，最后将审议意见交议院大会审议表决。我国实行人民代表大会制度，如我国《宪法》规定，全国人民代表大会有"审查和批准国家预算和预算执行情况的报告"的职权。

不同国家的立法机关对预算资源分配的方式有不同的偏好，并且受制于宪法中的许多条款。在整体上，这些不同的偏好和有关要求，会导致预算辩论过程中出现增加开支的倾向。因此，许多国家已经采纳程序性规则来限制预算辩论。这些规则包括：①对预算进行表决的顺序；②立法机关修改预算的权力。通常来说，行政部门准备的预算草案按惯例会得到立法机关的批准。对预算的不批准，等于投下不信任票，就会导致整个政府的辞职。

为确保财政支出总额得到控制，许多国家的预算草案要进行两阶段表决：先是就预算总量投票表决，而拨款和部门间资源配置则放在第二阶段来投票表决。这一程序旨在控制支出总量的限额和全面的财政约束，但其真正影响并不十分清楚。然而无论如何，将支出总量与收入总量一并予以审查有一个显著的优点，即立法机关借此明确地辩论宏观经济政策。

立法机关修改预算的法定权力在各国并不相同，大体有三种模式：

（1）权力无约束。在此模式下，立法机关有能力在每个方向上变更支出和收入预算，而无须得到行政部门的同意。总统制体制的国家，如美国和菲律宾，采用的就是这种模式，总统可以否决国会的决议。这意味着政府预算管理会受到立法机关直接的影响。

（2）权力受约束。在此模式下，立法机关修改预算的权力，通常与"最多可增加多少支出或减少多少收入"联系起来。权力受约束的程序因国家而异。在英国、法国和英联邦国家，议会并不能提议增加支出，因而权力受约束的程度非常高。相比之下，德国允许这类修改，但须得到行政部门的同意。权力受约束模式表明立法机关对预算管理的影响是有限的。

（3）平衡预算的权力。在此模式下，只有在必须采取相应措施维持预算平衡的前提下，立法机关才能增减支出或收入。这种调节性的制度安排，将立法机关对预算管理的影响集中于资源配置目标上。

在立法机关的辩论会上，为防止开支不断增加，限制立法机关修改预算的权力是非常必要的。为此，预算法应该规定：增加开支的立法行动，只是在这些开支本身已经在预算中或在其附属法案被授权的情况下才有效。然而，这些限制不应损害立法机关对预算的审查。在某些国家，立法机关在预算中的作用需要加强而不是限制。

通过建立强有力的专门委员会，立法机关得以发展其专业技能去审查预算草案，并在制定预算决策过程中发挥更大的作用。一般而言，不同的委员会处理预算管理涉及不同层面的问题，例如，财政/预算委员会审查收入和支出，公共账目委员会确保合法性和审计监督，部门或跨部门委员会负责部门政策以及审查部门预算，等等。在这些委员会之间，应进行有效的协调。在那些立法机关有很大权力修改预算的国家中，对预算的修改应由各委员会（而不是单个成员）准备及提出。

为对预算实施详细审查，法定预算程序中需要为相关委员会预留充足的时间来完成这项工作。在印度，这一时间会持续75天，在美国，更是达8个月甚至更长。

立法机关及其委员会应有独立的专家队伍，用以对预算进行系统审查。例如，在美国，国会从各拨款委员会的高素质人才中，也从庞大而设施精良的国会预算办公室提供的服务中深深受益，而在审计与确保政府规划得到遵从并取得绩效等方面，则得到会计总署的帮助。

各委员会也应能得到必要的管理信息。在德国，预算委员会要求支出部门按要求提供部门简报和支出报告。在印度，公共账目委员会经常收到来自审计和会计部门的部门账目报告和岁入报告。在立法机关各委员会与行政系统之间，就预算政策及其实施而加强对信息流动的管理，也有助于加强立法机关审查预算的能力。

发达国家大多实行代议制政治体制，国家行政及权力机关在彼此分立的基础上相互制衡，体现在预算方面，就是通过预算方面的立法，形成预算权力在各权力机关之间的分配。其中，立法机关拥有预算的监控权，行政机关拥有预算的执行权，司法机关则对公共财政活动进行审计和监察。编制预算实施或执行预算的工作由行政机关承担，审核预算和批准预算的工作则交由立法机关管理。由国家权力分配导致的这种管理范式，基本上延续到今天。

发达国家的预算决策过程从本质上讲，受其议会政体的影响。在预算审批中，许多由少数党或联合党派组成的国家，立法部门会与行政部门寻求各种各样的妥协。相比之下，类似美国这样明确地实行权力分散的政治体制的国家，重视行政部门与立法机关间的协商过程，国会可以对预算草案进行重大修改，权力制衡机制相对完善。而英国议会对政府提交的预算草案无条件通过，预算草案则操纵在多数党手中，权力的制衡就显得不足。

概括来讲，立法机关左右政府部门提交的预算草案的能力在各国存在很大差异，因为预算的编制和审批受政治制度和官僚体制的影响。根据政治学的观点，预算本身就是一种政治产物，预算的形成经常是政治妥协与竞争的结果，而各国政治体制存在相当大的差异。众所周知，美国为总统制国家，英国、德国、日本为内阁制国家。相比而言，美国国会拥有最大的预算权力，其不仅在审议行政部门所提预算草案时，可以自由增加或减少支出计划与经费额度，甚至可以完全置行政部门的预算提案于不顾，而自行起草预算案。美国国会具有如此强势的预算权力，难免经常导致立法与行政部门之间的预算争议与冲突。

作为内阁制的英国、德国和日本，其情形大不相同，其预算编制的基本责任落在行政部门，国会的角色在于批准政府的预算草案，而国会在审议行政部门提交的预算草案时，如果有否决或大幅修改内阁提出的预算提案之情形，将被视为对政府投下不信任票，影响极大。因此，国会通常会极力避免过度修改政府的预算提案。以此而言，在内阁制国家，国会的预算审议权所具有的形式意义大于实质意义。

14.3.4 政府预算执行

1. 政府预算执行的任务

（1）收入执行。政府预算收入的执行，必须制定完善的组织收入的各项规章制度；根据政府预算收入计划和核定的季度执行计划组织收入，保证及时、足额入库。同时，要求组织和管理预算收入的机构和人员依据法律、法规和规章，积极组织预算收入，确保中央和地方预算收入任务按期完成。不得超越权限减免应当征收的预算收入，不得截留、占用、挪用应当上缴国库的预算资金。一切有预算收入上缴任务的部门和单位，应依据法律、法规和规章，将应当上缴资金上缴国库，不得截留、占用、挪用和拖欠。各级政府和预算收入执行机关不得乱开减少预算收入的口子，任何部门、单位和个人不得擅自减少预算收入。

（2）支出执行。政府预算支出的执行，是财政部门、上级主管部门和国家金库通过国家规定的办法，向用款单位进行拨付财政资金的分配活动。预算支出应根据支出执行需要制定和完善有关制度和办法，根据年度支出计划和季度计划，按照预算拨款诸原则，把财政资金拨付给用款单位，保证国家各项计划的完成。要按照政府预算核定的预算支出指标，规定的支出用途和各项事业的计划、进度程序等，及时、合理地拨付预算资金。要帮助和促进各预算单位贯彻勤俭节约的方针，管好预算资金，充分发挥预算资金的使用效果。尤其要严格控制预算支出规模，各级政府不得随意开列增加支出的口子，任何部门、单位不得自行增加新的预算支出，防止突破预算支出的标准和范围，影响政府预算平衡的顺利实现。进行财政预算监督，对用钱不计效果、造成损失浪费的单位要追究经济和法律责任。加强对预算支出的管理，经常深入实际调查研究，了解和掌握预算支出计划执行情况和事业进度，研究预算执行中存在的问题，及时提出可行措施，改进工作。

（3）预算平衡。人们对客观经济及社会发展的认识存在局限性，作为预先编制的计划性质的政府预算，是不可能与实际情况绝对吻合的。即使年初安排的是平衡的预算，但其与实际的财政运行状况是不可能完全一致的，有时还会有较大的差异，加上收支的季节性和某些突发事件等因素的影响，经常会出现预算收支的较大变化，从而激化预算收支矛盾，使得人们在预算执行过程中无力通过增收节支去保持平衡，结果出现了财政赤字。而如果年初安排的就是赤字预算，则严格执行的结果就是财政赤字。进一步看，财政收入和支出作为两个有着相对独立运作的系统，并不存在天然的一致性，预算执行结果出现财政收入与支出绝对相等的状况，也几乎是不可能的。因此，预算平衡是相对的，不平衡是绝对的，组织预算平衡是预算执行中经常性的重要工作。财政部门要根据客观情况的变化，如根据预测设计的偏差、发生特大自然灾害、国家政策调整、财政税收制度变化以及社会经济发展新的情况等调整预算，组织新的预算平衡，保证国家预算收支任务的实现。这就要求在执行政府预算的过程中，缓解减收增支的矛盾，尽量减轻不利因素的影响，不断采取有保有压的有效措施，控制与压缩非必需开支，杜绝不合理支出，确保各项重点支出的需要。特别是要充分发挥政府财政的宏观调控功能，努力改进工作，及时了解与把握政府预算执行中的新问题、新动态及其发展趋势，不断组织增收节支，协调预算收支矛盾，实现预算收支平衡。

（4）预算管理。政府预算行为本身是为政府一定时期内的一定政策目标服务的。因此，政府部门为了确保政策目标的实现，一方面，要建立一个良好的预算执行的控制程序，加强预算监督，严格执行预算管理制度，监督检查各地方、各部门，促使其正确地贯彻执行各项财政、财务、税收法令和制度；另一方面，要将控制的重心转向预算绩效，要求支出部门和机构对预算资源使用的结果负责。在产出控制模式下，为确保最有效地实施政府政策和规划，并实现预定的绩效，在不改变由立法机关通过的预算中所阐明的政策、不损害宏观经济稳定目标的基础上，在预算所确立的政策框架下，赋予支出部门和机构足够的灵活性来管理自己的资源，同时，评估并防范、化解预算收支活动所形成的各种财政风险。

2. 政府预算执行的机构

政府预算的执行，是整个预算工作周期中最重要的环节。执行立法机构通过的政府预算，是政府行政机构的职责。在我国，负责政府预算执行的组织领导机构是国务院及地方各级人民政府。而各级政府的财政部门则是政府预算执行的具体负责和管理机构，是执行预算收支的主管机构，负责指导和监督政府各所属预算单位具体执行收支预算。

政府预算收入的执行工作，由财政部门统一负责组织，并按各项预算收入的性质和征收办法，分别由财政部门和各主管收入的专职机构，包括税务部门和海关，负责组织管理和征收。

政府预算支出由财政部门管理和执行，还有其他各职能机构，如政策性银行和社会经济中的各部门，也参加了预算支出的执行工作。执行过程中的国库出纳业务，一般由中央银行经理。国家金库（简称国库），是管理预算收入的收纳、划分、留解和库款支拨以及报告政府预算执行情况的专门机构。1995 年出台的《中华人民共和国中国人民银行法》，从法律上明确了经理国库是中国人民银行的职责。

对政府预算执行的监督，主要包括两个方面：①由国家行政首脑领导的预算管理机构进行的监督，即财政监督；②由立法机构或对立法机构负责的专门监督机构对预算执行的监督，即审计监督，其目的是监督行政机构是否依法执行预算。收入入库、支付拨付以及预算调整，都必须按照法律和有关规定的程序进行。

各级预算由本级政府组织执行，具体工作由本级财政部门负责。预算收入征收部门，必须依法及时、足额征收应征收的预算收入。有预算收入上缴任务的部门和单位，必须依照法规的规定，将应上缴的预算资金及时、足额地上缴国库。各级政府财政部门必须依照法律和规定及时、足额地拨付预算支出资金，并加强管理和监督。

14.3.5　政府预算调整

政府预算的调整，是政府预算执行的一项重要程序。尽管政府预算是经过预测和反复地核算编制而成的，但是由于人们的主观认识不可能完全符合客观实际，这决定了各项收支计划的安排不可能完全准确无误。同时，在政府预算执行过程中，宏观情况的发展变化也会造成预算收支不断发生一些变化，政府预算的某些部分的收支超过或达不到原定计划，从而影响原有预算的执行。为了随时解决预算执行中出现的新情况、新问题，使年度预算符合客观实际，保证政府预算执行任务顺利完成，就需要对预算进行及时的调整。预算调整按调整幅度不同，分为全面调整和局部调整。

1. 全面调整

所谓预算的全面调整，是指国家对原定国民经济和社会发展计划作较大调整时，政府预算也相应对预算收支的总盘子进行的大调整。它涉及面广，工作量大，实际上等于重新编制政府预算。全局调整并不经常发生。在我国，全局调整由国务院提出调整预算计划，上报全国人民代表大会审查批准，然后下达各地区、各部门执行。财政部门和主管部门，经过上下协商，反复平衡，最后确定政府预算收支的新规模。

2. 局部调整

局部调整是对政府预算作的局部变动。在政府预算执行中，为了适应客观情况的变化，重新组织预算收支平衡是经常发生的。我国政府预算的局部调整方法主要有以下几种：

（1）动用预备费。在预算执行中，如果出现较大的自然灾害和经济上的重大变革，发生原来预算没有列入而又必须解决的临时性开支等情况时，可以动用预备费。预备费是用于应付急需的资金，动用应从严掌握，一般应控制在下半年使用，并需要报经同级政府批准。批准动支后，再列入指定的预算支出科目。

（2）预算追加、追减。在原核定预算收支总数不变的情况下，追加、追减预算收入或支出数额。各部门、各单位需要追加、追减收支时，均应编制追加、追减预算，按照规定的程序报经主管部门或者财政部门批准后，财政部门审核并提交各级政府或转报上级政府审定通过后执行。财政办理追加、追减预算时须经各级人大常委会批准，方可执行。

（3）经费流用。亦称"科目流用"，是在不突破原定预算支出总额前提下，由于预算科目之间调入、调出和改变资金使用用途形成的预算资金再分配，而对不同的支出科目具体支出数额进行调整。

为了充分发挥预算资金的使用效果，可按规定在一些科目之间进行必要的调整，以达到预算资金的以多补少、以余补缺的目的和作用。经费流用的原则包括：一是调剂只能此增彼减，不能突破预算总规模和收支平衡或原定的收支差额；二是调剂要有利于提高资金使用效益，不能影响各项事业的完成；三是遵循流用范围限制，一般要求基建资金不与流动资金流用、人员经费不与公用经费流用、专款一般不与经费流用等；四是必须通过一定的审批程序，不同科目间的预算资金需要调剂使用的，审批必须按照国务院和财政部门的有关规定，报经批准。

（4）预算划转。此即由于行政区划或企事业、行政单位隶属关系的改变，在改变财务关系的同时，相应办理预算划转，将其全部预算划归新接管的地区和部门。预算的划转，应报上级财政部门；预算指标的划转，由财政部门和主管部门会同办理；企事业单位应缴的各项预算收入及应领的各项预算拨款和经费，一律按照预算年度划转全面预算，并将年度预算执行过程中已经执行的部分——已缴入国库的收入和已经实现的支出一并划转，由划出和划入的双方进行结算，即划转基数包括年度预算中已执行的部分。

预算调整必须经有关权力机构审查和批准，未经批准不得调整预算。各部门、各单位的预算支出，不同科目间需要调整使用的，必须按财政部门的规定报经批准，等等。

14.3.6　政府决算

所谓"政府决算"，是指经法定程序批准的年度预算执行结果的会计报告，是政府预算执行效果的总结，是预算管理过程中一个必不可少的阶段。政府决算由决算报表和文字说明两部分构成，通常按照我国统一的决算体系汇编而成，包括中央级决算和地方总决算。根据《预算法》的规定，我国各级政府、各部门、各单位在每一预算年度终了后，应按国务院规定的时间编制决算，以便及时对预算执行情况进行总结。

政府决算与政府预算体系构成一样，都是按照国家的政权结构和行政区域来划分的。根据我国宪法和国家预算管理体制的具体规定，一级政权建立一级预算，凡是编制预算的地区、部门和单位都要编制决算。行政单位决算由执行单位预算的国家机关编制，事业单位决算由执行单位预算的事业单位编制，企业财务决算由国有企业单位编制，基本建设财务决策由基本建设单位编制。参加组织预算执行，经办预算资金收纳和拨款的机构，如国家金库、税务部门、国有企业利润监缴机关等，也要编制年报和决算。各级财政部门还要编制预算收支决算。

这些机构、部门和单位编制的各种年报或决算，都是各级总决算和政府决算的有关组成部分。我国政府决算包括中央决算和地方决算。中央决算由中央各部门（含直属单位）决算组成，并包括地方向中央上解的收入数额和中央对地方返还或者给予补助的数额。地方决算由各省、自治区、直辖市总决算组成。地方各级总决算由本级政府决算和汇总下一级总决算组成。地方各级政府决算由本级各部门（含直属单位）的决算组成。地方各级政府决算包括下级政府向上级政府上缴收入数额和上级政府对下级政府返还或者给予补助的数额。各部门决算由本部门所属单位决算组成。

1994 年以前，我国政府决算的编审是从执行预算的基层单位开始的，采取自下而上的编制程序，并逐级审核汇总，最后由财政部根据报送的各省（自治区、直辖市）总决算汇编成为地方总决算，再加上财政部编制的中央级总决算，最后汇总为政府总决算，报全国人民代表大会常务委员会审批。

1994 年通过的《预算法》第 62 条规定："国务院财政部门编制中央决算草案，报国务院审定后，由国务院提请全国人民代表大会常务委员会审查和批准。县级以上地方各级政府财政部门编制本级决算草案，报本级政府审定后，由本级政府提请本级人民代表大会常务委员会审查和批准。乡、民族乡、镇政府编制本级决算草案，提请本级人民代表大会常务委员会审查和批准。"第 64 条规定："地方各级政府应当将经过批准的决算，报上一级政府备案。"因此，从法律的角度讲，传统的全国各级政府的决算汇编而成的"国家决算"已经被否定，此时的"国家决算"，只是中央决算和由地方各级政府决算备案统计生成的地方总决算合并而成的统计数据。但严格来说，此时的中央决算就是"国家决算"，因为只有中央政府才有资格代表"国家"。

各级财政机关是具体负责组织政府预算执行的机关，也是政府决算的编制机关。中央决算草案和地方各级政府的决算草案，具体由各级财政机关的预算部门负责编制。

■ 小结

1. 政府预算是政府的财政收支计划。它可以从形式和实际经济内容等不同角度加以考察。政府预算反映着政府活动的范围、方向和政策，政府预算是国家的重要立法文件，体现国家权力机构和全体公民对政府活动的制约和监督。
2. 政府预算具有计划性、归一性、公开性、法治性和年度性的基本特征。
3. 政府预算根据不同的划分方法可分为单一预算和复式预算、项目预算和绩效预算、增量预算和零基预算等。
4. 政府预算的会计基础有现收现付制、修正的现收现付制、修正的权责发生制和权责发生制等四种。
5. 政府预算草案是按照一定的原则，采用某些方法，遵循一定的程序编制而成的。政府预算草案还要经过立法机构，按照一定的程序审议批准后才能确立。
6. 已确立的政府预算由政府负责执行。在我国，负责政府预算执行的组织领导机构是国务院及地方各级人民政府，而各级政府的财政部门则是政府预算执行的具体负责和管理机构。
7. 经过批准的各级政府预算，在执行中因特殊情况需要改变预定的收支指标，就是预算调整。它可分为全面调整和局部调整。局部调整包括动用预备费、预算追加追减、经费流用、预算划转等。

8. 政府决算是经法定程序批准的年度预算执行结果的会计报告，是政府预算执行效果的总结，是预算管理过程中必不可少的阶段。目前我国的"国家决算"，只是中央决算和由地方各级政府决算备案统计生成的地方总决算合并而成的统计数据。

思考题

1. 我国目前的政府预算由哪些级次组成？这样的预算级次构架利弊何在？

2. 政府预算执行的主要任务是什么？

3. 我国在 20 世纪 90 年代一度实行了复式预算制度，但似乎是不成功的。试对这一改革给出评价。

4. 为什么不同的利益主体对政府预算有不同的看法？

5. 我国政府预算调整的方法主要有哪些？

参考文献

陈工，雷根强. 2002. 财政学. 北京：科学出版社

理德 B J，斯韦恩 J W. 2001. 公共财政管理. 朱萍，蒋洪等译. 北京：中国财政经济出版社

林奇 T D. 2001. 美国公共预算. 苟燕楠，董静译. 北京：中国财政经济出版社

楼继伟. 2002a. 政府预算与会计的未来. 北京：中国财政经济出版社

楼继伟. 2002b. 中国政府预算：制度、管理与案例. 北京：中国财政经济出版社

鲁宾 A M. 2001. 公共预算中的政治：收入与支出，借贷与平衡. 叶丽娟，马骏译. 北京：中国人民大学出版社

普雷姆詹德 A. 1996. 有效的政府会计. 应春子等译. 北京：中国金融出版社

上海财经大学公共政策研究中心. 2003. 2003 中国财政发展报告. 上海：上海财经大学出版社

王雍君. 2002. 公共预算管理. 北京：经济科学出版社

项怀诚. 2001. 中国财政管理. 北京：中国财政经济出版社

张馨，袁星侯，王玮. 2001. 部门预算改革研究. 北京：经济科学出版社

Einzig P. 1959. The Control of the Purse: Progress and Decline of Parliament's Financial Control. London: Secker & Warburg. 35

第15章

赤字与公债

赤字和公债都是财政运行中的重要现象，两者之间具有内在的联系。更为重要的是，两者都具有十分重要的宏观经济效应。为此，本书将这两个财政范畴安排在一起介绍。

■15.1 政府收支对比关系

从政府收支对比关系来看，年度财政活动存在着平衡、节余和赤字三种状态。而对于这三种状态，由于人们的认识不同，又有着不同的衡量标准和口径，从而可以得出不同的评判结果。

15.1.1 财政平衡公式

要理解财政赤字，首先要理解财政平衡的概念。所谓"财政平衡"，即"财政收支平衡"，通常是指在一个预算年度内财政收入与支出数量相等的状态。与此相对应，如果年度内的财政收入大于支出，则称为"财政节余"或"财政盈余"；反之，如果年度内财政支出大于财政收入，则称为"财政赤字"。

应该看到，由于现实中的财政收入和财政支出是相对独立的，在一个预算年度内，财政收入和财政支出很难是恰好完全相等的。因此，对财政平衡就不能作绝对化的理解。一般认为，当财政收支差额不大时，都可以视为实现财政平衡。换言之，不论是收大于支、略有节余，还是支大于收、略有赤字，只要财政节余或赤字不超过一定的数量界限都应视为财政平衡。在我国传统的财政理论中，曾经以赤字或节余占财政收入的 3％为数量界限：把当年财政节余占财政收入 3％以内的略有节余的状态，称为稳固平衡；把当年财政赤字占财政收入 3％以内的略有赤字的状态，称为基本平衡；把当年财政收入与支出完全相等的状态称为完全平衡，并认为这三种状态都属财政平衡的表现形式（邓子基，1997）。

既然财政平衡或赤字是一个财政收支数量对比的关系问题，那么就有一个财政收支口径的确定问题，而这一口径的确定，实际上就意味着财政赤字（节余）口径的确定，也就是财政平衡公式的确定。正是由于财政收支有不同的口径，相应地就形成了不同的财政平衡公式。

不同的财政平衡公式的主要差异在于两方面：一是公债收支是否列为财政收支；二是公债付息支出是否列入财政支出（张馨，1997）。从这两个差异出发，结合我国财政实践的变化，大体上有以下三种财政平衡公式。

（1）财政收支口径中包括公债收支。按这种口径，所有的公债收入都计入财政收入；相应地，所有公债支出（包括还本和付息）都计入财政支出。因此，财政平衡公式为

$$年度财政盈余或赤字 =（经常收入＋公债收入）-（经常支出$$
$$＋投资支出＋公债还本付息支出）\qquad (15\text{-}1)$$

我国 1953～1993 年一直实行这一财政平衡公式。这一时期我国政府正式公布的财政赤字就是在这种统计口径下得出的。这是从苏联引进的财政平衡公式。

20 世纪 90 年代初期，我国还使用了"硬赤字"和"软赤字"的概念。当时将公债收支列为财政收支后所出现的赤字，称为"硬赤字"；反之，将公债收支剔除出财政收支后的赤字，称为"软赤字"。这是因为，一旦公债收入被列为财政收入，公债就不再是弥补赤字的手段了。此时如果还出现赤字，只能通过向中央银行透支来弥补，即赤字的程度已被人为地压缩到最低程度，是非常"硬"的赤字了。相反，公债收入被剔除出财政收入，则弥补这种赤字要相对多和容易，除了向银行透支和借款外，更可以通过发行公债来弥补，因而是相对"软"的赤字了。这是 90 年代我国在已经意识到将公债收入列入财政收入既不符合国际惯例也不合理，但一时又没有作出财政赤字统计口径调整的背景下，实行的一种过渡性的统计办法。

（2）财政收支口径中不包括所有的公债收支。按这种口径，相应的财政平衡公式为

$$年度财政盈余或赤字 = 经常收入 -（经常支出＋投资支出）\qquad (15\text{-}2)$$

从 1994 年开始，随着我国《预算法》、《人民银行法》的相继颁行，预算制度进行了相应的改革，其中一个重要的变化，就是将全部的公债收支都剔除出了财政收支。1994～1999 年，我国实行的就是这一财政平衡公式和赤字的计算口径。

它使得我国的财政赤字统计口径朝着与国际惯例接轨的方向迈出了一大步，但还没有与国际通行的财政赤字口径完全吻合。

（3）财政支出口径中包括公债付息支出。这种口径是市场经济国家通行的作法和国际惯例，即当年公债收入和公债还本支出都不列入财政收支，但当年发生的公债付息支出列入财政支出。其财政平衡公式为

年度财政盈余或赤字 = 经常收入 −（经常支出 + 投资支出 + 公债付息支出）

$$(15-3)$$

从 2000 年开始，为了完全与国际惯例接轨，更为恰当地反映赤字规模，我国开始实行了这一口径的财政平衡公式和赤字计算口径。

从以上三个财政平衡公式可以看出，我国 1993 年前长期实行的式（15-1）与西方国家通行的式（15-3）相比，由于统计上的差异，在公债净发行的年份，我国财政赤字的实际规模比西方口径的实际规模要小；而在公债净偿还的年份，我国财政赤字的实际规模比西方口径的实际规模要大。自从 1981 年重新发行公债后，我国一直处于公债年度净发行状态，因此，在 1981～1993 年按式（15-1）口径计算的结果，将会低估乃至严重低估我国财政赤字的规模。1994～1999 年我国实行的式（15-2），尽管比式（15-1）有了很大改进，但与式（15-3）相比，由于在财政支出中少了一个公债的付息支出，由此计算出的财政赤字口径仍然是小于西方国家的。因此，在此期间仍然存在人为低估我国财政赤字规模的问题。

我国财政平衡公式的演变，从总体上反映并适应了由计划经济到市场经济的体制转轨趋势与过程。市场化改革使我国财政平衡公式最终转到与国际规则相一致的结果上去，这对正确估算赤字规模、增强财政透明度等都具有重要的意义，也便于制定出恰当的公债发行计划，来开展财政政策的运作。

15.1.2　财政赤字与赤字财政

"财政赤字"与"赤字财政（预算）"是两个不同的概念，尽管看起来它们似乎只是用词顺序的颠倒与变更，但却有着实质性内容的差异。

现代财政活动是在人们的计划安排下进行的，这就有着计划时就安排的赤字与计划执行之后出现的赤字之分。所谓"财政赤字"，指的是财政活动完成时出现的赤字，这是实际的真实的财政赤字。而所谓"赤字财政"，指的是编制预算时安排的赤字，这是计划中的赤字。尽管两者是不同的概念，但有着紧密的联系。

通常来说，预算所安排的赤字计划是会出现实际的赤字结果的，只要执行了已确立的政府预算，预算的赤字就会转化为现实的赤字。赤字财政本身意味着政府的一种政策选择，在市场经济下是政府有意识地采用赤字为手段，去刺激经济、调节经济周期，这种赤字预算的结果只能是财政赤字。这是在人们积极主动

安排下出现的财政赤字。但同时，年初安排的平衡预算，也可能由于执行中的实际情况变化减收增支而导致了财政赤字的出现。这是违背人们意愿的，是在提倡财政平衡原则的背景下，被动出现的财政赤字。在计划经济时期，我国一直坚持的财政收支平衡原则，除了新中国成立的开始几年基本上没有安排过赤字预算，但还是有十余年出现了财政赤字，就是典型的例子。

15.1.3　财政赤字弥补

造成财政不平衡的原因很多，既有经济原因，也有制度原因；既有客观因素，也有主观因素。现实中财政不平衡状态的出现，往往是多种因素共同作用的结果，其中，客观上经济发展的不同阶段、主观上财政指导思想及其理论依据等，或许是更为重要的因素。在西方自由竞争的古典时期，由于奉行自由竞争和廉价政府的观念，实现财政平衡一直是政府理财的基本准则。而在凯恩斯之后，在强调国家干预的指导思想下，政府财政年度平衡论被周期性平衡论所取代，进一步地由功能财政论所取代，即财政是否应该平衡，应从其对经济的功能上着眼，而不应单纯为平衡而平衡。

一般来说，财政出现大量盈余是比较好对付的，因为花钱总是比增收节支来得容易。而一旦出现赤字，就存在一个弥补的问题。单就某一财政年度内出现的赤字来说，如果以前年度有财政节余，可以动用历年节余予以弥补。但从世界各国的财政实践看，受功能财政论指导思想的影响，各国财政赤字一般都成为一种常态，并无历年的节余。而对已成为常态的历年财政赤字而言，增加税收似乎是最终解决财政赤字的办法，但在各国实践中也从未实现过，主要原因在于税制的调整要经过一系列政治程序，而大规模的赤字的消除需要大规模的增税，这在政治上容易受到抵制，在经济上也容易超出经济发展的承受力。

在这种情况下，对于财政赤字的弥补，大体上有三种途径。

1. 出售国有资产

出售国有资产的方式一般较少运用，因为资产的变现本身需要一个过程，特别难以应付年度间临时出现的预算赤字。同时，政府所拥有的资产很多是公益性的，在市场上出售变现也存在一些困难。

2. 货币融资

政府拥有货币发行权，所谓弥补财政赤字的"货币融资"，就是政府可以通过增加货币发行来弥补财政赤字。具体来看，通过货币融资弥补财政赤字又有两种方式。

（1）直接方式。这是财政部向中央银行透支或直接借款，由此直接引起基础货币的增加并进而增加货币供应量的方式。

（2）间接方式。这是财政部向公众出售国债，随后中央银行在公开市场上购入国债，从而增加基础货币，进而增大货币供应量的方式。这两种方式都可以使债务货币化。但货币融资存在的负面作用在于，当货币供应量超过了正常经济增长对货币的需求量时，将引起通货膨胀，当通货膨胀较为严重时将引发经济社会问题。同时，在各市场经济国家，中央银行的独立性日益得到强调和保障，不仅法律禁止财政部向中央银行透支或直接借款，就是中央银行买卖国债的公开市场业务，也由中央银行和货币政策委员会根据货币政策来自主实施，并不服从于弥补财政赤字的财政需要。

3. 债务融资

所谓"债务融资"，指的是政府通过发行公债来弥补财政赤字，把赤字债务化的方式。在各市场经济国家，由于上述其他几种方法都具有各自的困难和缺陷，通过债务融资是最普遍也是最合理的做法。与增税相比，公债的购买具有自愿性，本着信用的原则不会受到公众的抵制；与出售国有资产相比，公债发行具有灵活性，可以方便地取得资金；与货币融资相比，对公众发行的公债不会导致货币供应量的增加，不会导致通货膨胀和对经济发展造成不利影响。因此，债务融资是各国弥补赤字最常用的方法。1994 年我国的《预算法》明确规定，财政赤字不再向人民银行透支或直接借款，中央财政所有赤字都只能通过公债发行来弥补。

15.1.4　中国的财政赤字

从世界范围的市场经济发展阶段考察，世界经济发展在由自由竞争转向国家干预的同时，带来了由奉行财政平衡原则向赤字财政政策的转变。由此，财政赤字成为现代市场经济下的常态。而从我国经济改革发展的不同阶段看，财政平衡和赤字问题也有着很大的不同，而这些不同的背后则是经济体制深刻变革的根本性影响。

应该说，传统的计划经济时期是财政平衡原则得到较好执行的时期，从表15-1 可以看出，1950～1978 年，我国财政出现赤字的年份只约占 1/3，可以说大体上执行的是财政平衡的政策[①]。究其原因，这与计划经济体制下财政平衡在国民经济平衡综合中的地位有关。在计划经济实践中，财政在国民收入分配中居于主导地位，财政平衡是整个国民经济综合平衡的关键。从新中国成立初期及后

---

① 考虑到我国 1959～1980 年长达 22 年无公债发行的历史，计划经济下当时的预算平衡年份虽然是按硬赤字口径计算的，但基本上也都是真实的财政平衡。

来的建设实践看，哪一年实现财政平衡了，哪一年经济形势就比较好；反之，则较差。在计划经济体制本质上作为资源约束型的短缺经济和财政作为生产建设型的大一统财政下，保持财政平衡确实是必要而且正确的。因此，在传统的计划经济体制下，政府在主观上是严格奉行财政平衡原则的，在每年安排预算时都不打赤字。当然，由于种种原因，如在三年自然灾害时期等经济状况不好的年份，预算实际执行的结果也是出现了财政赤字的。

表 15-1　中国历年财政收支及赤字状况

年份	预算支出/亿元	预算收入/亿元	节余或赤字/亿元	赤字依存度/%	年份	预算支出/亿元	预算收入/亿元	节余或赤字/亿元	赤字依存度/%
1950	68.05	62.17	−5.88	8.64	1979	1281.79	1146.38	−135.41	10.56
1951	122.07	124.96	2.89		1980	1228.83	1159.93	−68.90	5.61
1952	172.07	173.94	1.87		1981	1138.41	1175.79	37.38	
1953	219.21	213.24	−5.97	2.72	1982	1229.98	1212.33	−17.65	1.43
1954	244.11	245.17	1.06		1983	1409.52	1366.95	−42.57	3.02
1955	262.73	249.27	−13.46	5.12	1984	1701.02	1642.86	−58.16	3.42
1956	298.52	280.19	−18.33	6.14	1985	2004.25	2004.82	0.57	
1957	295.95	303.20	7.25		1986	2204.91	2122.01	−82.90	3.76
1958	400.36	379.62	−20.74	5.18	1987	2262.18	2199.35	−62.83	2.78
1959	543.17	487.12	−56.05	10.32	1988	2491.21	2357.24	−133.97	5.38
1960	643.68	572.29	−71.39	11.09	1989	2823.78	2664.90	−158.88	5.63
1961	356.09	356.06	−0.03	0.01	1990	3083.59	2937.10	−146.49	4.75
1962	294.88	313.55	18.67		1991	3386.62	3149.48	−237.14	7.00
1963	332.05	342.25	10.20		1992	3742.20	3483.37	−258.83	6.92
1964	393.79	399.54	5.75		1993	4642.30	4348.95	−293.35	6.32
1965	459.97	473.32	13.35		1994	5792.62	5218.10	−574.52	9.92
1966	537.65	558.71	21.06		1995	6823.72	6242.20	−581.52	8.52
1967	439.84	419.36	−20.48	4.66	1996	7937.55	7407.99	−529.56	6.67
1968	357.84	361.25	3.41		1997	9233.56	8651.14	−582.42	6.31
1969	525.86	526.76	0.90		1998	10798.18	9875.95	−922.23	8.54
1970	649.41	662.90	13.49		1999	13187.67	11444.1	−1743.57	13.22
1971	732.17	744.73	12.56		2000	15886.50	13395.2	−2491.30	15.68
1972	765.86	766.56	0.70		2001	18902.58	16386.04	−2516.54	13.31
1973	808.78	809.67	0.89		2002	22053.15	18903.64	−3149.51	14.28
1974	790.25	783.14	−7.11	0.90	2003	24649.95	21715.25	−2934.70	11.91
1975	820.88	815.61	−5.27	0.64	2004	28486.89	26396.47	−2090.42	7.33
1976	806.20	776.58	−29.62	3.67	2005	33930.28	31649.29	−2280.99	6.72
1977	843.53	874.46	30.93		2006	40422.73	38760.20	−1662.53	4.11
1978	1122.09	1132.26	10.17		2007	49781.35	51321.78	1540.43	

注：赤字依存度为赤字与预算支出的比例。

资料来源：2000 年前的数据来自于《中国统计年鉴》（2001 年，第 245～247 页）；2001～2007 年的数据来自于《中国统计年鉴》（2008 年，表 7-1）。

真正出现持续性大规模的财政赤字，则始于改革开放后体制转轨的背景下。1979～1998年，除1981年和1985年略有节余外，其余年份则年年赤字，同时赤字规模也处在不断扩大的状态下（表15-1）。与此同时，这一期间几乎每年都安排了赤字预算。这个时期我国财政赤字的出现与扩大，是与经济体制改革密切相关的，是体制转轨时期各方面矛盾的综合反映。其直接性的原因主要有：渐进性改革需要财政付出成本和代价，如这一时期的放权让利、价格补贴、国有企业亏损补贴等；转轨过程中非国有企业大面积的税收流失；体制转轨下分配秩序混乱，非税收入膨胀造成的费挤税；预算约束软化和财经法治松弛，导致财政支出的膨胀；等等。

应该看到，1979～1998年的转轨时期，政府在主观上无意于主动制造大规模的赤字。在这期间，政府也对如1988年、1993年等年份赤字大规模扩大后伴随而来的严重通货膨胀的危害有着清醒的认识；而对于财政赤字，也一直有着本能的反感与厌恶。所以，尽管这一期间几乎每年都安排了预算赤字并且其规模不断扩大，但政府却一直在提倡财政平衡，并且确实也努力在压缩赤字规模，努力争取早日实现财政平衡。因此，除个别年份外，预算实际执行结果所出现的赤字的扩大，其原因都是被动的，而不是主动的，都是由体制转轨过程中特殊的矛盾性因素所客观造成的，而不是政府主动采取和实施扩张性财政政策的结果。

然而，从1998年开始，我国宏观经济的运行特征却发生了根本性的变化，由原来的供给不足转向了需求不足，由此导致了我国实行积极的财政政策。这是我国财政主动通过扩大赤字来刺激总需求，其政策措施主要是扩大公共支出的规模，并相应增发公债以弥补赤字，增加财政对基础设施和技术改造的投资，以发挥财政投资对经济的拉动作用。在主动实行赤字财政政策、以财政不平衡换取经济均衡的积极财政政策作用下，我国财政赤字规模大幅度上升，从1998年的近1000亿元，迅速上升到2003年的近3000亿元（表15-1）。积极财政政策及大规模财政赤字的出现，根源于市场经济发展到特定阶段，宏观经济新形势的出现，其背后无疑是经济体制改革的深刻变化。

总之，在不同的经济体制背景下及体制转轨的不同阶段，中国财政赤字状况和政府对待财政平衡原则态度是不同的，从根本上看，这是由中国经济体制变迁所决定的。

■ 15.2　公债

前文已表明，在现代财政平衡公式下，赤字的弥补依赖于公债。当政府经常性收入不足以满足其支出时，就需要发行公债来获取收入以弥补赤字。不过，在现代经济运行中，公债不仅是政府财政上弥补赤字的一个手段，还是金融市场上一个特殊的金融工具，更是政府调节宏观经济的一个重要经济杠杆。因此，公债在现代市场经济中具有重要而又独特的作用。

15.2.1　公债的含义

所谓"公债"，是国家或政府以其信用为基础，依据借贷原则，通过借款或发行债券方式而取得的收入。可见，公债作为公共债务、政府债务与个人或企业等私人部门举借的债务——私债，在获取收入的依据上是相同的，即都是基于信用基础上的收入，只不过其债务人是政府，而不是私人。公债在我国又常称国债，不过严格来说，公债和国债是有区别的。在西方国家中，公债作为政府债券，应包括中央政府债券和地方政府债券，而通常只能将中央政府债券称为国债，因为毕竟只有中央政府才能代表国家。不过，我国《预算法》规定了只有中央政府才能发行公债，因此在目前的我国，公债和国债大体上可以说是同一概念。

要更好地把握公债内涵，不能仅从公债是一种特殊财政收入形式和弥补财政赤字的手段方面去理解。公债具有财政性、金融性、经济性三方面属性，并由此而带来相应的特征。

1. 财政性

公债是一种特殊的财政收入形式，具有弥补财政赤字的功能，从而具有财政性。

从历史上看，各国公债的产生无一例外都是出于弥补财政赤字的需要，即当各种经常性收入不够用的时候，产生了政府举债的必要性。因此，财政性是公债最初始和最基本的属性。

但公债是凭借政府信用取得的收入，与依据政治权力获取的经常性的税收收入相比，具有其明显的特征。税收收入具有强制性、无偿性、固定性等形式特征，而公债的形式特征则正好相反，具有自愿性、有偿性和灵活性：①自愿性。公债的发行和认购，是建立在认购者自愿的基础上的；而税收则具有强制性的表征，只要发生了税法规定的应税行为与活动，就都要依法纳税，否则将受法律制裁。②有偿性。政府获得公债收入依据的是信用原则，即有借有还、还本付息；而税收则具有无偿性，并不直接返还，也无须支付报酬。③灵活性。与税收的课征是按税法规定的标准执行所具有的固定性特征不同，公债是否发行、发行多少、如何发行，都由作为债务人的政府视情况而定，因而具有灵活性。

2. 金融性

公债是金融市场上一种特殊的金融工具，因而具有金融性。

公债作为政府债务，其意义并不限于财政范畴。现代公债①产生后不久，就迅速成为被普遍接受和广泛交易的金融工具，而且对整个金融市场的培育和发展起了重要的作用。随着金融市场的发展，作为基础性的重要金融工具，国债的地位和作用越来越重要。从金融投资的角度看，公债和其他债券，如公司债券、金融债券等一样，都是一种能在未来带来收益流的金融资产，因而具有投资价值和市场价格。但公债与其他债券的不同之处在于，公债是以国家信用而非私人信用为依据的，是以政府的未来税收为偿还保证的，因而是所有有价证券中信用风险最低的，被称为无风险的"金边债券"。加上公债收益一般都享有免税优惠，故其很受市场欢迎，社会公众、金融机构和中央银行都是公债市场的需求者。

不仅如此，由于公债无（信用）风险，公债利率往往成为市场基准利率，并成为其他金融资产定价的依据。

3. 经济性

公债是宏观调控的一种重要经济杠杆，因而又具有经济性。

在当今世界各国，公债已经成为各国政府调节经济、实施宏观调控的一个重要的经济杠杆。它一端连着财政收支，一端连着货币供给，通过增债增支或减债减支的调整，来决定财政政策的扩张和收缩；又通过中央银行在公开市场上买卖公债券，而决定货币政策的松紧。事实上，公债对消费、储蓄、投资、市场利率、货币供应量等最重要的宏观经济变量，都产生相应的影响②，对短期总需求和长期总供给也产生相应的影响。因此，公债在现代宏观经济调控中具有十分重要的地位和作用。

15.2.2 公债的产生

公债作为一个财政范畴，其出现晚于税收，而作为国家信用的主要形式，一般来说，也晚于私人信用和商业信用。这是因为公债的产生离不开商品经济和信用经济的发展，只有当商品经济发展到一定阶段时，社会上才会出现较为充裕的闲置货币资金，进而在出现基于借贷关系基础上的信用经济的时候，公债的产生才有现实的土壤。

通常认为，早期公债最早出现于公元前 4 世纪左右的古希腊和古罗马，在当

---

① 这里的现代公债指现代议会财政制度生产后的公债。

② 在李嘉图等价定理不成立的情况下，这些作用和影响效应都会存在。

时的奴隶制城邦制下，商品经济已经萌芽并得到缓慢发展，简单的货币信用关系也已存在，因此产生了早期公债。但当时的公债只是作为一种偶然出现的经济现象，并且一般以高利贷形式出现，反映了当时商品经济、货币信用尚不发达的基本状况。

西方现代公债的产生和发展，则是伴随着资本主义生产方式和市场经济体制的产生和发展而出现的。与古代公债依附于高利贷信用关系不同的是，现代信用是建立在资本主义和市场经济的信用关系基础上的，是在借贷资本运动的基础上产生的。以此而论，现代意义上的公债，最早出现于资本主义生产方式、市场经济体制和信用关系萌芽的 13 世纪的意大利各城市，但西方现代公债制度的最终确立和大发展，是在资产阶级夺取政权后的自由市场经济时期，如 17 世纪的荷兰、光荣革命之后的英国等。

15.2.3 公债的种类

按不同的标准，公债可以有不同的分类。

1. 内债和外债

按国债发行的地域分类，公债可分为国内公债（内债）和国外公债（外债）。所谓"国内公债"，指的是政府在本国境内发行的公债，其认购主体是国内法人和本国公民，其债权人包括国内企业、组织团体、居民个人等，一般以本国货币为计量单位。所谓"国外公债"，指的是政府在境外发行的公债，其认购者可以是外国政府、国际金融组织、外国企业、国外金融机构、组织团体和个人等，通常以债权国通货或具有世界货币功能的第三国通货为计量单位。

2. 短期、中期和长期公债

按债务偿还期限分类，公债可分为短期公债、中期公债和长期公债。所谓"短期公债"，一般是指债务期限在一年内的公债，因其具有期限短、流动性强的特征，所以又被称为流动公债。它是政府在公开市场上进行货币政策操作的主要工具。所谓"中期公债"，是指债务期限在 1 年以上 10 年以下的公债。与短期公债相比，由于期限较长，因此，许多国家都将由中期公债筹集到的资金用于弥补财政赤字或进行中长期投资。在世界各国公债结构中，中期公债都占有重要比重。所谓"长期公债"，是指债务期限在 10 年以上的公债，一般用于较大的经济建设项目或突发事件，但由于期限过长，容易面临通货膨胀的风险。

3. 中央公债和地方公债

以发行主体为标准，公债可分为中央公债和地方公债。所谓"中央公债"，是指以中央政府为债务主体而发行的公债。所谓"地方公债"，是指以地方政府为债务主体而发行的公债。只有在地方财政真正独立于中央财政的情况下，公债才可以真正区分为中央公债和地方公债。在我国目前的法律制度和政权结构下，不允许、也难以真正存在地方政府公开发行的地方公债。中央公债和地方公债对国民经济的影响是不同的，前者的影响是全局的、整体的，后者的影响是局部的、区域的，同时地方政府的筹资能力明显弱于中央政府。

4. 可转让公债和不可转让公债

按是否被允许上市流通交易划分，可以将公债分为可转让公债和不可转让公债。所谓"可转让公债"，也称"自由流通公债"，是指能够在金融证券市场上自由流通买卖的公债。所谓"不可转让公债"，也称"非自由流通公债"，是指不能在金融市场上自由买卖，而只能由政府对购买者到期还本付息的公债。一般来说，可转让公债流动性强，价格取决于市场供需和市场利率；不可转让公债由于变现能力弱，利率就相应高。

5. 凭证式国债和记账式国债

在我国，按国债表现形式和公众购买方式的不同，国债可分为凭证式国债和记账式国债。凭证式国债是指国家采取不印刷实物券，而用填制国库券收款凭证的方式发行的国债。它以国债收款凭单的形式来作为债权证明，不可上市转让但可提前兑付。记账式国债又称无纸化国债，是指将投资者持有的国债登记于证券账户中。投资者购买时并没有得到纸券或凭证。

投资者购买两种国债的方法有很大差异。购买凭证式国债通过各大银行的储蓄网点以及财政部门的国债服务部办理。由发行点填制凭证式国债收款凭单，其内容包括购买日期、购买人姓名、购买金额、身份证件号码等。而记账式国债是通过交易所交易系统以记账的方式办理发行的。投资者购买记账式国债必须在交易所开立证券账户，并在证券经营机构开立资金账户才能购买记账式国债。

6. 其他分类

公债还可从其他角度进行分类，如按公债的发行性质，可以分为强制公债和自愿公债；按公债的利率确定方式，可以分为固定利率公债、市场利率公债和保值公债；按公债的计量本位分类，可以分为货币公债和折实公债；按公债的利息支付方式，可以分为有息公债和有奖公债；按公债的用途划分，可以分为生产性公债和非生产性公债；等等。

15.2.4 公债结构

所谓"公债结构",指的是不同种类或不同性质的公债间的相互搭配,以及各类公债收入来源的有机组合。

1. 公债期限结构

所谓"公债期限结构",指的是不同期限的公债在公债总额中的构成比例。按偿还期不同所分成的短期、中期、长期公债,对财政负担及国民经济的影响是不一样的。较为合理的公债期限结构应是短期、中期、长期公债并存的结构,避免某一期限的债务过于集中。这样做,既有利于满足不同投资者的投资需求,又可以拉开还债时间,有利于债务负担的均衡分布,分散还债压力。

2. 公债持有者结构

所谓"公债持有者结构",即"公债资金来源结构",指的是在公债中不同性质的承购主体持有公债的构成比例。公债的持有者主体,可以是居民个人、企事业单位和各金融机构等。不同承购主体持有公债的比例不同,对公债的发行成本及公债的经济调节功能如货币供应量等,会产生的影响不同。在不同的经济条件下,应根据国家宏观调控的政策需要,适当考虑公债发行成本,来选择适当的公债持有者结构。

3. 公债利率结构

所谓"公债利率结构",指的是不同利率水平的公债在公债总额中的构成比例。在现实中,决定公债利率结构最为重要的因素是公债的期限结构,短期、中期和长期公债分别适用不同的利率,因此,合理的期限结构是合理利率结构的基础。为此,应根据资金供求状况、市场利率水平、公债的使用方向和公债发行的需要与偿还的可能等因素,来综合确定合理的利率水平和利率结构。

15.2.5 公债发行

现代公债的发行,主要采用公募法、包销法和公卖法三种方法。

1. 公募法

所谓"公募法",指的是政府或政府委托的部门向社会公众募集资金的公债发行方法。公募法又可分为直接公募法和间接公募法。所谓"直接公募法",指的是由财政部门直接向公众募集的公债发行方法,其发行费用和全部损失均由政府负担。所谓"间接公募法",也称"委托募集法",指的是财政部门委托银行系统发行，按一定的约定条件由银行代理向公众发行，发行不足的部分由银行认购的公债发行方法。

实行公募法应具备的条件是政府债务信用度较高、公众资金充裕。

2. 包销法

所谓"包销法"，又称"承受法"，指的是政府将发行的债券统一售予金融机构，再由金融机构自行销售的公债发行方法。包销法与间接公募法的区别在于，在间接公募法下，金融机构只是代理发行，而包销法则是发行权向金融机构的转让，一经包销，政府就不得再干预公债的发行，而由银行等金融机构全权管理。

包销法的优点在于手续简单，政府可以一次性获得公债资金。

3. 公卖法

所谓"公卖法"，指的是政府委托证券经纪人在证券交易所按市场价格竞价出售的公债发行方法。公卖法的前提条件是证券交易市场健全。其优点在于，可以吸收较大量的社会资金，并在一定程度上调节社会资金的运动方向，但缺点是会受证券市场行情波动的影响，收入不够稳定等。

在以上三种方法中，各国通常应根据本国社会经济条件以及各种公债发行的优缺点，选择一种或几种方法来发行公债。一般来说，银行信用制度较发达、证券市场比较健全的发达国家，大都采用公卖法和公募法；而信用体系不健全、证券市场不够发达的发展中国家，则通常采用包销法和其他不常用的方法。

15.2.6 公债偿还

所谓"公债偿还"，是政府根据发行时的规定，对到期公债支付本金和利息的过程。公债偿还的方法和公债偿还的资金来源，是公债偿还应主要考虑的两方面内容。

1. 公债偿还的方法

公债偿还的方法主要有以下几种：

（1）买销法。它是指由政府按市场价格，在证券市场上买进政府所发行的公债，通过市场交易完成了公债的偿还。买销法是一种间接偿还方式。这种方法对政府来说，偿还成本低、操作简单，而且可以体现政府的经济政策。其缺点是背离公债发行时的信用契约，存在提前或推后偿还的可能。买销法通常与公债发行上的公卖法相对应。

（2）一次偿还法。它是指政府对所发行的公债，实行到期后按票面额一次全部兑付本息的方法。一次偿还法在公债管理上简单易行，但其缺点是，在缺乏保值措施的情况下，债券持有人容易受到通货膨胀的影响，同时，一次性集中还本付息也会给财政造成很大压力。

（3）比例偿还法。它是指政府对所发行的公债，采取分期按比例方式偿还本息的方法。由于这种偿还方式是政府不通过市场，而直接向公债持有者偿还公债的本息，所以又称直接偿还法。比例偿还法的优点在于有利于分散公债偿还对财政的压力，有利于政府安排偿债资金。其缺点是由于预先确定偿还期限和比例，缺乏灵活性。

（4）抽签偿还法。它是指政府控制每年公债还本付息的总额，但对具体债券的偿还，则通过定期抽签确定的方法。一般以公债的号码为抽签依据，直到全部债券中签清偿为止。这种方法也是直接偿还法，其优缺点与比例偿还法类似。

2. 公债偿还的资金来源

公债偿还的资金，可以从以下方面获得：

（1）偿债基金。它是指在政府预算中设立一个专项基金，从每年的财政收入中拨出一笔专款，专门用于偿还公债。建立偿债基金的优点在于能够保证公债的及时偿还，使债务偿还有稳定的资金来源并具有计划性，从长远角度看，还可以起到均衡债务负担的作用。其缺点是限制了公债的调控功能，同时需要防止被挪用而形同虚设。

（2）预算盈余。它是指政府用预算盈余资金来偿还公债本息的一种方法。这种方法是预算周期平衡政策的具体运用。但这种方法实施的前提是政府预算必须有往年节余，但从各国财政实践看，历年财政赤字几成常态，因此这种方法很难存在实践的基础。

（3）借新还旧。它指政府从每年新发行的公债收入中，安排一部分用于偿还到期债务的本息。采用这种方法，能够推迟政府实际偿还时间，延缓债务负担。但是，单纯的借新还旧，本质上并不是一种偿还方法，而且容易造成债务规模越滚越大的问题，因此应加以控制。

15.2.7　公债市场

所谓"公债市场"，是政府通过证券市场进行公债交易的场所，是公债金融性的重要体现。公债是一种重要而又特殊的金融资产或金融工具，公债市场是证券市场的重要组成部分。从交易的层次和阶段来看，公债市场可以划分为公债的一级市场和二级市场。

所谓"公债的一级市场"，又称为"公债的发行市场"，是公债交易的初始环节。在公债的一级市场上，公债的发行时间、发行金额和发行条件被确定。

在作为由政府、投资者和中介机构组成的公债发行市场上，政府作为筹资者，是公债资产的供给者和资金的需求者；作为公债资产需求方的投资者，主要有社会公众和金融机构等；作为公债供需双方的中介机构，主要有投资银行、承购公司和受托公司等证券承销机构，它们是交易双方进行公债发行交易的实务代理。

所谓"公债的二级市场"，又称为"公债的流通市场"，是买卖交易已发行的公债的场所。公债流通市场上交易双方主要有公债认购者之间的交易、包销机构与认购者之间的交易、公债持有者与政府之间的交易等。公债的二级市场可分为证券交易所交易和场外交易两种，前者是在指定的证券交易所营业厅内进行的交易，后者则是不在指定的证券交易所营业厅内进行的交易。

公债的一级市场和二级市场是相互依存、相互作用的。一级市场是二级市场的基础和前提，只有具备了一定规模和质量的发行市场，流通市场的交易才有可能进行。一级市场上债券的发行条件、发行方式和发行价格等，对二级市场上的价格及流动性都有重要的影响；反过来，二级市场又能促进一级市场的发展，二级市场为一级市场上所发行的债券提供了变现的场所，债券流动性的提高有利于提高投资者的投资兴趣，并使新债券的发行成为可能。同时，二级市场的流动性以及形成的债券价格，是决定一级市场上新发行债券的发行规模、条件、期限等的重要因素。

15.2.8　公债负担

各国的经济实践都已表明，公债作为一种债务债权关系，总会存在负担问题。对公债负担的理解，主要可以从债务人负担、纳税人负担和代际负担三个角度来把握。

所谓"债务人负担"，也称为"政府负担"，是指公债到期还本付息所形成的财政负担。公债是政府依信用原则获得的收入，政府作为债务人，虽然在借债时取得了财政收入，但也同时承担了偿债时还本付息的责任。因此，公债发行的过程，也同时就是公债的财政负担形成的过程。因此，政府举债首先要考虑自身的财政偿债能力。

尽管公债是政府借的债，但不论公债资金用途和效益如何，公债的偿还最终还要靠税收，这就必然存在纳税人负担问题。因此，所谓"纳税人负担"，指的是政府公债偿还的还本付息的资金来源，对纳税人造成的税收负担。但与税收不同的是，通过举债在财政支出阶段并不会给纳税人带来实际负担，只有在未来还本付息时才构成纳税人负担。因此，公债与直接征税相比，纳税人的负担是延迟了的。

所谓"代际负担"，是指将当代人的债务负担转移给后代人，而对后代人造成的负担。尤其是在政府通过借新债还旧债的方式下，公债的负担更容易向下代人转移。不过，公债的发行、使用和偿还是否一定会发生代际负担，则需要视公债资金的使用方向而定。如果政府将公债资金用于消费性用途，而公债偿还的资金来源又来自于未来税收，那么公债就会引起未来负担和代际负担；如果公债资金用于公共投资，建成的公共基础设施和形成的公共资本使后代人受益，那么根据受益原则，并不产生代际负担。

由于公债负担的存在，就要考虑其衡量问题。对于债务人负担即财政负担，最主要的衡量指标为债务依存度。所谓"债务依存度"，指的是当年的国债发行额占中央财政支出的比重，反映财政支出靠债务收入来安排的程度，用公式表示为

$$债务依存度 = \frac{当年国债发行额}{中央财政支出} \times 100\%$$

按国际较为公认的标准，债务依存度的警戒线为 $25\% \sim 35\%$。

对于纳税人负担，最主要的衡量指标为国债负担率。所谓"国债负担率"，指的是当年国债余额占 GDP 的比重，它反映公债还本付息对国民经济总体所造成的负担，用公式表示为

$$公债负担率 = \frac{当年公债累积余额}{当年 GDP} \times 100\%$$

按国际较为公认的标准，公债负担率的警戒线约为 45%。

15.2.9 中国公债简况

我国具有现代性质的公债，始于清朝末期发行的国内公债和大量丧权辱国的国外公债，以后的北洋军阀政府和国民党政府也曾多次举借内外债务。这些旧中国的公债，都带有明显的半殖民地半封建特点。新中国成立后的 1950 年及 1954～1958 年，为了恢复国民经济和进行经济建设，我国曾发行过"人民胜利折实公债"和"国家经济建设公债"，对我国国民经济的恢复和"一五"时期的经济建设，都发挥了重要作用。而 1959～1978 年，在计划经济思维理念的指导下，我国未再发行公债。

改革开放之初，我国就恢复了公债发行，先是国外借款，而后于 1981 年开始在国内发行国库券，从而进入了内外债并举的时期。在整个 80 年代，我国的公债虽有一定增长，但规模始终不大。进入 90 年代后，我国公债发行步伐加快，尤其是在 1994 年后，财政赤字的公债化，直接导致公债发行规模的快速大幅度增长。1998 年以后，在实施积极财政政策的总体框架下，我国公债规模更有了很大的膨胀。表 15-2 列出了改革开放以来我国公债的举借状况。

表 15-2　改革开放后我国公债规模　　　　　　　　　　单位：亿元

年份	合计	国内公债	国外借款	其他债务	年份	合计	国内公债	国外借款	其他债务
1979	35.31		35.31		1993	739.22	314.78	357.90	66.54
1980	43.01		43.01		1994	1 175.25	1 028.57	146.68	
1981	121.74	48.66	73.08		1995	1 549.76	1 510.86	38.90	
1982	83.86	43.83	40.03		1996	1 967.28	1 847.77	119.51	
1983	79.41	41.58	37.83		1997	2 476.82	2 412.03	64.79	
1984	77.34	42.53	34.81		1998	3 310.93	3 228.77	82.16	
1985	89.85	60.61	29.24		1999	3 715.03	3 702.13		12.90
1986	138.25	62.51	75.74		2000	4 180.10	4 153.59	23.10	3.41
1987	223.55	63.07	106.48	54.00	2001	4 604.00	4 483.53	120.47	
1988	270.78	92.17	138.61	40.00	2002	5 679.00	5 600.00		19.00
1989	407.97	56.07	144.06	207.84	2003	6 153.53	6 029.24	120.68	3.61
1990	375.45	93.46	178.21	103.78	2004	6 879.34	6 726.28	145.07	7.99
1991	461.40	199.30	180.13	81.97	2005	6 922.87	6 922.87		
1992	669.68	395.64	208.91	65.13					

注：2005 年之后统计年鉴不再公布公债规模数据，故本表数据只列到 2005 年度。

资料来源：据《中国统计年鉴》（2006 年）整理得出。

15.3　公债理论

现代公债产生并发展于西方市场经济的发展过程中。不过，西方经济学家对公债的认识，却经历了一个漫长而复杂的反复过程。

15.3.1　公债理论的发展

公债理论的发展，是建立在对公债的利弊分析及其争议基础上的。公债理论的发展演进，基本上经历了由公债有害论到公债两重性再到公债无害论的发展过程。

1. 公债有害论

在 20 世纪 30 年代以前的资本主义自由竞争时期，经济学家一般都是反对政府干预而崇尚自由市场的，反映在公债理论上，就是认为公债有害，从而反对公债发行。

在法国，重农学派的魁奈就曾主张"国家应当避免借债"。18 世纪，英国的休谟曾发出过更为严厉的警告，即"国家如果不消灭公债，公债必然消灭国家"。他们的主要观点在于，公债是把财富从农业中抽出来的行为，它导致农业失去生产和改良土地的资本的后果。同时，举借公债要支付利息，还会加重国民负担。这些都会不利于经济发展。

在自由资本主义时期，作为古典经济学家代表的亚当·斯密更是坚决主张公债有害论。他的主要观点包括：①公债支出是非生产性的，政府举债就是将一国生产性的私人资本抽出来，用于非生产性的财政支出，由此将对经济发展造成不利影响。②国家发行公债，会使政府形成不负责任的奢侈风气。③举债将造成一批食利阶层，鼓励人们将资金投入非生产性领域。④举债是延迟了的税赋，会给子孙后代造成还债负担。⑤大规模举债会导致通货膨胀，引发经济危机和国家破产等。

古典经济学的另一个代表人物李嘉图，也同样持公债有害论的观点。他同样认为，公债是抽走了私人的生产资本，而用于政府消费性用途，从而阻碍了经济增长。他更进一步指出，政府通过征税筹资比通过公债筹资更有优点，这是因为，通过征税来弥补战费支出时，人民可以强烈地感觉到战争的痛苦并力求尽快结束战争，而在用公债资金弥补战费支出时，人民不会马上感到支出的负担，因而国家会轻率地卷入代价高昂的冲突中。因此，李嘉图对公债的批评态度是尖锐的："最可怕的灾难之一，无论什么时候，它都是为压迫人民而发明的。"

2. 公债两重论

随着经济的发展，社会资金不断集中和分散，对公债利弊也产生了新观点和新认识。为此，英国经济学家穆勒和德国经济学家瓦格纳提出了公债两重性的理论，即认为公债利弊兼具，应从公债的资金来源和使用方向等方面作具体的分析。

穆勒从资金的来源和用途两方面对公债进行了分析。一方面，他与亚当·斯密、李嘉图关于公债有害论的看法的一致之处在于，他认为，如果将生产性资本从私人企业转移用于政府消费性支出，对社会而言确实是一种损失，对经济发展总是有害的。但他同时对亚当·斯密等人的理论作了修正，在他看来，如果政府以公债形式举借的资金是非国内的外国资金，或虽是本国资金但该资本所有人原本并不拟用于储蓄，或虽拟用于储蓄但并不用于生产，或虽用于生产但投资于国外，在所有这些情况下，政府所借债务对本国资本及生产并无损害。同样，即使公债资金来源于生产性私人资本，但政府又用于形成生产领域的公共资本，那也不会产生危害。穆勒还提议以市场利率的升降与否来衡量公债的危害程度，如果公债的发行导致市场利率的上涨，则证明民间生产资本被政府吸收，那么公债是有害的；反之，若市场利率不被刺激，则公债为害甚微。

从以穆勒为代表的公债两重性理论来看，既对公债有害论有所继承，即认为将私人生产资本转为政府消费性支出的公债是有害的，又对之有所发展，开始赞同在存在过剩闲置资本的前提下发行公债。他对公债是否引起利率上升的评价，也同样开始接近现代公债理论的观点。

3. 公债无害论

1929～1933 年，西方世界爆发了严重的经济危机，这一大萧条的现实导致了公债理论史上的重大转折。这一转变的创始人是凯恩斯。1936 年，在《就业、利息和货币通论》中，他把大萧条归之于有效需求不足。他认为，要使经济经常保持在充分就业的"繁荣"水平上，就必须通过扩张性财政政策来扩大总需求，以增加就业和国民收入。扩张性财政政策就意味着赤字财政政策，必然导致大量增发公债。可见，在凯恩斯有效需求不足的理论下，经济稳定及其充分就业是第一位的，财政是否平衡是第二位的，特别是在萧条期间存在闲置资源的情况下，国债的发行并不会减少私人资本，公债资金用于公共工程形成公共资本，其本身也是生产性的，可以增加社会总资本。因此，公债有益无害。同时，针对古典经济学中公债有害论的其他观点，凯恩斯也予以否定：①公债是税收的预征，后代人虽承担了还债义务，但他们同时也承受了债权，因此不会产生代际负担。②公债是干预经济的工具，公债无须真正偿还，只需通过借新还旧即可，因而从长期看，并无公债负担。③公债发行并不一定导致通货膨胀，尽管存在这种可能性，因为公债发行并不一定就要增大货币供应量，即使增大货币供应量，也并不一定就会超过经济增长的需要，带来货币需求量的增加。

由公债有害论到公债两重论再到公债无害论，上述三种理论的背后，实际上是市场经济发展至不同阶段经济环境变化的深刻背景。在自由市场经济下，公债有害论本身是合理的；而到了政府干预阶段，以凯恩斯主义为指导的公债无害论则更具合理性，由此为国家大规模举债、实施赤字财政的实践，提供了理论依据。需要指出的是，在凯恩斯主义之后，随着"滞胀"等宏观经济新形势的出现，货币主义学派、理性预期学派、供给学派、公共选择学派等相继出现，崇尚市场、反对政府干预的主张又开始抬头并有了新的发展，对公债有害性的一面又作了更多关注和揭示。这些观点在此不拟多述。

15.3.2 李嘉图等价定理

李嘉图等价定理在现代公债理论中居于核心地位，围绕李嘉图等价定理的种种争论，事实上构成了对凯恩斯主义财政政策有效性的争论。因此，它实际上是经济学中的一个重大问题。李嘉图等价定理（Richardian equivalence theorem）所提出的命题表明：不论政府是以征税来获得收入，还是以公债来获取收入，其对人们经济行为的影响，即其经济效应是无差别的。

1. 李嘉图的最初表述及含义

李嘉图在其《政治经济学及赋税原理》第 17 章中，最早表明了征税和举债在经济效应上的相同看法，他的原始表述如下（李嘉图，1962）：

> 如果为了一年的战费支出而以发行公债的办法征集二千万镑，这就是从国家的生产资本中取去了二千万镑。每年为偿付这种公债利息而课征的一百万镑，只不过是由付这一百万镑的人手中转移到收这一百万镑的人手中，也就是由纳税人手中转移到公债债权人手中。实际的开支是那二千万镑，而不是为那两千万必须支付的利息。付不付利息都不会使国家增富或变穷。政府可以通过赋税的方式一次征收二千万镑；在这种情形下，就不必每年课征一百万镑。但这样做并不会改变这一问题的性质。

在上述这段话中，李嘉图至少明确了三点：①征 2000 万镑税与发行 2000 万镑公债，都同样使一国生产资本减少 2000 万镑（他假定是为战争筹资，是纯消费性而不形成生产性资本）；②公债利息无关紧要，它只是财富在不同人间的转移而已，不改变一国财富总存量；③征税与发行公债都会使一国收入净损失 2000 万镑，因此会引起生产资本的相应减少。相应的结论是，征税与公债在经济影响上是相同的。

李嘉图等价定理之所以重要，关键在于，如果征税和公债对消费者的消费决策是相同的，那么政府发行国债时居民就会像被征税时一样，减少同样的消费支出，那么，政府由发债而增加的支出所导致的总需求的扩大，就会被居民减少的消费支出所导致的总需求的减少所抵消。因此，扩张性的财政政策将无效。[①]实际上，隐含在李嘉图等价定理背后的公债和税收在经济效应上相同的逻辑是简单的：尽管政府在筹集收入时，可发公债而不是征税，但公债的偿还最终要靠税收来解决，公债不过是推迟了的税收。如果每个居民都意识到公债不过是推迟了的税收，他们所持的公债面值只是等于未来等量的税负，那么，他们的消费支出就不会因为公债代替了当前的税收而有所不同。当然，应注意的是该定理的重要假定：公债替代征税时所减少的是总额税（lump sum tax）[②]，而且，减税带来的税负减少将均匀地落在每个消费者身上。

---

① 当然，考虑到政府购买性支出乘数大于税收乘数，或许财政政策的扩张性并未被完全抵消，但无疑被大大削弱了。

② 有的称一次总付税，即只会产生收入效应而不会产生替代效应的税收，如人头税。

2. 围绕定理的一些争论

李嘉图等价定理面临的一个难题是：每个人都不是长生不老的，不会按长生不老的假设来安排消费和储蓄。如果一部分消费者在公债偿还期前去世，那么他们就会享受到由政府以公债代替征税而产生的减税的好处，从而增加自己的消费支出。这样，李嘉图等价定理就不再成立了。

面对这一难题，巴罗（Barro）对李嘉图的观点予以引申，他的论点是建立在遗产行为和利他动机基础上的。其主要思路是：消费者具有为后代留有遗产的利他动机，一个具有利他动机的消费者，不仅会从自身的消费中获得效用，而且可以从其子孙后代的消费中获得效用。因此，一个对其后代具有利他动机的消费者，不但关心自身的消费，而且会关心其子孙后代的消费。进一步看，这些利他消费者的子孙也是利他的。以此推论，消费者就会间接地关心其全体后代的，包括即期的和未来的消费在内的整个消费过程。这样一来，李嘉图等价定理便可以在具有利他动机的消费者死于公债到期之前的情况下，继续成立了。正是因为巴罗的这一引申，李嘉图等价定理也被称为李嘉图-巴罗等价定理。

尽管有巴罗的这一解释，但经济学家们对李嘉图等价定理仍几乎普遍持怀疑态度。其中，托宾（Tobin）从理论前提与经济现实相背离的角度，分析了该定理失效的原因，其主要观点如下。

（1）消费者利他的前提不成立。李嘉图等价定理不仅要求每个消费者都是利他的，而且要求消费者在遗留财产给后代时必须保证遗产为正值。但在现实中这一情况并不成立，即使是有利他动机的消费者，也可能为自己的后代遗留负值的遗产。比如，消费者的子女可能比消费者本人富裕得多，即使给子女留下负的遗产，也不会影响到子女的效用。这样，即使消费者本人是利他的，他也可能给子女留下负的遗产。如果法律与习俗不允许消费者留下负的遗产，他也可以使遗产为零。这样，当政府用发债来代替当期征税时，消费者本人就享受到了当期减税的好处，而不承担未来征税的负担，使得他的实际收入与财产增加，从而就会增加自己现期消费支出。于是，李嘉图等价定理不能成立。

（2）减税效应均匀分布的假设不成立。李嘉图等价定理假定，公债替代征税时所减少的税是总额税，所减少的税负均匀地落在每个消费者身上，且每个消费者具有相同的边际消费倾向。但是，实际上，减税的效应不会均匀地落在每个消费者身上，每个消费者之间的边际消费倾向也是不同的。这便从两方面破坏了李嘉图等价定理的前提。假定现期税收的减少只影响一半消费者，而在未来为了偿债征的税均匀地落在全体消费者身上，那么，如果受益的那一半消费者的边际消费倾向，大于另一半受损的消费者的边际消费倾向，则总消费量必定扩张；反之，就必定缩小。这样，以公债代替征税所发生的收入再分配过程，就会引起总消费量的变化，从而带来国民收入的变动，使得李嘉图等价定理无效。

（3）税收只是总额税的假定不成立。李嘉图等价定理实质上假定税收只是总额税，因此，用公债来代替税收只会产生税收总额的变化，而总额的变化，又完全由公债数量的变化来抵消。但在现实中，绝大多数的税收并不是总额税，而是针对特定经济行为征收的，都会引起相应的替代效应。因此，税收的变化（由公债来代替），会使居民的经济行为发生变化，而经济行为的变化，就意味着李嘉图等价定理是不能成立的。

小结

1. 财政支出大于财政收入，称财政赤字。
2. 由于财政收支有不同的口径，相应地形成了三种不同的财政平衡公式。
3. 财政赤字和赤字财政是既不同又相互联系的两个赤字概念。
4. 财政赤字的弥补有多种途径，但通过债务融资是最普遍也是最合理的做法。
5. 公债具有财政性、金融性、经济性三方面属性。这些属性有助于较好地认识公债的结构、发行、偿还、公债市场、公债负担、公债理论和公债经济效应等内容。
6. 公债负担可分为债务人负担、纳税人负担和代际负担三个方面。债务人负担最主要的衡量指标为债务依存度，纳税人负担最主要的衡量指标为国债负担率。
7. 李嘉图等价定理声称，无论是通过征税还是公债取得收入，两者对人们经济行为的影响是相同的。尽管一直存在争论，但李嘉图等价定理赖以存在的假设前提与经济现实存在相当大的背离。
8. 公债偿还的资金来源主要有偿债基金、预算盈余和借新还旧。

思考题

1. 你认为以 3% 的收支差距来确定财政是否平衡有无科学依据？为什么？
2. 为什么我国曾经采用不同的财政赤字口径？将公债收支全部剔除出财政收支是否是错误的？
3. 你认为下列哪些行为属于货币融资？
   a. 我国财政部向中国银行借款；
   b. 我国财政部向中国人民银行借款；
   c. 中国人民银行在证券市场上买进短期国债；
   d. 我国在国际金融市场上发行美元国债。

4. 请自行查找相关数据，计算去年我国国债负担率和国债依存度。它们各是哪一类的国债负担的衡量指标？如何解释与国际标准相比，我国这两个指标出现的"一高一低"现象？

5. 解释下列主张背后的逻辑："如果人们关心其后代的福利，那么债务政策对资本形成可能不会有任何影响。"

6. 假设你购买了 1000 元国债，你会把它当做资产或财富吗？由此来看，李嘉图等价定理是否成立？

📖 **参考文献**

陈共 . 2004. 财政学 . 第 4 版 . 北京：中国人民大学出版社

邓子基，张馨，王开国 . 1990. 公债经济学 . 北京：中国财政经济出版社

邓子基 . 1997. 财政学原理（修订本）. 北京：经济科学出版社 . 334

类承曜 . 2002. 国债的理论分析 . 北京：中国人民大学出版社

李嘉图 . 1962. 政治经济学及赋税原理 . 郭大力，王亚南译 . 北京：商务印书馆 . 208

罗森 . 2000. 财政学 . 北京：人民出版社

王传纶，高培勇 . 1995. 当代西方财政经济理论 . 北京：商务印书馆

杨志勇，张馨 . 2005. 公共经济学 . 北京：清华大学出版社

张馨 . 1997. 比较财政学教程 . 北京：中国人民大学出版社 . 304

张馨 . 2002. 财政学 . 北京：人民出版社

张馨，杨志勇，郝联峰等 . 2000. 当代财政与财政学主流 . 大连：东北财经大学出版社

第16章

政府间财政关系

本书前面各章都是将政府作为一个统一体,与外界发生收支关系。本章将分析不同级别政府之间的财政关系与相同级别政府之间的财政关系,并将以前者作为重点。

■ 16.1 财政体制

财政体制规定了政府间的财政关系。政府组织的科层结构带来了财政问题。除了少数城市国家外,大部分国家的政府都是多级的,而每一级次的政府又是由多个部门、机构等组成的。这样,政府就是一个极为庞大、复杂的复合体。政府收支活动就是由这个庞大、复杂的科层组织及无数的官员具体进行的。为此,如何处理政府间财政关系,就成为一个重要的研究课题。政府的各个组成部分都拥有自己的权限,能够在一定程度上自主进行活动,因此,如何将无数大大小小的政府科层组织及其官员的自行其是的收支连接成有机统一体,就成为一件复杂而又困难的事。所谓"财政体制",就是为了处理政府间财政关系,规定政府各科层组织应承担的职责及其相应的财权财力所形成的制度。

现代市场经济国家多奉行财政联邦制,各级政府的财政相对独立,只对同级立法机构负责。财政联邦制与国家结构形式所指的联邦制有同有异,其差别在于单一制国家也可以实行财政联邦制。具体说来,它包括财政支出责任的区分、财政收入权的划分和政府间转移支付制度的确定三个方面的内容。研究政府间财政关系的主要理论，就是财政联邦主义理论（theory of fiscal federalism，又译为"财政联邦制理论"）。本章主要介绍该理论。

16.2　政府间职责的分工

政府（公共部门）的经济作用，体现在资源配置、收入分配和经济稳定三个方面。政府间职责分工，也就是在不同级别政府之间，这些职责如何分工的问题。政府职责的区分是政府间财政关系确立的基础。

16.2.1　资源配置职能的分工

1. 公共产品提供的分工

政府存在的主要任务是提供公共产品。根据公共产品受益范围的大小，公共产品可分为国际性公共产品（全球性公共产品）、全国性公共产品和地方性公共产品。根据收益与成本对称的原则，国际性公共产品应该由各国联合提供，全国性公共产品应由中央政府提供，而地方性公共产品要由地方政府提供。本章以及本书都不讨论国际性公共产品的提供问题。

这里通过图 16-1 来分析由中央政府统一提供公共产品的效应问题。为了简便起见，假定一国仅有两个辖区，相对应的居民有两组，每组内居民对公共产品的需求是相同的，而两组之间的公共产品需求不同，D_1 和 D_2 分别表示第 1 组和第 2 组居民的需求曲线，其中第二组居民的需求大于第一组，再假定公共产品成本的人均负担额不变，税收价格均为 OP，则第一组居民对公共品的需求量为 Q_1，第二组为 Q_2。

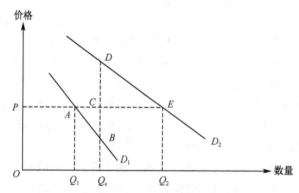

图 16-1　中央政府统一提供公共产品的福利损失

若由中央政府负责提供公共产品，则只可能存在一个统一的提供量 QC（QC

位于 Q_1 与 Q_2 之间）。这样，对第一组居民来说，中央统一提供的公共产品超过了需求，由此给他们带来了三角形 ABC 面积的福利损失；而对第二组居民来说，由于所提供的公共产品数量小于需求量，有一部分该获得的收益无法获得，即遭受三角形 CDE 面积的效率损失。

从图 16-1 中还可以看出，三角形 ABC 和 CDE 面积的大小与 Q_1Q_2 的距离及 D_1、D_2 的斜率有关，即福利损失的大小与两组居民的需求差异及各组需求的价格弹性大小有关。具体来说，Q_1Q_2 的距离越大，即需求的差异越大，福利损失越大；需求曲线 D_1D_2 的斜率越大，即需求的价格弹性越小，则福利损失越大。因此，如果一国范围内各地的公共产品需求差异很大，并且需求的价格弹性又比较小的话，带来的效率损失就大。

如果分别由 1 和 2 地方政府提供公共产品，则它们可以按照当地居民对公共产品的需求，分别提供数量为 Q_1 和 Q_2 的公共产品。此时三角形 ABC 和 CDE 的效率损失就不会出现。

由此可见，如果各地对公共产品的需求存在差异，那么最好的办法就是由各地自己提供公共产品。以上分析表明，中央政府统一提供公共产品，对于有着不同需求水平的地方会带来福利损失。那么，中央能否根据地方的需求，分别提供不同水平的公共产品呢？如果可以的话，那么中央统一提供也就不会带来福利损失。问题是，要根据不同地区的实际需求提供公共产品，中央首先需要了解各地的需求信息。而信息的获得，需要支付成本。

上文的分析假设我们已知道地方对公共产品的需求，但实际上要获得地方公共产品的需求信息是一件很难的事。一般认为，地方政府接近当地人民，比中央政府更熟悉民情，因此在提供地方性公共产品上，地方比中央拥有更多的信息优势，能够按照当地人民的偏好提供产出（tailoring output to local tastes）。

2. 蒂布模型

各地分别提供地方性公共产品，可以形成政府间的竞争（fostering intergovernment competition），有利于提高政府运作的效率。关于政府行为的许多理论注意到，政府缺少按照最小的可能成本运作的动力。蒂布（Charles M. Tiebout, 1924~1968）提供了另一种思路（Tiebout, 1956）。这种思路不是从政府角度寻找解决办法，而是从普通百姓的迁移行为上寻找解决办法。它假设一个国家可以分成很多地区，每个地区都有相对应的政府收支组合，每个人都可以在一国之内找到自己所偏好的组合。这样，如果某人对当地政府提供的公共产品和税收不满，他就可以选择离开，到他所喜欢的地方去，即地方性公共产品的最优提供问题，可以通过"用脚投票"（vote with one's feet）得以解决。如果人民可以在辖区间进行选择，那么大量的低效率运作只会导致人们选择到其他地方居住，这种威胁可以使政府管理者提供更有效率和更适合人民的公共产品的激励。

各地分别提供地方性公共产品，可以进行地方提供产品和服务的试验及创新（experimentation and innovation in locally provided goods and services）。对众多政策的好坏，人们往往没有明确的答案，或无法在所有的情形中找到简单的解决办法。解决方法之一，就是让每个辖区选择自己的政策，然后再由人们对各种政策的结果进行比较。各地分别提供地方性公共产品的分权制度，有助于找到新的解决问题的办法。

3. 分工的问题

在现实中，政府之间完全的分权是无法做到的，公共产品提供的辖区间外溢性和规模经济的存在使问题变得更为复杂。特定受益范围的地方性公共产品，类似于针对个人的私人产品。私人产品若带有外溢性，则可能因成本与收益的不对称，影响私人产品的提供；同理，地方性公共产品，若它的提供带有外溢性，也会影响该地对公共产品的提供。此外，当存在规模经济时，由中央政府统一提供公共产品可以节约成本。这些都是区分中央政府和地方政府资源配置职能时应该考虑的问题。具体说来，有如下两个问题需要考虑：

（1）辖区间外溢性问题。地方性公共产品收益与成本的对称，是其有效提供的基本要求。也就是说，地方财政所提供的公共产品带来的所有效益，都为本地区人民所享有。而为此付出的成本，则全部由本地人民来承担。但是，地方政府提供公共产品的收益或成本常常会外溢到辖区以外。例如，一个辖区对当地小孩提供良好的教育，最后有些小孩长大迁出该辖区，那么其他辖区就会因此受益。这是正外溢性的表现。与此同时，还有负外溢性存在。例如，位于淮河上游的省份向淮河排入大量的废物，就会给下游省份的人民带来危害。假如每个辖区管的只是自己的事，那么，这些外溢性问题就不会得到解决，资源配置就处于低效率状态。

（2）公共产品提供的规模经济。有些公共产品的提供成本，会随着消费人数的增加而下降。如果由各地分别提供这类产品，则会因生产达不到最优规模而增加成本，降低效率。例如，更多的人使用公共图书馆，人均成本就会下降。如果每个社区都建立各自的图书馆，人均成本就会较高。当然，每种公共产品的最佳规模是不一样的。图书馆服务的最佳规模与消防就不可同日而语，而这二者与国防又有天壤之别。

因此，在财政的资源配置职能主要采取分权模式的基础上，中央政府也必须承担一定责任，以保证效率原则的最终实现。

16.2.2　收入分配职能的分工

收入分配职能的目标是实现社会公平。在多级政府制度中，这一职能应主要由中央政府（联邦政府）来承担。

在现代社会，人民拥有最基本的自由迁移权，人民可以在全国范围内自由流动。这样，如果由地方政府来履行收入分配职能，那么，地方政府之间采取的不同做法就可能扭曲资源的配置状况。假设有两个不同的地区 1 和地区 2，两地政府在促进社会公平上的举措是不一样的。假设地区 1 更偏好公平，实行更多的收入再分配，而地区 2 进行收入再分配的力度相对弱，为此，地区 1 对高收入者征收更高的累进税率，对低收入者给予更多的补贴。那么，高收入者就会大量迁出该地，而低收入者则可能为此所吸引，会大量涌入该地区。最终，即使是想推行高福利公平计划的地方政府，也会因融资困难而难以有所作为。富人迁出和穷人迁入的同时进行，还将直接导致地区间出现更大的不公平。实行高福利计划的地方政府，也将面临资本的流出和外地资本不愿进入的问题，最终可能导致该地经济停滞，出现任何一个政府管理者都不愿看到的结果。基于此，各个地方政府最优的选择是不推行公平计划。但这样，收入分配职能就无法得到实现。

相反，如果由中央政府履行收入分配职能，就不会产生流动性要素在地区间的流动所带来的任何负面影响。[1]

16.2.3　稳定职能的分工

与收入分配职能一样，市场经济下稳定职能也只能归中央政府。理由如下：稳定职能即政府的宏观经济调控职能，一般涉及总需求和总供给的调节问题。如果由某个地方政府单独行使宏观调控权，以期实现当地的稳定目标，而当地政策运作很可能无法与其他地区的稳定政策运作相配合，从而难以达到全国统一协调稳定的目的。这是因为，政府作用于经济，必然牵涉资本和商品劳务的流动，而在一个统一的国家，资本和商品劳务是自由流动的，因此，一地为扩大本地区总需求政策的好处，往往为国内其他地区所获得，或其他地区的竞争使地方政府的宏观经济调控能力大打折扣。[2] 如果某一地方政府，如福建省想要单独地实行扩张性财政政策，通过减税或增加政府开支来刺激本地区经济的发展，在没有其他

---

①　当然，中央政府统一履行收入分配职能，也可能推动流动性要素国际上的流动，但毕竟跨越国界比地界要难得多，因此这是一种较好的选择。

②　我们在现实中经常听到，市场经济下地方政府要加强宏观调控职能。实际上，这是一种从经济学角度来看行不通的提法，因为经济学的"宏观"是从总体（总量）角度来探讨问题的。现实中的提法源于在人们的心目中，政府做的事就是宏观的传统认识。实则不然，政府做的许多是微观的事，如对垄断的控制等。

地区政策配合的情况下，最终它只会发现，新增购买力被大量地用于对其他地区的商品和劳务购买上，受益者可能为浙江、广东、江西等周边省份，甚至全国其他地区，形成了大量的贸易漏损（trade leakage）。这样，福建的财政政策对本地区的收入和就业的影响就要大打折扣。但若是中央政府统一实行的财政政策，就不会有地区间贸易漏损问题的出现，财政政策的目标可以更好得以实现。

在使用传统的货币政策和财政政策稳定经济的作用都不大的情况下，地方政府若要承担起稳定经济的职能，就必须使用其他政策和做法，例如，给予新进入该地区的企业以低息贷款和税收优惠，以求吸引大量的资金和企业涌入该地区，这对地方经济的发展确实有很大的促进作用。然而，从整个国家的角度看，这是一种以邻为壑的政策（beggar-thy-neighbor policies）。它仅仅是把企业和资金从其他地方吸引到该地而已，并没有扩大整个国家的就业量和产出；相反，这些政策极易形成各地区间的恶性税收竞争，扭曲资源的配置。

另外，稳定经济的财政政策需要政府预算周期性地发生赤字或盈余，即经济衰退时期，应扩大政府开支，减少税收，以扩张经济，因而会形成财政赤字；相反，在经济增长过快时期，应增加税收，减少政府开支，因而会形成财政盈余。而财政赤字，尤其是长期性大规模的财政赤字，大体上只有中央政府才能够实行；地方政府更多地应当是平衡自己的预算，保持财政收支的大体平衡。这主要有两方面的原因：①与中央政府相比，地方政府较难进入一国的资本市场；②中央政府在国内发行的债券，主要由国内居民所持有，而地方政府的债券中有相当一部分由该地区以外的人持有，这部分债券具有"外债"的性质，还本付息时则意味着本地收入的向外流动。因此，地方政府在使用债券融资方式时，应该十分谨慎。

因此，同中央政府相比，地方政府稳定经济的能力较小。虽然有一些实证研究表明，地方政府会使用相应的经济手段，通过在经济波动过程中保持支出和税率的稳定，对经济的稳定起到了一定作用，但只有中央政府才能运用广泛的财政政策和货币政策工具，所以应当由其承担宏观经济稳定的主要职能。

总之，不论从财政政策的效果上看，还是从使用政策工具的能力上看，地方政府对经济稳定的作用都不大。

■ 16.3　政府间收入权限的划分

16.3.1　收入划分的基本问题

政府间收入应该如何划分？各级政府都有哪些收入权限？各级政府所筹集的收入比例应该如何界定？现代政府的主要收入来源是税收，因此，政府间的收入划分，最主要的是税收的划分问题。也正因为如此，现代政府间财政关系（财政体制）的具体形式，常被称为"分税制"财政体制。

除了税收之外，政府的收入来源还可能有国有资产收益、收费、公债等，因而划分收入权限也同样要涉及这些问题。现代市场经济国家，国有经济的规模偏小，更重要的是，盈利性国有资产收益微乎其微，因此，大部分市场经济国家在资产收益的划分上没有太多的问题。中国目前在这方面的问题有些特殊，庞大规模的国有资产的存在，只是经济体制转轨尚未完成的体现，却产生了国有资产税后收益如何处置的问题。因此，目前中国的财政体制客观上还存在着如何分利的问题。①

政府收费往往对应于公共部门所提供的服务。从理论上说，哪一级政府提供服务，就应该由哪一级政府收费，因此，收费的划分经常不构成划分收入的难点。

在实行财政联邦制的现代国家中，每一级财政都是相对独立的。因此，从理论上说，各级政府都应该有发行公债的权力。一般说来，中央政府的发债权是没有什么可质疑的，争论的焦点往往在于地方政府的发债权，在于地方政府具备什么条件才可以发行公债。

解决收入划分问题，首先要看划分收入的目的何在。一般的解释是，收入用于满足支出的需要，这一点与整个公共部门的收入是要用于公共支出目的的要求是一致的。但问题在于，不同级别的政府是否都应该拥有足够的收入，以满足各自支出的需要。如果各级政府都能做到以本级直接筹集的收入满足支出的需要，那么各级政府之间在财力上就变成真正的相互独立了。因此，通常认为，地方政府不应该拥有充分的和完全的财权，这样中央政府才能够对之进行调控，以维护一国的统一。地方政府和下级政府，要么在收支相抵之后留有资金缺口，需要中央政府和上级政府的转移支付，以抵补缺口；要么收大于支，但要上解部分本级筹集的收入给中央政府和上级政府。

那么，地方政府和下级政府的财政资金缺口，或者所上解的收入规模应该有多大？简单地说，这个规模不应该太大，财政收入应该满足财政支出的需要。规模太大容易导致地方政府缺少最基本的激励，从而影响地方政府和下级政府组织

---

① 张馨（1997）结合中国具有众多国有资本的现实，指出中国的财政体制应该是分税与分利相结合的财政体制，这说明国有产权在财政体制的确立过程中具有重要作用。无疑，国有产权在当前转轨经济中具有重要作用。从市场经济的角度来看，市场能够更好发挥作用的，政府就不应介入；现在介入的，以后也要逐步退出。随着改革的进一步深入，国有产权的作用也将从提供利润形式的财政收入逐渐转为弥补市场失灵。因此，从市场经济的要求来看，国有产权所提供的财政收入中最终所起到的作用极为有限，政府的主要收入形式还是税收。从而，在规范财政收入方面，财政体制的设计最主要的还是要考虑如何进一步规范政府间的税收收入划分和支出责任划分问题。

收入的积极性，也可能影响地方政府和下级政府正常职责的履行。也就是说，地方收支应该大致相抵。这样，不同级别政府的收入应该根据其所承担的职责、所要实现其职能而定，基本做到"财权与事权相适应"。

但在实际中，一般都是从收入本身的特性以及政府的其他目标着手，去划分政府收入的。就整体规模而言，通常这样划分的地方财政收入，是不足以满足地方财政支出需要的。与此同时，中央政府和上级政府收远大于支。这样，地方财政和下级财政支出的不足部分，很大程度上要依靠中央政府和上级政府的转移支付得以解决。当然，如果地方收入与支出差距过大，也会影响到地方获得财政收入的积极性。由于现代政府的收入主要依靠税收，因此，许多国家都强调建立地方税系，以发挥地方在征税过程中的积极性。

16.3.2 税收划分的两种基本思路

各级政府间的分税有三种方式：分税种、分税收收入、分税率。

税收划分主要有以下两大类：一是划分为中央税（国税）和地方税（地税）；二是划分为中央税、地方税、中央与地方共享税。划分税种，哪些归中央、哪些归地方，各国实践差异性极大，除了关税是中央税、财产税是地方税的共同点之外，其他税种的划分五花八门。从理论分析的角度看，分税所选择的依据不同，结果也有较大差别。以下概括了一些主要理论。

要在中央和地方政府间进行合理的分税，是一件很难的事。这是因为，如果由地方政府对可以在地区间流动的商品和生产要素课税，所带来的税收效率和负担问题要比中央政府课税复杂得多。例如，地方政府因为负担重税的个人会迁出本地区，而不能征收具有较强再分配性质的税收。与中央税收相比，地方税可能带来更多的资源配置扭曲。就作为一个整体的国家而言，资本供给几乎没有弹性。因此，中央政府对资本课税带来的效率损失是较少的；而如果由地方政府课税，资本可能被配置到边际产出较低的地方。即使是对地方销售税而言，也可能带来同样的问题，因为仅仅是税收的差异就可能使人们花大量时间和精力，到外地购买本地可以买到的商品（Oates，1991）。

征税的规模经济效应表明，如果由中央统一征税，可以节约征税成本。从理论上说，可以由中央统一征税，再通过总额转移支付的形式给地方。但是，这样做会加剧中央和地方政府之间财政的不配套（fiscal mismatch）程度，地方财政可能因支出与收入无关而处于软预算约束的状态，或将地方公共产品提供的不足归咎于中央提供的收入不够。同时，地方支出的某些实际情况变化所提出的财力需求，在统一的制度下无法得到充分的体现，也会影响地方人民对公共需求的满足，从而形成地方的"收入缺口"（revenue gap）。另外，过分依赖转移支付解决地方收入问题，还可能导致中央通过转移支付，将自己的意志强加给地方，影响地方政府的资源配置的结果。

从理论上说，税收分权方法大致有两种思路：一是根据税种本身属性，在中央政府和地方政府之间划分税收；二是根据受益原则确定税权。

若根据税种本身的属性划分税权，大部分税收收入应由中央政府征收。^①例如，塞利格曼要求税权的划分应根据效率（efficiency）、适应（suitability）和恰当（adequacy）三原则进行。其中，效率原则即哪级政府征税效率高，就由该级政府征税；适应原则指以税基大小为划分标准，税基大的归中央，小的属地方；恰当原则指以税收负担公平为划分标准，若为公平目标而设的税，归中央征收。另外，迪尤就税权的划分，提出了效率和经济利益两个原则，前者与塞利格曼相同，后者则以增进经济利益为标准，税收的划分应以归属何级政府更为有利于经济发展、不减少经济收益为标准。^②就国际上现行税制与经济的关系而言，它有利于征税的顺利进行，不会对经济行为造成过多的扭曲。但若依此方法征税，不能保证地方以地方税收收入承担较大比重的政府支出责任的需要，从而带来以上所提及的问题。进一步来看，现行税制征收的收入可能不足以应对支出的需要，将导致下一轮的增税，最终加重企业和个人的税收负担。

按受益原则划分税权，就是要求各级政府应根据支出的需要课征收入，税收应与公共支出相对应。这种方法的不利之处，是它可能增加税收征管成本，但其有利之处是它符合"谁受益，谁付款"的原则，从而可以增加对地方政府经济行为的监督，从根本上促进整个政府体系服务效率的提高。因此，它是建立现代社会民主财政制度的客观要求。

根据财政联邦制的要求，单凭税种自身的特征确定其税种的归属是不妥的，而应将税种与其在全部税收收入中的地位结合起来进行综合考虑，即依据受益原则划分税权，保证地方支出所需税收主要由地方政府征收。

政府间税收划分，时常伴随着政府间税基分享的问题。所谓"税基分享"，指的是两个或两个以上级别的政府，在一个共同的税基上征收各自的税收。税基分享的方式主要有三种：①对某一税基，分别设置中央税和地方税，由两套税制共同征收；②对某一税基只设置中央税，地方政府通过在中央税的税率上，附加一定的比例或附加费的形式分享；③只设一种税，由一级政府进行征管，征得的收入在中央和地方政府之间分享。选择何种形式，取决于对效率和公平的权衡。

必须指出的是，财政收入的划分，不仅仅是要确定哪些税种提供的收入或哪些税收收入归中央、哪些归地方的问题，更重要的是它要确立一套约束机制，保证不同级别财政的相对独立性的问题。因此，许多国家都赋予地方一定的税收立

---

① 这就是现行税制结构而言的。如果现行税率能够得到较大的调整，情况可能发生变化。
② 关于塞利格曼和迪尤的税收收入划分理论，参见平新乔（1992）。

法权，保证地方收入的相对弹性。同时，地方政府还要有一定的发行公债的权力，当收不抵支时，作为相对独立的财政主体，地方政府可以通过发行公债弥补其赤字。当然，这些都需要相关法律作为保证。

给地方较多的税权，从实践上看也可能出现一些问题，如无效的税收制度（inefficient tax systems）就可能因此产生。一般说来，有效率的税收，要求对缺少弹性的商品征收重税；反之，则征收轻税。假设对整个国家来说，资本的供给固定，但资本跨辖区是高度流动的，每个辖区都认识到，如对资本征收大量的税，只会导致资本从本地流出，最终结果会更加糟糕。理性的辖区只会对资本征收轻税，甚至提供补贴。这就是税收竞争的负效应。在现实中，我们看到许多地方为了吸引外资许诺较多的税收优惠条件，就是税收竞争的一种表现。当然，税收竞争效应有正有负，影响到经济的正常运行的为负；反之，给政府造成压力、促进政府有效运作的，就是税收竞争的正效应。因此，在分税上，要考虑如何减少税收竞争的负效应。如果从一个国家的角度来看，效率要求对资本征收较高的税，因为资本总体的供给是缺少弹性的。

分税中还要注意征税的规模经济。各地独立征税可能无法利用征税中的规模经济。各地都要为税收征管投入资源，这可能是重复投入，而通过税务机构的联合就可以节约征税成本。这在征税过程中是需要考虑的。

16.4　政府间转移支付

16.4.1　转移支付存在的理由

政府间转移支付的目标，是要保证各级政府正常运转的财力需要，以及推动政府整体目标的实现。具体说来，有以下几方面的理由。

1. 保证下级政府的支出需要

政府间收入的划分，通常无法保证地方财政和下级财政获得足够的收入，以满足自身支出的需要，因而需要中央政府和上级政府的财力支持。在现实中，转移支付的具体做法有两种：①纵向转移支付，即上级政府向下级政府转移支付，促进纵向财政平衡。②同级政府之间的转移支付，即比较富裕的地方政府，向比较穷的地方进行转移支付，达到横向财政平衡。各国多奉行纵向转移支付，但也有实行横向转移支付的，如德国。我国没有明确的横向转移支付的规定，但在现实中，富裕省市经常给落后省区以对口支持，也带有横向转移支付的因素。

2. 有助于地方财力均等化

转移支付还有助于地方财政均等化目标的实现。因为用自有财源满足支出需求的能力不同，地区之间可能存在较大差异，因此，财政能力差的地区应获得较多的中央政府和上级政府的补助。一般说来，中央政府和上级政府应该帮助地方政府和下级政府达到所规定的最低支出标准，保证地方政府和下级政府必要的支出需要。

3. 有助于地区间利益的协调

中央政府和上级政府向地方政府和下级政府转移支付，还有助于推动一些具有外溢性的地方公共项目的投资。比如，跨地区的道路、通信设施和一些使外地受益的环保项目，某一地的政府往往由于低估其整体效益，而不愿投资或投入，而低于最佳投资额的数量。因此，中央政府和上级政府应进行直接投资，或给予一部分补贴，以鼓励地方政府和下级政府的此类投资。

4. 有助于上级政府对下级政府的控制

中央政府和上级政府对地方政府和下级政府的转移支付，还是中央控制地方、上级控制下级的一种办法。各级政府财政是相对独立的，这在客观上要求中央政府和上级政府对地方政府和下级政府进行适当的控制，保证国家的统一。

16.4.2　转移支付的种类

按照是否附加条件，转移支付可以分为有条件转移支付（conditional grants）和无条件转移支付（unconditional grants）。[①]

有条件转移支付，有时又称为"分类转移支付"（categorical grants）。就美国而言，其大部分转移支付都有特定目的。有条件转移支付包括配套转移支付（matching grants）、封顶配套转移支付（matching closed-ended grant）和无配套转移支付（nonmatching grant）等。

配套转移支付要求接受转移支付的地方要有配套资金。例如，地方政府在教育上投了一定数额的资金，中央政府才会有相应的转移支付。配套转移支付可以用于解决正外溢性问题。地方政府与个人和企业一样，当存在边际上的正外溢性时，恰当的补贴可以提高效率。从理论上说，这要求中央政府能够评估外溢性的

[①]　转移支付分类方法五花八门。大的分类方法有两种：一种是分为有条件转移支付、无条件转移支付和分类转移支付。分类转移支付专指那些规定了大的方向用途，但无明确项目的转移支付。另一种如文中所述。参见 Rosen（2005）。

实际规模。封顶配套转移支付，就是补助者（如中央政府）可以规定转移支付的最高数额。无配套拨款不要求地方政府为某一公共支出项目提供配套资金，而只是要求将款项用于约定项目，专款专用。

无条件转移支付不对款项的具体使用项目作出规定。此类转移支付通常可用于收入分配目的，但这里存在争议。因为一个地区既有穷人又有富人，中央政府要帮助穷人，可以直接把钱给穷人，而穷人将消费更大数量的公共产品（如教育）。

图 16-2 表示无条件转移支付前后地方政府的资源配置选择状况。这里，我们在广义的意义上使用公共产品一词，并且假定地方政府所提供的公共产品分为某一种公共产品（如收入再分配或其他任选一种）和其他公共产品。在转移支付之前，地方政府的预算线是 AB，与地方的社会无差异曲线 ii 相切于 E_1，所对应的公共产品提供数量分别是 B_1 和 A_1。进行无条件转移支付之后，地方政府的预算约束线外移到 $A'B'$，新的均衡点 E_2 出现，相应有了新的公共产品提供数量 B_2 和 A_2。

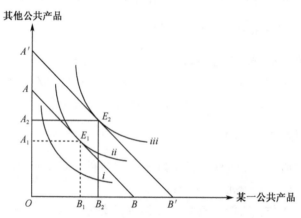

图 16-2 无条件转移支付前后地方政府的资源配置选择

图 16-3 和图 16-4 都表示有条件转移支付对地方政府资源配置选择的影响。在这里，中央政府明确规定地方政府的转移支付用途。在转移支付之后，地方政府的预算线从 AB 变为 $A'CB'$，而非原来的 $A'B'$。社会无差异曲线不同，会导致不同的结果。

图 16-3 反映了一种与无条件转移支付没有差别的结果。在转移支付后，新的均衡点为 E_2，所对应的均衡数量为 B_2 和 A_2。如果同等规模的转移支付是以无条件的形式拨付的，则结果相同。这可以从预算线 $A'B'$ 和社会无差异曲线的切点还是 E_2 看出。

图 16-4 则反映了另一种结果，在有条件转移支付后，新的均衡点为 E_2，所

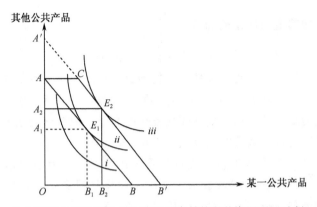

图 16-3　地方政府在指定用途的政府转移支付前后的资源配置选择（结果 1）

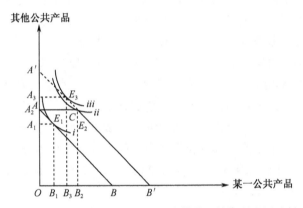

图 16-4　地方政府在指定用途的政府转移支付前后的资源配置选择（结果 2）

对应的公共产品提供的数量为 B_2 和 A_2（A_2 和 A 重叠）。如果是无条件转移支付，则所对应的公共产品提供的数量为 B_3 和 A_3。由于无条件转移支付之后所对应的社会无差异曲线在有条件转移支付的右上方，前者所带来的福利水平高于后者。政府之所以选择较低的福利水平，多是从实现某种政策目标考虑的，即福利水平的下降是中央政府实现某种政策目标的代价。

　　总之，无条件转移支付给地方政府较大的选择权；有条件的转移支付，会约束地方政府的行为。因此，地方政府更偏好于无条件的补助，因为在无条件拨款补助的情况下，地方政府在追求地方利益最大化的目标上，有着充分的选择自由。这种拨款在增加地方财源的同时，又不影响地方政府本身的开支格局。这样，地方政府就能使它的福利最大化。

　　中央政府在提供有条件的转移支付时，可以保证转移支付的资金用于特定的活动或用途，实现中央政府预期目标。因此，中央政府可能更偏向于有条件的转移支付。

16.4.3 转移支付数量的确定

在现实中，转移支付的数量又是如何确定的呢？

在美国，无论何时，再分配转移支付项目都要求支付人（如联邦政府）决定这些基本问题：哪个地方"需要"钱及其需要的数量。联邦配置资源是以国会通过的复杂公式为基础的，州收到的转移支付的数量，取决于当地人均收入、城市人口规模、州所得税的数量等因素（Rosen，2002）。

决定各地可以获得多少转移支付的重要因素之一，是其税收努力（tax effort），即所课征的赋税与税收能力的比率，意思是尽力征税，但是，这还不能为较高水平的公共服务融资的社区可以取得的转移支付。

许多发达国家的做法与美国类似，转移支付数量以较为规范的公式为基础，考虑各地具体的因素，促进各地公共服务水平的均等化。需要注意的是，均等化不是说各地的公共服务水平要完全一致。如果这样做的话，只会打击富裕地区的积极性。如果某人对某个地区极其不满，他或她可以选择到其他地方居住。例如，美国中部经济就相对落后，人烟稀少，但这没有关系，你可以不住在这里；如果你住在这里，蓝天和白云会给你相应的补偿。

在分析转移支付的影响时，需要考虑"粘蝇纸效应"（flypaper effect）。经验表明，地方政府以政府转移支付形式取得的收入，能比地方自有的收入带来更多的地方支出，即钱投到哪里，会引起其他相关的更多支出（money sticks where it hits）（Gramlich，1977）。

16.5 中国的政府间财政关系

16.5.1 中国财政体制概况

20 世纪 50 年代，中国在建立起计划经济体制的同时，也建立起了与之相适应的财政体制。一直到 1980 年财政体制改革为止，在 30 年左右的时间内，存在于中国的财政体制形式是多种多样的，但除了经济体制大改革的少数年份外，它们的实质都是统收统支的。这种性质的财政体制，适应了计划经济所需要的高度集中统一的要求，为当时国家以指令性计划直接配置社会资源，提供了财政体制方面的基本保证。

这种财政体制显然是要为市场化改革所否定的。1980 年，中国进行了"划分收支、分级包干"，即俗称的"分灶吃饭"的财政体制改革，初步打破了传统财政体制的统收统支做法。此后，1985 年，适应利改税后，国营企业上缴利润改为上缴所得税的变化，财政体制也实行了"划分税种、核定收支、分级包干"

的办法。但一直到 1993 年年底，市场化改革前期的中国财政体制基本上是不同程度的包干制。

16.5.2　目前的政府间财政关系

中国现实中的政府间财政关系的基本格局是 1994 年财政体制大改革时形成的。在此之前，经过十几年的改革及 1992 年的分税制试点，中国于 1994 年起开始实行分税制财政体制。这是当时建立市场经济体制全面大改革的一个重要内容和组成部分。在此之前约半个世纪的时间内，中国经历了多次行政性分权和经济性分权的改革，但是距离市场经济所要求的分权还有较大的差距。1994 年改革是明确按照构建市场经济体制的要求进行的，分税制财政体制就是这一努力的重要内容，它初步构建了市场型政府间财政关系的基本框架。

1. 中央和地方事权及支出的划分

根据分税制财政体制对中央政府和地方政府事权的划分，中央财政主要负责国家安全、外交、中央国家机关的运转、调整国民经济结构、协调地区发展、实施宏观调控以及由中央直接管理的事业发展等所需的支出；地方财政主要负责本地区政权机关运转及本地区经济及事业发展所需的支出。

按照事权的划分，相应地，中央政府的支出包括国防费、武警经费、外交和援外支出，中央级行政管理费、中央统管的基本建设投资，中央直属企业的技术改造和新产品试制费、地质勘探费、由中央财政安排的支农支出、由中央负担的国内外债务的还本付息支出，以及中央本级负担的公、检、法支出和文化、教育、卫生、科学等各项事业费支出。

地方政府的支出为地方行政管理防、公检法支出、部分武警经费、民兵事业费、地方统筹的基本建设投资、地方企业的技术改造和新产品试制费、支农支出、城市维护和建设经费，及地方文化、教育、卫生等各项事业费，价格补贴支出和其他支出。

2. 中央和地方收入的划分

划分中央和地方收入的原则是：将维护国家权益、实施宏观调控所必需的税种，划为中央税；将同经济发展直接相关的主要税种，划为中央与地方共享税；将适合地方征管的税种划为地方税，并充实地方税税种，增加地方税收收入。

目前，中央固定收入包括关税，海关代征的消费税和增值税，消费税，铁道部门、各银行总行、各保险总公司等集中交纳的收入（包括营业税、所得税、利润和城市维护建设税），中央企业上缴利润及外贸企业出口退税等。2002 年所得税分享改革之后，铁路运输、国家邮政、中国工商银行、中国农业银行、中国银行、中国建设银行、国家开发银行、中国农业发展银行、中国进出口银行以及海洋石油天然气企业缴纳的所得税继续作为中央收入。

地方固定收入包括营业税（不含铁道部门、各银行总行、各保险总公司集中交纳的营业税）、地方企业所得税（不含上述地方银行和外资银行及非银行金融企业所得税）、地方企业上缴利润、城镇土地使用税、固定资产投资方向调节税（已暂停征收）、城市维护建设税（不含铁道部门、各银行总行、各保险总公司集中交纳的部分）、房产税、车船使用税、印花税、烟叶税、耕地占用税、契税、遗产和赠予税（尚未开征）、土地增值税、国有土地有偿使用收入等。

中央、地方共享收入包括增值税、企业所得税、个人所得税、资源税、证券交易印花税（是印花税的一部分，不是独立的税种）。增值税中央分享 75%，地方分享 25%。企业所得税和个人所得税以 2001 年收入为基数，增量部分中央分享 60%，地方 40%。资源税按不同的资源品种划分，大部分资源税作为地方收入，海洋石油资源税作为中央收入。证券交易印花税，中央分享 97%，地方分享 3%。

1999 年 11 月 1 日至 2007 年 8 月 14 日，对储蓄存款利息所得开征税率为 20% 的个人所得税。2007 年 8 月 15 日至 2008 年 10 月 8 日，税率下调为 5%。自 2008 年 10 月 9 日起，储蓄存款利息所得暂免征收个人所得税。该项所得税收入属于中央固定财政收入。

1994 年开始分设中央与地方两套税务机构，中央税、共享税及地方税的立法权集中在中央。税收实行分级管理，中央税和共享税由中央税务机构负责征收（新增加的共享税——企业所得税和个人所得税例外）。共享税中地方分享的部分由中央税务机构直接划入地方金库，地方税由地方税务机构负责征收。

3. 转移支付体系

2009 年将中央对地方的转移性支出简化为税收返还、一般性转移支付、专项转移支付三类，将地方上解与中央对地方税收返还作对冲处理，相应取消地方上解中央收入科目，简化中央与地方财政结算关系。

税收返还，是为了保证地方的既得利益而实行的办法。中央把在 1993 年按新体制计算的净增加的收入，全部返还给地方。尽管税收返还将旧体制下的既得利益这一不一定合理的因素带进新体制，导致新体制不够规范，但它在取得改革共识上发挥了重要作用，促进了分税制财政体制改革的进行。

为解决财政体制的不规范问题，1995 年出台了过渡期转移支付办法。该办法是在不触动地方既得利益的条件下，由中央财政安排一部分资金，按照相对规范的办法解决地方财政运行中的主要矛盾，并体现向民族地区倾斜的政策。它是按照影响财政支出的因素，核定各地的标准支出数额，并考虑财力水平与收入努力的程度计算各地的财力缺口，作为确定转移支付的依据。标准支出的核定，主要采用分类因素计算的方法，将财政支出分为人员经费、公用经费、专项支出和其他支出四个部分，根据不同类别财政支出的特点、影响因素和相关制度状况，分别采用不同的办法。凡有明确规定支出标准和开支范围的，一律按国家制度的有关规定，核定各地的标准支出；对国家没有颁布支出标准的项目，运用多元回归方法，建立标准支出模型。为了既贯彻公正、规范的原则，又能将有限的财力首先用于解决最紧迫的问题，还考虑民族地区的财力状况，建立了对民族地区的政策性转移支付。

1996 年、1997 年，"过渡期转移支付办法"进一步规范化，改进了客观性转移支付的计算办法，以"标准收入"替代"财力"因素，标准收入的测算方法尽可能向"经济税基×平均有效税率"的规范做法靠近。

1998 年，在保持过渡期转移支付办法总体框架的情况下，标准化收支的测算面进一步扩大，并针对财政数据口径的变化，对部分项目的测算方法进行了改进。标准收支测算结构日趋合理（项怀诚，1999）。但必须要指出的是，转移支付办法的改进所起的作用是有限的，因为它是在不放弃基本的"基数法"前提下进行的。

自 2002 年开始，原来的过渡期转移支付概念不再沿用，为一般性转移支付所取代。随着改革的深入，税收返还占转移支付的比例逐步下降，一般性转移支付和专项转移支付所占比重不断上升。根据 2009 年中央财政预算，2009 年中央对地方税收返还预算数为 4934.19 亿元，一般性转移支付预算数为 11 374.93 亿元，专项转移支付预算数为 12 579.88 亿元。

16.5.3 现行体制的缺陷与出路

1994 年分税制改革提高了中央财政收入占全国财政总收入中的比重，保证了中央收入的稳定增长，增强了中央政府的宏观调控能力及平衡地方财政差异的能力。同时，该体制也形成了财政强有力的增收机制，出现了连续 10 多年财政收入高速增收的现象，财政实力大为增强。[①] 这次改革是在照顾既得利益的前提下进行的，与财政联邦主义理论的要求还有实质性的差距。在运行中，这套体制也碰到了若干问题，当前表现得最为突出的是县乡两级财政困难重重。其直接原因是省以下财政体制的不规范。从根本上说，这是改革需要进一步深入的体现。以下从三个方面进行阐述。

---

① 从 2008 年 10 月份开始，国内经济增速放缓，财政收入增长势头得到遏制，甚至出现了多年未见的负增长。但这不能改变之前财政收入高速增长和财政实力增强的事实。

1. 事权的划分

中央与地方事权的准确划分，必须建立在对政府事权范围的科学界定基础上。如果无法给出政府的事权范围，显然在此基础上只能是奢谈事权的划分问题。中国行政改革正在进行中，对政府事权范围的界定尚未完成，因此，要进行合理分权是一件很难的事情，实施不好甚至会出现旧体制的复归（何振一，1994）。实践中，这直接导致支出的某些方面不够明确且交叉较多的弊端（孙开，1994）。

1994 年的分税制改革方案中，对中央政府和地方政府的事权基本上还是按原有的模式划分。科学的分税制必须以合理划分政府的事权为依据。政府间事权的划分，首先应确定哪些是政府应当承担的职责。目前，政府除了承担国防、科教文卫、社会福利、行政管理以及债务支出外，还承担大量与经济建设有关的费用，其中包括一些应让企业自主解决的支出，如挖潜改造、科技三项费用、增拨流动资金、企业的基本建设等费用及大量营利性产业的投资。当然，市场失效需要政府干预，中国经济转轨需要政府为改革的深入创造条件，但这些并不能为政府直接干预各经济主体的行为及大量的直接投资提供理论依据。政府宏观调控应主要通过政策及经济杠杆发挥作用，把市场机制能够有效解决的事务留给企业和个人，对改革过程中的一些价格补贴和企业补贴也应随着改革的完善逐步取消。政府职能应仅限于市场不能有效解决的问题上，主要承担宏观经济稳定、收入再分配以及对私人部门无法高效率供应的公共产品的提供方面的职责。

中国关于政府的经济职能应如何在中央和地方之间划分一直缺乏明确的标准，也没有找出有效的划分办法。地方政府支出占财政总支出的比重虽然很高（约 60%），但实际上支出自主权相当缺乏。一方面，地方的预算中许多支出项目必须经中央审批，极大地限制了地方政府因地制宜发展地方公共事业的能力；另一方面，地方政府又必须为中央政府承担一部分责任，地方政府也负起一部分宏观调控的职责，因而出现了"中央出政策，地方出资金"的现象，这使地方政府承担了许多不应并且无力承担的事务，对职能的划分造成很大的不确定性和不规范性。事权划分不清，是造成中央和地方在一些事务上相互推诿、财权分配上纠缠不清的重要原因。

中国政府级次过多，中央政府之下有省级政府、地市级政府、县级政府、乡镇一级政府，与许多国家只有两级政府和三级政府有很大的差距，从而人为地增加了事权划分的困难。从根本上改变地市级政府的职能，变地市级财政为城市财政，主要为城市提供基础设施和公共服务的财政，转变乡镇一级政府的职能，最终实现构建中央、省、县三级政府的目标，不仅有利于事权的划分，而且有利于税种的划分。①

　　财政联邦主义理论提供了在各级政府间进行职能分配的基本原则，这些原则在中国也是同样适用的。

　　就资源配置职能而言，地方政府要承担起资源配置的主要职能，而中央政府主要负责一些地方政府无力独自解决的问题，如全国性公共品的提供、省级行政区间的外溢性问题等。中国地域广大，人口众多，由于自然、历史等因素各地差异很大，中央政府无法全面了解各地区的具体要求和特点，进行统一配置的结果是效率的大幅度下降。而地方政府具有信息方面的优势，可以因地制宜提供符合当地需求的公共产品与服务，因此，地方政府在资源配置职能方面应有更大的自主权。

　　就分配职能而言，这是中央政府的职能。市场化改革的深入必然加大人口的流动性。目前，大量农民进城，劳动力跨地区流动，地方政府没有很强的能力履行收入再分配职责。稳定职能也是中央政府的职能。在财政政策的运用上，市场经济的建立要求打破地区间的经济封锁，实现各种要素在全国范围内的自由流动。这必然会加大地区间的开放度，降低地方政府财政政策的有效性。

　　总之，与宏观经济稳定、收入再分配有关的事权应由中央政府独立承担，地方政府主要承担当地所需的公共产品与服务。在这些事务中，需要全国统一标准、全面规划的则是中央政府的事权范围。为了防止在实际执行中各级政府相互侵权、相互推诿，保证地方政府在支出上的自主权，应用法律的形式对事权的划分作明确的规定，可在宪法或其他法律中明确规定地方政府不能承担的事务（如国防、外交等）以及地方政府的职能范围。地方对于职能范围内的事务的决策自主权，应由法律作出明确规定。对于需要各级政府共同协作的项目，在政府间的划分也必须明确。

　　根据支出与事权相对应的原则，中央政府的支出应包括国防、外交、邮电、国道建设、大型工程支出、高新科技的研究与开发、大型环境治理、高等教育及社会保障、中央的司法及行政等方面的支出。地方政府的支出主要包括普通教育、市政建设、公共设施、地方道路建设、治安、消防、环卫、地方行政及司法等方面的支出。

　　2. 收入的划分

　　1994 年的分税制改革以及随后至今的改革，主要从如何提高中央财政收入的目的着手。它将可以提供大量税收收入的税种，主要划归中央或作为中央占大头的共享税。这种状况需要改变，以适应事权、财权与财力相匹配的财政体制建

---

① 有限的税种要在更多层次的政府间进行划分，无疑增加了难度。

设的需要。

1）税种的划分

下面仅以个人所得税和资源税为例进行说明。

目前个人所得税属于中央和地方共享税，而且，个人所得税是地方的重要税种。从短期来看，因个人所得税占税收总收入的比重不高，这种划分还不会带来太多的问题。随着中国经济的发展以及工资制度的改革、个人收入的不断提高，个人之间的收入差距也在不断拉大，个人所得税的税基扩大得很快，税收收入也会不断提高。各国的发展经验表明，人均 GDP 越高的国家，税收收入中直接税的比重越大。随着经济的发展，个人所得税将成为中国税收收入的主要来源之一。因此，从长期来看，从中央政府履行收入分配职能和宏观调控职能的角度来看，这种划分具有很大的不合理性。因此，为了避免在新的既得利益形成后再进行调整的痛苦过程，应尽快将个人所得税划为中央税，使中央政府能掌握这个有力的政策工具，并为各地区财力的平衡提供一定的保障。

对于资源税，资源税作为中央地方共享税这一划分方向，基本是正确的。考虑到资源在各地区分布不均衡的特点，资源税应由中央政府来征收。资源在开发过程中需要大量使用地方的公共设施，因而税收收入需要与地方共享。然而在确定分享方式时，却是按资源品种划分的，将大部分资源税划为地方收入，只有海洋石油资源税为中央收入，从某种意义上讲，按这种方式划分的资源税就不再是共享税，这将会造成地区间收入的不平衡。

2）地方税体系及其管理权限问题

分税制往往要求各级政府都应有自己的主体税种。从分税制改革方案中可以看出，留给地方的税种虽然不少，但较为分散，缺乏主体税。原因之一是税种的划分，中央将提供财政收入的主要税种集中；原因之二是地方税系的结构，存在着片面重视目前一些收入比重大的流转税税种、忽视地方税种的培育和建设的倾向，如财产税（物业税）等；原因之三是地方税收的管理权限较小。改革方案中规定了中央税、地方税和共享税的立法权集中在中央，地方税务机构负责征收地方税，而对地方政府是否拥有一定的立法权（如全国性地方税以外的税种的立法权），却没有明确的规定。

从国外的经验来看，不论是地方权限较大的美国，还是权限较小的日本，在中央政府掌握了主要税收立法权的同时，为了调动地方政府的积极性，保持地方税收的相对稳定，都赋予地方一定的税收立法权和管理权。从中国的实际情况看，给予地方政府一定的税收立法权是必要的，其中包括：地方可以根据一定的规定和程序，开征一些地方新税种；对一些与地方提供公共服务有关的地方税种，应有权在一定的范围内进行税率的调整；等等。但地方政府的管理权限不能违反宪法及国家税法的规定。

　　1994 年的分税制改革主要规范了中央和省一级财政关系，而未建立起省级以下各级财政之间的规范化财政体制。现实中，省级以下财政体制的确定，主要采取了"模仿"中央与省级财政的基本做法，将主要收入来源的税收集中在较高级别的地方政府，这在客观上加剧了当前县以下财政的困难，使得县以下财政难以实现良性循环。

　　在收入的划分上，由于地方发债权问题没有得到解决，地方财政作为独立财政的作用尚未凸现，在现实中还可能带来一些问题。例如，1998 年中央政府推行"积极的财政政策"，中央将所借的债务部分转借给地方，这虽然有利于地方，但又可能带来地方对所转借债务推卸责任的后果。2009 年中央财政代地方政府发债，与国债转贷相比有了改进，但仍难彻底解决代发地方债所可能带来的软预算约束问题。因此，从根本上说，分税制框架下的地方财政应该拥有较为独立的税收立法权和发债权。至于因此可能产生的问题，应该通过颁布税收基本法和加强人民代表大会制度建设等来解决。

3. 政府间转移支付

　　政府间转移支付制度是财政体制的重要内容，其合理与否，将影响整个财政体制的效率。当前的中国转移支付制度还存在一些问题，需要进一步完善：①转移支付的形式不规范，税收返还等主要采取承认地方既得利益的基数法，影响了财政均等化进程。增量改革未能从根本上消除地区的财力和公共服务水平差距问题，反而肯定了这种差距，不利于解决地区部分财政横向失衡问题。②一般性转移支付与专项转移支付的结构还需要进一步优化，以更好地发挥中央财政的调控作用，调动地方财政的积极性。③省级以下财政体制建设的不规范，影响了财政职能的发挥。1994 年分税制改革，保证了中央财政收入占全国财政总收入的比重，但相应导致地方财力的不足，尤其是县乡财政的困难重重。这也是由转移支付制度缺少法律依据所致，缺少以法的形式确定中央、地方事权范围，对是否或在多大程度上以及如何实现地区间居民公共服务水平均等化都没有明确的法律规定。政府间转移支付制度包括其计算办法、计算依据、达到的目标等，仅以财政体制文件形式加以规定，执行起来随意性大，政策多变。

　　根据现实情况，中国应该确定转移支付制度的目标模式。建立规范的财政转移支付制度的根本目标，就是使各级政府享有相应的财力，在保证效率的同时，促进基本公共服务的提供，最终实现公共服务水平的均等化。基于这一总目标，中国政府间转移支付的基本目标可分解为三项：①弥补地方财政经常性缺口；②缓解横向非均衡；③体现国家政策导向。但是这些目标应当通过阶段性目标逐步实现。在新体制实施的前期，可以首先保证落后地区在基本公共服务方面能够达到最低标准，此后逐步扩大均衡的范围的保障水平。由于中国经济发展不平衡，各地区之间公共服务的差异很大，短期内不可能达到均等化，在设计转移支付制度时，需要根据不同时期的政治、经济发展目标和经济实力来决定实现均等化目标的进度，并制定不同阶段财政均等化的基本标准。

就目前而言，还有一些因素制约着转移支付制度的规范化：①废除传统的"基数法"，采用"因素法"，引入"标准收入能力"和"标准支出需求"概念，必然要调整各地的既得利益，难度较大。②中央财政减收增支因素较多，任务负担较重，中央财政可用于转移支付的财力有限，财政均等化有一定难度。③转移支付制度方案的设计，还面临统计数据不完整、测算方法不完善等技术性问题。

为达到转移支付目标，必须选择适当的手段。根据中国的情况应采取三种补助形式：①用一般补助弥补财政缺口。一般补助是提高地方政府可用资金额度的主要方法，其分配应与各地的支出需求成正比，与税收能力成反比。②用有条件补助缓解横向非均衡方面，其中重点是保证地方政府提供最低公共服务水平。③用有条件的配套或非配套补助体现政府政策导向，同时用于办理中央承担的或中央委托地方承担的事务。一般说来，对于不同的项目和地区，此类补助的补助比例应是不同的。补助比例的高低应与补助项目的重要程度成正比，而与补助地区的富裕程度成反比。

小结

1. 财政体制规定了不同级别政府之间的财政关系，确保了整个政府收支活动能够形成一个有机统一体。
2. 除少数城市国家外，世界上大部分国家存在多级财政。市场经济国家多实行财政联邦制。
3. 在市场经济条件下，资源配置职能由中央政府和地方政府共同承担。前者主要提供全国性公共产品，后者主要提供地方性公共产品。而收入分配职能和稳定职能应主要归中央政府。
4. 蒂布模型指出人民的迁移权有助于地方政府公共产品的有效提供。
5. 政府收入权限的划分涉及税收、国有资产收益、公债等，其中主要是税收权限划分问题。
6. 地方政府应该拥有一定的发债权。
7. 转移支付是分税制财政体制的重要内容。中央政府的转移支付，可以促进各地公共服务水平的均等化，具有外溢性的地方公共产品的提供、国家的统一等功能。
8. 按照是否附加条件，转移支付可以分为有条件转移支付和无条件转移支付。

9. 转移支付数量以较为规范的公式为基础，考虑各地具体的因素，促进各地公共服务水平的均等化。但是，均等化不代表各地的公共服务水平要完全一致。

10. 当前中国政府间财政关系的基础是1994年建立的分税制财政体制。这种体制尽管经过了多次增量的改革，但无论是在事权的确定、收入的划分上，还是在转移支付的调整上，都有进一步改革的必要性。

思考题

1. 为什么国家有单一制和联邦制之分，而市场经济国家一般实行的是财政联邦制？

2. 为什么"分税"会成为市场型财政体制的典型标志？

3. 地方政府纷纷进行"宏观调控"的实践，是否否定了地方政府不应承担稳定职能的理论判断？请结合实际案例进行说明。

4. 中国财政应实行行政性分权，还是经济性分权？当前中国财政体制距离规范化分税制体制存在哪些问题？你认为应如何进一步改革？

5. 市场经济强调竞争的决定性作用，那么，政府间财政竞争是好事，还是坏事？

6. 中央政府运用转移支付手段干预地方政府行为应该受到哪些限制？

参考文献

陈工，雷根强.2000.财政学.北京：科学出版社

何振一.1994.1994年财税改革举措效果及问题剖析.经济研究，（4）

胡庆康，杜莉.2001.现代公共财政学.第2版.上海：复旦大学出版社

贾康.2004.地方财政问题研究.北京：经济科学出版社

马海涛.2004.财政转移支付制度.北京：中国财政经济出版社

平新乔.1992.财政原理与比较财政制度.上海：上海三联书店.363，364

孙开.1994.建立有效的政府间转移支付制度.财贸经济，（5）

吴敬琏.2004.当代中国经济改革.上海：上海远东出版社

项怀诚.1999.1999中国财政报告.北京：中国财政经济出版社.50～52

杨志勇.2008.省以下财政体制建设：实践与观点述评.中国财政，（13）

杨志勇，杨之刚.2008.中国财政制度改革30年.上海：格致出版社，上海人民出版社

杨志勇，张馨.2008.公共经济学.第2版.北京：清华大学出版社

张馨.1997.比较财政学教程.北京：中国人民大学出版社.418～429

张馨.2004.比较财政学教程.第2版.北京：中国人民大学出版社

钟晓敏.1998.政府间财政转移支付论.上海：立信会计出版社

Gramlich E M. 1977. Intergovernmental grants：a review of the empirical literature. *In*：Oates W E. The Political Economy of Fiscal Federalism. Heath-Lexington. 219～239

Lin J Y，Liu Z. 2000. Fiscal decentralization and economic growth in China. Economic Develop-
    ment and Cultural Change，49（1）：1~22

Oates W E. 1991. Studies in Fiscal Federalism. Edward Elgar. 32，33

Rosen H S. 2005. Public Finance. 7th ed. McGraw-Hill/Irwin

Stiglitz J E. 2000. Economics of The Public Sector. 3rd ed. Norton

Tiebout C M. 1956. A pure theory of local expenditure. Journal of Political Economy，64（Oct.）：
    416~424

Ulbrich H H. 2003. Public Finance in Theory and Practice. South-Western

Zhang T，Zou H. 1998. Fiscal decentralization，public spending，and economic growth in Chi-
    na. Journal of Public Economics，67：221~240